国家林业和草原局普通高等教育“十三五”规划教材

中国古代林业文献导读

李　飞　周景勇　主编
吴明红　郎　洁　张连伟　许　玮　副主编

中国林業出版社
China Forestry Publishing House

图书在版编目（CIP）数据

中国古代林业文献导读 / 李飞，周景勇主编．—北京：中国林业出版社，2020.10
国家林业和草原局普通高等教育“十三五”规划教材
ISBN 978-7-5219-0861-9

Ⅰ．①中… Ⅱ．①李… ②周… Ⅲ．①林业—文献—中国—古代—高等学校—教材 Ⅳ．① F326.2

中国版本图书馆 CIP 数据核字（2020）第 202730 号

中国林业出版社·教育分社
策划、责任编辑：曹鑫茹
电　　话：（010）83143576

出版发行：中国林业出版社（100009　北京市西城区德内大街刘海胡同7号）
网　　址：http://www.forestry.gov.cn/lycb.html
印　　刷：北京中科印刷有限公司
版　　次：2020 年 10 月第 1 版
印　　次：2020 年 10 月第 1 次
开　　本：787mm × 1092mm　1/16
印　　张：20.25
字　　数：380千字
定　　价：50.00 元

本教材为北京市教育科学“十三五”规划 2017 年度青年专项课题
“基于北京特色资源的思政课生态文明教育实践研究”（CCJA17150）阶段性研究成果

熊大桐先生信函

李教授并请转严院长：

贵校三位青年学者的大作已拜读完毕。我记得90多年前刚入小学时，语文课本就是用白话文写的，从此以后接触的文字都是白话文，基本上没有文言文了。10年前开始编《中华大典·林业典》，想聘请几位既有林业知识又懂文言文的人，好难呵。当我看到三位博士的大作，还是科技部列为科技基础性工作专项的书，我高兴极了，因为它是填补空白的书。

本书所选有关林业的古文献，上自先秦，下迄清末，共计121段，分为先秦秦汉、魏晋南北朝、隋唐、宋元和明清六个时期。每个时期有前言、注释、原文和译文，可谓眉清目秀，精选精编。我相信：通过本书，读者的文言文（古汉语）和林业知识的水平一定会有所提高。

下面提一点建议：(1)中国近代翻译家、英国留学生严复提出英文译中文应达到"信、达、雅"三字标准。我想将文言文译成白话文也应以这三字为标准。请原谅我说老实话，你们三位"信达"两字过关了，"雅"字还需努力。(2)你们三位搞这本书的确费了很多心血，但是作者究竟是古文献的原作者，你们三人只能称编著（纂、译）者，而不能称著者。否则很可能被爱管闲事的网友训一顿。(3)林业在国民经济中是一个小门类，但林业也有很多分枝，我们不可能在一本书里面面俱到，但把主要分枝不要遗漏了。例如森林保护、林业机械化、永续利用等是否有必要增加一点。具体条目我就不提了，你们搞了这么多年《大典》，对这类资料是很熟悉的，而我已年近九旬，老糊涂了。(4)书稿中有不少地方提到了树木、野生动物、昆虫等名称，最好注上国际通用的拉丁文学名。(5)关于序言问题，我与你们看法不同。我有两点意见：一是写什么，二是谁来写。我不同意写"中国林业史研究简史"，因为迄今资料不足，情况不明。写什么呢？写为什么写这本书，有何意义。谁来写呢？我说三位博士自己写最好。如不愿用真名，用"编著者"亦可，由我署名反而不好。

以上各点仅供参考。只要身体好，我愿给你们当当参谋。即祝 春安！并问

尹院士好！

熊大桐 2015-03-07

熊大桐先生，原南京林业大学教授，中国林业史研究领域知名专家，《中国林业科学技术史》《中国近代林业史》主要作者。《中华大典·林业典》编纂期间，编者有幸与先生共事期年，受教颇多。谨以此信函书影，纪念熊大桐先生。

前言

党的十八大以来，以习近平同志为核心的党中央高度重视生态文明建设，多次强调加强生态文明教育宣传和全社会大力培育普及生态文化。2021年，生态环境部、中央宣传部、中央文明办、教育部、共青团中央、全国妇联等六部门发布《“美丽中国，我是行动者”提升公民生态文明意识行动计划（2021—2025）》，旨在引导全社会牢固树立生态文明价值理念，其中明确推进生态文明学校教育，将生态文明教育纳入国民教育体系。生态文明教育落实到国民教育体系，开展不同教育阶段不同内容的生态文明课程，首要问题是教材编订。生态文明教育内容涉及理论、理念、行为等多方面，而林业知识无疑是生态文明教育的重要资源。因为林业建设事关经济社会可持续发展，发展林业是生态文明建设的重要举措。

习近平总书记说过，中华民族自古就有爱树、植树、护树的好传统。我国五千年文明发展中，历代先民创造了宝贵的林业文化，保存了种类繁多的林业遗产，诞生了多种类型的林业文献典籍，其中蕴含了诸如道法自然、天人合一、仁民爱物、以时禁发等丰富的生态伦理和生态保护思想。挖掘、传承中国传统林业发展中的优秀文化资源，能够为当前生态文明建设提供历史借鉴。开展传统林业思想文化方面的通识教育，是践行生态文明学校教育的重要途径。了解中国古代林业发展演进历程，传承优秀传统林业思想文化，林业文献是基础和重要线索。然而，由于林业在中国古代社会长期未能自成体系，很大程度上一直在农业荫庇下艰难而缓慢地发展。所以传统林业史料异常分散，在汗牛充栋的中国古典文献中，犹如沧海之一粟；加上古籍文献竖排、繁体字的呈现方式，不仅让今天的许多普通读者、学生难以接受，甚至部分林学专业研究者也是望而却步。因此，编写一本既能科学普及古代林业文献知识，又适用于日常教学实践的入门教材，是编者的初衷。

本教材中的“中国古代林业文献”概念，基于以下两方面考虑：一是时间区间的划分。“中国古代”采用一般中国古代史研究通用的划分时间，即以1840年鸦片战争爆发为止；同时，为求完整而系统地展示中国古代林业文献的演进历程，本教材另选取数篇1840—1912年晚清时期的代表性林业文献作为附录，仅做导读（不作翻译），供大家学习参考。二是林业内涵的界定。中国古代的林业与林学未能自成体系；直至近代，林业和林学才开始成为独立的行业与学科，相关研究随之慢慢展开。因此，本教材所谓的“古代林业”，不得不采用通用的现代的学科定义，而现代林业的各种分支学科，如森林资源（森林动植物、森林土壤、资源变迁等）、森林培育（植树造林、森林保护等）、森工技术（森林采伐运输、林产品加工利用、林业科技等）、林业社会学（林政学、林业经济学等）的历史渊源及发展，构成了我们“古代林业”的基础内涵。同时，我们也适当收录反映中国传统的生态和谐发展观、可持续性发展思想的相关文献。教材的具体行文中，我们分森林资源与生态、森林培育与保护、森林利用与贸易、林政管理与法令、园林与风景名胜以及林业思想与文化六个专题，分类介绍中国古代林业文献。

本教材由李飞、周景勇二人共同拟定编写提纲，由李飞负责最终统稿。李飞编写导论、第四章；张连伟编写第一章，周景勇编写第二章；郎洁编写第三章；吴明红编写第五章；许玮编写第六章。

本教材的编写立足于北京林业大学林业史研究团队已有的诸多研究成果，得益于林业史学科尹伟伦院士、严耕教授的关心和支持，也得到了中国林业出版社的热忱帮助，一并致谢。本教材获北京市教育科学“十三五”规划2017年度青年专项课题“基于北京特色资源的思政课生态文明教育实践研究”（CCJA17150）项目资助。前期资料搜集和研究中得到科技基础性工作专项“中国森林典籍志书资料整编”（2014FY120500）、中央高校基本科研业务费专项资金项目（2019RW12、2017ZY50、2015ZCQ-RW-02）等项目支持。

编者多为北京林业大学林业史学科的中青年教师，尽管有一定的研究基础和教学实践，但错漏之处在所难免，恳请读者指正！

编　者

2020年6月

目录

导论

中国古代林业文献的史料分布

中国古代社会重视的是经世致用之学，知识分子耗费大量精力在皓首穷经之上，目的是以经学作为进身的阶梯，进而实现治国平天下的理想，而很少专门关注技术性的研究；即便是有部分科技性著作，相对于其他的文史著作来说也是微乎其微。加上古代学科分类不明显，林业未能自成体系，林业文献分散于传统分类的“经、史、子、集”各类之中，多数是零碎记录。虽然存世的林业史料比较散乱、芜杂，但毕竟是我们研究中国古代林业史的直接材料。通过分析和考察古代林业史料分布情况，能够使我们对古代林业文献的范围有一总体性把握。

一、经学类

经典是一个民族的文化之源，而中国古代学术的主体——经学，就是对儒家经典进行解释、阐述的学问。《十三经》是儒家文化的基本经典著作，而历朝历代对儒家“十三经”的注释和说明，就成为中国的一门显学——经学。在中国古代汗牛充栋的经学著作中，充斥着大量的林业史料，值得我们深入研究。

易类：《易·系辞下》中有诸如“斫木为耜，揉木为耒”“刳木为舟，剡木为楫”“弦木为弧，剡木为矢”等原始森林利用资料。

书类：《尚书·禹贡》中按照九州记述了各地森林资源的分布以及林产品朝贡

情况；《尚书·洪范》中有着原始的五行思想，对后世的环境保护以及节约材木等林业思想具有深远的启发意义。

诗类：《诗经》中有大量林业史料，如《商颂·殷武》是商代开国初期的森林采伐史诗，《豳风·七月》描绘了生动的农林生产内容，《魏风·伐檀》反映原始的伐木行为，《郑风·大叔于田》则是郑国火猎的史诗。最突出的就是《诗经》中出现的大量古代动植物记载。据张钧成先生（1995）统计，《诗经》中有草名105个、木名75个、鸟名39个、兽名67个、虫名25个、鱼名20个，这些动植物名称成为后来经学家名物研究的重要内容。三国时期陆玑的《毛诗草木鸟兽虫鱼疏》不仅考辨了《诗经》中的动植物名称，而且对其外部特征、生长习性和日常用途都有一定论述，是公认的《诗经》博物研究的开篇之作。在此基础上，后代学者不断深入研究《诗经》中的动植物，如宋代蔡卞《毛诗名物解》，明代毛晋《毛诗陆疏广要》，明代冯应京《六家诗名物疏》，林兆珂《毛诗多识编》，吴雨《毛诗鸟兽草木考》，清代毛奇龄的《续诗传鸟名》，焦循的《毛诗陆玑疏考证》，陈大昌《诗传名物集览》，徐鼎《毛诗名物图说》等。可以说，历代《诗经》名物研究是我们了解中国古代林产动植物资源以及林业利用的重要史料来源。

三礼类：《周礼》中山虞、林衡等可以算作是中国最早的林业职官；而《周礼·考工记》是第一部木工规范资料书，其中涉及制造兵器、车舆、宫室等多种森工技术。收录于《礼记》中的《夏小正》是我国现存最早的具有丰富物候知识的著作。《礼记·月令》中也包含着丰富的林业科技和林业思想。

春秋类：《左传》《公羊传》《谷梁传》中有动植物资源、森林开发、林业调查、古代园囿和狩猎、战争毁林等多方面的林业相关记载。

四书：《孟子》中“五亩之宅，树之以桑，五十可以衣帛矣”等论述，体现了孟子园囿制模式小农经济思想。《孟子·梁惠王上》中“斧斤以时入山林，材木不可胜用也”等论述，体现了原始的自然保护以及合理利用资源的思想。

小学类：小学在古代被认为是入门的音韵、文字、训诂之学。林业史研究中很重要的一方面就是森林资源的研究，而森林资源主要是动植物资源。认识动植物资源，正名与分类是基础研究，而中国传统小学就涉及鉴别方物、考核名实、训诂名称等内容。因此，小学是研究古代森林资源的一条重要线索。中国第一部字典《说文解字》虽然只是简单地解释文字，但其释义中就有许多动植物和林产品的名称。而《尔雅》不仅开古代研究生物学之先河，积累、保存了大量的生物学知识，并对动植物进行了科学的分类。晋代郭璞为《尔雅》作注，不仅为尔雅学的发展作出了重要贡献，也推动了古代动植物研究的发展。其后历代又有一大批类似典籍问世，如《尔雅注疏》《尔雅翼》《尔雅义疏》《尔雅正义》《骈雅》《通雅》《别雅》《拾雅》《比雅》《叠雅》《广雅》等，渐成雅学。

二、农书类

农业是中华古文明存在和发展的物质基础，历朝历代，上至官府，下至平民，都十分重视农业生产技术经验的总结和推广。而古代林业由于没有自成体系，长期以来都是在大农业经济背景下缓慢发展。因此，古代农书中保存大量的林业资源记载以及林业生产资料。

中国古代先后出现了很多种类的农业书籍。据王毓瑚《中国农学书录》(1957)记载，中国古代农书共有500多种，流传至今的有300多种。我们可以分为两类来考察古代农书中的林业资料：一是有关物候学的月令类农书。如《礼记·月令》《夏小正》《吕氏春秋·十二纪》《四民月令》《四时纂要》《农桑衣食撮要》《月令辑要》《岁时广记》《月令通考》《月令广义》《养余月令》等。这些月令类农书一般按照一年中季节的变化顺序，对各个季节的天象、物候以及农事活动做具体的记载，里面有丰富的林业生产活动记述及林业思想体现。如《礼记·月令》中孟春之月禁止伐木和捕杀幼小虫兽的记载，体现了早期朦胧的森林动植物保护思想，而《四时纂要》中“三月插石榴嫩枝”“三月种菌子”等记载，则体现了适时进行林业生产的思想。二是农学专著，如《氾胜之书》《齐民要术》《种植法》《栽植经》《王桢农书》《陈敷农书》《农桑辑要》《农政全书》《便民图纂》《汝南圃史》《种树书》《灌园草木识》《植品》《幽风广义》《农桑经》《授时通考》。首先，一些农学专著诸如《竹谱》《桐谱》《笋谱》等，本身就是典型的林业文献；其次，即便是大型的综合性农书，其中描述林业资源和林业生产的内容也占很大比重。如《农桑辑要》一书中，就有“栽桑”“养蚕”“果实”“竹木”等大量章节的林业生产资料记载；《农政全书》中“树艺”中有蔬部、果部集中记载林业生产情况，而“蚕桑”中也有栽桑树、木棉树等内容，“种植”中也有木部专门两章介绍树木的种植方法等。由于古代林业与农业无法分割的特殊关系，农书在中国古代林业文献中无疑要画上最浓墨重彩的一笔。

三、医药本草类

中国古代中医药学不仅仅是药物学，它还包含了植物学、动物学知识。我国古代大部分药物都是植物，所以古人把记载药物的书籍称为“本草”，把药物学称为本草学。当然药物中也不仅仅是植物，随着中医的不断发展，越来越多的动物药用也得到开发和研究。中国古代药物学重视对动植物药性的分析利用，这必然涉及对动植物的深入认识和研究，这其中就涉及许多林产品（林产动植物）的性状、产地等方面的综合性论述，而林产药材利用是中国古代林产品利用中很重要的一部分内容。

中国古代最早的本草类著作《神农本草经》托名传说中遍尝百草的神农，其书记载的动植物药物超过300种，文字简练古朴，是目前所见最早、最完整，也是对后世影响最大的一部本草文献。南北朝时期，陶弘景整理《神农本草经》，订正、调整、分类注释，写成《神农本草经集注》，其中的药物增加到730种，对《神农本草经》和本草学的传播推广起到了重要的推动作用。唐代苏敬的《新修本草》共53卷，载药844种，分玉石、草、木、人、兽禽、虫、鱼、果、菜、米、谷等类。

宋代苏颂编《图经本草》，共收入药物780种，药物图933幅，许多植物图现在还可以用作鉴别这类植物科、属、种的可靠依据。其书中一般首先引述《神农本草经》或者《名医别录》等经典著作中药材的产地、形态、性状、收采时节、炮制方法、主治功用等内容，再详细叙述当时出产这种药物的军州郡府的名称，还对各地的产品进行比较，对于考察汉代到宋代中药材产地的变迁有重要的意义。宋代还有寇宗奭编著的《本草衍义》，首列序例三卷，后载药品十七卷，按玉石、草、木、禽兽、虫鱼、果菜、米谷顺序排列。

明代有刘文泰的《本草品汇精要》，其书分玉石、草、木、人、兽、禽、虫鱼、果、米谷、菜十部。每部所载药品，分上、中、下三品，共载新旧药品1800多种。当然明代最著名的，甚至可以说中国古代本草类药典的代表就是李时珍的《本草纲目》。其书共有52卷，载有药物1892种。每种药物分列释名（确定名称）、集解（叙述产地）、正误（更正过去文献的错误）、修治（炮制方法）、气味、主治、发明附方等项。全书收录植物药有881种，附录61种，共942种，再加上具名未用植物153种，共计1095种，占全部药物总数的58%。其书最大成就是在药物分类上改变了原有上、中、下三品分类法，采取了“析族区类，振纲分目”的科学分类。它把药物分为矿物药、植物药、动物药。植物药一类，根据植物的性能、形态及其生长的环境，区别为草部、谷部、菜部、果部、木部5部。动物一类，按低级向高级进化的顺序排列为虫部、鳞部、介部、禽部、兽部、人部6部。这种从无机到有机、从简单到复杂、从低级到高级的分类法在当时是十分先进的，尤其是对植物的科学分类，要比瑞典的植物分类学家林奈早200年。《本草纲目》是我国医药宝库中的一份珍贵遗产，是对16世纪以前中医药学的系统总结，被誉为“东方药物巨典”。

清代有吴仪洛的《本草从新》，此书在明代汪昂所撰《本草备要》基础上重订而成。全书共十八卷，卷首为“药性总义”，后分草、木、果、菜、谷、金石、水、火土、禽兽、虫鱼鳞介、人11部52类，共载药720种。其分类方法基本同《本草纲目》，各药论述分为药物性味、主治、真伪鉴别、炮制方法及临床配伍应用等，凡引用资料均有出处。又赵学敏编著《本草纲目拾遗》十卷，依据《本草纲目》的体例分为水、火、土、金、石、草、木、藤、花、果、谷、蔬、器用、禽、鳞介、虫等部，删去了人部而增加了藤部、花部。共收载药品921种，其中《本草纲》未记载过的有716种。

四、方志

古代方志肇始于《尚书·禹贡》《周礼·职方氏》等，一般是记载一定地域内的历史资料汇编。方志可以分很多种，按行政区域大小分类，大的有诸如《大元一统志》《大明一统志》《大清一统志》这样的全国性志书，小的有省志、府志、州志、厅志、县志，甚至乡镇志等等；按照具体内容来分，有主要记载地理的方志（如《元和郡县志》），有专载人物的志书（如《南阳风俗传》），有偏重历史的志书（如《吴越春秋》），有记载地方盐政的志书（如《[乾隆]白盐井志》），有寺庙的专志（如《邓尉圣恩寺志》），等等。方志里记载着疆域、山川、名胜、建置、职官、学校、赋税、物产、风俗、人物等多方面的内容，很多是历史地理研究中的第一手资料，但在过去的研究中，常常被学术界忽视。实际上，古代方志中，有着丰富的林业资源、林产利用以及林业贸易的资料。

方志中林业资料主要集中在四个方面：一是“山川志”介绍中的大量山林资源的资料，这些史料既能反映特定历史时期当地的森林资源状况，又有着丰富的森林文化研究价值。如《[道光]大定府志》里有“黄坪十里杜鹃”的记载，即在贵州大方、黔西两县境内丛山中发现一条宽五里长一百多里的杜鹃林带，有十多个杜鹃品种，是罕见的天然杜鹃林带，还有不少珍稀野生动物，现在已经开辟成为自然保护区，“百里杜鹃”成为旅游名胜。二是“物产志”记载了大量森林物产资源的数据，既有林产品出产地域的分布，也有关于林产品性状、功能的具体介绍。如《[乾隆]广东通志》卷五十二“物产志”中，在果、花、草、木、香、藤、竹、笋、鸟、兽、虫、蛇等分类中集中了大量林业资料。三是“古迹志”有着丰富的地方名胜古迹介绍，其中记载了许多古树名木资源以及古代园林的资料。如《[雍正]浙江通志》卷三十九“古迹”中，记载了大量宋元明清浙江地区私家园林的资料，诸如“水月园，……堂前列万柳”“南园……有碑石卧荆棘中，犹存古桂百余”“梅园……在硖石东山峭壁下，古梅百余，花时如雪有飞雪轩”这样的记载不胜枚举。四是“人物志”中有大量人物传记，很多涉及古代的林业人物。如从历代《婺源县志》中我们就能找到许多关于婺源木商的传记资料。

中国古代还有一些异物志、博物志类典籍，主要记载一定地理区域内的物产风俗，内容涉及自然环境、资源物产、社会生产、历史传说、风俗文化等许多方面。这类典籍可追溯于《山海经》。其书主体叙述各地山川物产，其中山经 5 卷，海经 13 卷，共记述动植物约 435 种，被誉为我国现存最早的动植物分类古籍，也可以说是我国最早反映森林资源多样性的调查报告。东汉杨孚的《异物志》是我国古代最早的异物志，其书记述了岭南地区的风俗物产，对该地区主要动植物的形态、习性和经济价值都做了介绍。三国吴沈莹的《临海水土异物志》有关于台湾高山族史地情况的最早记载，还介绍了东南沿海鸟类、竹木果藤等大量动植物资源。另外还有诸如万震的《南州异物志》、薛莹的《荆扬已南异物志》、谯周的《异物志》等约 20 多部异物志，虽然这些典籍在后世流传中大部分已经亡佚，但仅后人辑佚的部分内容还是可以看出其中保存了大量汉唐时期南方地区的动植物资料，这是研究这一时期南方林业资源变迁的重要史料。博物志类著作以晋代张华的《博物志》为代表。该书分类记载山川地理、飞禽走兽、神仙术数等，书中有许多有关林业资源的逸闻轶事。宋代李石的《续博物志》、明代游潜的《博物志补》、明代董斯张的《广博物志》等都属于这一类著作。

五、谱录类农林园艺书

自晋代戴凯之的《竹谱》开始，中国出现了一类专门记述古代动植物资料的谱录类典籍，一般农学家都将之归入农书之中（如王毓瑚的《中国农学书录》、天野元之助的《中国古农书考》），但是由于这部分典籍数量众多，且涉及林业史料丰富，所以这里单独作为一类予以介绍。

1. 主要介绍草木的种类及其栽培方法

最早的就是相传晋代戴凯之的《竹谱》，这是我国最早的一本竹类专著。元代李衎的《竹谱详录》在戴凯之《竹谱》论述的基础上又加以补充，分画竹、墨竹、竹态、竹品四谱，尤详于竹品谱，描述了我国三百余种竹类，包括各种罕见竹类，对于其形态、品性、画法均有详细论述。清代陈鼎的《竹谱》虽然简略，但也记述了几种不见于戴、李二书中的竹类。此外目录书中还记载有惠崇、吴辅的《竹谱》，可惜二书已经亡佚，以及元代刘美之的《续竹谱》。树木专谱还有北宋陈翥的《桐谱》，其书系统而又全面地总结了北宋及其以前有关桐树种植和利用的经验。此外，诸如《南方草木状》《全芳备祖》《群芳谱》《广群芳谱》等综合性谱录中，也大都分门别类地记述各种草木的性状以及栽培方法。

2. 食用类

这类谱录主要记载林产品培育和利用方面的资料，涉及林产水果、林产药材、林产山蔬野菜等多方面的内容。林产水果方面，历代的荔枝谱是其中的大宗。早期的有唐代郑熊的《广中荔枝谱》，宋代徐师闵的《莆田荔枝谱》和张宗闵的《增城荔枝谱》，可惜三书已经亡佚。蔡襄的《荔枝谱》是我国现存最早关于荔枝的专书。此后，明代有徐𤊹、宋珏、曹蕃、邓道协等人的《荔枝谱》，吴载鳌的《记荔枝》，清代有陈定国的《荔谱》，林嗣环的《荔枝话》，陈鼎的《荔枝谱》，吴应逵的《岭南荔枝谱》，谭莹的《岭南荔枝词》，屠本畯的《闽中荔枝通谱》，等等。南宋韩彦直的《永嘉橘录》是我国最早关于柑橘的专书。宋代范成大的《桂海虞衡志·果志》、元代俞宗本的《种果疏》、元代柳贯的《打枣谱》、清代诸匡鼎的《橘谱》、清代褚华的《水蜜桃谱》、清代赵古农的《龙眼谱》等有关林产果品的专谱。有关林产药材的专谱有唐代李翱的《何首乌录》、元代俞宗本的《种药疏》，清代唐秉钧的

《人参考》等。北宋释赞宁的《笋谱》是现存最早的笋类专著。南宋陈仁玉的《菌谱》是我国第一部关于菌类植物的专书；明代潘之恒在《菌谱》的基础上编撰了《广菌谱》，收录各种蘑菇40余种；清代也有吴林所撰的《吴蕈谱》。中国古代食用野菜利用方面很早就有，但系统的野菜专著当以明代朱橚的《救荒本草》为发端。该书是一部专门以救荒为目的讲述植物食用功能的植物志，共记载植物414种，并配有插图。继之有王磐《野菜谱》、周履靖《茹草编》、鲍山《野菜博录》等。

3. 园艺花卉类

魏晋南北朝时期的《魏王花木志》是我国较早的花木记载的专书。唐代王方庆的《园庭草木疏》可以说是记载园艺花木的专著。罗虬的《花九锡》是我国最早的插花专著；李德裕的《平泉山居草木记》也是专门记述自己别墅平泉山居的花木景致。宋代各种园艺花木专谱大量涌现，欧阳修的《洛阳牡丹记》是现存最早的牡丹专书；刘蒙的《菊谱》是现存最早的菊花专著，收录菊花名品约35种；赵时庚的《金漳兰谱》是我国最早关于兰花的专书；周师厚的《洛阳花木记》详细收录了洛阳城中的各种花卉，其中仅牡丹就达100多个品种。其他还有史铸的《百菊集谱》、仲休的《越中牡丹花品》、范成大的《范村梅谱》《范村菊谱》、胡融的《图形菊谱》、陆游的《天彭牡丹谱》、张峋的《洛阳花谱》、王贵学的《王氏兰谱》、孔仲武的《芍药谱》、陈思的《海棠谱》等；明代有文应鲁的《菊谱》、薛凤翔的《亳州牡丹史》、高濂的《兰谱》、黄省曾的《菊谱》、周履靖的《菊谱》等。清代有余鹏年的《曹州牡丹谱》、杨仲宝的《缸荷谱》、张汉超的《菊谱》、苏毓眉的《曹南牡丹谱》、刘成潇的《菊谱》、计楠的《牡丹谱》等。这些园艺花卉专著，有些记述地方性园艺花木，有些是对前人记述的补充，有些只是自己花园植物的介绍，但其中包含着丰富的园林植物配置以及园艺技术，是园林研究的重要文献来源。

4. 动物类专书

相传师旷所著《禽经》是我国最早的一部鸟类学专著。该书记载了鹗、鹰、鸢、鱼鹰、锦鸡、雉、鹤、鹝、鹈鹕、斑鸠等数十种鸟。南朝齐卞彬的《禽兽决录》借禽兽指摘时事人物，记述一些禽兽相关的逸闻轶事。明代黄省曾的《兽经》搜集了古代辞书、神话传说、博物志、史书等文献中有关动物的名称、掌故等项内容；袁达的《禽虫述》讲述古代禽虫典故；清代李元的《蠕范》记述中国古代鱼、虫、鸟、兽400多种，是对古代动物知识的总结；还有陈鼎的《蛇谱》、方旭的《虫荟》、江藩的《广南禽虫述》、程石邻的《鹌鹑谱》、陈均的《画眉笔谈》、张纲孙的《兽经》、赵彪诏的《谈虎》《说蛇》、金文锦的《鹌鹑论》《黄头志》《画眉解》《促织经》、王仁俊的《八公相鹤经》等。

六、工程营造类

中国古代森林利用的范围极为广泛，涉及手工业、建筑、园林、家具、造纸、薪炭等很多方面，因而古代许多涉及森工技术的典籍中有着丰富的林业史料。

古代的木材加工和木工技术属于手工业范畴，因此许多记载手工业技术的典籍中有着大量的森林利用史料。中国先民早在旧石器时代就认识到了木材可以弯曲、有弹力等特性，开始发明木制弓箭来狩猎，大约新石器时代就制成了木制农具，至夏商周时期，中国的林业科技和林业利用已经达到相当的水平。《周礼·考工记》是我国现存最早的一部手工业技术文献。明代宋应星的《天工开物》是世界上第一部关于农业和手工业生产的综合性著作，其中收录有植物染料、制造车船、植物油脂、造纸等大量林业利用资料。宋代苏易简的《文房四谱》中关于木质文房用具的资料，宋代赵希鹄的《洞天清录》中木质乐器的记载，明代高濂的《遵生八笺》、屠隆的《考盘余事》等书中也有大量林业利用的资料。

中国古代建筑以木构建筑为主体，因此古代建筑典籍中保存了许多木材建筑利用的技术资料。宋代李诫的《营造法式》是我国古代最完整的建筑技术书籍，其书在“大木作”“小木作”“竹作”等章节中记载了各种样式的木构建筑的具体规格、技术，并附录了许多细致、精确的建筑图样，可以说是我国古代木构建筑技术的总结性著作。明代午荣编的《鲁班经匠家镜》是一本民间木工行业技术专用书，记录了许多木构建筑的常用构架形式、名称以及一些常用家具、农具的基本尺度和样式。尤其是其家具资料部分，是我们研究古代木质家具的重要参考资料。清代工部刊行的《工程做法则例》是记载清代前期木构建筑的集大成著作，其书中将近二十章节的大木作内容，可以说是对中国古代木构建筑规范的系统总结。

我国的自然式山水园林艺术，是我们民族所特有的优秀建筑文化传统，在长期的历史发展过程中积累了丰富的造园理论和创作实践经验。明代计成的《园冶》是我国第一本园林艺术理论专著，该书论述了宅园、别墅营建的原理和具体手法，反映了中国古代造园的成就，是一部研究古代园林的重要著作。文震亨的《长物志》是明代关于造园的又一名著。其书分室庐、花木、水石、禽鱼、书画、几榻、器具、衣饰、舟车、位置、蔬果、香茗十二卷记载了园林建筑、配置的资料，其技术针对北方的园林，偏重于园林的玩赏。清代李渔的《闲情偶寄》中的居室、器玩等部对中国民居房舍构筑、窗栏、墙壁、联匾、山石、床帐、几榻柜橱等家具的构式、制作等都作了详细的介绍，是清初关于建筑营造和园林艺术的一部重要著作。清代沈复的《浮生六记》中也提出了诸如重台叠馆、虚实相生等造园的理论。

以上内容讨论了流传至今的传统文献典籍中的六大类纸质林业文献，但是中国古代文献的传布载体除纸质外，还有甲骨、金石、竹木、缣帛等其他类型，因此，除纸质林业文献外，我们还应注意另外两种特殊的林业文献：碑石林业文献和档案文书林业文献。一类是碑石林业文献，主要是一些石刻、碑刻中的涉林文字资料。如故宫博物院藏的十块古秦刻石，据郭沫若、唐兰等人考证，上面的石鼓文就有春秋时期秦国建设苑囿、开拓林地的记载。尤其明清时期，中国各地出现了大量护林石刻、碑刻，其中记载了大量古代林业的内容，是我们研究中国古代林业发展的重要根据及线索。另一类是档案文书林业文献，包括各地陆续发现、整理的集中反映林业资源及林业经营贸易情况的各种契约、文书档案。这类林业文献是反映地方林业发展、林业经营情况最直接的原始资料，具有重要的实证文献价值。现存具有代表性的就是贵州锦屏林业文契，数量众多类型多样，涉及明清时期贵州少数民族地区林业发展的方方面面，现在学界研究关注度非常高，相关研究成果陆续出现。其他诸如古徽州、福建、江西等古代森林资源比较丰富地区也或多或少都存留下来一些有关林业经营方面的契约文书，有待学界深入研究。

第一章 森林资源与生态

《尚书·禹贡》(节选)

［导读］

《尚书·禹贡》，是中国上古史料汇编中现存最早且系统全面的地理学专篇。该篇以大禹治水为线索，把我国疆域划分为九州，并按州土顺序记录了山川、土壤、贡品等内容。

节选内容按照九州顺序，介绍了每州的四至、水利治理、土质、赋税等级、贡品等。其贡品中包括大量森林动植物和林产资源，如兖州的漆木，青州的柞丝、松木，徐州的桐木，扬州的竹子、兽皮、木材等，荆州的椿树、柘木、桧树、柏树、竹笋、橘树等。通过研读文献，有助于了解上古时期我国的森林资源状况。

［原文］

禹敷土，随山刊木，奠高山大川。

冀州[1]：既载壶口，治梁及岐。既修太原，至于岳阳；覃怀厎绩，至于衡漳。厥土惟白壤，厥赋惟上上错，厥田惟中中。恒、卫既从，大陆既作。岛夷皮服，夹右碣石入于河。

济河惟兖州[2]。九河既道[3]，雷夏既泽，灉、沮会同。桑土既蚕，是降丘宅土。厥土黑坟，厥草惟繇，厥木惟条。厥田惟中下，厥赋贞，作十有三载乃同。厥贡漆丝，厥篚织文。浮于济、漯，达于河。

海岱惟青州[4]。嵎夷既略，潍、淄其道。厥土白坟，海滨广斥。厥田惟上下，厥赋中上。厥贡盐絺，海物惟错。岱畎丝、枲、铅、松、怪石。莱夷作牧。厥篚檿丝。浮于汶，达于济。

海、岱及淮惟徐州[5]。淮、沂其乂，蒙、羽其艺，大野既猪，东原厎平。厥土赤埴坟，草木渐包。厥田惟上中，厥赋中中。厥贡惟土五色，羽畎夏翟，峄阳孤桐，泗滨浮磬，淮夷蠙珠暨鱼。厥篚玄纤、缟。浮于淮、泗，达于河。

淮海惟扬州[6]。彭蠡既猪，阳鸟攸居。三江既入，震泽厎定。筱簜既敷，厥草惟夭，厥木惟乔。厥土惟涂泥。厥田唯下下，厥赋下上上错。厥贡惟金三品，瑶、琨、筱、簜、齿、革、羽、毛惟木。岛夷卉服。厥篚织贝，厥包桔柚锡贡。沿于江、海，达于淮、泗。

荆及衡阳惟荆州[7]。江、汉朝宗于海，九江孔殷，沱、潜既道，云土梦作乂。厥土惟涂泥，厥田惟下中，厥赋上下。厥贡羽、毛、齿、革惟金三品，杶、干、栝、柏，砺砥、砮、丹惟箘簵、楛，三邦厎贡厥名，包匦菁茅，厥篚玄纁玑组，九江纳锡大龟。浮于江、沱、潜、汉，逾于洛，至于南河。

荆河惟豫州[8]。伊、洛、瀍、涧既入于河，荥波既猪。导菏泽，被孟猪。厥土惟壤，下土坟垆。厥田惟中上，厥赋错上中。厥贡漆、枲，絺、纻，厥篚纤纩，锡贡磬错。浮于洛，达于河。

华阳、黑水惟梁州[9]。岷、嶓既艺，沱、潜既道。蔡、蒙旅平，和夷厎绩。厥土青黎，厥田惟下上，厥赋下中三错。厥贡璆、铁、银、镂、砮、磬，熊、罴、狐、狸织皮，西倾因桓是来，浮于潜，逾于沔，入于渭，乱于河。

黑水、西河惟雍州[10]。弱水既西，泾属渭汭，漆沮既从，沣水攸同。荆、岐既旅，终南、惇物，至于鸟鼠。原隰厎绩，至于猪野。三危既宅，三苗丕叙。厥土惟黄壤，厥田惟上上，厥赋中下。厥贡惟球、琳、琅玕。浮于积石，至于龙门、西河，会于渭汭。织皮昆仑、析支、渠搜，西戎即叙。

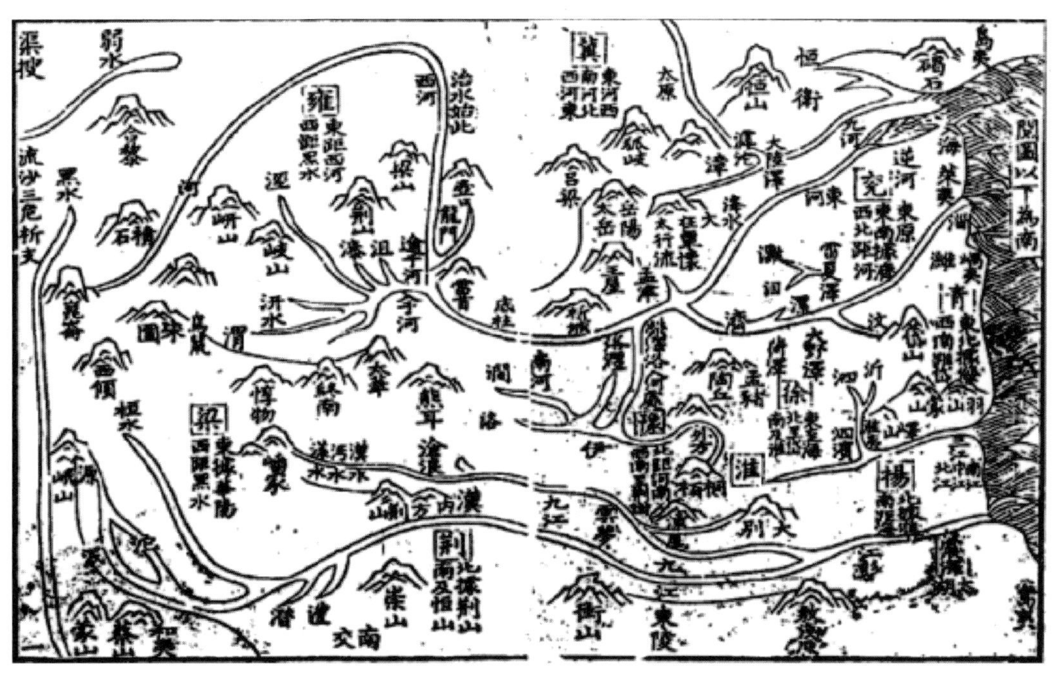

禹贡总图（摘自［明］郑晓《禹贡图说》，明刻项皋谟校本）

【注释】

［1］冀州：九州之一，其地域大体相当于现在的山西省全部、河南省北部、河北省西部及内蒙古阴山以南地区。

［2］兖州：九州之一，从东南的古济水到西北的黄河之间的区域，主要包括今河北省南部、山东省的北部和西部。

［3］九河：黄河下游的九条河流，据《尔雅·释水》，九河包括徒骇、太史、马颊、覆鬴、胡苏、简、洁、钩盘、鬲津。

［4］青州：九州之一，大体地域从西南边的泰山越过东北的渤海、黄海到辽东全境，大抵相当于现在的山东半岛和辽东半岛。

［5］徐州：九州之一，大体包括今山东省泰沂山脉以南的鲁南地区、安徽省的皖东北地区、江苏省淮河以北的苏北地区。

［6］扬州：九州之一，大体包括今淮河以南的江苏、安徽两省境，江西、浙江、福建三省全境，及粤东一角及东南海上的岛屿如台湾、澎湖等。

［7］荆州：九州之一，大体相当于今湖北省荆山以南的省境和湖南全省，南及广东省境。

［8］豫州：九州之一，其州境大抵包括现在的河南全省和湖北省荆山以北地区。豫州地

处九州中心，除青州为兖州和徐州所隔外，与其他七州都接界。

[9]梁州：九州之一，大体包括渭水以南的陕西省全境，南及四川省全境，以及滇、黔等古西南夷居住地区。

[10]雍州：九州之一，大体包括今秦岭以北陕西境和宁夏、甘肃、新疆全境及青海的一部分。

【译文】

禹划分九州疆界，随着山岭的形势斩木通道，并将高山大河定作分界。

冀州：壶口的工程完成后，便开始治理梁山和岐山。太原附近的河道治理好了，接着治理太岳山的南面。覃怀一带的水利工程也获得了成功，就开始治理横流的漳水。这里的土质是白壤，这里的赋税是第一等，间或夹杂着第二等，这里的田地属于第五等。恒水、卫水都已疏通，大陆泽附近可以耕作。东方沿海的夷人进贡鸟兽皮毛，可从碣石右拐进入黄河。

济河与黄河之间的地区是兖州。黄河下游的九条河道疏通了，雷夏泽已经形成，灉河、沮河的水也汇聚到这里。水退之后，土地上能够种植桑树养蚕了。因此，人们便从小土山上搬下来，住在平地上。这里的土质是肥沃的黑土，这里的草已经冒出嫩芽，树木也长出新的枝条。这里的土地属于第六等，这里的赋税是第九等。开垦十三年之后，再和其他州的赋税相同。这里的臣民入贡漆和丝一类的物品，并用竹筐盛载有花纹的丝织品进贡。入贡的道路，可由济河、漯河乘船顺流入黄河。

东起大海，西到泰山一带，是青州。嵎夷的疆界已经划定，潍河与淄河也已经疏通。这里的土质呈灰白色，滨海地区则是盐卤之地。这里耕地的质量在九州中属于第三等，其赋税是第四等。该州的贡品是盐、细葛布和各种各样的海产。泰山一带有丝、麻、锡、松树和奇特美好的怪石。莱夷可以从事放牧，用竹筐装上进贡的蚕丝。进贡的路线由汶水进入济水。

东起大海，南至淮河，北到泰山，是徐州。淮河和沂水都已经治理好了，蒙山和羽山一带的土地，也将要种植庄稼了，大野泽已经吸纳了四周的流水，潴成深泽，东原一带的土地也可以耕种了。这里的土质是棕色的黏土，草木逐渐茂盛地生长起来。这里的土地在九州中属于第二等，应该缴纳第五等的赋税。这里的人民应该进贡五色土，羽山山谷夏翟的羽毛，峄山南面特产的桐树，泗水中可以制磬的石料，淮河的蠙珠和鱼，同时还要把纤细的黑缯和白缯放在筐内作为贡物献来。进贡的路线由淮水入泗水而后入菏泽，由济水入黄河。

北至淮河，南至大海，是扬州。彭蠡泽已经贮蓄了又多又深的水，鸿雁之类在此栖息。浩浩的长江已经流入大海，震泽的水利工程也已经获得成功。竹子遍地丛生，草木茂盛，树木高大。这里是一片低洼潮湿的土地，土地的质量在九州中属于第九等。这里的人民缴纳第七等的赋税，可以间杂缴纳第六等的赋税。其贡物是金、银、铜三种金属，美玉、小竹和大竹，象牙、犀牛皮、鸟羽和旄牛尾。海岛一带进贡草制的衣服，还要把丝织品放在筐内，把橘子和柚子打成包裹作为贡品进贡。进贡的路线由长江入淮河，由淮河入泗水。沿海地区则沿着海岸由长江入淮河，再由淮河入泗水。

从荆山到衡山南面是荆州。长江和汉水在此汇流入海，支流众多，水势极大。沱水和潜水也已经疏通，云梦泽一带的土地可以耕种了。这里是低洼潮湿的土地，土地的质量在九州中属于第八等，应该缴纳第三等赋税。应该进贡鸟羽、旄牛尾、象牙、犀牛皮和金、银、铜三种金属，以及杶、干、栝、柏四种木材，还有磨刀的石头、制箭头的石头、丹砂和美竹、楛木等。州内各国都贡上当地的名产，将菁茅放在匣子内包装起来，把赤黑色和黄赤色的丝织物和珍珠、丝带一类东西放在竹筐内，一并贡来。九江一带还要入贡大龟。进贡的路线由长江顺流入其支流，再由长江的支流进入汉水的支流，由汉水的支流入汉水，然后登岸由陆路到洛水，再由洛水进入黄河。

从荆山到黄河是豫州。伊水、洛水、瀍水、涧水都已经流入黄河。荥波泽已经蓄满水。疏导菏泽之水向南流入孟猪泽而满溢。这里土质松软，下等土质则是坟垆土。这里的田地在九州中属于第四等，应该缴纳第二等赋税，间或缴纳第一等的赋税。应该进贡漆、麻、细葛布，还要把放入筐子的细绵、打磨好的磬一并入贡。进贡的路线由洛水直入黄河。

从华山的南面西至黑水之间是梁州。岷山和嶓冢山都已经能够种庄稼了，沱水和潜水也都疏通了。蔡山和蒙山的道路已经平治，和水一带的民众也前来报告治理的成绩。这里的土质是青黎，在九州中属于第七等，应缴纳第八等赋税。要进贡璆、铁、银、镂、砮和磬以及熊、罴、狐、狸四种兽皮。这里的贡道可由西倾山区顺着桓水前来，经由潜水和沔水，然后舍舟登陆，陆行至渭水，由渭水直接横渡至黄河。

从黑水到西河是雍州。弱水在疏通之后，便向西流去。泾水已经疏通，从北面流入渭水。漆水、沮水在疏通之后，北面流入渭水，沣水也从北面流入渭水。荆山和岐山的道路已经平治，终南山、惇物山一直到鸟鼠山的水利工程已经全部竣工。高原、湿地一直至野猪泽都得到了治理。三危这个地方已经可以居住了，所以三苗之民得到很好的安置。这里的土质是黄色泥土，在九州中属于第一等，应该缴纳第六等的赋税。要进贡球、琳、琅玕一类玉石珠宝。进贡的路线是由积石山附近进入黄河，顺流至龙门，所有运送贡物的船只会集在渭河的弯曲处。昆仑、析支、渠搜等西戎部族都要按照规定进贡皮制衣裘。

《管子·地员》

【导读】

《管子·地员》篇，是春秋时期齐国名相管仲所作，也是先秦生态地理与植物学的专论。该篇叙述了平原、丘陵、山地、湖泊等不同的地形及其植被，又将“九州之土”分为上、中、下三等，每等30种，共计90种，并说明其适宜生长的农作物和林木。

节选内容分为两部分：第一部首先是关于“渎田”土壤的类型和植物生长，然后论及山地的地形特征及其植被，以及湖边依次垂直分布生长的12种植物；第二部分节选了“上土”部分，论述了“九州之土”的农作物和林木。

【原文】

夫管仲之匡天下也，其施七尺。渎田悉徙[1]，五种无不宜，其立后而手实，其木宜蚖菕与杜松，其草宜楚棘。见是土也，命之曰五施，五七三十五尺，而至于泉，呼音中角，其水仓，其民强。赤垆历强肥，五种无不宜，其麻白，其布黄，其草宜白茅与雚，其木宜赤棠。见是土也，命之曰四施，四七二十八尺，而至于泉，呼音中商，其水白而甘，其民寿。黄唐无宜也，唯宜黍秫也，宜县泽，行廧落，地润数毁，难以立邑置廧，其草宜黍秫与茅，其木宜櫄扰桑。见是土也，命之曰三施，三七二十一尺，而至于泉，呼音中宫，其泉黄而糗，流徙。斥埴宜大菽与麦，其草宜萯雚，其木宜杞。见是土也，命之曰再施，二七一十四尺，而至于泉，呼音中羽，其泉咸水，流徙。黑埴宜稻麦，其草宜苹蓨，其木宜白棠，见是土也，命之曰一施，七尺而至于泉，呼音中征，其水黑而苦。

……

山之上命之曰县泉，其地不干，其草如茅与走，其木乃樠。凿之二尺，乃至于泉。山之上命之曰复吕，其草鱼肠与莸，其木乃柳。凿之三尺，而至于泉。山之上命之曰泉英，其草蕲、白昌，其木乃杨，凿之五尺，而至于泉，山之材，其草兢与蔷，其木乃格，凿之二七十四尺，而至于泉。山之侧，其草葍与蒌，其木乃品榆，凿之三七二十一尺，而至于泉。

凡草土之道，各有谷造。或高或下，各有草土。叶下于鄁，鄁下于苋，苋下于蒲，蒲下于苇，苇下于雚，雚下于蒌，蒌下于荓，荓下于萧，于萧下于薜，薜下于萑，萑下于茅，凡彼草物，有十二衰，各有所归。

九州之土，为九十物，每州有常，而物有次。

群土之长，是唯五粟。五粟之物，或赤，或青，或白，或黑，或黄，五粟五章。五粟之状，淖而不肕，刚而不觳，不泞车轮，不污手足，其种大重、细重，白茎白秀，无不宜也。五粟之土，若在陵在山，在隫在衍[2]，其阴其阳，尽宜桐柞，莫不秀长。其榆其柳，其檿其桑，其柘其栎[3]，其槐其杨，群木蕃滋数大，条直以长。其泽则多鱼，牧则宜牛羊。其地其樊，俱宜竹、箭、藻、龟、楢、檀。五臭生之，薜荔、白芷，蘪芜、椒、连。五臭所校，寡疾难老，士女皆好。其民工巧，其泉黄白，其人夷姤。五粟之土，干而不格，湛而不泽，无高下葆泽以处，是谓粟土。

粟土之次曰五沃。五沃之物，或赤，或青，或黄，或白，或黑，五沃五物，各有异则。五沃之状，剽恣橐土，虫易全处，恣剽不白，下乃以泽。其种大苗、细苗，赨茎黑秀，箭长。五沃之土，若在丘在山，在陵在冈，若在陬陵之阳，其左其右，宜彼群木，桐柞枎櫄，及彼白梓。其梅其杏，其桃其李，其秀生茎起。其棘其棠，其槐其杨，其榆其桑，其杞其枋，群木数大，条直以长。其阴则生之楂藜，其阳则安树之五麻，若高若下，不择畴所，其麻大者如箭如苇，大长以美，其细者如雚如蒸，欲有与各，大者不类，小者则治；揣而藏之，若众练丝。五臭畴生，莲与蘪芜，藁本白芷。其泽则多鱼，牧则宜牛羊。其泉白青，其人坚劲，寡有疥骚，终无痟酲。五沃之土，干而不斥，湛而不泽。无高下葆泽以处，是谓沃土。

沃土之次曰五位。五位之物，五色杂英，各有异章。五位之状，不塥不灰，青忞以落，[4]及其种，大苇无、细苇无，[illegible]茎白秀。五位之土，若在冈在陵，在隫在衍，在丘在山，皆宜竹、箭、求、黾、楢、檀。其山之浅，有茏与斥。群木安逐，条长数大。其桑其松，其杞其茸，种木胥容，榆桃柳楝。群药安生，姜与桔梗，小辛、大蒙。其山之枭，多桔符榆，其山之末，有箭与苑。其山之旁，有彼黄蝱，及彼白昌，山藜苇芒。群药安聚，以圉民殃。其林其漉，其槐其楝，其柞其榖，群木安逐，鸟兽安施。既有麋麃，又且多鹿，其泉青黑，其人轻直，省事少食。无高下葆泽以处，是谓位土。

位土之次曰五蘟。五蘟之状，黑土黑落，青怵以肥，芬然若灰。其种櫑葛，赨茎黄秀恚目，其叶若苑。以蓄殖果木，不若三土以十分之二，是谓蘟土。

蘟土之次曰五壤。五壤之状，芬然若泽若屯土，其种大水肠、细水肠，赨茎黄秀，以慈忍水旱无不宜也。蓄殖果木，不若三土以十分之二，是谓壤土。

壤土之次曰五浮。五浮之状，捍然如米，以葆泽，不离不坼。其种忍蘟，忍叶如藿叶，以长狐茸，黄茎黑茎黑秀，其粟大，无不宜也。蓄殖果木，不如三土以十分之二。

凡上土三十物，种十二物。

【注释】

[1]渎田：夏纬瑛《管子地员篇校释》以"渎田"为江、淮、河、济四渎间大平原之田，其中统摄五种土壤，即息土、赤垆、黄唐、斥埴、黑埴。"渎田"之次谈及丘陵，丘陵之次谈山地。以下介绍了平原上的悉徙、赤垆、黄唐、斥埴、黑埴五种土壤。"悉徙"当为"悉徒"，即息土，亦即粟土。

[2]隫：水边，沿河的高地。王绍兰云："隫"当为"坟"，"坟"即"濆"之借字。《说文·水部》："濆，水涯也。"张佩纶云：《周礼·大司徒》"辨其山林川泽邱陵坟衍原隰之名物"，郑注：积石曰山，大阜曰陵，水厓曰坟，下平曰衍。此处大概指山地、平原、河边、丘陵几种不同的地形。

[3]柘：一种常绿灌木或小乔木，叶子卵形或椭圆形，前端有浅裂，可喂蚕，木可以提取黄色染料，为"柘黄"。

[4]落：后作"苔"。青苔，水衣也。《淮南子注》："青苔，水垢也。"夏纬瑛："青忞以落"，就是说这种土青色、疏松、不纯洁而带有杂质，与上文"五色杂英"相对应。

［译文］

管仲治理天下，规定土深七尺为一施。渎田息土，适宜种植各种谷类，长出的庄稼颗粒饱满。这里植树适宜蚖菕和杜松，这里种草适宜牡荆和商棘。见到这种土壤，称之为五施之土，土深五七三十五尺，与地下泉水相接，呼音相当于“角”声。这里的水呈青色，居民强壮。赤垆土，疏松、坚硬而肥沃，适宜种植各种谷物，这里种植的麻呈白色，织出的布质黄润精细，这里种草适宜白茅和雚，这里植树适宜赤棠。见到这种土壤，称之为四施之土，土深四七二十八尺，与地下水泉相接，呼音相当于“商”声，这里的水白而甜，居民长寿。黄唐土，不太适合作物生长，只能种植黍和高粱，容易积水成泽，修建围墙时，地湿易毁，难以筑城砌墙，这里种草适宜黍秫和白茅，这里植树适宜椿、楸、桑。见到这种土壤，称为三施之土，土深三七二一尺，与地下水泉相接，呼音相当于“宫”声，这里的泉水黄而浑浊（居民）容易流亡迁徙。斥埴土，适宜种植大豆和麦，这里的草适宜萯和雚，这里的树木适宜杞柳。见到这种土壤，称为再施之土，土深二七一十四尺，与地下水泉相接，呼音相当于“羽”声，这里的泉水味咸，（居民）容易流亡迁徙。黑埴土，适宜种植稻、麦，这里种草适宜扫帚菜和羊蹄草，这里植树适宜白棠。见到这种土壤，称之为一施之土，土深七尺，与地下水泉相接，呼音相当于“征”声，这里的水黑而味苦。

……

山之上称为“县泉”的地方，地面不干燥，所生的草是茹茅与蓮，树木是樠，凿地二尺即可见到泉水。山之上称为“复吕”的地方，所生的草是鱼肠和莸，树木是柳，凿地三尺就可见到泉水。山之上称为“泉英”的地方，所生的草是当归、菖蒲，树木是杨，凿地五尺可以见到泉水。山的半腹，所生的草是豨莶草和蔷蘼，树木是椵，凿地十四尺可以见到泉水。山的侧面，所生的草是蔄和蒌蒿，树木是刺榆，凿地二十一尺可以见到泉水。

大凡草类与土地的结合，都有次第顺序。土地高下不同，所适合生长的草类也不同。叶在郁之下，郁在苋之下，苋在蒲之下，蒲在苇之下，苇在雚之下，雚在蒌之下，蒌在荓之下，荓在萧之下，萧在薜之下，薜在萑之下，萑在茅之下。这些草类，一共有十二个等次，各有其归宿。

九州的土壤，有九十种，每州的土壤都是固定的，而且存在等次差别。

各种土壤中最好的土壤，是五种粟土。五种粟土的颜色，有赤，有青，有白，有黑，有黄，五种粟土有五种特征。五种粟土的性状，黏而不湿，干燥而不瘠薄，不泥阻车轮，也不污浊手脚，种植大重、细重，白茎白花，无不适宜。五种粟土，无论在丘陵在山地，在水边在平原，在阴面阳面，都适宜种植桐树和柞树，无不高大秀美。其土地上的榆、柳、檿、桑、柘、栎、槐、杨等，各种树木枝繁叶茂，高大挺直。这里的池泽多鱼，这里的牧场适合牛羊。这里的平地山麓，都适合生长竹、箭、枣、楸、楢、檀。五种香草生长在这里，薜荔、白芷，蘼芜、椒、连。五种香草的功效，使人少病且不易衰老，男女都长得美好。这里的居民技艺高明，这里的水泉黄白色，这里的人容颜悦畅。五粟之土，干燥而不坚硬，湿润而不泥泞，无论地势高低，土壤都保持水分，所以叫作粟土。

粟土的下一等是五种沃土。五沃的颜色，有赤，有青，有黄，有白，有黑，五沃有五种颜色，各有区别。五沃的性状，土壤虚松而有孔窍，虫类容易藏蛰其中，表面松软而不干白，里面保持润泽，适宜种植大苗、细苗，红茎黑花而秸秆长大。五种沃土，无论在丘在山，在陵在冈，还是在陬隅在阳坡，左右两边，都适宜这些树木，桐、柞、柍、椿，还有白梓。这里的梅、杏、桃、李，都花繁枝茂。这里的棘、棠、槐、杨、榆、桑、杞、檀等各种树木都高大挺直。这地方的阴处生长山楂和梨树，阳面则可以种植各种麻类，无论地势高低，田地所在，无不相宜，所产之麻如竹箭如芦苇，长大秀美，如藋如蒸，各有不同的名称。大的麻没有疵节，小的麻条理易治，积聚而加以贮藏，像漂练好的白丝一样。这里还出产五种香草，连翘、揭车、蘼芜、藁本、白芷。这里的池泽多鱼，牧场则宜于牛羊。这里的泉水白而青，这里的人强壮有力，既无疥疾，又无头痛烦恼。五沃之土，干燥而不旱裂，湿润而不泥泞，无论地势高低，土壤都保持水分，所以叫作沃土。

沃土的下一等是五种位土。五种位土的颜色，五色相杂，各有不同的特征。五种位土的性状，不硬不灰，青色、疏松而带有杂质，适宜种植大苇无、细苇无，赤茎白花。五种位土，无论是在土岗在丘陵，在水边在平原，在小丘在高山，都适合生长竹、箭、枣、楸、楢、檀。在山的低处，还有茏与芹。各种树木生长茂盛，高大挺拔，如桑、松、杞、椑、橦、楷榕、榆、桃、柳、楝等。这种土地上盛产药材，如姜、桔梗，小辛、大蒙等。这里的山麓多产桔梗、蒲柳；山下有箭和苑。这里的山旁有黄蕪、白昌、山藜、苇芒。各种药材丛生，能使百姓免于疾病。这里的丛林和山麓，这里的槐树和楝树，这里的柞树和楮树，生长繁茂，鸟兽繁多。不仅有麇、麃，还多产鹿。这里的泉水青黑，这里的人性格爽直，省事少食。无论地势高低，土壤都保持水分，所以叫作位土。

位土的下一等是五种蘟土。五种蘟土的性状，土质发黑而含有杂质，青疏而肥沃，粉然如灰。这种土壤适宜种植櫑葛，赤茎黄花而怒放，叶子如苑。以这种土壤种植果木，不如前三类土壤的十分之二，所以叫作蘟土。

蘟土的下一等是五种壤土。五种壤土的性状，粉细如淀子而又含有水分。这种土壤适宜种植大水肠、细水肠，赤茎黄花，性耐水旱，所种无不适合。以这种土壤种植果木，不如前三种土壤的十分之二，所以叫作壤土。

壤土的下一等是五种浮土。五种浮土的性状，土壤中杂有沙粒如米，但由于葆藏水分，不脱散不干裂。这种土壤适合种植忍蘟，忍蘟的叶子如雚叶，毛长如狐茸，黄茎、黑茎、黄花，粟粒大，种植无不适合。以这种土壤种植果木，不如前三种土壤的十分之二。

总之，上等土壤三十种，可种植十二类作物。

《蜀都赋》（节选）

西汉·扬雄

【导读】

扬雄，字子云，蜀郡（今成都）人，汉赋四大家之一。《蜀都赋》出自于《扬子云集》，是西汉扬雄的重要作品，描绘了秦汉时期成都地区的壮美山川、富饶物产。《蜀都赋》中列出了众多蜀都出产的树木花草、鸟兽虫鱼、五谷蔬果，虽为文学描写，却多有写实之笔，不乏对林业资源与生态环境的如实记录。这些记载，对研究汉代四川地区的野生动植物资源和生态环境，具有重要的史料价值。

【原文】

蜀都之地，古曰梁州。……于近则有瑕英菌芝，玉石江珠。于远则有银铅锡碧，马犀象僰[1]。西有盐泉铁冶，橘林铜陵，邛连卢池，澹漫波沦。其旁则有期牛兕旄，金马碧鸡。北则有岷山[2]，外羌白马[3]。兽则麙羊野麋，罴犛貘貐，麢麖鹿麝，户豹能黄，貙胡蛫玃，猨蠝玃猱，犹毅毕方。……于木则楩栎豫章树榜，檜櫶樿柙，青稚雕梓，枌梧橿枥，槲楢木稷，枒信楫丛，俊干凑集。梎榜柍楬，朼沈樘椅，从风推参，循崖撮搓。淫淫溶溶，缤纷幼靡；泛闳野望，芒芒菲菲。其竹则钟龙筡篁，野筱纷邑，宗生族攒，俊茂丰美，洪溶忿苇，纷扬搔翕，与风披拖，夹江缘山，寻卒而起，结根才业，填衍迴野，若此者方乎数十百里。于汜则汪汪漾漾，积土崇堤。其浅湿则生苍葭蒋蒲，藿芧青苹，草叶莲藕，茱华菱根。其中则有翡翠鸳鸯，袅鸬鹞鹭，霍鹍鹔鹴。其深则有猵獭沈鳝，水豹蛟蛇，鼋蟺鳖龟，众鳞鳎鳠。

尔乃其都门二九,四百余间。两江珥其市，九桥带其流。武儋镇都，刻削成蘞。王基既夷，蜀候尚丛，并石石䃉，岓岑倚从。秦汉之徙，元以山东。是以隤山厥饶，水贡其获，苴竹浮流，龟鳖碛石。石蝎相救，鱼酉不收。鸾鹖鸲鹍，风胎雨鷇。众物骇目，单不知所御。

尔乃其裸，罗诸圃臤，缘畛黄甘，诸柘柿桃，杏李枇杷，杜樼栗椋，棠梨离支，杂以梃橙，被以樱梅，树以木兰。扶林禽，爚般关。旁支何若，英络其间。春机杨柳，褭弱蝉杪，扶施连卷。狚貕螗蛦，子鷵呼焉。

尔乃五谷冯戎，瓜瓠饶多，卉以部麻，往往姜栀，附子巨蒜，木艾椒蓠，藹酱酴清，众献储斯。盛冬育笋，旧菜增伽。百华投春，隆隐芬芳。蔓茗荧郁，翠紫青黄。丽靡螭烛，若挥锦布绣，望芒兮无幅。

【注释】

[1]僰（bó）：古代西南少数民族名。也指僰人所居今川南及滇东一带。《史记·西南夷列传》："巴蜀民或窃出商贾，取其筰马、僰僮、髦牛，以此巴蜀殷富。"

[2]岷山：位置在四川省北部，是岷江、嘉陵江支流白龙江的发源地。

[3]白马：即白马氐，我国古代西南地区氐族的一部，分布在今四川西北部及甘肃南部。

【译文】

蜀都地区，古代称为梁州……近处则有美石、灵芝，玉石、琥珀。远处则有银、铅、锡、青玉，玛瑙、犀角、象牙、僰族。西部有含盐的矿泉与炼铁的工场，茂密的橘林园与产铜的山陵。邛都县的邛池，水面宽广长流。池畔则有蜀地的夔牛、兕兽、牦牛，金马碧鸡。北面则有岷山，外部有羌族和白马氐。野兽则有羚羊和麋鹿，野熊、牦牛、貘兽、猪貛，麢麖、野鹿、香獐，赤纹花豹、黄熊，㺜胡、蜼、玃，猿猴、鼯鼠及猴类，犹猴、白狐、怪鸟毕方。……树木有黄梗树、栎树，豫章树、枋树，檜櫖木、白理木、柙木，碧绿的杞柳、可供雕刻的梓树，白皮榆、梧桐、橿木、枥树，坚硬的楢木、稷木，椰树成列，樱桃丛生，俊美的枝干紧凑集中。楠木、白枣、杏树、楬树，茂密无边分，布广远互相撑倚，随风相互推挤掺杂，沿山崖相互摩擦。无比茂盛，繁多深密；放眼远望于野外，茫茫一片错综交杂。这里的竹子则有可以作笛的簻笼、可以作竹篙的竹董及桃枝竹，大竹小竹都畅茂，密集生在一起，华俊繁茂丰富美好，如洪水般美盛，草木摇晃如波，与风起伏，包夹江河攀缘高山，竹高八尺乃至数丈。竹根相连接而生芽，繁衍众多塞满原野，像这样的地面方圆数十里至上百里。至于池沼则是水波辽阔荡漾，堆积泥土加高堤堰。其浅水湿润之处则生长青苍的芦苇及茭白、蒲草，藿香、三棱草、浮萍，草叶莲藕，茱萸、菱角。其内则有翠鸟、鸳鸯，鸬鹚、鹢鸟、白鹭，仙鹤、大水鸟鹈鹕。其深处则有猵獭和沉于水中的扬子鳄，水豹和蛟与蛇，大鳖、鼍龙及龟鳖之类，众多鱼族连绵不绝。

蜀都的城门有二九十八座，四百余个里巷。郫江、检江如耳环般穿越其市区，冲治桥、长平桥等九座桥梁跨江而过如同束带。武儋山为蜀都的主山，其山如刻削而成状似菽草蜿蜒。周王室的基业已经颓败，蜀候蚕丛开始称王。山石层层累积，倚山累石而居。秦汉时的人口迁徙，目的是充实山东地区。因此山中材用丰饶，水运便利，采获竹麻等物蔽江而下，如同龟浮石聚一样多。林木药材等山川所产，无论巨细皆任人采取而无所掩藏。鶱鸟、雕类、八哥、凤凰等鸟，迎风而怀胎，遇雨而孵化。众多动植物使人看了吃惊，殚尽精力也不知道其用处。

这里的瓜果，罗布在各园圃之中，沿着田间小路有大量黄柑，诸如柘木、柿子树、桃树，杏树、李树、枇杷树，杜梨、榛树、栗树、沙果树，棠梨树、荔枝树，混杂有广柑树，遍布有樱桃树、梅树，栽植有木兰树，果实骈生的林檎树，光彩炫耀的般关梨。树枝婀娜，花朵络织其间。春季的杨柳、桤木，柔弱的枝条相牵引，四面垂布弯曲相连。䖿𧐐虫、螗蜩蝉，杜鹃呼唤鸣叫。

这里五谷丰登，瓜果丰饶，各种麻类，处处有生姜、黄栀，以及附子、大蒜，木艾、花椒、江蓠，枸杞酱、酴醾酒，出产殊多，贡献尤大。盛冬时已生竹笋，食用旧菜时已添新生的茄子。百花盛开，芬芳怡人，众花茂盛，翠紫青黄五颜六色，美丽光彩鲜明广布，仿若挥动蜀锦广布蜀绣，茫茫然无边无际。

《毛诗草木鸟兽虫鱼疏》（节选）

三国吴·陆玑

【导读】

《毛诗草木鸟兽虫鱼疏》，是陆玑为《诗经》中动植物进行的注解，是中国古代较早的生物学研究著作。全书共记载动植物170多种，涉及草本植物、木本植物、鸟类、兽类、鱼类、虫类等。

该书对《诗经》中各种动植物，不仅记其名称（包括异名），更在现实观察的基础上描述其形态性状、实践用途、生态价值。动植物分布范围，覆盖地域遍及全国，许多训释中包含着丰富的森林资源分布、森林加工利用知识。节选内容选取了关于部分树木名实的注解，涉及树木性状、木材加工利用等。

【原文】

集于苞杞

杞，其树如樗，一名苦杞，一名地骨，春生作羹茹，微苦，其茎似莓子，秋熟正赤，茎、叶及子服之，轻身益气……

梓椅梧桐

梓者，楸之疏理、白色而生子者为梓，梓实桐皮曰椅，今人云梧桐也，则大类同而小别也。桐有青桐、白桐、赤桐，白桐宜琴瑟，今云南牂柯人绩以为布，似毛布。

有条有梅

条，槄也，今山楸也，亦如下田楸耳，皮色白，叶亦白，材理好，宜为车板，能湿，又可为棺木，宜阳共北山多有之。梅树皮叶似豫章，叶大如牛耳，一头尖，赤心，华赤黄，子青，不可食。楠叶大，可三四叶一丛，木理细致于豫章，子赤者材坚，子白者材脆。荆州人曰梅。终南及新城、上庸皆多樟、楠。终南与上庸、新城通，故亦有楠也。

北山有楰

楰，楸属，其树叶、木理如楸，山楸之异者，今人谓之苦楸，湿时脆，燥时坚，今永昌又谓鼠梓，汉人谓之楰。

常棣

常棣，许慎曰：白棣树也，如李而小如樱桃，正白，今官园种之。又有赤棣树，亦似白棣，叶如刺榆叶而微圆，子正赤，如郁李而小，五月始熟，自关西、天水、陇西多有之。

爰有树檀

檀，木皮正青，滑泽，与系迷相似，又似驳马。驳马，梓榆，其树皮青白，驳荦，遥视似马，故谓之驳马。故里语曰："斫檀不谛得系迷，系迷尚可得驳马。"系迷，一名挈榼。故齐人谚曰："上山斫檀，挈榼先殚。"下章云"山有枹棣，隰有树檖"，皆山隰木相配，不宜谓兽。

柞棫拔矣

柞棫，《三苍说》：棫即柞也。其材理全白，无赤心者为桵。直理易破，可为犊车轴，又可为矛戟铩。

隰有杞桋

楝，叶如柞，皮薄而白，其木理赤者为赤楝，一名桋，白者为楝，其木皆坚韧，今人以为车毂。

北山有杻

杻，檍也。叶似杏而尖，白色，皮正赤，为木多曲少直，枝叶茂好，二月中叶疏，华如楝而细蕊正白。盖此树今官园种之，正名曰"万岁"。既取名于亿万，其叶又好，故种共汲山下。人或谓之牛筋，或谓之檍，材可为弓弩干也。

其灌其栵

栵，栭，叶如榆也。木理坚韧而赤，可为车辕。

其柽其椐

柽，河柳，生水旁，皮正赤如绛，一名雨师，枝叶似松。椐，樻，节中肿似扶老[1]，今灵寿是也。今人以为马鞭及杖，弘农共北山甚有之[2]。

山有枢

枢，其针刺如柘，其叶如榆，瀹为茹[3]，美滑于白榆。榆之类有十种，叶皆相似，皮及木理异尔。

山有栲

栲，叶似栎，木皮厚数寸，可为车辐，或谓之栲栎。许慎正以"栲"读为"綌"，今人言栲，失其声耳。

集于苞栩

栩，今柞栎也，徐州谓栎为杼，或谓之为栩。其子为皂，或言皂斗，其壳为汁可以染皂，今京洛及河内多言杼汁，或云橡斗。读栎为杼，五方通语也。

无浸获薪

获，今椰榆也，其叶如榆，其皮坚韧，剥之长数尺，可为索，又可为甑带[4]，其材可为杯器。

集于苞杞

杞，柳属也，生水傍，树如柳叶，粗而白色，木理微赤，故今人以为车毂。今共北淇水旁、鲁国泰山汶水边，纯杞也。

其下维榖[5]

榖，幽州人谓之榖桑，或曰楮桑，荆扬、交广谓之榖，中州人谓之楮。殷中宗时桑榖共生是也。今江南人绩其皮以为布，又捣以为纸，谓之榖皮纸，长数丈，洁白光辉，其里甚好，其叶初生可以为茹。

榛楛济济

楛，其形似荆而赤茎似蓍。上党[6]人织以为斗筥箱器，又揉以为钗。故上党人调问妇人："欲买赭否？"曰："灶下自有黄土"。问："买钗否？"曰："山中自有楛"。

扬之水不流束蒲

蒲柳有两种：皮正青者曰小杨；其一种皮红正白者曰大杨，其叶皆长广似柳叶，皆可以为箭干，故《春秋传》曰："董泽之蒲，可胜既乎？"今人又以为箕罐之杨也。

蔽芾其樗

山樗与下田樗略无异，叶似差狭耳，吴人以其叶为茗。

椒聊之实

椒聊，聊，语助也，椒树似茱萸有针刺，茎叶坚而滑泽，蜀人作茶，吴人作茗，皆合煮其叶以为香，今成皋诸山间有椒，谓之竹叶椒，其树亦如蜀椒，少毒热，不中合药也，可着饮食中，又用蒸鸡、豚最佳者。东海诸岛上亦有椒树，枝叶皆相似，子长而不圆，甚香，其味似橘皮，岛上獐、鹿食此椒叶，其肉自然作椒、橘香也。

山有苞栎

苞栎，秦人谓柞为栎，河内人谓大蓼为栎，椒榝之属也[7]，其子房生为梂，木蓼子亦房生。

食郁及薁[8]

郁，其树高五六尺，其实大如李，色赤，食之甘。

树之榛栗

榛，栗属，有两种：其一种之皮叶皆如栗，其子小，形似杼子，味亦如栗，所谓“树之榛栗”者也；其一种枝叶如木蓼，生高丈余，作胡桃味，辽东、上党皆饶。“山有榛”之榛，枝叶似栗树，子似橡子，味似栗，枝茎可以为烛。五方皆有栗，周、秦、吴、扬特饶，吴越被城表里皆栗，唯渔阳、范阳栗甜美长味，他方者悉不及也。倭、韩国诸岛上栗大如鸡子，亦短味不美。桂阳有栗，丛生，大如杼子，中仁皮子形色与栗无异也，但差小耳。又有奥栗，皆与栗同，子圆而细，或云即莘也，今此惟江湖有之。又有茅栗、佳栗，其实更小，而木与栗不殊，但春生夏花、秋实冬枯为异耳。

摽有梅[9]

梅，杏类也，树及叶皆如杏而黑耳，爆干为腊，置羹臛齏中[10]，又可含以香口。

蔽芾甘棠

甘棠，今棠梨，一名杜梨，赤棠也，与白棠同耳，但子有赤白美恶。子白色为白棠，甘棠也，少酢滑美；赤棠子涩而酢，无味，俗语云“涩如杜”是也。赤棠木理韧，亦可以作弓干。

唐棣之华

唐棣，奥李也，一名雀梅，亦曰车下李，所在山中皆有。其花或白、或赤，六月中成实，大如李子，可食。

隰有树檖

檖，一名赤萝，一名山梨，今人谓之杨檖。其实如梨，但实甘小异耳。一名鹿梨，一名鼠梨，齐郡广饶县尧山、鲁国河内共北山中有，今人亦种之，极有脆美者，亦如梨之美者。

北山有枸

枸树，山木，其状如栌，一名枸骨，高大如白杨，所在山中皆有。理白，可为函板。枝柯不直，子着枝端大如指，长数寸，啖之甘美如饴，八九月熟，江南特美。今官园种之，谓之木蜜。古语云“枳枸来巢”，言其味甘，故飞鸟慕而巢之。

本从南方来，能令酒味薄，若以为屋柱，则一屋之酒皆薄。

颜如舜华

舜，一名木槿，一名榇，一名曰椵，齐鲁之间谓之王蒸，今朝生暮落者是也。五月始花，故《月令》：“仲夏木槿荣。”

采荼薪樗

樗，树及皮皆似漆，青色耳，其叶臭。

唯笋及蒲。笋，竹萌也，皆四月生，唯巴竹笋八月、九月生，始出地长数寸，煮以苦酒，豉汁浸之，可以就酒及食。

【注释】

[1]扶老：手杖的别称。这里指可以制作手杖的竹或木一类植物。

[2]弘农：郡县名，始设于西汉武帝时期，故址在今河南省灵宝市东北。

[3]瀹（yuè）：烹煮。

[4]甑（zèng）：瓦制盛器，多用于蒸食物。

[5]榖（gǔ）：即构树，又称“楮”，落叶乔木，叶子卵形，叶子和茎上有硬毛，花淡绿色，雌雄异株。树皮可用于造纸。古人以为不祥之树。

[6]上党：战国韩置，秦、汉治所在长子县（今山西长子县西南）。辖境相当今山西长治、晋城等地。东汉末移治壶关县（今长治市北三十五里故驿村）。后屡有废置。

[7]椴（shā）：植物名，即茱萸。《楚辞·离骚》：“椒专佞以慢谄兮，椴又欲充其佩帏。”王逸注：“椴，茱萸也。”

[8]薁（yù）：酸李。

[9]摽（biào）：落下。《诗·召南·摽有梅》：“摽有梅，其实七兮。求我庶士，迨其吉兮。”毛传：“摽，落也。”

[10]臛（huò）：肉羹。齏（jī）：细切腌渍的蔬果。

【译文】

梓椅梧桐

梓树，楸树中纹理较疏松、白色并且结果实的就是梓树。具有梓树果实、桐树表皮的树木叫椅，就是现在人所说的梧桐。这些树都大体相同而略有差异。桐树有青桐、白桐、赤桐，白桐适合做琴瑟，现在云南牂牁人用它织成布，与毛布相似。

有条有梅

条，稻树，就是现在的山楸，也和下田楸差不多，树皮是白色，树叶也是白色，材性好，适合制作车板，能够抗潮湿，又可以用作棺木，宜阳共北山有很多。梅树的树皮、树叶都像豫章树，树叶与牛耳差不多大，一头尖，红心，花赤黄色，果实青色，不能够食用。楠树叶大，三四片叶子攒成一丛，木材纹理比豫章木细致，果实红色的材性坚韧，果实白色的材性脆弱。荆州人叫作梅。终南和新城、上庸都有很多樟木、楠木，终南与上庸、新城相通，所以也有楠木。

北山有楰

楰树，楸树一类，它的树叶、木理都和楸树差不多，山楸中特殊的一类，现在人们称为苦楸，潮湿的时候松脆，干燥时坚韧。现在永昌地区又称为鼠梓，汉人称为楰树。

常棣

常棣，许慎说：就是白棣树，像李树而略小，果实像樱桃，正白色，如今官园仍有种植。又有赤棣树，也和白棣差不多，树叶像刺榆叶而微圆，果实正红色，如同郁李而稍小，五月开始成熟，自关西、天水、陇西多有这种树。

爰有树檀

檀，树皮正青色，比较光滑，和系迷差不多，又像驳马。驳马即梓榆，它的树皮青白，驳荦远远地看起来像马，所以称之为驳马。因此俗语说：“砍伐檀木不仔细的话得到的是系迷，砍错了系迷也可以得到驳马。”系迷，又名挈榼，所以齐人谚语说：“上山砍伐檀木，挈榼首先灭绝。”下章说：“山上有枹棣树，低湿的地方有树檖树”，都与山上和低湿的地方生长的树木相对应，不能够当作禽兽。

柞棫拔矣

柞棫，《三苍说》解释棫树就是柞树，它的材理全白，没有红心的也叫桵，纹理竖直，容易剖开，可以制作牛车的车轴，也可以用来制作矛、戟、铩等武器。

隰有杞荑

楝树，叶子像柞树，树皮薄而且白，其中木材纹理红色的是赤楝，也叫梀，白色的就是楝树，它的木材坚韧，现在人们用来制作车毂。

北山有杻

杻树就是檍树。树叶像杏树而有尖，白色，树皮正红色，这种树大部分都弯曲，很少有笔直的，枝叶生长茂盛，二月中旬树叶稀疏，花像楝树而小，花蕊正白色。因为此树在官园里种植，正式名称叫“万岁”。既得名于亿万，它的枝叶长得又好，所以种植在共汲山下。人们或者叫它牛筋，或者叫它檍树，木材可以用作弓弩把。

其灌其栵

栵树即栭树，叶子像榆树，木材纹理坚韧而呈红色，可以用来制作 车辕。

其柽其椐

柽树即河柳，生长在水旁，树皮正红色，一名雨师，枝叶像松树。椐树即樻树，树节中间臃肿如同扶老树，就是现在的灵寿木。现在人们用来制作马鞭和拐杖，弘农共北山非常多。

山有枢

枢树，它的针刺像柘树，叶子像榆树，可以烹煮作为菜肴，比白榆叶更滑嫩可口。榆树共有十种，树叶都差不多，只是树皮和木材纹理不同罢了。

山有栲

栲树，树叶像栎木，树皮厚达好几寸，可以用来做车辐，有的称之为栲栎。许慎辨正“栲”应该读为“綌”，现在人们说栲，丢失原来的读声了。

集于苞栩

栩木，就是现在的柞栎，徐州称栎为杼，有的又称之为栩，它的果实可以制作皂，有的叫皂斗，它的壳捣汁可以染皂，现在京洛和河内多说是杼汁，有的说橡斗。把“栎”读为“杼”，是各地通用的说法。

无浸获薪

获木，就是现在的椰榆树，它的树叶像榆树，它的树皮坚韧，剥下来长达好几尺，可以用来制作绳索，也可以用来作为盛器的带子，它的木材可以用来制作杯器。

集于苞杞

杞树，柳树的一类，生长在水边，树叶如同柳叶，粗大而白色，木材纹理微红色，所以现在人们用来制作车毂。如今在共北淇水旁边以及鲁国泰山汶水边生长的，都是纯正的杞树。

其下维榖

榖树，幽州人称之为榖桑，有的又叫楮桑，荆扬、交广地区称之为榖树，中州人称之为楮树。商朝中宗时桑树与榖树共生，就是这种树。现在江南人把它的树皮织成布，又捣烂做成纸，称之为縠皮纸，长达好几丈，洁白而有光泽，此树材性很好，它的叶子刚长出来时可以作为蔬菜。

榛楛济济

楛树，它的外形像荆树，红色的茎干像蓍草，上党人将其茎干织成斗筥箱等用具，又把它编揉成钗。所以上党人挑逗妇女说："想要买赭吗？"答："锅灶下面自有黄土"。问："想要买钗吗？"答："山里面自有楛树"。

扬之水不流束蒲

蒲柳有两种：一种树皮正青色的叫小杨；另外一种树皮红白相间的叫大杨，它的树叶都很长，长得像柳树叶，都可以用来制作箭杆，所以《春秋传》说："董泽的蒲柳，能够取尽吗？"现在也有人把它当成制作箕罐的杨木。

蔽芾其樗

山樗和下田樗几乎没有差别，只是树叶略微有些差异，吴人用它的树叶作为茗。

椒聊之实

椒聊，聊是语助词，椒树像茱萸树而有针刺，茎叶坚韧光滑有光泽，蜀人用它做茶，吴人用它做茗，都是把它的树叶放在一起烹煮来获得香味。现在成皋的许多山里面有椒树，称之为竹叶椒，此树和蜀椒相似，有少量毒热，不能用来做药材，可以用在饮食之中，又可以用它来蒸鸡、豚最好。东海许多岛上都有椒树，枝叶都差不多，果实长而不圆，非常香，它的味道像橘皮，岛上獐、鹿吃了这种椒叶，它们的肉中自然也带有椒、橘香味。

山有苞栎

苞栎，秦人称柞为栎，河内人称大蓼为栎，都是椒树、檓树一类，它的果实聚簇而生呈球状，木蓼的果实也是聚簇而生。

食郁及薁

郁树，树高五六尺，它的果实大如李子，颜色为红色，吃起来很甜。

树之榛栗

榛树，栗树的一类，有两种：其中一种的皮、叶都和栗子相似，它的果实较小，外形像杼子，味道也和栗子差不多，所谓"树之榛栗"说的就是这种；另一种枝叶如同木蓼，生长起来高一丈多，味同胡桃，辽东、上党都盛产。"山有榛"的榛，枝叶都像栗树，果实像橡子，味道像栗子，枝茎可以用来制作蜡烛。各地都有栗树，周、秦、吴、扬等地尤其盛产，吴越城里城外都是栗树，只有渔阳、范阳的栗子味道甜美悠长，其他地方的都比不上。日本、韩国各岛上的栗子大得如同鸡蛋，味道也不是很好。桂阳有栗子，丛生，大小如同杼子，中间仁皮子外形、色泽与栗子没有差别，只是大小略有差异。又有奥栗，也和栗子相似，果实圆润而细小，有的说就是莘，这种栗子现在只有江、湖还有。又有茅栗、佳栗，它的果实更小，长得和栗树没有差别，只是春天生长、夏天开花、秋天结果、冬天枯萎有差异罢了。

摽有梅

梅树，杏树一类，树形和叶子都与杏树差不多，只是略微黑一点，晒干了可以做腊，放到肉羹中，吃的时候又可以提味。

蔽芾甘棠

甘棠，就是现在的棠梨，一种名字叫杜梨，就是赤棠，和白棠一样，只是果实有红白美丑的区别。果实白色的是白棠，即甘棠，有点酸而味道滑美；赤棠果实较为酸涩无味，俗语所说的“涩如杜”就是指这种。赤棠木纹理坚韧，也可以用来做弓箭把。

唐棣之华

唐棣，即奥李，一种名字叫雀梅，也叫车下李，山里面到处都有。它的花有白，有红，六月中旬结成果实，大小如同李子，可以食用。

隰有树檖

檖树，一种名字叫赤萝，另一种名字叫山梨。现在人称之为杨檖，它的果实像梨，只是果实甜味和大小略有差异。一种名字叫鹿梨，另一种名字叫鼠梨，齐郡广饶县尧山、鲁国河内共北山中都有，现在人们也有种植，其中有极为干脆甜美的，也和梨一样甜美。

北山有枸

枸树，山上生长的树木，它的外形像栌木，又名枸骨，高大如同白杨，山里面都有这树。纹理白色，可以用来制作函板。枝干不直，果实附在树枝上大如指头，长几寸，吃起来非常甜美，就像蜜一样，八九月成熟，江南产的尤其美味。现在官园也有种植，称之为木蜜，古语说“枳枸来巢”，说的就是它味道甘美，所以飞鸟慕名而来把巢建在上面。本来是从南方传过来，能够使酒味变淡，如果用它来制作屋柱，那么一屋子酒的味道都会变淡。

颜如舜华

舜树，一种名字叫木槿，又叫椺，还叫椵，齐鲁之间称之为王蒸，现在早上开花晚上凋落的树就是这种。五月开始开花，所以《月令》记载："仲夏木槿开花。"

采荼薪樗

樗树，即臭椿，树和皮都和漆树相似，青色，它的树叶有臭味。

唯笋及蒲

笋，竹子的萌芽，都是四月萌生，只有巴竹笋八月、九月间萌生，刚长出地面时长几寸，以苦酒烹煮，用豉汁浸泡，可以用来下酒和食用。

《南方草木状》（节选）

晋·嵇含

【导读】

嵇含的《南方草木状》是现存较早的中国古代地方性植物志，主要记载我国广东番禺、南海、合浦等地的植物。

《南方草木状》全书共分三卷：卷上叙述草类，有甘蕉、耶悉茗、茉莉花、豆蔻花、鹤草、水莲、菖蒲、留求子等二十九种；卷中叙述木类，有榕、枫香、益智子、桂、桄榔、水松等二十八种；卷下叙述果类和竹类，果类有荔枝、椰、橘、柑等十七种，竹类有云丘竹、石林竹、思摩竹等六种。节选内容为卷中的木类，概括介绍了它们的形态、生活环境、用途和产地等。

【原文】

枫人[1]，五岭之间多枫木，岁久则生瘤瘿，一夕遇暴雷骤雨，其树赘暗长三、五尺，谓之枫人。越巫取之作术，有通神之验；取之不以法，则能化去。

枫香，树似白杨，叶圆而歧分，有脂而香。其子大如鸭卵，二月华发，乃著实；八九月熟，曝干可烧。惟九真郡有之。

熏陆香，出大秦[2]。在海边有大树，枝、叶正如古松，生于沙中。盛夏，树胶流出沙上，方采之。

榕树，南海桂林多植之。叶如木麻，实如冬青。树干拳曲，是不可以为器也；其本棱理而深，是不可以为材也；烧之无焰，是不可以为薪也。以其不材，故能久而无伤；其荫十亩，故人以为息焉。而又枝条既繁，叶又茂细，软条如藤垂下，渐渐及地；藤梢入地，便生根节，或一大株有根四五处，而横枝及邻树即连理。南人以为常，不谓之瑞木。

益智子，如笔毫，长七八分。二月花，色若莲；著实，五六月熟。味辛，杂五味中芬芳，亦可盐曝。出交趾合浦[3]。建安八年，交州刺史张津尝以益智子粽饷魏武帝。

桂，出合浦。生必以高山之巅，冬夏常青，其类自为林，间无杂树。交趾置桂园。桂有三种：叶如柏叶，皮赤者，为丹桂；叶似柿叶者，为菌桂；其叶似枇杷叶者，为牡桂。《三辅黄图》曰："甘泉宫南有昆明池，池中有灵波殿，以桂为柱，风来自香。"

朱槿，花、茎、叶皆如桑，叶光而厚，树高止四五尺，而枝叶婆娑。自二月开花，至中冬即歇；其花深红色，五出，大如蜀葵，有蕊一条，长于花叶，上缀金屑，日光所烁，疑若焰生；一丛之上，日开数百朵，朝开暮落。插枝即活。出高凉郡。一名赤槿，一名日及。

指甲花，其树高五六尺，枝条柔弱，叶如嫩榆，与耶悉茗、末利花皆雪白，而香不相上下，亦胡人自大秦国移植于南海。而此花极繁细，才如半米粒许，彼人多折置襟袖间，盖资其芬馥尔。一名散沫花。

蜜香，沉香，鸡骨香，黄熟香，栈香，青桂香，马蹄香，舌香，按此八物，同出于一树也。交趾有蜜香树，干似柜柳，其花白而繁，其叶如橘。欲取香，伐之；经年，其根、干、枝、节各有别色也。木心与节坚黑沉水者，为沉香；与水面平者，为鸡骨香；其根，为黄熟香；其干，为栈香；细枝紧实未烂者，为青桂香；其根节轻而大者，为马蹄香；其花不香，成实乃香，为鸡舌香。珍异之木也。

桄榔，树似栟榈实，其皮可作绠，得水则柔韧，胡人以此联木为舟。皮中有屑如面，多者至数斛，食之与常面无异。木性如竹，紫黑色，有文理；工人解之，以制奕枰。出九真、交趾。

诃黎勒，树似梡，花白，子形如橄榄，六路，皮肉相著。可作饮，变白髭发令黑。出九真。

苏枋，树类槐花，黑子。出九真。南人以染绛，渍以大庾之水，则色愈深。

水松，叶如桧而细长。出南海。土产众香，而此木不大香，故彼人无佩服者。岭北人极爱之，然其香殊胜在南方时。植物无情者也，不香于彼而香于此，岂屈于不知己而伸于知己者欤？物理之难穷如此。

刺桐，其木为材，三月三时，布叶繁密，后有花，赤色，间生叶间，旁照他物，皆朱殷。然三、五房凋，则三、五复发，如是者竟岁。九真有之。

棹，树干、叶俱似椿，以其叶鬻汁渍果，呼为棹汁。若以棹汁杂彘肉食者，即时为雷震死。棹出高凉郡。

杉，一名披粘。合浦东二百里有杉一树，汉安帝永初五年春，叶落随风飘入洛阳城，其叶大常杉数十倍。术士廉盛曰："合浦东杉叶也，此休征，当出王者。"帝遣使验之，信然。乃以千人伐树，役夫多死者。其后三百人坐断株上食，过足相容。至今犹存。

荆，宁浦有三种：金荆可作枕，紫荆堪作床，白荆堪作履。与他处牡荆、蔓荆全异。又彼境有牡荆，指病自愈；节不相当者，月晕时刻之，与病人身齐等，置床下，虽危困亦愈。

……

蜜香纸，以蜜香树皮叶作之，微褐色，有纹如鱼，子极香而坚韧，水渍之不溃烂。泰康五年，大秦献三万幅，帝以万幅赐镇南大将军当阳侯杜预，令写所撰《春秋释例》及《经传集解》以进。未至而预卒，诏赐其家，令上之。

抱香履，抱木生于水松之旁，若寄生然。极柔弱，不胜刀锯，乘湿时刳而为履，易如削瓜；既干而韧，不可理也。履虽猥大，而轻者若通脱木，风至则随飘而动。夏月纳之，可御蒸湿之气。出扶南[4]、大秦诸国。泰康六年，扶南贡百双，帝深叹异，然哂其制作之陋，但置诸外府，以备方物而已。按东方朔《琐语》曰："木履起于晋文公时。介之推逃禄自隐，抱树而死。公抚木哀叹，遂以为履。每怀从亡之功，辄俯视其履，曰：'悲乎，足下！''足下'之称亦自此始也。"

【注释】

[1]枫人：指枫树上生长的瘿瘤。因似人形，故称。

[2]大秦：又名犁靬、海西，古代中国史书对罗马帝国的称呼。汉和帝永元九年（97），西域都护班超遣甘英出使大秦，至条支，临海而回。桓帝延熹九年（166），大秦皇

帝安敦遣使来中国。南海：即南海郡。公元前214年秦统一岭南，设桂林、象、南海三郡，南海郡治在番禺（在今广州市），辖今广东省大部。至隋唐撤郡改县。

[3]交趾：原为古地区名，泛指五岭以南。合浦：汉置，郡治在今广西壮族自治区。

[4]扶南：扶南国，又作夫南国、跋南国，古代东南亚地区古王国，辖境大致包括今柬埔寨、老挝南部、越南南部和泰国东南部诸地区。

【译文】

枫人，五岭地区有很多枫木，时间长了就长树瘤。一旦遇到暴风骤雨，它的树瘤暗地里长了三五尺，称之为枫人。越地的巫师用它来做法，能够用来沟通神灵；如果获取的方法不当，它就能化去。

枫香，树像白杨，叶子圆而且有分叉，树中有油脂并且很香。树的果实如同鸭蛋大小，二月开花之后开始结实，八九月熟，晒干了后可以燃烧。只有九真郡有这种树。

熏陆香，出自大秦。在海边有大树，枝、叶如同古松一样，生长在沙中。盛夏的时候，树胶从沙上流出来，才能够采胶。

榕树，南海、桂林地区多有栽种。叶子像木麻，果实如同冬青。树干拳曲，因此不可以用它来制作器具；主干棱理很深，因此不能够作为木材；用火烧它又没有火焰，因此不能够用来作为柴薪。正是因为它没有利用价值，所以才能长久存活而不被伤害；它的树荫达到十亩，所以人们把它作为休息之地。榕树枝条繁茂，叶子多且细，柔软的枝条如同藤蔓一样垂下来，逐渐达到地面；藤梢一旦入地，便又生根节，有的一棵大树有四五处根，枝条与邻近的树相互交错连生在一起。南方人对榕树习以为常，不把它当作瑞木。

益智子，如同毛笔，长七八分。二月开花，颜色如同莲花；结实后，到五六月成熟。味道辛辣，混杂入五味中又有芬芳的气息，也可以用盐来曝干。出自交趾、合浦。建安八年（203），交州刺史张津曾经把益智子做的粽子赠送给魏武帝。

桂树，出自合浦。一定生长在高山的顶峰。冬夏常青，常常一群桂树独自为林，中间没有其他杂树。交趾设置有桂树园。桂树有三种：叶子像柏树叶，表皮红的，是丹桂；叶子像柿树叶的，是菌桂；叶子像枇杷叶的，是牡桂。《三辅黄图》说："甘泉宫的南面有昆明池，池子中间有灵波殿，用桂树制作的柱子，风吹来的时候自有香气。"

朱槿，花、茎、叶都和桑树相像，树叶光滑而且厚实，树高只有四五尺，枝叶盘旋舞动。从二月份开始开花，一直到冬天的第二个月才停止。它的花深红色，有五瓣，大小如同蜀葵，花叶上长有花蕊一条，上面点缀有金色碎末，太阳光照到上面，好像火焰一样；一丛之上，每天能开几百朵花，早上开花晚上就落下。朱槿插枝就能成活。出自高凉郡。一种名字叫赤槿，另一种名字叫日及。

指甲花，树高有五六尺，枝条柔弱，叶子如同嫩榆叶，与耶悉茗、茉莉花一样为雪白色，香气也不相上下，都是胡人从大秦国带过来移植在南海的。这种花极为繁细，仅仅有半粒米大小，因其气味芳香，当地人多采折下来放置衣袖中。一种名字叫散沫花。

蜜香，沉香，鸡骨香，黄熟香，栈香，青桂香，马蹄香，鸡舌香，这八种东西，出自于同一种树。交趾有蜜香树，树干像柜柳，它的花白且多，它的叶子像橘树叶。如果想要取香，就砍下来；一年后，树根、树干、树枝、树节都各自有不同的颜色。树心和树节坚韧而黝黑，能沉入水底的，是沉香；浮在水面，与水面持平的，是鸡骨香；树根是黄熟香；树干是栈香；小树枝紧密结实没有朽烂的，是青桂香；树根、节轻且大的，是马蹄香；它的花不香，结出的果实却是香的，即是鸡舌香。这是珍贵奇异的树木。

桄榔，树像栟榈，它的皮可以用来制作汲水的绳子，沾水之后变得柔韧，胡人将此木连接起来做舟。树皮中有碎末如同面粉一样，有的多达好几斛，吃起来与平常的面粉没有差别。此木的材性如同竹子，紫黑色，有纹理；工人剖开，用来制作围棋盘。出自九真、交趾。

诃黎勒，树像桅树，花白色，果实如同橄榄，六瓣，果皮与果肉相连。可以用来作为饮品，能够使白胡须、白头发变黑。出自九真。

苏枋，树和槐花相似，黑色的果实。出自九真。南方人用来作为红色染料，用大庾之水浸泡，则颜色会更深。

水松，叶子像桧树叶而更加细长。出自南海。南海盛产各种香木，此木却不怎么香，所以当地人不怎么佩戴它。岭北人极其喜爱它，而它的香气远远超过在南方时。植物本来是没有感情的东西，在那里不香，却在这里香，难道是因不被了解而屈从、因被了解而舒展的原因吗？事物的道理很难被穷尽，就如同这水松一样。

刺桐，它可以用作木材，三月三的时候枝叶生长繁盛茂密，然后有花，红色，错杂地生长在树叶间，将附近的其他事物都映照成朱红色。它的花三朵、五朵凋谢，又三朵、五朵重新生发，这样能够持续一整年。九真地区有这种树。

棹树，树干和树叶都像椿树，可以用它的树叶煮汁浸泡水果，称为棹汁。如果用棹汁混杂猪肉吃的人，当时就会被雷电劈死。棹树出自高凉郡。

杉木，一种名字叫披煔。合浦东面二百里有一棵杉树，汉安帝永初五年春天，落下的树叶随风飘到了洛阳城，它的树叶比平常杉木树叶大数十倍。术士廉盛说："这是合浦东面的杉树叶，它是吉庆的象征，应该会出现能够称王的人。"汉安帝派遣使臣去查看，果然如此。于是派一千人去砍伐这棵树，服役的人多因此而死亡。后来三百多人坐在砍断的树干上吃饭，仍然能够让人从上面从容走过。树干至今仍然保存着。

荆树，宁浦有三种：金荆可以用来做枕头，紫荆可以用来做床，白荆可以用来做木鞋。和其他地方的牡荆、蔓荆完全不同。又宁浦境内有牡荆，用它对着病人就能自己痊愈；树节长短与人不相当的，在月晕时刻削，使之与病人身高相等，放置病人床下，即使病危都能够痊愈。

……

蜜香纸，是用蜜香树的树皮和树叶制作的，微褐色，有像鱼一样的花纹，果实非常香而且坚韧，用水浸泡它都不会溃烂。泰康五年，大秦国进献三万幅蜜香纸，皇帝拿出一万幅赐给了镇南大将军、当阳侯杜预，让他用蜜香纸撰写《春秋释例》和《经传集解》，然后进献。还没有送到，杜预就去世了，于是下诏赏赐给他的家人，让其把书进献上来。

抱香履，抱木生长在水松的旁边，就像寄生一样。抱木极其柔弱，经不起刀锯砍伐，趁着潮湿时剖开做成鞋子，如同削瓜一样容易；等到干了后极其坚韧，就没法雕琢了。鞋子虽然粗大，但是轻得如同通脱木一样，风吹过来就随风飘动。夏天穿上它，可以抵御蒸湿之气。出自扶南、大秦等国家。泰康六年，扶南国进贡一百双，皇帝深深感叹惊奇，但是讥笑它制作粗陋，只是将它放置在外府，用来充作土产而已。根据东方朔《琐语》说："木鞋起源于晋文公时期。介之推不接受官禄，独自隐居起来，最终抱树而死。晋文公抚摸着树木哀叹，于是就用这棵树的木头做成鞋子。每当想起介之推的功劳，就低头看看自己的鞋子，说：'唉，足下！''足下'的称呼就来源于此。"

《竹谱》（节选）

晋·戴凯之

【导读】

《竹谱》全书篇幅虽仅仅五千余字，却是中国第一部植物谱录专著，首次对竹类资源进行了系统的概括总结。后世许多农林典籍，诸如宋代赞宁的《笋谱》，元代刘美之的《续竹谱》，李衎的《竹谱详录》，清代程鼎的《竹谱》等，无不深受其影响。

《竹谱》分前后两部分，前一部分是绪论，后一部分是分论，以四字韵文为纲，再以散文形式逐条进行解释。节选内容为绪论部分，简述竹的形态、性状、分类、分布、生长环境、开花生理及寿命。

【原文】

植类之中，有物曰竹。不刚不柔，非草非木。

《山海经》《尔雅》皆言以竹为草，事经圣贤，未有改易。然竟称草，良有难安。竹形类既自乖殊，且经中文说又自背讹。经云："其草多族。"复云："其竹多箘。[1]"又云："云山有桂竹。"若谓竹是草，不应称竹。今既称竹，则非草可知矣。竹是一族之总名，一形之偏称也。植物之中有草、木、竹，犹动品之中有鱼、鸟、兽也。年月久远，传写谬误，今日之疑，或非古贤之过也。而比之学者，谓"事经前贤"，不敢辨正，何异匈奴恶郅都之名，而畏木偶之质耶？

小异空实，大同节目。

夫竹之大体多空中，而时有实，十或一耳，故曰小异。然虽有空实之异，而未有竹之无节者，故曰大同。

或茂沙水，或挺岩陆。

桃枝篔筜[2]，多植水渚。篁篠之属[3]，必生高燥。

条畅纷敷，青翠森肃。质虽冬蒨，性忌殊寒。九河鲜育，五岭实繁。

九河，即徒骇、太史、马颊、覆釜、胡苏、简絜、钩盘、鬲津，禹所导也，在平原郡。五岭之说，互有异同。余往交州，行路所见，兼访旧老，考诸古志，则今南康、始安、临贺为北岭，临漳、宁浦为南岭，五都界内各有一岭，以隔南北之水，俱通南越之地。南康、临贺、始安三郡通广州，宁浦、临漳二郡在广州西南，通交州。或赵佗所通，或马援所并，厥迹在焉。故陆机请伐鼓五岭表，道九真也。徐广《杂记》以剡、松阳、建安、康乐为五岭，其谬远矣。俞益期与韩康伯以晋兴所统南移、大营、九冈为五岭之数，又其谬也。九河鲜育，忌隆寒也。五岭实繁，好殊温也。

萌笋苞箨[4]，夏多春鲜。根干将枯，花箙乃见。

竹生花实，其年便枯死。箙，竹实也。箙音福。

箹必六十，复亦六年。

竹六十年一易根，易根辄结实而枯死。其实落土复生，六年遂成町。竹谓死为箹。箹音纣。

【注释】

[1]篃（mèi）：竹子的一种。

[2]簹（yún）筜（dāng）：一种大竹。

[3]篁（huáng）筱（xiǎo）：篁竹和筱竹，泛指密密的竹林。

[4]苞箨：苞，竹名；箨，笋皮。

【译文】

植物之中，有一类叫作竹，既不坚硬也不柔弱，既不是草也不是木。

《山海经》《尔雅》都把竹子视为草类，研究经书的圣贤们也没有更正。但是直接把竹子称为草，实在不是很妥。竹子的外形本来就与众不同，并且经文中的记载也互相矛盾。经书说："草有很多种类。"又说："竹类中有很多篃。"又说："云山有桂竹。"如果认为竹是草类，不应该称作竹子。现在既然称为竹子，那么就知道不是草类了。竹是一类植物的总称，一种形状的特称。植物之中有草、木、竹，就好像动物之中有鱼、鸟、兽一样。时间长了，流传记载错误，现在的怀疑，也许不是古代圣贤的错误。但是以往的学者认为此事关系前代圣贤，不敢进行辨正，这和匈奴讨厌郅都的名字而害怕他的木偶有什么区别呢?

竹类之间小的差异是有空心、实心的区别，大的共同特征是都分节。

大部分竹子都空心，偶尔有实心的竹子，十种之中或许有一种，所以说有小的差异。虽然有空心、实心的不同，但是没有竹子不分节，所以说大部分相同。

有的繁茂于沙滩水边，有的挺秀于山岗陆地。

桃枝、篔筜等竹子，多种植在水边；篁竹、筱竹等，多生长在高山干燥的地方。

竹子枝条繁茂，纷纷舒展，青翠浓密。尽管竹子冬天仍然繁茂昌盛，却又不胜严寒。九河地区很少生长，到五岭一带才繁盛起来。

九河，即大禹所疏导的徒骇、太史、马颊、覆釜、胡苏、简絜、钩盘、鬲津，在平原郡。五岭的说法，各有不同。根据我去交州的沿路所见，加上访问老人，考证古代志书，现在的南康、始安、临贺是北岭，临漳、宁浦是南岭，五个区域各有一岭，用来阻隔南北之水，都与南越地区相通。南康、临贺、始安三郡通广州，宁浦、临漳二郡在广州西南，通交州。有的是赵佗所开通，有的是马援所兼并，他们的遗迹仍在那里。所以，陆机请求进军五岭之外，说的就是九真。徐广《杂记》中以剡、松阳、建安、康乐为五岭，错误就大了。俞益期与韩康伯把西晋兴起后所管辖的南移、大营、九冈作为五岭之数，又更加错了。很少在九河地区生长，是畏忌那里的严寒。五岭地区繁盛，是适应那里的气温。

嫩笋新竹，夏天多，春天新鲜。根干将要枯死的时候，就会开花结实。

竹子开花结实后，当年就会枯死。箙，就是竹实。箙音福。

竹子六十年一死，重新长成竹子则需要六年。

竹子六十年更新一次根鞭，一旦更新根鞭则会结实并枯死。竹实落地重新生长，六年后就能重新成为竹林。人们把竹子枯死称为箹。箹音纣。

《茶经·茶之源》

唐·陆羽

［导读］

陆羽的《茶经》是世界上第一部茶叶专著。唐朝以前，茶的用途多在药用，仅少数地区以茶做饮料。自陆羽后，茶盛于唐，逐渐成为中国民间的主要饮料，饮茶品茗遂成为中国文化的一个重要组成部分。

《茶经》共三卷十篇，节选内容为《茶经》卷上首篇“一茶之源”，重点介绍茶树起源、分布、形状、功用、名称、品质。其后九篇分别为：“二茶之具”记载采制茶工具；“三茶之造”记述茶叶种类和采制方法；“四茶之器”记载煮茶、饮茶的器皿；“五茶之煮”记载烹茶法及水质品位；“六茶之饮”记载饮茶风俗和品茶法；“七茶之事”汇辑有关茶叶的掌故及药效；“八茶之出”列举茶叶产地及所产茶叶的优劣；“九茶之略”指茶器的使用可因条件而异，不必拘泥；“十茶之图”指将采茶、加工、饮茶的全过程绘在绢素上，悬于茶室，使得品茶时可以亲眼领略茶之始终。《茶经》的问世，大大推动了唐以后茶叶的生产和茶文化的传播。

［原文］

茶之源

茶者，南方之嘉木也。一尺、二尺乃至数十尺，其巴山、峡川有两人合抱者[1]，伐而掇之。其树如瓜芦[2]，叶如栀子，花如白蔷薇，实如栟榈，蒂如丁香，根如胡桃。瓜芦木出广州，似茶，至苦涩。栟榈，蒲葵之属，其子似茶。胡桃与茶，根皆下孕，兆至瓦砾，苗本上抽。

其字，或从草，或从木，或草木并。从草，当作“茶”，其字出《开元文字音义》。从木，当作“㭘”，其字出《本草》。草木并，作“荼”，其字出《尔雅》。

其名，一曰茶，二曰槚，三曰蔎[3]，四曰茗，五曰荈[4]。周公云：“槚，苦荼。”杨执戟云：“蜀西南人谓茶曰蔎。”郭弘农云：“早取为茶，晚取为茗。或一曰荈耳。”

其地，上者生烂石，中者生砾壤，下者生黄土。凡艺而不实，植而罕茂。法如种瓜，三岁可采。野者上，园者次；阳崖阴林，紫者上，绿者次；笋者上，牙者次；叶卷上，叶舒次；阴山坡谷者，不堪采掇，性凝滞，结瘕疾。

茶之为用，味至寒，为饮最宜精行俭德之人。若热渴、凝闷、脑疼、目涩、四肢烦、百节不舒，聊四五啜，与醍醐、甘露抗衡也。采不时，造不精，杂以卉莽，饮之成疾。

茶为累也，亦犹人参。上者生上党，中者生百济、新罗[5]，下者生高丽[6]。有生泽州、易州、幽州、檀州者[7]，为药无效，况非此者。设服荠苨[8]，使六疾不瘳[9]。知人参为累，则茶累尽矣。

［注释］

［1］巴山：又称大巴山、巴岭。在陕西西乡县西南，支峰绵延数百里。跨南郑、镇巴及四川南江、通江诸县。峡川：即《华阳国志·巴志》所称的巴郡三峡一带，相当于今四川东部、重庆和湖北西部一带，是唐代的重要茶产地。

［2］瓜芦：植物名。皋芦的别称。叶状如茶而大，味苦涩，可代饮料。

［3］蔎（shè）：本为香草名，此处为茶的别名。

［4］荈（chuǎn）：晚采的茶，此处泛指茶。

［5］百济：古国名（公元前18—公元660），又称南扶余。公元前1世纪由扶余人百济部所建，660年被唐与新罗联军灭亡。统治范围在朝鲜半岛西南部。与高句丽、新罗一起被称为朝鲜历史上的三国时代。新罗：古国名（公元前57—公元935）。公元503年开始定国号为“新罗”。670—676年唐朝新罗战争后，新罗统一了朝鲜半岛大同江以南地区，称为统一新罗。9世纪末期，统一新罗分裂成“后三国”。935年，“后三国”被高丽统一。

［6］高丽：古国名（918—1392），又称高丽王朝、王氏高丽。新罗末年，新罗王族弓裔建立泰封国。918年泰封部将王建杀弓裔自立，建立高丽国，定都开京（今朝鲜开城）。936年基本统一朝鲜半岛。1392年被朝鲜王朝取代。

［7］泽州：隋置，治所在高平（在今山西晋城东北）。唐于濩泽县置泽州（在今山西阳城县西）。易州：古燕之下都。隋移置南营州及昌黎郡于此，改曰易州，寻置易县（今属河北）为州治，改上谷郡。唐复曰易州，后屡有反复。幽州：西汉武帝所置十三部刺史之一。东汉治所在蓟县（今北京城西南）。辖境相当今河北北部及辽宁等地。檀州：唐置，后改名密云郡，不久又改回叫檀州（治所在今北京密云）。

［8］荠（jì）苨（nǐ）：药草名，又名地参，根味甜，可入药。

［9］六疾：即寒疾、热疾、末（四肢）疾、腹疾、惑疾、心疾，后用以泛指各种疾病。

［译文］

茶的起源

茶，是南方优良的树木。高一尺、二尺乃至数十尺，在巴山、峡川一带有两人合抱粗的，要先砍伐树枝才能摘取芽叶。茶树形似瓜芦木，叶子像栀子，花朵像白蔷薇，种子像棕榈，果蒂像丁香，根像核桃。瓜芦木生长在广州，像茶树而十分苦涩。栟榈，属于蒲葵类，其果实像茶树。核桃树与茶树，根部都在地下孕育，从土砾中萌出，苗木向上生长。

茶，从部首上看有的从草部，有的从木部，有的草部木部并从。从草的写作“茶”，此字出自《开元文字音义》；从木，应当写作“㭘”，此字出自《神农本草经》；草木并有的，写作茶，此字出自《尔雅》。

茶的名字，一称茶，二称槚，三称蔎，四称茗，五称荈。周公说：“槚，指苦茶。”杨雄说：“蜀西南人将茶称为蔎。”郭璞说：“早取为茶，晚取为茗。有的称为荈。”

茶树生长的土地，最好的是遍布碎石，中等的是砂砾遍布，最差的是黄土。凡是茶苗栽植技术不当，栽植之后茶树很少有繁茂的。栽植的方法像种瓜，三年后即可采茶。凡是茶叶野生的好，园生的差一些；向阳山崖并有林荫覆盖的茶叶，紫色的好，绿色的差一些；茶细长如笋的好，细弱如芽的差一些；叶绿翻卷的好，叶子平展的差一些；生长在背阴的山坡山谷的，不值得采摘，特性凝滞，喝了会生腹中结块的病。

茶的功用，性味至寒，作为饮品最适宜品行端正、有谦逊美德的人。倘若发热口渴、心胸憋闷、头疼、眼涩、四肢困乏、关节不舒畅，简单喝四五口，功效可以与醍醐、甘露相媲美。但如果采摘不适时，制造不精细，夹杂各类野草，喝了就会生病。

饮茶也会喝出毛病，就像人们吃人参也会受害一样。人参上等的出自上党，中等的出自百济、新罗，下等的出自高丽。有出自泽州、易州、幽州、檀州的，做药没有疗效，更何况还不如此类的。倘若将荠苨误作人参服用，将会使得疾病不能痊愈。明白了服用人参受害的道理，那么饮茶受害的道理也就明白了。

《荔枝图序》

唐·白居易

【导读】

本篇出自唐代白居易《白氏长庆集》，是白居易为画工所绘的荔枝图而写的一篇序文。荔枝出产于中国南方，由于交通条件限制北方罕见，只有王公贵胄才有条件享用，例如《新唐书·杨贵妃传》记载："妃嗜荔支，必欲生致之，乃置骑传送，走数千里，味未变已至京师。"相对于贵族，北方普通百姓不但没机会品尝，甚至很难目睹荔枝形状。

元和十四年（819），白居易任忠州刺史，期间命画工绘制荔枝图，并亲自为之作序，虽然短短一百多字，却形象地描绘了荔枝的出处、特性、形状、味道，而且还记录了荔枝采摘后果实的变化特征。该文有助于了解唐代荔枝的分布情况。

［原文］

荔枝生巴峡间[1]，树形团团如帷盖。叶如桂，冬青；华如橘，春荣；实如丹，夏熟。朵如葡萄，核如枇杷，壳如红缯，膜如紫绡，瓤肉莹白如冰雪，浆液甘酸如醴酪。大略如彼，其实过之。若离本枝，一日而色变，二日而香变，三日而味变，四五日外，色香味尽去矣。

元和十五年夏，南宾守乐天[2]，命工吏图而书之，盖为不识者与识而不及一、二、三日者云。

［注释］

［1］巴峡：指巴县以东江面的石洞峡、铜锣峡、明月峡，即《华阳国志》所称的巴郡三峡。

［2］南宾：唐天宝初年（742）改忠州为南宾郡，治所在临江县（今重庆忠县），乾元初年（758）复为忠州。

［译文］

荔枝生长在巴郡三峡一带，树形团簇像车的帷幕和篷盖。叶子像桂树，冬季长青；花朵像橘树，春季绽放；果实像丹药，夏季成熟。果实聚成簇像葡萄，果核像枇杷，果壳像红绸，果膜像轻纱，果瓤果肉莹白像冰雪，果浆汁液酸甜如糖粥。大概也就如前面所说的样子，而实际情况比介绍的这些还要好。倘若果实离开生长的树枝，一天颜色就变了，两天香味就变了，三天味道就变了，四五天以上，色香味就全都消失了。

元和十五年夏天，南宾郡太守白乐天，让官府画工绘制了一幅荔枝图，并写上这篇序，为的是告诉没有见过荔枝以及见过但不了解荔枝一日、二日、三日变化的人。

《北户录》(节选)

唐·段公路

【导读】

《北户录》是段公路根据在岭南任职的见闻，杂记成书，囊括了唐代岭南地区风土物产、饮食服饰，凡草木果蔬、虫鱼鸟兽无所不包。

节选内容记载了众多树木名称、种类、特性等，例如荔枝、变柑、山橘、橄榄、胡桃、白杨梅、偏核桃等；同时还记载林木加工利用情况，例如山蔬的“斑皮竹笋”条，藤编坐具的“五色藤筌蹄”条，树皮造纸的“香皮纸”条，削木为履的“枹木屧”条，用藤编席的“红藤簟”条，以竹为杖的“方竹杖”等。通过这些文献记载，不仅可以了解唐代广东地区的丰饶物产、社会生活，还可以考察当时南方林区森林资源及其分布。

【原文】

无核荔枝

南方果之美者，有荔枝。梧州火山者[1]，夏初先熟而味小劣，其高潘州者最佳[2]，五六月方熟。有无核类鸡卵大者，其肪莹白，不减水精，性热，液甘，乃奇实也……

变柑

新州出变柑[3]，有苞大于升者，但皮薄如洞庭之橘，余柑之所弗及。传云本自高要[4]，移植不数百里，形味俱变，因以为名。亦如逾淮为枳，乃水土异也。……

山橘子

山橘子，冬熟，有大如土瓜者，次如弹丸者，皮薄下气，晋宁多之[5]。南人以蜜渍，和皮而食，作琥珀色，滋味绝佳……

橄榄子

橄榄子八九月熟，其大如枣。《广志》云[6]：“有大如鸡子者。南人重其真味。一说香口绝胜鸡舌香。亦堪煮饮，饮之能消酒。其树耸拔，其柯不乔。有野生者，高不可梯，但刻其根，方数寸许，纳盐于中，一夕子皆落矣。”今高凉有银坑橄榄子[7]，细长，多味美于诸郡产者，其价亦贵于常者数倍也……

山胡桃

山胡桃，皮厚，底平，状如槟榔。其仁如扶容头，味次阴平……

白杨梅

杨梅，叶如龙眼树、冬青，一名杭（音求），潘州有白色者[8]，甜而绝大……

偏核桃

占卑国出偏核桃[9]，形如半月状，波斯取仁食之，绝香美……

红梅

岭之梅[10]，小于江左，居人采之，杂以豆蔻花，《广志》作豆菍字也，构橼子、朱槿之类。和盐曝之，梅为槿花所染，其色可爱。今岭北呼为红梅是也。又有选大梅，刻镂瓶罐结带之类，取棹汁渍之，亦甚甘脆……

五色藤筌蹄[11]

琼州出五色藤合子、书囊之类[12]，花多织走兽飞禽，细于锦绮，亦藤工之妙手也。卢亭[13]细白藤为茶器，新州作五色藤筌台，皆一时之精绝者。梁刘孝仪《谢太子五色藤筌蹄一枚》云："炎州采藤[14]，丽穷绮褥。"得非筌台与蹄语讹欤！……

香皮纸

罗州多笺香树[15]，身如柜柳，其华繁白，其叶似橘，皮堪捣纸，土人号为"香皮纸"……

抱木屧[16]

抱木产水中，叶细如桧，其身坚类于柏，唯根软，不胜刀锯。今潮州、新州多刳之为屧[17]。

【注释】

[1]梧州：唐武德四年（621）置，领苍梧、豪静、开江三县。治所在梧州（今属广西）。火山：荔枝的一种。唐代刘恂《岭表录异》记载："梧州对岸西火山……上有荔枝，四月先熟，以其地热，故为'火山'也。"

[2]高潘州：唐贞观八年（634）置，治所在茂名县（今广东高州市）。

[3]新州：南朝梁普通四年（523）置，唐时治今广东新兴县。

[4]高要：西汉置，属苍梧郡。治所即今广东肇庆市。

[5]晋宁：唐武德四年（612）置，属昆州，治所在今云南晋宁。

[6]《广志》：书名，晋郭义恭撰。该书内容广泛博杂，涉及农业物产、野生动物、香草药材、珠宝玉石、日用杂物、地理气候以及异族异俗等众多方面。

[7]高凉：汉武帝元鼎六年（前111）设合浦郡时所置，是合浦郡五属县之一，治所在今广东高州长坡。

[8]潘州：唐贞观八年（634）以南宕州改称潘州，以古道士潘茂名得名。治所在茂名县（今广东高州市）。

[9]占卑国：一译詹卑。故地在今印度尼西亚苏门答腊岛东岸占碑一带。

[10]岭南：指五岭（大庾岭、越城岭、骑田岭、萌渚岭、都庞岭的总称，位于江西、湖南、广东广西四省之间，是长江与珠江流域的分水岭）以南的地区，即广东、广西一带。

[11]筌（quán）蹄：南朝士大夫贵族讲经说法时手执的麈尾之类。

[12]琼州：唐代设州，辖境相当今海南省海口市及琼山、定安、澄迈、临高、琼海等县。

[13]卢亭：又称卢馀，传说中一种半人半鱼的生物，相传为东晋民变首领卢循之后。

[14]炎州：《楚辞·远游》："嘉南州之炎德兮，丽桂树之冬荣。"后因以"炎州"泛指南方广大地区。

[15]罗州：隋置，属高凉郡之石龙县地。唐武德五年（622）置罗州，领石龙等十一县，治所在石龙县（在今广东廉江）。

[16]屟（xiè）：本指鞋中的衬垫，后即用指木屐。

[17]潮州：隋时有潮州，以潮流往复，因以为名。后改为义安郡。唐复为潮州，治所在今广东潮州。

【译文】

无核荔枝

南方美味的水果中，有荔枝。广西梧州火山荔枝，夏初先熟而味道稍差，出自高潘州的最好，五六月份方才成熟。有无核者像鸡蛋般大小，其果肉晶莹白皙，不减水分，特性属热，果汁甘甜，真是神奇的果实……

变柑

新州出产变柑，有外皮大于一升的，皮薄得像洞庭的橘，没有其他柑能比得上。传言说本来出自高要县，移植不超过数百里，形态味道就会发生变化，因而以此为名。就像橘越过淮河就变成枳，这是水土的差异……

山橘子

山橘子冬季成熟，有大得像土瓜的，次者像弹丸的，皮薄顺气，晋宁州多出产。南方人用蜂蜜腌渍，带皮食用，呈现琥珀色，滋味绝佳……

橄榄子

橄榄子每年八九月成熟，大小像枣。《广志》说："有大如鸡蛋的。南方人看重其真实的味道。一种说香口绝美胜过鸡舌香。也可以煲汤喝，饮用能够解酒。橄榄树身挺拔，其枝条不高耸。有野生的，高的无法用梯子采摘，只要刀刻其根，大概数寸，放入食盐，一晚上果实都脱落了。"现在高凉县有银坑橄榄子，细长，大多味美于其他各地出产的，其价格也比普通的昂贵数倍……

山胡桃

山胡桃，皮厚，底平，形状像槟榔。果仁像芙蓉头，味道稍润湿平淡……

白杨梅

杨梅，树叶像龙眼树、冬青，一名杭（发音求），潘州有白色的，不仅甘甜而且非常大……

偏核桃

占卑国出产偏核桃，形状像半月，波斯人摘取果仁食用，味道无比香美……

红梅

岭南的红梅，小于江南，居民采摘，掺杂豆蔻花，《广志》写作豆莯，属于构橼子、朱槿之类。掺和盐水后晾晒，梅花被槿花浸染，颜色十分可爱。就是现今岭北称呼的红梅。又有选取大的梅花，雕刻瓶罐结带之类，收取棹树汁液浸渍，也十分甘芳松脆……

五色藤筌蹄

琼州出产五色藤合子、书囊之类，花样多织成走兽飞禽，比锦绮细腻，这也是藤编工人的高超技术。卢亭的细白藤制作的茶器，新州制作的五色藤筌台，都是当时最为经典绝妙的。南朝梁刘孝仪《谢太子五色藤筌蹄一枚》说："南方采摘五色藤，胜似美丽的丝褥。"莫非是筌台与蹄语音的讹误吧……

香皮纸 罗州多有笺香树，树身像柜柳，花朵白色，树叶像橘树，树皮可以捣碎造纸，当地人称为"香皮纸"……

抱木屐 抱木生长在水中，叶子细如桧树，树身坚硬似于柏树，唯有根部柔软，禁不起刀砍锯伐，现今潮州、新州大多剖凿抱木做木屐。

《荔枝谱·原本始》

北宋·蔡襄

【导读】

蔡襄出生于福建，又曾长期在闽为官，对当地特产荔枝非常熟悉，《荔枝谱》就是他任泉州知府时所作，是中国现存最早的荔枝学专著，影响很大。

蔡襄的《荔枝谱》共分七篇："原本始""标尤异""志贾鬻""明服食""慎养护""时法制""别种类"，分别介绍了荔枝的历史、品种、产销、食用、栽培、加工等。节选内容为《荔枝谱》第一篇"原本始"，主要介绍了荔枝的历史和分布情况。

【原文】

荔枝之于天下，唯闽、粤、南粤、巴蜀有之[1]。汉初，南粤王尉佗以之备方物[2]，于是始通中国。司马相如赋上林云"答遝离支"[3]，盖夸言之，无有是也。东京[4]，交址七郡贡生荔枝[5]，十里一置，五里一堠，昼夜奔腾，有毒虫猛兽之害。临武长唐羌上书言状，和帝诏太官省之[6]。魏文帝有西域蒲桃之比，世讥其缪论，岂当时南北断隔，所拟出于传闻耶？唐天宝中，妃子尤爱嗜，涪州岁命驿致[7]。时之词人多所称咏，张九龄赋之以托意[8]。白居易刺忠州，既形于诗，又图而序之。虽仿佛颜色，而甘滋之胜莫能著也。洛阳取于岭南，长安来于巴蜀，虽曰鲜献，而传置之速，腐烂之余，色香味之存者亡几矣。是生荔枝，中国未始见之也。九龄、居易虽见新实，验今之广南州郡与夔梓之间所出[9]，大率早熟，肌肉薄而味甘酸，其精好者仅比东闽之下等，是二人者亦未始遇夫真荔枝者也。闽中唯四郡有之，福州最多，而兴化军最为奇特，泉漳时亦知名，列品虽高，而寂寥无纪，将尤异之物，昔所未有乎？盖亦有之，而未始遇乎人也。予家莆阳，再临泉、福二郡，十年往还，道由乡国，每得其尤者，命工写生，稡集既多，因而题目以为倡始。夫以一木之实生于海濒岩险之远，而能名彻上京，外被重译，重于当世，是亦有足贵者。其于果品，卓然第一。然性畏高寒，不堪移殖，而又道里辽绝，曾不得班于卢橘、江橙之右，少发光采，此所以为之叹惜而不可不述也。

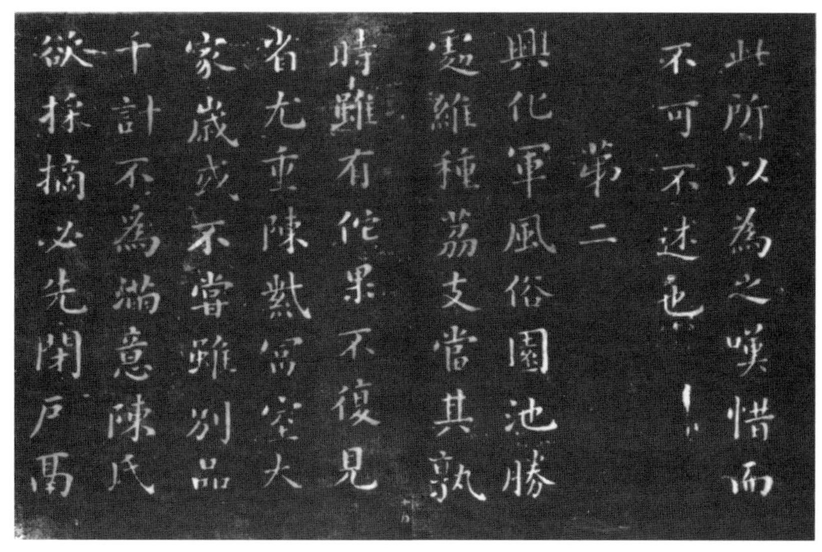

蔡襄楷书《荔枝谱》(局部)

［注释］

［1］南粤：即“南越”，西汉初国名，定都南海县（今广东广州市）。

［2］尉佗：即赵佗，秦时曾任南海尉，后建立南越国，汉朝时受封为南越王。

［3］司马相如：字长卿，成都人，西汉辞赋家，著有《上林赋》。答遝（tà）：果名。

［4］东京：东汉都洛阳，因在西汉旧都长安之东，故称东京。

［5］交址七郡：即“交趾七郡”，西汉武帝时，设交趾刺史部，下辖苍梧、南海、郁林、合浦、交趾、九真、日南7郡，其范围相当于今广东、广西、海南和越南北部、中部地区。

［6］太官：官名，秦有太官令、丞，属少府，两汉因之，掌皇帝膳食及燕享之事。

［7］涪州：唐武德元年（618）以渝州涪陵镇和巴县地置涪州，治所在涪陵县（今重庆涪陵区）。

［8］张九龄：字子寿，唐代韶州曲江（今广东韶关）人，唐玄宗时任宰相，曾作《荔枝赋》。

[9]广南州郡：宋代设广南东路、广南西路，辖境相当于现在的广东、广西、海南地区。夔梓：宋代设置夔州路、梓州路，辖境相当于现在的四川、重庆地区。

［译文］

天下出产荔枝的地方，只有闽、粤、南粤、巴蜀。汉朝初年，南粤王尉佗把它作为土特产进献，这样荔枝才流通到中国。司马相如描写上林的文赋说“答遝离支”，是夸大其词，并没有这种东西。交趾七郡向东都洛阳进贡生荔枝，十里设置一个驿站，五里设置一个瞭望堡，昼夜奔驰，经常有毒虫猛兽的伤害。临武长唐羌向朝廷进谏，汉和帝命太官免除了这项贡赋。魏文帝把荔枝比作西域的葡萄，世上的人讥讽其荒谬，难道是因为当时南北阻隔，所打的比方出于转述吗？唐朝天宝年间，杨贵妃特别喜爱吃荔枝，涪州每年都通过驿站传送。当时的词人多有称颂，张九龄专门写了关于荔枝的文赋，以寄托自己的情感。白居易为忠州刺史，不仅写诗描绘其形状，又画图并作序文。虽然颜色似乎差不多，但其甜美的滋味却无法展现出来。洛阳的荔枝取自岭南，长安的荔枝取自巴蜀，虽然说是新鲜进呈，但根据传送的速度来看，除去腐烂坏掉的，剩下的荔枝已经没有多少原来的色、香、味了。所以，新鲜的荔枝，中原地区并没有见到过。张九龄、白居易虽然见到了新鲜的荔枝果实，但以今天广南州郡和夔梓地区的荔枝来判断，他们所见到的大多是早熟的品种，果肉瘦薄而味道甘酸，即使其中最精好的品种，也仅相当于闽地东部下等的品种，所以这两人也没有见到真正的荔枝。闽中仅四个州郡有荔枝，福州最多，而兴化军最为奇特，泉州、漳州的荔枝现在也为世人所知，虽然他们的品质非常高，但寂寞无闻，难道这珍异的荔枝从前没有？或者即使有，人们也没有发现吗？我的故乡在莆阳，后来，我又到泉州、福州两地，十年来往，途经乡里，每次遇到好的荔枝，都让工师画下来，收集多了，所以整理成书，推介闽中荔枝。一种生在在树木上的果实，靠近大海和悬崖峭壁，却能够名闻京城，直至南方荒芜之地，为当代世人所重视，所以必然有其珍贵之处。在果类中，荔枝超出众品，列为第一。然而荔枝特性是害怕寒冷，不能够移植，又因为道路隔绝，所以不能与卢橘、江橙并列，很少焕发光彩，这是荔枝让人惋惜而不能不记述的原因。

《虎说》

北宋·郑獬

［导读］

《虎说》出自北宋郑獬的《郧溪集》。郑獬为安州安陆（今湖北安陆市）人，宋仁宗皇佑五年（1053）进士第一，官至知制诰，拜翰林学士。

《虎说》记载安陆这个地方曾经有很多虎，但随着人口增加以及捕猎，虎的数量不断减少，最终老虎消失。由此，郑獬提出“天之生物与人迭为盛衰”，论述了森林动物与人类活动之间的关系。

［原文］

安陆故多虎，或跃而入郭里。民设阱以逐之，虎避去，入山。民即山复为阱，虎遂穷而远遁，今亡虎矣。天之生物，与人迭为盛衰。天下平治之久，生齿大繁[1]，暴害天物，亡休息。异时汉溪多鱼矣，不售则反弃诸河，今财充釜而已，是川泽不足以胜网罟。异时南山多薪矣，凡民得樵焉，今相斗于丛薄间，是山林不足以胜斧斤。异时梦泽多稻矣，邻里不相求，今持券而往无所贷矣，是田畴不足以胜食。故古之圣人于物也，养之有道，取之有时。獭祭而鱼梁入，隼击而罻罗用[2]，故物与人相资而不相竭。后世亡法，故物与人迭盛而迭衰。自唐末五代，兵满四海，生灵苟活于白刃间，庐聚不见爨烟[3]。是时山林川泽得以休息，而物大出为暴，若海潮之溢。于是鱼虫鸟兽羣行而夺民之居，虎豹厌食若人矣。是非盛衰相胜而有时哉？善持之者，不欲其有所胜而有所害。若安陆之虎，既穷而不得自托于山野，民既已胜矣。然亡使其复跃入郭，则甚善。

［注释］

［1］生齿：长出乳齿，借指人口、人民，古时以婴儿长出乳齿始登载户籍。

［2］罻（wèi）：捕鸟的网。

［3］爨（cuàn）：烧火做饭。

【译文】

安陆从前老虎非常多，有时会窜入城邑里巷。老百姓设置陷阱驱逐老虎，老虎离去，进入山林。老百姓又到山上设置陷阱，老虎终因难于生存而逃往远方，现在安陆已经没有老虎了。天生万物，与人类交替兴盛和衰败。天下平定时间长了，人口繁盛，残害各种生物，没有休歇停止。从前汉溪里的鱼儿非常多，人们不去售卖，反而抛弃在河中，现在仅够下锅的了，所以河流湖泊禁不起过度捕捞。从前南山柴薪非常多，普通民众都可以上山砍柴，现在却只能在荒草树丛间争抢了，所以山林禁不起过度砍伐。从前梦泽一带稻米非常多，邻里间不用相互借贷，现在即使拿着凭据去也借不到了，所以田地（出产的粮食）禁不起过度食用。因此，古代的圣人对于各种生物，养护符合自然规律，取用符合季节，獭祭时节下网捕鱼，隼击时节张网捕鸟，万物与人类相互凭借而不枯竭。后代失去了圣人的法度，生物与人类交替兴盛和衰败。自从唐朝末年到五代时期，天下到处征战，老百姓苟活于战争之中，房屋聚落不见炊烟。这时候山林、河流、湖泊得以休养生息，因而各种生物大量出现成为祸害，像海潮泛溢一样。于是，虫鱼鸟兽横行，侵占老百姓的住所，虎豹都不愿意吃像人这样的了。这难道不是兴盛和衰败交替而有时代变化吗？善于控制的人，不愿意让一方占优势而产生祸害。就像安陆地区的老虎一样，已经穷困得不得不藏匿于山野，百姓已经占优势了。然而，不让它们重新窜入城邑，那就非常好了。

《桂海虞衡志·志草木》

南宋·范成大

【导读】

范成大（1126—1193），曾任静江知府（今广西桂林）兼广西经略安抚使，一生著述丰富。其著作《吴郡志》《梅谱》《菊谱》《桂海虞衡志》等，多有与林业相关之内容。

《桂海虞衡志》分为“志山”“志金石”“志香”“志酒”“志器”“志禽”“志兽”“志虫鱼”“志花”“志果”“志草木”“杂志”“志蛮”十三篇，记述了宋代广南西路的山川地理、风土人情、物产资源，及当地少数民族的社会经济、生活习俗等情况。本文节选“志草木”一节，记载了广西地区分布的桂、榕、竹等26种草木，对于研究宋代广西森林资源及其特点，具有很高的参考价值。

［原文］

异草诡木，多生穷山荒野。其不中医和、匠石者[1]，人亦不采。故余所识者少，惟竹品乃多杰异，并附于录。

桂，南方奇木，上药也。桂林以桂名地，实不产，而出于宾、宜州[2]。凡木，叶心皆一纵理，独桂有两纹，形如圭，制字者意或出此。叶味辛甘，与皮无别而加芳美，人喜咀嚼之。

榕，易生之木，又易高大，可覆数亩者甚多。根出半身，附干而下以入土，故有“榕木倒生根”之语。禽鸟衔其子，寄生他木上，便蔚茂。根下至地，得土气，久则过其所寄。

沙木[3]，与杉同类，尤高大。叶尖成丛穗，少与杉异。

桄榔木，身直如杉，又如棕榈，有节，似大竹。一干挺上，高数丈。开数十穗，绿色。

思櫑木，生两江州洞，坚实，渍盐水中，百年不腐。

燕脂木[4]，坚致，色如胭脂，可旋作器。出融州州洞[5]，桂林属县亦有之。

鸡桐，叶如楝，其叶煮汤，疗膝疾。

龙骨木，色翠青，状如枯骨。

风膏药，叶如冬青，治太阳疼，头目昏眩。

南漆，如稀饴，气如松脂，沾沾无力。

荡竹，叶大且密，略如芦苇。

涩竹，肤粗涩，如木工所用砂纸，可以错磨爪甲。

人面竹，节密而凸，宛如人面，人采以为拄杖。

钓丝竹，类荡竹，枝极柔弱。

斑竹，中有叠晕。江浙间斑竹直一泪痕，无晕也。

猫头竹，质性类筋竹。

桃枝竹，多生石上，叶如小棕榈，人以大者为杖。

竻竹，棘竹也，芒棘森然。

箭竹，山中悉有。

宿根茄，茄本不凋，明年结实。

铜鼓竹，其实如瓜，治疮疡毒。

大菘，容梧道中[6]，久无霜雪处，年深滋长，大者可作屋柱，小亦中肩舆之扛。

石发，出海上，纖长如丝缕。

匾菜，细如荇带，匾如薤韭辈，长一二尺。

都管竹，一茎六叶，辟蜈蚣蛇。

花藤，旋以为器用，中有花纹。

胡蔓藤，毒草也，揉其草渍之水，入口即死。

【注释】

[1]医和：春秋时期秦国名医。匠石：传说中古代著名的工匠。

[2]宾：宾州，唐贞观五年（631）始置，宋开宝六年（973）复置，治所在今广西宾阳县。宜：宜州，唐乾封年间改粤州置，宋代治所在宜山县（今广西河池市宜州区）。

[3]沙木：常绿乔木，干端直，树皮和杉非常相近，但叶子狭长而尖，与杉叶作针形不同。

[4]燕脂木：亦作“胭脂木”，桑科，常绿乔木，树干通直。

[5]融州：隋开皇十八年（598）改东宁州置，治所在义熙县（今广西融水苗族自治县）。

[6]容梧：即容州、梧州。容州，唐贞观八年（634）改铜州置，治北流县（今广西北流市），元和中移治普宁县（今广西容县），辖境相当今容县及北流北部地区，宋代扩大至今陆川及北流南部地区。梧州，唐武德四年（621）置，治苍梧县（今广西梧州市）。辖境相当今广西壮族自治区梧州、苍梧、藤县等市县及蒙江下游地区。宋辖境缩小。

【译文】

奇异的草、怪异的树大都生长在深山荒野中。那些不适合医用和工匠制作的草木，人们也不会采伐。因此，我所能认识的草木不多，只是竹类有很多高大奇特的品种，附录于此。

桂树，南方奇特的树，上等药物。桂林因为桂树而得名，实际上并不产桂树，桂树出产于宾州、宜州。凡是树木，叶心都有一条纵长的纹理，形状犹如圭玉，造字的人的想法或者由此而生。桂叶味道辣而甜，与树皮没有差别反而更加芳香美味，人们都喜欢咀嚼它。

榕树，容易生长的树木，而且容易长得高大，可以遮蔽几亩地的榕树非常多。根从树的中部长出来，顺着树干下垂到地上深入土中，所以有“榕木倒生根”的说法。禽鸟衔着它的种子，寄生在其他树木上，也能繁茂生长。根下垂地上，得到地气，时间长了就会超过它所寄生的树木。

沙木，与杉树属于同一类，尤其高大。叶子尖长成丛生的穗状，几乎与杉树没有差异。

桄榔木，树身端直如同杉树，又像棕榈树，有节，像大竹。树干端挺直上，高达好几丈。开花有几十穗，绿色。

思櫑木，生长在两江地区的州洞中，木质坚实，浸泡在盐水中，上百年都不会腐烂。

燕脂木，材质坚实细密，颜色如同胭脂，可以制作器物。出产于融州州洞中，桂林属县也有。

鸡桐，叶子如同楝树，用它的叶子煮汤，能够治疗膝盖病痛。

龙骨木，颜色青翠，形状像死人的朽骨。

风膏药，叶子像冬青，能够治疗太阳穴疼痛，头晕眼花。

南漆，像稀饴，气味像松脂，粘东西乏力。

荡竹，叶子不仅大而且密，有点像芦苇。

涩竹，竹皮粗涩，像木工用的砂纸，可以用来打磨指甲。

人面竹，竹节稠密而凸起，好像人的面庞，人们采伐它当作拄杖。

钓丝竹，类似荡竹，枝条极其柔弱。

斑竹，中间有重叠的晕纹。江浙间的斑竹有一条直长的泪痕，并没有晕纹。

猫头竹，材质性状类似筋竹。

桃枝竹，大都生长在石头上，叶子如同小棕榈，人们用大的竹子作为拄杖。

竻竹，就是刺竹，竹子上的刺非常多。

箭竹，山中都有。

宿根茄，茄干不凋谢，第二年结出果实。

铜皷竹，它的果实像瓜，能够治疗疮疡毒。

大菘，生长在容州、梧州的道路旁，长久没有霜雪的地方，多年繁衍生长，大的可以作屋柱，小的也可以作为轿杠。

石发，出产于海上，像丝缕一样纤长。

匾菜，细得像带状的荇菜，扁得像薤菜和韭菜之类，长一二尺。

都管竹，每一茎有六片叶子，能够避开蜈蚣、蛇。

花藤，能够镟作器用，中间有花纹。

胡蔓藤，是一种毒草，把这种草揉烂挤出水渍，喝入口中就会死亡。

《四明它山水利备览》（节选）

南宋・魏岘

【导读】

魏岘生活于南宋宁宗、理宗时期（1195—1264），曾主持四明（今浙江宁波旧称，以境内有四明山得名）它山堰的维修工程。其所著《四明它山水利备览》成书于淳祐二年（1242），是记述宁波它山堰水利工程的专著。

《四明它山水利备览》分上下两卷，上卷记述了它山堰的水源和渠系径流，述说了灌区各项工程，阐述了宋代修堰护堰、建回沙闸、淘沙、防沙、洪水湾筑堤等工程情况，分析了宁波地区广德湖、仲夏堰水利工程的演变以及与它山堰的关系；下卷辑录碑记六篇、诗文数篇。节选内容出自《四明它山水利备览》卷上《淘沙》，主要论述了森林在水土保持中的作用，是我国古代较早明确记载森林可以涵养水源、防止水土流失的文献。这表明从文献记载来看，宋代国人已经开始实践中推广应用森林的水土保持功效与生态涵养价值。

【原文】

四明占水陆之胜，万山深秀，昔时巨木高森，沿溪平地竹木，亦甚茂密，虽遇暴水湍激，沙土为木根盘固，流下不多，所淤亦少，开淘良易。近年以来，木值价高，斧斤相寻，靡山不童，而平地竹木亦为之一空。大水之时，既无林木少抑奔湍之势，又无包缆以固沙土之积，致使浮沙随流奔下，淤塞溪流，至高四五丈，绵亘二三里，两岸积沙侵占溪港，皆成陆地，其上种木，有高二三丈者。由是舟楫不通，田畴失溉。

【译文】

四明兼有水上和陆地名胜，群山幽深秀丽，从前树木高大繁茂，靠近溪流平地上的竹子和树木也很茂密，即使遇到山溪暴涨，水流湍急，砂石土壤被树木的根系盘结牢固，流失不多，淤积也少，开掘疏浚非常容易。近些年来，木材价格不断升高，树木相继被砍伐，无山不秃，而平地上的竹木也被砍伐一空。当发生大水的时候，既没有树木对溪流奔腾湍急的势头略加抑制，也没有包缆对沙土的积聚加以固持，致使浮沙随着激流奔涌而下，淤塞溪流，高达四五丈，绵延二三里，两岸堆积的沙土侵占河道，都变成了陆地，在上面种植树木，有高二三丈的。由此，船只无法通行，田地无法灌溉。

《菌谱》

南宋·陈仁玉

【导读】

陈仁玉，台州仙居（今浙江仙居）人，通过在家乡亲身观察、品尝和研究，于淳祐五年（1245）撰成《菌谱》一书。

《菌谱》记载宋代仙居地区的食用菌 11 种，是世界上最早的食用菌专著，它开创了我国菌类植物学的先河，明代潘之恒的《广菌谱》、清代吴林的《吴蕈谱》都深受其书影响。

【原文】

芝、菌，皆气出也。灵华三秀，称瑞尚矣。朝菌晦朔[1]，庄生讪之。至若焘其食品，古则未闻。自商山茹芝[2]，而五台天花[3]，亦甲群汇。仙居介台、括[4]，从山入天，仙灵所宫，爰产异菌。林居岩栖者，左右芼之。固黎苋之至腴，莼葵之上瑞。比或以羞王公，登玉食。自有此山，即有此菌，未有此遇也。遇不遇，无预菌事，緊欲尽菌之性而究其用，第其品作《菌谱》。淳佑乙巳秋九月山人陈仁玉序。

合蕈[5]

邑极西韦羌山[6]，高夐秀异。寒极雪收，林木坚瘦，春气微欲动，土松芽活，此菌候也。菌质外褐色，肌理玉洁。芳香韵味发釜鬲，闻百步外。盖菌多种，例柔美皆无香，独合蕈香与味称，虽灵芝、天花无是也，非全德耶！宜特尊之，以冠诸菌。合蕈始名，旧传昔尝上进，标以台蕈，上遥见误读，因承误云。数十年来，既充苞贡，山獠得善价，率曝干以售，罕获生致。邑孟溪山中亦同时产，惟蕈柄高无香气，土人以是别于韦羌焉。

稠膏蕈[7]

邑西北孟溪山，窅邃深莫测。秋中山气重，霏雨零露浸酿，山膏木腴，蓓为菌花戢戢，多生山绝顶、高树杪。初如蕊珠圆莹，类轻酥滴乳，浅黄白色，味尤甘胜。已乃伞张大几掌，味顿渝矣。春时亦间生，不能多。稠膏得名，土人谓稠木膏液所生耳。合蕈他邦犹或有之，此菌独此邑此山所产，故尤可贵。鬻法：当徐下鼎沈，伺湆沸漉起，谨勿匕挠，挠则涎腥不可食。性参和众味，而特全于酒。烹齐既调，温厚滑甘，雉尾莼不足道也[8]。或欲致远，则复汤蒸熟，贮之瓶罂，然其味去出山远矣。

栗壳蕈[9]

寒气至，稠膏将尽，栗壳色者，则其续也，尚有典刑焉。

松蕈[10]

生松荫，采无时。凡物松出，无不可爱。松叶与脂、伏灵、琥珀[11]，皆松裔也。昔之遁山服食求长年者，实松焉。依人有病，溲浊不禁者，偶掇松下菌，病良已，此其效也。

竹蕈[12]

生竹根，味极甘，当与笋通谱，而菌为北阮矣[13]。

麦蕈[14]

多生溪边沙壤松土中，俗名麦丹蕈，未详。味殊美绝，类北方蘑菇，蕈品最优。

玉蕈[15]

生山中，初寒时，色洁皙可爱，故谥为“玉”。然作羹微韧，俗名寒蒲蕈。

黄蕈[16]

从生山中，栀郁黄色，俗名黄缵蕈。又有名犻者，殊峭硬有味。

紫蕈

紫色，亦山中产，俗名紫富蕈，品为下。

四季蕈

生林木中，味甘而肌理粗峭，不入品。

鹅膏蕈[17]

生高山，状类鹅子，久乃伞开，味殊甘滑，不谢稠膏，然与杜蕈相乱[18]。杜蕈者，生土中，俗言毒螫气所成，食之杀人。甚美有恶，宜在所黜。食肉不食马肝[19]，未为不知味也。凡中其毒者必笑，解之宜以苦茗杂白矾，勺新水并咽之，无不立愈。因著之，俾山居者享其美而远其害，此谱外意也。

【注释】

[1]朝菌：朝生暮死的菌类植物。晦朔：早晚，旦夕。《庄子·逍遥游》载：“朝菌不知晦朔。”

[2]商山：山名，在今陕西商洛市东南境。相传秦末汉初，有四位老人在商山隐居，靠吃灵芝度日，被称为“商山四皓”。

[3]五台：山名，即今山西五台山。天花：即天花蕈，食用菌平菇的古称。

[4]仙居：今浙江省仙居县。台：天台山。括：括苍山。仙居县位于天台山和括苍山之间。

[5]合蕈（xùn）：原名台蕈，“合”、“台”字相近而混淆，即浙江台州一带所产的香菇。

[6]韦羌山：山名，在仙居县最西部。

[7]稠膏蕈：一种寄生在稠木上的伞状菌类，可食。

[8]雉尾莼（chún）：初生的莼菜。

[9]栗壳蕈：颜色如栗壳的菌蕈，或认为是金钱菌属的毛柄金钱菌。

[10]松蕈：口蘑属的松口蘑。

[11]伏灵：即茯苓，寄生于松根的菌核，属多孔菌科。琥珀：古代松科植物的树脂被埋藏于地下，经过一定的化学变化后形成的一种树脂化石。

[12]竹蕈：生于竹根的食用菌。

[13]北阮：南朝宋刘义庆《世说新语·任诞》记载："阮仲容步兵居道南，诸阮居道北，北阮皆富，南阮贫。七月七日，北阮盛晒衣，皆罗绮。仲容以竿挂大布犊鼻裈于中庭，人或怪之，答曰：'未能免俗，聊复尔耳。'"后遂以"北阮"代称亲族之富者。

[14]麦蕈：亦称"麦丹蕈"、松露，菌类植物。

[15]玉蕈：口蘑科口蘑属野生菌，新鲜者可煮食，也可腌藏。

[16]黄蕈：黄色而丛聚的菌蕈。

[17]鹅膏蕈：一种真菌类鹅膏属的食用菌。

[18]杜蕈：一种毒菌。

[19]不食马肝：古代相传马肝有毒，食之死人。《史记·儒林列传》："食肉不食马肝，不为不知味。"

【译文】

灵芝、菌蕈都是气凝结而生。灵芝一年开三次花，被当作祥瑞已很久远。朝菌朝生暮死，被庄周嘲讽。至于把菌蕈当作食品来吃，古代并没有听说过。从商山四皓食用灵芝，到后来五台山的天花蕈，在众多的菌蕈中，算是最好的。仙居县位于天台山、括苍山之间，连绵的山岭插入云天，是神仙居住的地方，因而生长有奇异的菌蕈。居住在林中山上的人们，常常摘取菌蕈食用。与藜、苋等野菜相比，腴美至极；同莼、葵等蔬菜相比，堪称最好。近来又成为王公们的美食，被制成精美的菜肴。自从有了这些山，便生长有这些菌蕈，可是从来没有如此际遇。有没有这种际遇，和这些菌蕈无关，重要的是应该弄清楚这些菌蕈的性质，探究它们的用途，根据其种类，撰写《菌谱》。南宋淳祐乙巳年（1245）秋九月，山人陈仁玉序。

合蕈

仙居县最西部的韦羌山，高大俊秀。当最寒冷的季节已经过去，积雪融化，山林中的树木坚硬而稀疏，春天的气息刚要出现，土壤松动，嫩芽萌发，这是菌蕈将要生长的气候。菌体外表呈现褐色，肉质洁白美好。烧煮时，芳香的气味从锅里发出，百步以外都能闻到。菌蕈有很多种，都很柔和美好，但都没有香气。只有合蕈香气与味道同存，即使是灵芝、天花也没有这种特点，这难道不是品质最好的吗？所以应该特别珍重它，排在各种菌蕈前面。合蕈最初叫作"台蕈"，过去传说曾经进贡给皇帝，标注的名称是台蕈，皇帝从远处没看清楚，错读为"合蕈”，因此这种错误就延续下来。合蕈已经几十年没有进贡，山上的人们为了卖个好价钱，都是晒干以后出售，很少能得到新鲜的合蕈。仙居县孟溪山中，也同时出产这种菌蕈，只是蕈柄长一些，并且没有香气。土人据此判断它与韦羌山合蕈的区别。

稠膏蕈

仙居县西北孟溪山，深远幽邃莫测。秋天的时候，山中雾气浓重，雨露飘洒浸润，山体湿滑，树木丰腴，菌蕈像花骨朵一样聚集在一起，大都生长在山岭绝顶、高大的树梢。初生时，如同花蕊玉珠般圆润晶莹，犹如轻盈酥软而滴垂的乳液，浅黄白色，味道尤其甘美。不久菌伞张开，几乎和手掌差不多大，味道立刻就变了。春天偶尔也会生长，但不会很多。稠膏这个名字的取得，当地人认为它是稠木的油脂所生。合蕈在其他地方也可能有，但这种菌蕈只有仙居县孟溪山出产，所以尤为珍贵。炊煮的方法：应当慢慢把菌蕈放入锅中，等到锅中水沸腾的时候捞出，注意不要用勺子搅动，如果用勺子搅动，则黏液腥臭，不能食用。它的特性是能调和各种味道，尤其是和酒调和。烹煮完，调和好，温厚甘滑，即使雉尾莼也不值得一提。如果要携带远方，那么重新用汤蒸熟，贮藏在瓶罐中，但它味道与刚采摘的相差太远了。

栗壳蕈

天气开始寒冷，稠膏蕈将要出尽，栗壳蕈继起而生，也是很好的菌蕈。

松蕈

采摘不受时间限制。凡是由松树生出的东西，都非常可爱。松叶和松脂、茯苓、琥珀，都是松树所生。从前隐居山林的人，服食以求长生，事实上都是松。比如有人生病，大小便失去控制，偶尔吃了松树下的菌蕈，病就会痊愈，这是它的功效。

竹蕈

生于竹根，味道极美，应当与竹笋属于同一家族，但竹蕈为其中的富贵者。

麦蕈

大都生长在溪流边沙壤松土中，俗名叫麦丹蕈，具体不清楚。味道绝美，类似于北方蘑菇，是菌蕈之中最好的品种。

玉蕈

生长在山中。刚开始寒冷的时候，颜色洁白可爱，所以叫作“玉”。但是做汤蕈稍微有些坚韧，俗名叫寒蒲蕈。

黄蕈

丛生于山上，像栀子、郁金一样呈黄色，俗名叫黄缵蕈。又有叫黄𤞞的菌蕈，非常硬直而有味。

紫蕈

红紫色，也出产于山中，俗名叫紫富蕈，在菌蕈之中属于下等品。

四季蕈

生长于林木中，味道甘甜而肉质粗糙坚硬，不入等次。

鹅膏蕈

生长在高山上，形状类似鹅卵，时间长了菌伞张开，味道非常甘美爽滑，不比稠膏蕈差，然而容易与杜蕈混淆。杜蕈生长在土壤中，民间流传的说法，它是有毒的气体凝结而成，食之死人。因此，这种菌蕈，有味美的，也有有毒的，应该去除这种毒菌。吃肉不吃马肝，不算不知道肉的美味。凡中了这种菌蕈的毒，一定会发笑，治疗的方法是用茶叶掺杂白矾，舀取新汲水并咽下，无不立刻痊愈。因而记载下来，让居住在山林中的人能够享受其美味而远离其危害，这也是《菌谱》的题外话。

《格古要论》（节选）

明·曹昭

【导读】

曹昭，字明仲，松江（今上海）人。洪武二十年（1387），著成《格古要论》，其书分十三门介绍各种古今古玩器具，是明代存世最早的一部论述文玩优劣、作伪手法和真伪鉴别的文物鉴赏专著。

节选内容为《格古要论》的《异木论》，记载了文玩中所使用到的各种珍稀木材，反映了明代国人对各种木材性状、用途的认识。

【原文】

鸂鶒木[1]

出西蕃[2]，其木一半紫褐色，内有蟹爪纹；一半纯黑色，如乌木。有距者价高[3]。西蕃作骆驼鼻中绞，总不染腻，但见有刀靶而已，不见大者。

不灰木

出泽潞[4]山中，青白色，坚重似石，或以纸裹蘸石脑油点火烧，不成灰，多作刀靶。滋补药中用，见《大观本草》[5]。

鞑靼桦皮

出北地。色黄，其斑如米豆大，微红色，能收肥腻，甚难得，裹刀鞘为最。

紫檀木

出海南、广西、湖广。性坚，新者色红，旧者色紫，有蟹爪纹。新者以水揩之，色能染物。

虎斑木

出海南。其纹理似虎斑，故谓之虎斑木。

乌木

出南蕃。性最坚。老者纯黑色且脆，间道者嫩。

瘿木

出辽东、山西。树之瘿，有桦树瘿，花细可爱，少有大者；柏树瘿，大而花粗。

花梨木

出南蕃。紫红色，与降真香相似，亦有香。其花有鬼面者可爱，花粗而色淡者低。

骰柏楠

出西蕃马湖[6]。纹理纵横不直，其中有山水、人物等花者，价高。四川亦难得。又谓之“骰子香楠”。

杉木

俗谓之参木，出四川、广西。色白，其纹理黄稍红，有香清甚。或云南蕃脑子生此木，中花纹细者如雉鸡斑，甚难得。花纹粗者亦可爱，直理不花者多。

桬木

出广西、四川。色黄，纹理稍黑。花纹细者可爱，直理者多，性柔者可圈素，新者有香，浊甚。

椤木

色白，纹理黄，花纹粗亦可爱，谓之倭椤。不花者多。有一等稍坚理直而细，谓之革椤。

赤水木

色赤，纹理细，性稍坚且脆，极滑净。

椰杯

椰子出安南[7]、两广，类瓢且厚，实黄黑色，肉可食，锯开，或漆或银，相作酒杯、酒壶、劝盘、酒注、水杓之类。

金刚子

出安南、海南。六楞，遍身花纹，深细可爱，坚且实，故名金刚子。作数珠，冬月不冷。有龙眼大者，有榛子大者，有桐子大者，愈小愈精，大者不直钱，又要花纹深细。

竹杖

方竹，出西蜀。杭州飞来峰亦有，节节有刺，蜀人谓之刺竹。湘竹，出广西。斑细而色淡，有晕，中一点紫，与芦叶上斑相似，作箫管最佳。云竹，出广西。斑极大，色红而有晕。钹儿竹，出西蜀。其身小节大，似钹，故名钹儿竹。孩儿竹，出西蜀。下有尺许，如猪犬肠。棕竹，出西蜀、广西。叶如棕榈，其身似竹，坚且实。又名桃竹。皆可作拄杖、扇骨及小器物，芝麻花者为上。花藤，出广西。身细而斑黑者堪作拄杖，粗者俗。

【注释】

[1]鸂鶒（xīchì）木：鸂鶒，原是水鸟名。鸂鶒木，即现在通称的鸡翅木。

[2]西蕃：亦作“西藩”“西番”。我国古代对西域一带及西部边境地区的泛称。

[3]距：雄鸡爪子后面突出像脚趾的部分。

[4]泽潞：唐至德元年（756）置，治所在潞州（今山西长治市），领潞、泽、邢、洺、磁五州。

[5]《大观本草》：《经史证类大观本草》的简称，宋代唐慎微所著的一本本草类著作。

[6]马湖：又名龙湖、龙马湖。即今四川雷波县东北之马湖。三面环山，林木葱郁，景色秀丽，盛产中药材。

[7]安南：今越南前身。唐调露元年（679）改交州都督府为安南都护府，简称安南府、安南。“安南”之名始此。五代晋时独立，南宋淳熙元年（1174）改封安南国王，此后遂正式称其国为安南。明永乐五年（1407），成为明朝一省，于其地置交趾布政司，宣德二年（1427）独立，仍称安南。自宋迄元、明、清各朝均接受册封。清嘉庆八年（1803）改国号为越南。

［译文］

鸂鶒木

出产于西域，这种木材的一半呈现紫褐色，内部有蟹爪形的纹理；一半呈现纯黑色，如同乌木。此木上有鸡距的价钱高。西域用来制作穿骆驼鼻子的绞索，总不染油腻。只见过用此木来制作刀把的，没有见过大的。

不灰木

出产于泽潞山中，青白色，坚硬厚重如同石头一样。有人用纸裹着石脑油点火烧此木，没法烧成灰，多用来制作刀靶。也可以用作滋补中药，见《大观本草》。

鞑靼桦皮

出产于北方地区。色黄，有米粒、豆粒大的斑点，颜色微红，能够吸收油腻，非常难得，用来裹刀鞘最好。

紫檀木

出产于海南、广西、湖广。木质坚硬，新紫檀颜色红，旧紫檀颜色紫，上面有蟹爪纹。新紫檀用水来揩洗，揩洗下来的水能够染红其他物品。

虎斑木

出产于海南。此木的纹理像老虎的斑纹，所以称之为虎斑木。

乌木

出产于南方。木质最为坚实。老的乌木为纯黑色，木质脆，混杂细长纹路的是嫩乌木。

瘿木

出产于辽东、山西。树瘿有桦树瘿，花纹细致可爱，很少有大的；柏树瘿大，但花纹较粗。

花梨木

出产于南疆。此木紫红色，与降真香相似，亦有香气。此木花纹中有鬼脸的尤其值得珍爱，花纹粗且颜色淡的价钱低。

骰柏楠

出产于西部四川马湖府。木材纹理纵横不直，其中有山水、人物等花纹的，价钱高。即使在四川也很难得。也被称之为“骰子香楠”。

杉木

俗称为参木，出产于四川、广西。此木色白，木材纹理黄而稍红，有浓郁的清香。有人说云南蕃脑子生长有此木，其中花纹细密如同野鸡斑纹的，极其难得。花纹粗的也非常令人喜爱，纹理直而没有花纹的很多。

桊木

出产于广西、四川。此木色黄，木质纹理稍黑。花纹细密的令人喜爱，纹理直的多，材性柔韧的可以用来圈素，新树有香味，浊气很重。

椤木

颜色白，木材纹理黄，花纹粗的也令人喜爱，称之为倭椤。此木不开花的多。有一种木质坚韧纹理笔直而且细密的，称之为革椤。赤水木，色赤，纹理细密，材性稍微坚硬而且劲脆，极为光滑洁净。

椰杯

椰子出产于安南、两广，像瓢而且厚实，果实黄黑色，果肉可以吃，锯开果实后，或者涂漆，或者簪银，可以制作酒杯、酒壶、劝盘、酒注、水杓之类的器具。

金刚子

出产于安南、海南。六楞，遍身花纹，深细可爱，坚韧厚实，故名金刚子。制作佛珠，冬日岁月不感到冷。有的有龙眼大，有的有榛子大，有的有桐子大，越小越好，大的金刚子不值钱，又要花纹深细。

竹杖

方竹，出产于西蜀。杭州飞来峰上也有，每一节上都有刺，蜀人称其为刺竹。湘竹，出产于广西。斑纹细致而颜色浅淡，有环形花纹，中间有一点紫斑，与芦叶上的斑点相似，用它制作管乐器最好。云竹，出产于广西。斑纹极大，颜色红而有环形花纹。钹儿竹，出产于西蜀。竹身细小而竹节大，像钹，所以叫钹儿竹。孩儿竹，出产于西蜀。此竹下部有一尺长，像猪、狗的肠子。棕竹，出产于西蜀、广西。叶子像棕榈，它的茎干和竹相似，坚韧而且厚实。又叫桃竹。以上各种竹子都可以用来制作拄杖、扇骨及小器物，以带芝麻花的为上品。花藤，出产于广西。藤身纤细而斑纹黑的可以用来制作拄杖，粗大的俗气。

《植物名实图考》（节选）

清·吴其濬

［导读］

《植物名实图考》是清代著名植物学家吴其濬的代表作，全书分谷类、蔬类、山草、隰草、石草、水草、蔓草、芳草、毒草、群芳、果类、木类十二类，是19世纪中国最具代表性的植物学文献，其长编列举历代诸家本草之文，为后世本草学及生药学研究之重要典籍。

节选内容出自《植物名实图考》卷七《山草》，介绍了东北人参的产地、采集、特征和药性等情况。

［原文］

人参，本经上品。昔时以辽东、新罗所产，皆不及上党。今以辽东、吉林为贵，新罗次之。其三姓、宁古塔亦试采[1]，不甚多。以苗移植者为秧参，种子者为子参，力皆薄。党参今系蔓生，颇似沙参苗，而根长至尺余，俗以代人参，殊欠考核。谨按：我朝发祥长白山，周原膴膴，堇荼如饴[2]，固天地之奥区，九州之上腴也。长林茂草中，夜有光烛，厥惟人参。定制，私刨者，举其物，罚其人；官给商引，出卡分采，归以所得上之官；官视其参之多寡而纳课焉。课毕，献于内府[3]，府第其品，上上者备御。其次以为班赏，凡文武二品以上及侍直者皆预。臣父、臣兄备员卿贰，岁蒙恩赏。臣供奉南斋[4]时，叠承优锡。其私贩越关入公者，亦蒙分赏。自

维臣家，俱饫仙药，愧长生之无术，荷大造之频施，敬纪颠末，用示后人。考《图经》[5]绘列数种，多沙参、荠苨辈，今紫团参园已垦为田，所见舒城、施南[6]山参，尚不及党参。滇姚州丽江[7]亦有参，形既各异，性亦多燥，惟朝鲜附庸陪都所产，虽出人功，而气味具体，人间服食至广，即外裔如缅甸，亦由京都贩焉。

【注释】

[1]三姓：清代前期东北地区重镇之一，故址在今黑龙江省依兰县，地处牡丹江与松花江合流处。清初称此地为和屯噶珊（汉语称古城屯），后因克宜克勒、努雅勒、祜什哈哩三姓赫哲居此，改称依兰哈喇。满语依兰为三，哈喇为姓，故称三姓。宁古塔：清代东北地区的重镇，在今黑龙江省牡丹江市一带。

[2]出自《诗·大雅·緜》："周原膴膴，堇荼如饴"。膴（wǔ）膴：膏腴，肥沃。

[3]内府：清代内务府的简称，主管皇家事务，如皇家日膳、服饰、库贮、礼仪、工程、农庄、畜牧、警卫扈从、山泽采捕等，还把持盐政、分收榷关、收受贡品。

[4]南斋：指清代南书房。在北京故宫乾清宫西南隅，本是康熙帝早年读书处。后选调翰林或翰林出身之官员到里面当值，除应制撰写文字外，还遵照皇帝旨意起草诏令，一度成为发布政令的地方。雍正年间军机处成立后，改为专司文词书画之事。

[5]《图经》：即《本草图经》，又名《图经本草》，宋代苏颂等人编纂的中药学著作。

[6]舒城：唐开元二十三年（735）置，属庐州，治所即今安徽舒城县。元属庐州路。明属庐州府。施南，即施南土司，清初置，属施州卫，治所即今湖北宣恩县。雍正十三年（1735）改设宣恩县。

[7]姚州：元朝至元十二年（1275）置，属大理路，治所在今姚安县北十九里光禄镇。天历元年（1328）为姚安路治。明为姚安府治，治所迁今姚安县城栋川镇。清乾隆三十五年（1770）改属楚雄府。丽江：明洪武十五年（1382）废丽江路为府，治所在通安州（即今云南丽江纳西族自治县）。辖境约当今滇西北丽江、兰坪、福贡各县以北地区。

【译文】

人参，《神农本草经》列为上品。以前认为辽东、新罗所产的人参，都不如上党的。现在以辽东、吉林所产为贵，新罗的人参次之，其他如三姓、宁古塔等地也试采人参，产量不多。用苗移植生长的人参叫秧参，种子萌发生长的人参叫子参，药力都低。党参现在是蔓生，很像沙参苗，而根茎长达一尺多，通常用它来取代人参，非常欠缺考证复核。谨按：我朝的发祥地是长白山，广袤肥沃，适合植物生长，本来就是天地的深处，九州最肥沃的地方。长林茂草之中，夜里有如光烛闪亮的，那就一定是人参。规定了制度，私自刨参的，没收其参，惩处其人；官府给商人运销的凭证，出关卡后各自分工开采，回来以后上交所得的人参给官府，官府根据人参的多少而征收赋税，缴纳赋税之后，进献给内府，内府划分品第，最好的预备给皇帝用，稍差一点的用来赏赐，凡是二品以上的文武官员以及侍奉皇帝的亲随都是赏赐的对象。我的父亲和兄长，都是朝中二品以上的官员，每年都承蒙皇帝恩赐班赏。我在南书房当差时，屡次受到优厚的赏赐。那些私自贩卖越关被没收的人参，也用来分赏官员。我们全家都服用人参这种仙药，惭愧一直没法长生，承受着频繁施与的大恩惠，诚敬的记载在这里，用来昭示后人。考证《图经本草》绘图罗列了好几种，多是沙参、荠苨之类，现在紫团参园已经被开垦为田地，所见到的舒城、施南地区的山参，尚且比不上党参。滇姚州的丽江也有参，外形已经各异，药性也更加燥烈，唯有朝鲜附庸陪都所产的人参，虽然是人力培育而成，但是气味初具大体，民间服食的人很多，即便是像缅甸这样的外国，也从京城贩卖人参。

《书棚民事》

清·梅曾亮

［导读］

梅曾亮，江苏上元（南京）人。清代散文家，桐城派的代表人物之一，其文章多有关注民生和时事的记载。

《书棚民事》出自梅曾亮的《柏枧山房集》，记载了有关安徽棚民开山的事迹。值得关注的是，作者通过实地调研，根据当地农人的介绍，了解到树木能够延缓径流、保墒保水、保护农田；而山民毁林开荒、破坏山地森林植被后，一遇降雨泥沙俱下，对山下较为成熟的农业生产和农民生活造成了危害。这种发现无遗是正确而科学的，是对于森林在山地水土保持中起到关键性作用的清晰认知。

【原文】

余为董文恪公作行状[1]，尽览其奏议。其任安徽巡抚，奏准棚民开山事甚力。大旨言：与棚民相告讦者[2]，皆溺于龙脉风水之说，至有以数百亩之山，保一棺之土，弃典礼，荒地利，不可施行。而棚民能攻苦茹淡于丛山峻岭、人迹不可通之地，开种旱谷以佐稻粱；人无闲民，地无遗利，于策至便，不可禁止，以启事端。余览其说而是之。

及余来宣城[3]，问诸乡人。皆言：未开之山，土坚石固，草树茂密，腐叶积数年可二三寸；每天雨，从树至叶，从叶至土石，历石罅，滴沥成泉。其下水也缓，又水下而土石不随其下。水缓，故低田受之不为灾，而半月不雨，高田犹受其浸溉。今以斤斧童其山，而以锄犁疏其土，一雨未毕，沙石随下，奔流注壑涧中，皆填污不可贮水，毕至洼田中乃止，及洼田竭而山田之水无继者。是为开不毛之土而病有谷之田，利无税之佣而瘠有税之户也。余亦闻其说而是之。

嗟夫，利害之不能两全也久矣！由前之说，可以息事；由后之说，可以保利。若无失其利而又不至如董公之所忧，则吾盖未得其术也。故记之以俟夫习民事者。

【注释】

[1]董文恪：名教曾，字益甫，上元人，嘉庆间官至闽浙总督。行状：记述死者世系、籍贯、生卒年月和生平事迹的文章。

[2]告讦（jié）：告发他人隐私。

[3]宣城：隋大业初改宛陵县置，治今安徽省宣城市区，为宣州治。南宋为宁国府治。元为宁国路治。明、清为宁国府治。

【译文】

我给董文恪公作传，看过他的全部奏章。他担任安徽巡抚时，曾经极力奏请准许棚民开山种庄稼。大意是说：攻击控告棚民的人，都迷信龙脉风水之类的说法，甚至有人荒废几百亩山地来保护埋一口棺材的土地。违反制度规定，又荒废土地，这种事是不能推行的。但是，棚民们却能够在高山峻岭、人迹不到的地方克服困难，忍饥挨饿，开垦山地种植旱谷，来补充粮食的不足。没有闲着的百姓，没有荒芜的土地，对国家的政策也很有好处，不应当禁止棚民开山而引发事端。我看了他的建议，认为很对。

等我来到宣城，询问老百姓这件事。他们都说：没有开垦的山，土石坚固，野草和树木都很茂密，腐败的树叶几年积累下来，约有两三寸厚。每当下雨，雨水从树上流到落叶里，再从落叶里渗透到土石中，流过石头的缝隙，一滴滴地积成泉水。这种情况下水下流得很慢，而且水往下流，泥土沙石却不跟着下来。水流得缓慢，所以流到下面的田地里不会造成灾害；即使半个月不下雨，高处的田地还会得到浸润浇溉。现在拿着斧头把山砍秃了，又用锄头和犁把泥土翻松，一场雨没下完，泥沙石头就跟着水冲下来，奔腾地冲到沟涧中。沟涧填满了沙石，没法蓄水，水直到流到低田才停止；等到低田干涸了，高田里也没有往下流的水了。这就是为了开垦不长庄稼的荒山而破坏了长庄稼的田地，不纳税的山民得利，纳税的农户却受到损害。我听了觉得他们说得也很对。

唉，利、害不能两全的情况已经很久了。按照前一种说法，可以平息事端；按照后一种说法，可以保护农田的利益。至于既不损失农田利益又不会产生董公所担心的事，我还没有找到这样的办法，所以写下来等待那些负责百姓事物的人去考虑。

第二章 森林培育与保护

《诗经·国风·召南·甘棠》

［导读］

《诗经》是中国最早的诗歌总集。《甘棠》是《诗经·国风·召南》中的一篇。相传召伯曾在甘棠树下处理政务，一般认为《甘棠》篇就是怀念召伯的作品。

据司马迁《史记·燕召公世家》记载："周武王之灭纣，封召公于北燕……召公巡行乡邑，有棠树，决狱政事其下，自侯伯至庶人各得其所，无失职者。召公卒，而民人思召公之政，怀棠树不敢伐，歌咏之，作《甘棠》之诗。"该诗可以说是有关纪念林的最早记载。

［原文］

蔽芾甘棠[1]，勿翦勿伐，召伯[2]所茇。
蔽芾甘棠，勿翦勿败，召伯所憩。
蔽芾甘棠，勿翦勿拜，召伯所说。

【注释】

[1]蔽芾（fèi）：树木茂盛的样子。

[2]召伯：姬姓，名奭，西周宗室、大臣。辅佐周武王灭商，受封于蓟（在今北京城西南隅），为西周诸侯国燕国始祖。派长子姬克管理燕国，自己留在镐京（西周国都，故址在在今陕西西安西南沣水东岸）任职。周武王死后，先后辅佐周成王、周康王，促成“四十年刑措不用”的“成康之治”，深受国民爱戴。因采邑于召（今陕西岐山西南），故称召公，或召伯。

【译文】

茂盛的棠梨，不要修剪不要砍伐，召伯曾在树下结庐。
茂盛的棠梨，不要修剪不要损坏，召伯曾在树下休憩。
茂盛的棠梨，不要修剪不要弯折，召伯曾在树下居住。

《国语·鲁语上》（节选）

【导读】

《国语》是我国最早的一部国别史，是研究先秦历史文化的重要文献。

节选内容出自《国语·鲁语》，主要记录鲁国大臣里革阻止鲁宣公肆意捕鱼的历史典故。他主张设置兽虞、水虞等职官来保护山林水泽间的动植物，反映了先秦时期人们对于森林资源保护和合理利用的朦胧认知。

【原文】

宣公[1]夏滥于泗[2]渊，里革[3]断其罟而弃之，曰：“古者大寒降，土蛰发，水虞[4]于是乎讲罛罶[5]，取名鱼，登川禽，而尝之寝庙，行诸国，助宣气也。鸟兽孕，水虫成，兽虞[6]于是禁罝罗[7]，矠鱼鳖，以为夏槁[8]，助生阜也。鸟兽成，水虫孕，水虞于是禁罝罜[9]，设阱鄂，以实庙庖，畜功用也。且夫山不槎蘖[10]，泽不伐夭，鱼禁鲲鲕[11]，兽长麑麇[12]，鸟翼鷇卵[13]，虫舍蚳蝝[14]，蕃庶物也，古之训也。今鱼方别孕，不教鱼长，又行网罟，贪无艺也。”

［注释］

［1］宣公：即鲁宣公，姬姓，名倭，为春秋时期鲁国的第二十任君主。

［2］泗：古水名。源于今山东省泗水县东，四源并发，故名泗。

［3］里革：即太史克，鲁宣公时任太史。

［4］水虞：古代官名。掌管川泽的政令。《礼记·月令》：“〔季冬之月〕乃命水虞渔师收水泉池泽之赋。”

［5］罛（gū）：捕鱼的大鱼网。罶（liǔ）：捕鱼的竹篓。

［6］兽虞：掌管有关捕猎鸟兽禁令的官员。

［7］罝（jū）：捕兔的网。罗：捕鸟的网。

［8］矠（zé）：用矛叉刺取。槁：本亦作“犒”，干。

［9］罜（liào）：小网。

［10］槎蘖：砍伐幼苗。槎（chá）：斫，斜砍。蘖（niè）：老株砍后再生的枝条。

［11］鲲：鱼子。鲕（ér）：鱼苗、小鱼。

［12］麑（ní）：幼鹿。麇（yǎo）：幼麋。

［13］鷇（kòu）：须母鸟哺食的雏鸟。

［14］蚳（chí）：蚁卵，古人用白色蚁卵做酱。蝝（yuán）：蝗的幼虫，可食用。

［译文］

鲁宣公夏天把鱼网投入泗水深处捕鱼，里革割断他的鱼网扔在一旁，说：“古时候大寒到来，深藏在泥土中的动物开始活动时，水虞才考虑使用鱼网和竹篓，捕捉大鱼，猎取鳖蜃，用来祭祀寝庙中祖先。这时让国人捕鱼，是为了帮助地下的阳气宣泄出来。鸟产卵，兽怀胎时，鱼类长成，兽虞便禁止使用网捕捉鸟兽，只准用矛刺取鱼鳖，晒成肉干供夏天食用，这是为了帮助鸟兽的生长。鸟兽长大了，鱼鳖则开始繁殖，水虞便禁止下网捕鱼，只准设陷阱和鸟网去猎获鸟兽，以供应宗庙和厨房的需要，保证鱼类的生长，以供他时日用之需。并且上山不能砍伐树苗，入泽不能割取嫩草，捕鱼时禁止捕幼鱼，捕兽时要留下幼鹿和幼麋，捕鸟时要保护雏鸟和鸟卵，捕虫时要避免伤害蚁卵和蝗子，这些都是为了使万物生长繁殖，是古人的教导。现在是鱼刚刚分开繁殖的时候，却不让鱼长大，还下网捕捞，真是太贪心了！”

《氾胜之书》（节选）

西汉·氾胜之

［导读］

氾胜之的《氾胜之书》是中国最早的私人农书专著，记载了两千年前黄河流域的旱作农业，代表着当时农业生产技术与科学知识的成就。其书后世流传中亡佚。

节选内容转引自《齐民要术》，是关于“种桑法”的记载，属于林产作物培育的范畴。桑苗截干法以及黍桑混合播种技术，是汉代比较先进的农林栽培技术。

［原文］

种桑法：五月，取椹著水中，即以手渍之，以水灌洗，取子，阴干。治肥田十亩，荒田久不耕者尤善，好耕治之。每亩以黍、椹子各三升合种之。黍、桑当俱生，锄之，桑令稀疏调适。黍熟，获之。桑生，正与黍高平，因以利镰摩地刈之，曝令燥。后有风调，放火烧之，常逆风起火[1]。桑至春生，一亩食三箔蚕[2]。

［注释］

［1］常逆风起火：第一年桑苗割下，可使次年苗木生长更加旺盛，就是现在使用的“截干法”。而把割下的桑苗晒干烧掉，灰入土中充当肥料，并且熏土也可增加肥效。

［2］箔（bó）：蚕箔，养蚕用的平底竹编器具。

［译文］

种桑法：五月间，收取成熟的桑椹，浸入水中，先用手揉碎果肉，然后再用水冲洗，取得种子，阴干。整理肥田十亩，多年没有耕种的荒地更好，可以细细地耕治了。每亩混合三升黍子与三升桑子播种（按黍、桑混合播种，多得一季收成，还可防止苗地杂草生长）。黍子会和桑子一齐发芽出苗，锄整，桑苗要锄到稀稠合适。黍子熟了，就收获。桑苗生长，此时正和黍子等高，用锋利的镰刀沿平地面割下来，通过暴晒让割下来的桑苗干燥。之后风向适合时，放火将地面烧一遍，常例是逆着风放火。（从根上发出的）新桑苗第二年春天生出，一亩地出产的桑叶足够饲养三箔蚕。

《齐民要术》（节选）

北魏·贾思勰

［导读］

贾思勰的《齐民要术》是中国现存最早、最完整的农书，系统总结了6世纪以前黄河中下游地区农牧业生产经验、食品的加工与贮藏、野生植物的利用。

《齐民要术》中有大量林业内容，其卷四、卷五中关于林业的内容有23篇，约占全书的四分之一。这些林业内容可以分为五类：第一类为栽种榆、柏、杨、桑、柘、漆、槐、柳、楸、梓、梧、柞等用材类树木及竹子；第二类为栽种枣、桃、李、梅、杏、梨、栗、柿、安石榴等水果类树木；第三类为栽种蓝、紫草、红蓝花、栀子等实用植物；第四类为林特产品的加工贮藏及利用；第五类为伐木类。

［原文］

栽树第三十二

凡栽一切树木，欲记其阴阳，不令转易。阴阳易位则难生。小小栽者，不烦记也。大树髡之[1]，不髡，风摇则死。小则不髡。先为深坑，内树讫，以水沃之，著土，令如薄泥，东西南北摇之良久，摇则泥入根间，无不活者；不摇，根虚多死。其小树则不烦尔。然后下土坚筑。近上三寸不筑，取其柔润也。时时溉灌，常令润泽。每浇水尽，即以燥土覆之，覆则保泽，不然则干涸。埋之欲深，勿令挠动。凡栽树讫，皆不用手捉，及六畜抵突。《战国策》曰："夫柳，纵横颠倒树之皆生。使千人树之，一人摇之，则无生柳矣。"凡栽树，正月为上时，谚曰："正月可栽大树。"言得时则易生也。二月为中时，三月为下时。

然枣鸡口，槐兔目，桑虾蟆眼，榆负瘤散，自余杂木鼠耳、虻翅，各其时。此等名目，皆是叶生形容之所象似，以此时栽种者，叶皆即生。早栽者，叶晚出。虽然，大率宁早为佳，不可晚也。树，大率种数既多，不可一一备举，凡不见者，栽莳之法，皆求之此条。《淮南子》曰："夫移树者，失其阴阳之性，则莫不枯槁。"高诱曰："失，犹易。"《文子》曰："冬冰可折，夏木可结，时难得而易失。木方盛，终日采之而复生；秋风下霜，一夕而零。"非时者，功难立。崔寔曰[2]："正月，自朔暨晦，可移诸树：竹、漆、桐、梓、松、柏、杂木。唯有果实者，及望而止；望谓十五日。过十五日，则果少实。"《食经》曰："种名果法：三月上旬，斫取好直枝，如大母指，长五尺，内著芋魁中种之。无芋，大芜菁根亦可用。胜种核，核三四年乃如此大耳。可得行种。"凡五果，花盛时遭霜，则无子。常预于园中，往往贮恶草生粪。天雨新晴，北风寒切，是夜必霜。此时放火作煴[3]，少得烟气，则免于霜矣。崔寔曰："正月尽二月，可剶树枝[4]。二月尽三月，可掩树枝。"埋树枝土中，令生，二岁已上，可移种矣。

种竹第五十一

中国[5]所生，不过淡苦二种；其名目奇异者，列之于后条也。宜高平之地。近山阜尤是所宜。下田得水即死。黄白软土为良。正月、二月中，劚[6]取西南引根并茎，芟去叶，于园内东北角种之。令坑深二尺许，覆土厚五寸。竹性爱向西南引，故于园东北角种之。数岁之后，自当满园。谚云："东家种竹，西家治地。"为滋蔓而来生也。其居东北角者，老竹，种不生，生亦不能滋茂，故须取其西南引少根也。稻、麦糠粪之。二糠各自堪粪，不令和杂。不用水浇。浇则淹死。勿令六畜入园。二月，食淡竹笋，四月、五月，食苦竹笋。蒸、煮、炰、酢[7]，任人所好。其欲作器者，经年乃堪杀。未经年者，软未成也。

笋：《尔雅》曰："笋，竹萌也。"《说文》曰："笋，竹胎也。"孙炎[8]曰："初生竹谓之笋。"《诗义疏》云："笋皆四月生。唯巴竹笋，八月生，尽九月，成都有之。篃，冬夏生，始数寸，可煮，以苦酒浸之，可就酒及食。又可采藏及干，以待冬月也。"《永嘉记》曰："含箨竹笋，六月生，迄九月，味与箭竹笋相似。凡诸竹笋，十一月掘土取皆得，长八九寸。长泽民家，尽养黄苦竹。永宁南汉，更年上笋，大者一围五六寸。明年应上今年十一月笋，土中已生，但未出，须掘土取；可至明年正月出土，讫五月。方过六月，便有含箨笋。含箨笋迄七月、八月。九月已有箭竹笋，迄后年四月。竟年常有笋不绝也。"《竹谱》曰："棘竹笋，味淡，落人鬓发。篼、节二笋，无味。鸡颈竹笋，肥美。篃竹，笋冬生者也。"《食经》曰："淡竹笋法：取笋肉五六寸者，按盐中一宿，出，拭盐令尽。煮糜一斗，分五升与一升盐相和。糜热，须令冷，内竹笋醎糜中一日。拭之，内淡糜中，五日，可食也。”

伐木第五十五

凡伐木，四月、七月则不虫而坚韧。榆荚下，桑椹落，亦其时也。然则凡木有子实者，候其子实将熟，皆其时也。非时者，虫而且脆也。凡非时之木，水沤一月，或火煏[9]取干，虫皆不生。水浸之木，更益柔韧。《周官》曰：“仲冬斩阳木，仲夏斩阴木。”郑司农云[10]：“阳木，春夏生者；阴木，秋冬生者，松柏之属。”郑玄曰：“阳木生山南者，阴木生山北者。冬则斩阳，夏则斩阴，调坚软也。”按柏之性，不生虫蠹，四时皆得，无所选焉。山中杂木，自非七月、四月两时杀者，率多生虫，无山南山北之异。郑君之说，又无取。则《周官》伐木，盖以顺天道，调阴阳，未必为坚韧之与虫蠹也。《礼记·月令》：“孟春之月……禁止伐木。”郑玄注云：“为盛德所在也。”“孟夏之月……无伐大树。”“逆时气也。”“季夏之月……树木方盛，乃命虞人[11]，入山行木，无为斩伐。”“为其未坚韧也。”“季秋之月……草木黄落，乃伐薪为炭。”“仲冬之月……日短至，则伐木取竹箭。”“此其坚成之极时也。”《孟子》曰：“斧斤以时入山林，材木不可胜用。”赵岐注曰：“时谓草木零落之时；使材木得茂畅，故有余。”《淮南子》曰：“草木未落，斤斧不入山林。”高诱曰：“九月草木解也。”崔寔曰：“自正月以终季夏，不可伐木，必生蠹虫。或曰：‘其月无壬子日，以上旬伐之，虽春夏不蠹。’犹有剖析间解之害，又犯时令，非急无伐。十一月，伐竹木。”

【注释】

[1] 髡（kūn）：整枝，剪去树枝。

[2] 崔寔：东汉农学家。其所著《四民月令》，是东汉后期记叙农事活动的专书。

[3] 煴（yūn）：郁烟，不见火焰的燃烧而产生出来的许多烟。

[4] 剶（chuān）：砍削树枝。

[5] 中国：上古时代，我国华夏族建国于黄河流域一带，以为居天下之中，故称中国，而把周围其他地区称为四方。后泛指中原地区。

[6] 斸（zhú）：掘。

[7] 炰（páo）：同炰，蒸煮。酢（zuò）：同“醋”。

[8] 孙炎：三国时期经学家，受业于郑玄，时人称为“东州大儒”。曾为《毛诗》《礼记》《春秋三传》《国语》《尔雅》和《尚书》作过注，所著《尔雅音义》影响较大。

[9] 煏（bì）：用火烘干。

[10]郑司农：指西汉经学家郑众。因其曾官大司农，故称。司农，官职名。汉始置，掌钱谷之事。亦称大司农，为九卿之一。

[11]虞人：古时掌山泽苑囿之官。《周礼·夏官·大司马》："虞人莱所田之野为表。"贾公彦疏："虞人者，若田在泽，泽虞；若田在山，山虞。"

【译文】

栽树第三十二

凡是移栽树木，都要记下它的阴面和阳面，不能够改变。改变了原有的阴面阳面，就不容易成活。很小很小的树苗，移栽时可以不必记。大树要把枝叶剪去，不剪掉，风吹摇动，就容易死掉。小的就不必剪。先掘成深坑，放入树苗后，灌上水，把土和成稀泥，向东南西北四面各摇晃一阵，摇树则泥土深入根中间，没有不成活的；不摇，根中间空虚，死亡的多。小树，可以不必摇。然后将土放入坑里，筑紧。表面上的三寸土不要筑实，以保持松软湿润。时时浇水，保持湿润。每浇一次水，水都渗下去以后，就盖上一层干土，盖住的就可以保持湿润，不盖就容易干涸。根要埋得深，不要让它摇动。凡是栽下去的树，栽了，就不要用手去碰，也不要让牲口抵触。《战国策》上说："柳树，无论直栽横栽倒栽，都可以成活。但如果十人种树树，一人摇树，就不会有一株能够成活的。凡是移栽树木，最好是在正月里。农谚说："正月可以栽大树。"是说时令适宜，容易成活。其次是二月，三月已经是最迟了。不过枣树鸡口，槐树兔儿眼，桑树蛤蟆眼，榆树负瘤散，其余各种树木老鼠耳朵、牛虻翅膀，各有适宜的时候。这些名目，都是树木叶芽生长时外形的形象比拟。在这个时候进行移栽，树叶可以立即生长。栽得早了，叶子生长得迟。尽管这样，宁远早点移栽，不能够太晚。树种类很多，不能一一列举。凡是没有专门讨论的，栽种的方法，都可以以此条作标准。《淮南子》说："移树时，如果失去了阴阳方向，就没有不枯死的。"高诱注释说："失字，犹变易。"《文子》说："只有冬天的冰可以采取，只有夏天的树木可以编结，时间难以把握而容易丧失。树木生长茂盛的季节，整天采折还可以再生长。秋风下霜以后，一夜功夫，就全部凋零了。"不在适当的时候做事，很难获得成功。崔寔说："正月，自初一到月底，可以移栽一切树木：竹、漆、桐、梓、松、柏和各种杂木。但是结果实的树，必须望日以前。望日，是指十五。过了十五以后移栽的，果实就会减少。《食经》说："种植名果的方法，三月初旬，斫取好的、直的枝条，如同大拇指粗细，长五尺，插在芋魁里面种下去。没有芋魁，用大芜菁根也可以。这样比种果树核好；种核的，三到四年，才能长到这么大。用这种方法可以选择优良的品种。”各种果树，花开的旺盛时遇霜，便不能结实。应当随时在园子里积蓄一些杂草、烂叶子、牲口粪便，作为准备。雨后新晴，北风骤寒，那么当夜一定结霜。这时放火烧草，生成一些烟气，就可以不受霜冻的侵害。崔寔说：“正月底到二月末，可以剪切树枝。二月底到三月，可以掩埋树枝。把树枝埋在地里，让它生根，两年以后，可以移栽。

种竹第五十一

黄河流域所生长的竹子，只有淡竹、苦竹两种。其余名目奇特新异的，列在后面了。竹应当种在高而且平坦的地方，靠近山的小土坡更适宜。低地有积水，就会死亡。黄白色松软土壤适合种竹。正月、二月里，斫取向西南方向生长的地下竹根和茎干，去掉叶子，在园子的东北角种上。先挖二尺上下深的坑，盖上五寸厚的泥土。竹的本性爱向西南方向延展，所以要在园子的东北角上种植。几年之后，自然会长满园子。农谚说：“东家种竹，西家整地。”就是说竹子会蔓延过来。在东北角上，是老竹子，移来栽种，不会成活，即使成活了也难以生长旺盛，所以必须取向西南角延展的嫩根。用稻糠或麦糠做肥料。两种糠都可以单独做肥料，不要混合。不用浇水。浇水则会淹死。不要让牲口进竹园。二月，吃淡竹笋。四月、五月，吃苦竹笋。蒸、煮、烹、炸，随个人的爱好。要做器具的，必须经过一年，才可以砍来用。没有一年的竹子，太软，还没有长好。

笋：《尔雅》说：“笋是竹的萌芽。”《说文》说：“笋是竹胎。”孙炎说：“刚生的竹子是笋。”《诗义疏》说：“笋都是四月间出生。只有巴中竹笋，八月出生，到九月还在，成都有这种竹笋。簟，冬天夏天都有，才长出来时几寸，可以煮，用苦酒浸泡，可以下酒做食品。也可以米藏或干藏，预备冬天用。”《永嘉记》说：含篨竹笋，六月生，到九月还有，味道与箭竹笋相似。所有竹笋，在十一月里掘土都可以获得，长八九寸。长泽县民众，都种植黄苦竹；永宁县、南汉县，每年都进贡竹笋，大的一根有五六寸粗。明年进贡今年十一月份生的竹笋，已经在土里生长了，只是还没有出土，需要掘开地面获得。一直到第二年正月出土，到五月间还有。刚过六月，就有含篨笋了。含篨笋可以吃到七八月份。九月又有了箭竹笋，可以吃到第二年四月。因此，一年到头，常常有笋，不会断绝。《竹谱》说：棘竹笋，味淡，吃下后使人毛发脱落。篃笋、节笋没有味。鸡颈竹笋，肥美。簟竹笋，冬天出生。《食经》说：“淡竹笋做法：取五六寸长的笋肉，压在盐下面过一夜，取出来，把盐擦净。煮一斗稀粥，分出五升来，加上一升盐和在一起。让热粥冷透，把竹笋放在盐粥里泡一天，擦净，再放在淡粥里泡五天，就可以吃了。”

伐木第五十五

凡是四月、七月砍伐的木材，不生虫，而且坚韧。榆树落荚，桑树落椹，也就是砍伐榆树和桑树最好的时候。由此可见，所有能结果实的树木，等它的果实将要成熟的时候，都是砍伐的好时机。不适合砍伐的，容易生虫而且脆。不适合的时令砍伐的树木，放在水里沤泡一个月，或者放在火旁烘干，也可以避免生虫。水泡的木材，更加柔韧。《周官》说："十一月斩阳木，五月斩阴木。"郑众说："阳木，是春夏生的；阴木，是秋冬生的，像松柏之类。"郑玄说："阳木，是生在山的南面的；阴木，是生在山的北面的。冬天斩阳木，夏天斩阴木，可以控制木材的坚韧和柔软。"按柏树的本性，不生虫蛀，一年四季都可以砍伐使用，没有选择的必要。至于山中的其余杂木，如果不是四月和七月砍伐的，都会生虫，山南面、山北面的都一样。郑玄的说法，也没有根据。《周官》关于伐木的规定，只是顺应天道，调和阴阳，未必一定是为了坚韧或虫蠹的问题。《礼记·月令》："正月……禁止伐木。"郑玄说："因为孟春盛德在木。""四月……不要伐大树。""因为和时气相反。""六月……树木正茂盛，就命令虞人到山里巡行，查看树木，不要有砍伐的事情。""因为此时树木还不坚韧。""九月……草木黄落，才开始伐木烧炭。""十一月……冬至了，就砍伐树木，取竹做箭。""这是竹与木坚硬成材到极致的时候。"《孟子》说："按照时节进入山林采伐树木，木材就会用不完。"赵岐解释说："一定的时期，指草木零落的时候。这样，树木生长茂盛，所以才能用不完。"《淮南子》说："草木没有落叶之前，不要进入山林采伐。"高诱注解说："九月，是草木零落的时候。"崔寔说："从正月到六月，不要砍伐树木，否则木材一定会生虫蠹。也有人说：'如果某个月中没有壬子日，可以在这个月的上旬去砍伐，即使是春天和夏天，也不会生虫蠹。'尽管这样，也会有开裂分解的危险，又犯时令，如果不是急需木材，不要砍伐。"

《四时纂要·春令》（节选）

唐·韩鄂

【导读】

《四时纂要》是唐代的一部农书。其书体例与《四民月令》基本相同，逐月列举应做农林事项，其中许多内容涉及林木种植问题，记载了嫁树法、接树、栽树、种竹、种柳、种桑、种榆、种白杨林、种枸杞、种茶、种木棉、嫁接果树等。

节选内容出自《四时纂要·春令》，强调树木种植有一定的时间安排，并对于树木的种植、移栽、嫁接等进行了详细的阐述。这些记载，是了解、研究唐代森林培育技术的重要资料。

［原文］

接树

右取树本，如斧柯大及臂大者，皆可接，谓之树砧。砧若稍大，即去地一尺截之；若去地近截之，则地力大壮矣，夹杀所接之木。稍小，即去地七八寸截之；若砧小而高截，则地气难应。须以细齿锯截，锯齿粗即损其砧皮。取快刀子于砧缘相对侧劈开，令深一寸，每砧对接两枝，候俱活，即待叶生，去二枝之弱者。所接树，选其向阳细嫩枝如筯大者，长四五寸许。阴枝即小实，其枝须两节，兼须是二年枝，方可接。接时，微批一头入砧处，插入砧缘劈处，令入五分。其入须两边批所接枝皮处。插了，令与砧皮齐切，令宽急得所。宽即阳气不应，急即力大夹杀，全在细意酌度。插枝了，别取本色树皮一片，阔半寸，缠所接树砧缘疮口，恐雨入。缠了，即以黄泥封之，其砧面并枝头并令如法泥讫，仍以纸裹头麻缠之，恐其泥落故也。砧上有叶生，即旋去之，仍以灰粪拥其砧根，外以刺棘遮护，勿使有物拨动其根枝，春雨得所，尤易活。其实内子相类者，林擒、梨向木瓜砧上，栗向栎砧上，皆活，盖是类也。

……

栽树

凡栽树，须记南北枝。坑中着水作泥，即下树栽。摇令泥入根中，即四面下土坚筑，上留三寸浮土。埋须是深，浇令常润，勿令手近及六畜抵触。凡一切树，正月十五日已前上时，兼多子。

种桑

收鲁桑椹[1]，水淘取子，曝干。熟耕地，畦种如葵法。土不得厚，厚即不生。待高一尺，又上粪土一遍。当四五尺，常耘令净。来年正月移之。白桑无子[2]，压条种之[3]。才收得子便种，亦可。只须于阴地频浇为妙。

移桑

正月、二月、三月并得。熟耕地五六遍，五步一株，著粪二三升。至秋初，劚根下，更著粪培土。三年即堪采。每年及时科斫，以绳系石坠四向枝令婆娑，中心亦屈却。勿令直上，难采。

种梓

以此月下子，明年以此月移之。同桑法也。

种竹

宜高平处。取西南引根者，去梢叶，院中东北角栽种之。坑深二尺许，作稀泥于坑中，即下竹栽，以土覆之，杵筑定，勿将脚踏，踏则笋不生。土厚五寸。竹忌手把及洗手面肥水浇，著即枯死。竹性好西南，故于东北种之。

种柳

取青嫩枝如臂大，长六七尺，烧下头三二寸，埋二尺已来，常以水浇苗。俱出，留一茂者，竖一木作依，以绳缚定，勿令风动。一年便大，但旋去傍枝。尤宜湿地。

松柏杂木

此月并是良时，唯果树从朔[4]，及望而止[5]，过即少子。俗云："一年计，树之以谷；十年计，树之以木。"又云："一日之计在一晨，一年之计在一春。"故知时不可失也。

种榆

榆性好阴地，其下不植五谷。种者宜于园北背阴之处。秋熟耕其地，以榆漫散，涝之。明年正月，附地刈却草覆，放火烧之。一根上必数十茎条生，只留一根强者，余悉去之。一年便长八九尺。后年移栽之。丛长直而且速，故三年乃可移。初生三年，勿采叶，亦勿斫剥之。须留距二寸许。三年外卖叶，五年堪作椽，十五年堪作车毂。年年科拣，为柴之利已自无算，况堪充诸器物，其利十倍。斫而复生，不劳更种。一顷地岁收千匹，只用一人守护，既省人工，又无水旱虫蝗之灾，比之余田，劳逸万倍。男女初生，各乞与小树二十株种之，洎至成立，嫁娶所用之资，粗得充事。夹榆、刺榆三种之法略同。[6]

种白杨林法

秋耕熟地，正、二、三月犁垄中，逆顺一正一倒，使宽。斫白杨枝如指大，长二尺，屈垄中，压土，令两头出二尺成株。明年正月，剪去恶枝。一亩三垄七百二十株，六亩四千二百二十株。三年堪为蚕椽，五年堪作屋椽，十年堪作栋梁。岁种三十亩，三年种九十亩。岁卖三十亩，永世无穷矣。

【注释】

[1]鲁桑：桑树的一种。枝条粗长，叶卵圆形，原产山东，为我国蚕区的主要栽培桑种。

[2]白桑：桑树的一种。树皮有浅裂，叶子椭圆形，花单性，花被黄绿色，叶子是蚕的饲料，嫩枝的韧皮纤维可造纸，果实可实食，嫩枝、根的白皮、叶和果实均可入药。

[3]压条：亦称“压枝”。一种植物繁殖技术，即把植物的枝条的一部分刮去表皮埋入土中，头端露出地面，等它生根以后把它和母株分开，使之另成一个植株。

[4]朔：月相名。旧历每月初一，月球运行到地球和太阳之间，和太阳同时出没，地球上看不到月光的月相。

[5]望：月相名。旧历每月十五日（有时为十六日或十七日），地球运行到太阳与月亮之间，当月亮和太阳的黄经相差一百八十度，太阳从西方落下，月亮正好从东方升起之时，地球上看见的月亮最圆满，这种月相叫望。

[6]夹榆、刺榆三种：“种榆”段落原文摘自《齐民要术》，《齐民要术》中写到：“挟榆、刺榆、凡榆三种。”此书转引时少了“凡榆”两字。

【译文】

接树

选取树的根干部，如同斧柄与手臂大小的，都可以嫁接，称为砧木。倘若砧木稍大，就离地一尺截断它；倘若距离地面太近截断，那么地力太肥壮，会夹死所嫁接的枝条。倘若砧木稍小，就离地七八寸截断它；倘若砧木小而截位高，那么地气就难接应。需要用细齿锯截断，锯齿粗就会损伤砧木的皮。取锋利的刀子，在砧木边缘对应的双侧劈开，深一寸，每个砧木对应嫁接两条树枝。都成活后，就等待叶子生出，砍去两枝中弱的一条。所嫁接的树，选取向阳的细嫩树枝如筷子大小的，长度在四五寸左右。向阴的树枝就小一些，枝条需要有两节，并且需要二年的枝条，才可以嫁接。嫁接时，轻微劈开一头，在安放砧木的地方插入，砧木顺着劈开处，让它插入五分，其插入需要两边劈开。所嫁接的树枝树皮处插完，使其与砧木皮一齐切开，使其宽紧适当。过宽阳气就不能接应，过紧就会力量过大而夹死，全在于仔细斟酌。插入树枝完毕，另取本来的树皮一片，宽半寸，缠缚在所嫁接的砧木的开口处，防止雨水进入。缠缚完毕，就用黄泥封盖嫁接处，砧木表面以及枝头都沿用这种方法。用泥封盖完毕，仍用纸包裹麻丝缠绕，这是担心封泥脱落的缘故。砧木上有叶子长出，就立即除去，并用灰粪培植树木根部，外部用荆棘遮盖保护，不要使用东西拨动它的根和枝条，春雨调顺，尤其容易成活。那些果实种子相类似的树种，林擒、梨向木瓜树嫁接，栗树向栎树嫁接，都能成活，原因是都属于同一种类。

……

栽树

凡是栽树，需要记住南北枝条。树坑中浇水作泥，然后下树栽种。摇动树身使泥进入根中，然后四面填土平实，上面保留三寸浮土。需要深入浇透，使其保持湿润，不要手触及牲畜抵触。凡栽种一切树木，正月十五之前为最佳时令，并且结实多。

种桑

收取鲁桑的桑椹，用水淘洗取其种子，曝晒干燥。精耕土地，种植时如同种葵的方法。覆土不能厚，厚了就不发芽。等到桑苗高一尺，施一遍粪肥。等到四五尺高，经常耕耘，让土地干净没有杂草。第二年正月移栽。白桑没有种子，采取压条法种植。刚刚收获取得的种子立即种植也可以。只能在阴凉地方种植，频繁浇水最好。

移桑

每年正月、二月、三月，选取精耕五六遍的土地，隔五步种一株，施粪肥二三升。到初秋挖掘根下，再次施粪培土。三年后就可以采桑叶。每年及时修剪枝蔓，用绳子系上石块牵坠四面的枝条使其扶疏，中心枝条也蜷曲回转。不要让它向上挺直生长，否则难采桑叶。

种梓

在这个月播下种子，明年的这个月移栽。与栽种桑树的方法相同。

种竹

适宜在地势高而且平的地方。选取向西延伸的竹鞭上长出的幼年竹，去掉顶梢竹叶，在庭院东北角栽种。土坑深二尺左右，在坑中浇水作稀泥，然后下竹栽种，用土覆盖，捣土筑实，不要用脚踩踏，踩踏则不生竹笋。土厚五寸。栽植的竹子切忌手摇和洗手洗脸的水浇灌，碰到就会枯死。竹子爱向西南向阳面延伸，所以在东北方向栽种。

种柳

选取青嫩的树枝如手臂大小，长六七尺，火烧下端二三寸，埋入土中二尺。以后经常用水浇灌树苗，待全部发芽，留下一株茂盛的。竖起一根木条作倚靠，用绳子绑定，不要让风吹动，一年就长大。然后伐去侧枝。柳树尤其适宜种植在湿地。

松柏杂木

这个月种树都是很好的时节，唯有果树从初一开始，到十五结束，过了十五结实就会减少。俗语说："一年的计划，在于种植五谷；十年的计划，在于种植树木。"又说："一天的计划在于早晨，一年的计划在于早春。"由此可知，时节不容错失。

种榆

榆树天性喜好阴凉土地，树下不能种植五谷。栽种应当在园子北面背阴之处。秋天精耕土地，用榆种遍撒，用水灌溉。第二年正月，在地中割去野草，放火烧燎。一根树苗之上必定生出几十个茎条，只留下一根强盛的，剩下的全部伐去。一年就长八九尺。第三年移栽，榆树丛生而且生长迅速，所以三年可以移栽。最初生长的三年，不要摘取树叶，也不要砍伐。需要保留树距二寸左右。三年后可以卖树叶，五年后能够作屋椽，十五年后能够制作车轮。每年修剪冗杂枝条，所获柴薪的收益，已经无法计算，何况可用来制作器物，其收益又有十倍。修剪后又生长，不必辛劳再次栽种。一顷土地每年收入千匹，只需要一人守护，既节省人工，又没有水旱蝗虫的灾害，比耕种其他田地清闲万倍。男孩女孩出生，各自准备小树二十株栽种，等到成人之际出嫁迎娶的费用，大致能够充抵。夹榆、刺榆、凡榆三种，种植的方法大略相同。

种白杨林法

秋季精耕田地，来年正月、二月、三月耕耘土地，逆顺一正一倒，使它变宽。砍伐如手指粗的白杨树枝，长二尺，弯曲在田垄中，压上土，使树枝两头各冒出二尺。长成后，第二年正月剪去冗枝。一亩土地分三垄有七百二十株，六亩土地有四千二百二十株。三年就可以作为养蚕的椽子，五年可以作为房屋的椽子，十年可以作为栋梁。每年种三十亩，三年种九十亩，每年卖三十亩的产物，世代没有穷尽了。

《桐谱》（节选）

北宋·陈翥

【导读】

《桐谱》是陈翥在亲身实践的基础上，结合历史文献编撰而成，不仅是我国古代的一部重要的林学著作，也是世界上最早的专论桐树（泡桐）的科学技术专著。

全书分为“叙源”“类属”“种植”“所宜”“所出”“采斫”“器用”“杂说”“记志”“诗赋”十篇。全书“从桐树的形态特征和生物学特性，到桐树的品种及其分类、苗木繁育、造林技术、幼林抚育、产地分布，以至采伐和利用等方面，比较全面而系统地总结了北宋及其以前我国古代劳动人民关于桐树种植和利用的一整套经验，从一个侧面具体地反映了我国古代林业科学技术成就的灿烂光辉。”（潘法连，1981）节选内容出自《桐谱》第三《种植篇》，主要论述了桐树育苗、幼树培育和造林等。

【原文】

凡种其子，当先粪其地，然后匀散之。一春可高三四尺，瘠地只一二尺耳。土膏腴，则茎叶青嫩而乌黑；土瘦薄，则成苍黄之色。至冬便可易而植之。易之，则独根者不深而又易蔓。苟从小而易，至大则多为疾风之所倒拆，以其一根不能自持故也。

凡桐之子，轻而喜扬，如柳絮，飞可一二里。其子遇地熟则出，在林麓间则不生矣。夫种子所长犹迟，不如倒条压之，覆以肥土，自然节节生条，其上又多散根。茎大，断而植之，胜于种者。又种子之地，宜高原之处，低湿则不能萌矣。或要其栽之速者，当于桐处，耕锄其下，使蔓根寸断，则其根断自萌，而茂于子种者，又相属矣。

凡植之法，于十月、十一月、十二月、正月，叶陨，汁归其根，皮干未通之时，必先坎其地，而复粪之。择植一二春者，全其根，勿令冻损，经久为霜雪所薄，掘后实时以内坎中。厥坎惟宽而深，先粪之，以栽著其上，又复以粪覆其上，以黄土盖焉。一无爪爬，二无振摇。至春则荣茂，而木又易于杰干[1]，其新茎可抽五六尺者。迨又至春，则根行而蔓，其发乃尤愈于初春时也。如用春植，则皮汁通，叶将萌，根一伤，故枝叶瘁矣。至来春，则齐土斫去矣。忌其空心者，免为雨所灌，令别抽心者。不然，至别下栽时，更斫去植，则尤妙于春斫也。盖春斫则破损其桩，又摇其根故也。桐之性，不耐低湿，惟喜高平之地，如植于沙湿、低下、泉润之处，则必枯矣。纵抽，茂不如高平之所。

凡植后，至于抽条时，必生岐枝，日频视之。如岐枝萌五六寸，则去之。高者手不能及，则以竹夹折之。至二三年，则勿去其枝，恐其长而头下垂故也。伺其大，则缘身而上，以铁刀贴身去，慎勿留桩，只经一两春，自然皮合也。桐之皮甚软脆而易伤，切忌耕锄之时及牛马等损之。如有所损，当以楮皮缠缚之，不尔则汁出也。及才一二丈，则多斜曲，亦可以物对夹缚之令直，以木牵之亦可。盖桐抽条不戴首而出，又虚软故耳。仍不喜巨材所荫，如此葺之，其长可至十丈者。故枚乘《七发》[2]云："龙门之桐，高百尺而无枝。"信哉！

凡桐之茂大，尤速于余木。故鄙语云："相讼好栽桐，桐树好做甑，讼方兴。"言其易大也。

【注释】

[1]杰干：一作"条干"，意为长高。

[2]枚乘：字叔，西汉淮阴（今江苏淮安）人，辞赋家。作品《七发》是汉大赋的代表作。

【译文】

凡播种桐树的种子，应当先在土地上施肥，然后把种子均匀地撒开。一年生苗可长高三四尺，瘠薄的土壤只有一二尺而已。土壤肥沃，则茎、叶青嫩而带乌黑色；土壤瘦薄，就会长成苍黄色。到了冬季，便可以换地方栽种。移栽时，如果是独根苗，栽得不深而又容易蔓延。假如从小苗就移栽，等到长大，多会被大风吹倒刮断。这是由于它的一条粗根不能支持住自身的缘故。

凡桐树的种子，轻柔而易于飘扬，像柳絮那样可飘飞一二里。它的种子遇到熟地就能发芽，在山林间便不会发芽生长。播种生出的苗长得很慢，不如弯倒枝条压起来，覆盖上肥土，自然每节上会生出枝条来，而且上面又会有很多散根。等到根、茎长大，截断来栽植，会比播种生出的还要好。还有播种的土地，适宜在高而平的地方，如果低湿的地方，就不能萌芽出苗了。有时要很快培育出能栽植的苗木，就应当在有桐树的地方，用锄头翻挖它的下面，使蔓根可以被挖断，在蔓根断处就会自然萌发出幼苗来，而且比播种生出的苗还要茂盛，并且还可以相继这样育出苗来。

凡栽植的方法，在十月、十一月、十二月和正月间，树叶脱落，汁液归入它的根部，树皮和茎干不流通的时候，必须先挖坑整出栽植桐树的土地，然后施上肥料，选择一二年生苗，完好地保护它的根，不要让其冻坏，时间长了会被霜雪所损伤，掘取之后要即时栽植在树坑中。树坑应当宽而深，先施下肥料，以便把苗栽植在它的上面，然后再用粪肥盖上，粪肥之上再以黄土覆盖。这样一是没有有鸟兽爬搔，二是不会震动摇晃。到了春天就会花荣叶茂，而植株又容易长高，它的新茎干可以抽长出五六尺。等再到春天的时候，则它的根系发育并蔓延开来，它的生长要比初春时更好了。如果是采用春季栽植，则树皮中汁液流通，叶子将萌发，根茎一受到损伤，枝叶就容易槁枯了。到来年春季，则要齐地面砍去，注意空心的树苗，避免被灌入雨水，让它长出新的条干。不然，到另外的地方栽种时，便砍去而栽植，则尤其好于春季砍的。这大概是因为春季砍就会损伤树桩，有摇动它的根的缘故。桐树的特性，不耐渍湿，只喜爱高平的地方，如果栽植在沙湿、低洼、渗水的地方，就一定会枯死了。即使有成活的，抽长也不如高平的地方。

凡栽完以后，到抽长茎干时，一定会生出侧枝，要每天多观察。如果侧枝萌长出五六寸左右，就要去掉。高处的侧枝，手不能够到的，就用竹竿夹住折掉。等到二三年后，就不能除掉它的侧枝了，这是怕它不断生长而梢头会垂下来的缘故。等看到桐树长大，就沿着树干上去，用铁刀贴紧贴树身砍去，注意不要留下残枝茬，只要经过一两年，树皮自然就会愈合起来。桐树的皮很脆软，而容易受伤，切忌耕、锄时和牛、马等损伤。如果损伤了，应当用楮树皮捆缚起来，不然就会有树汁流出。等到才一二丈时，则多会歪曲，也可以用两个东西对夹着捆起来使它长直，用木桩牵引住也行。这大概是因桐树抽条不是从顶头长出，又很虚软的缘故吧。由于不愿意被大树所遮蔽，这样整治之后，桐树的高度可以达到十丈。所以，枚乘《七发》中说："龙门之桐，高百尺而无枝。"这是可信的啊！

凡桐树的畅茂高大，尤其快于其他树木。因此俗话说："相讼好栽桐，桐树好做甑，讼方兴。"这是讲桐树容易长大。

《种松法》

北宋·苏轼

【导读】

苏轼不仅文学上成就卓著，而且对古代林业生产的理论与实践也多有论述，如《种松法》《接果说》《荔枝龙眼说》《记岭南竹》等。

《种松法》简要地介绍了松树的种植和培育的方法，为后世《授时通考》《佩文斋广群芳谱》等类书所收录。

【原文】

十月以后，冬至以前，松实结熟而未落，折取，并萼收之竹器中，悬之风道。未熟则不生，过熟则随风飞去。至春初，敲取其实，以大铁锤入荒茅地中数寸，置数粒其中，得春雨自生。自采实至种，皆以不犯手气为佳。松性至坚悍，然始生至脆弱，多畏日与牛羊，故须荒茅地，以茅阴障日。若白地[1]，当杂大麦数十粒种之，赖麦阴乃活。须护以棘，日使人行视，三五年乃成。五年之后，乃可洗[2]其下枝使高。七年之后，乃可去其细密者使大。大略如此。

【注释】

[1]白地：空地；没有树木或建筑物的地。

[2]洗：革除，此处指削去树木的繁枝。

【译文】

十月过后，冬至之前，当松树结实已经成熟但还没有脱落的时候，折取下来，连同外面的萼一起贮藏在竹器中，悬挂在通风的地方。如果松子没有成熟，则不会发芽生长；如果过了成熟的季节，就会随风飞去。到了春天的时候，敲开它的果实，用大铁锤插入荒地中几寸，然后把几粒松子放入其中，经过春雨自然会发芽生长。从采摘松实到种入地中，都以不碰到手气为好。虽然松树的本性非常坚硬，但刚生长的时候却非常脆弱，大多害怕阳光和牛羊，所以必须种植在荒茅地上，通过茅草来遮挡阳光。如果是白地，应当混杂几十粒大麦一起种下，依靠大麦的阴凉才能成活。必须用荆棘围护起来，每天派人去巡察，三五年后就会长成。五年以后，就可以削去下面的繁枝让它长高。七年以后，就可以去除过于稠密的松苗让它长大。大概就是这些。

《王氏农书》（节选）

元·王祯

［导读］

王祯所著《农书》，又称为《王氏农书》或《王祯农书》，共13万余字，插图310幅，分为三部分：《农桑通诀》《百谷谱》《农器图谱》。该书在前人研究的基础上，对古代农业生产知识进行了较为全面、系统的论述，是元朝时期篇幅最大的一部综合性农书。

节选内容出自《农书·农桑通诀·种植篇》，论述了树木种植的意义和价值，尤其是桑树的栽植方法，以及桑树、果树嫁接的方法。

［原文］

司马迁《货殖传》曰：山居千章之楸，安邑千树枣，燕秦千树栗，蜀汉江陵千树橘，齐鲁千树桑，其人皆与千户侯等。其言种植之利博矣。观柳子厚《郭橐驼传》，称驼所种树，或移徙，无不活，且硕茂，早实以蕃，他人效之，莫能如也。又知种树之不可无法也。

考之于《诗》，“帝省其山，柞棫斯拔，松柏斯兑”，周之所以受命也；“树之榛栗，椅桐梓漆”，卫文公之所以兴其国也。夫以王侯之富且贵，犹以种树为功，况于民乎？《周礼》太宰以九职任万民，一曰三农生九谷[1]，二曰园圃之职，次于三农，其为民事之重尚矣。然则种植之务，其可缓乎？

种植之类多矣，民生济用，莫先于桑，故首述而备论之。桑种甚多，不可偏举，世所名者，荆与鲁也。荆桑多椹[2]，鲁桑少椹。叶薄而尖，其边有瓣者，荆桑也。凡枝干条叶坚劲者，皆荆之类也。叶圆厚而多津者，鲁桑也。凡枝干条叶丰腴者，皆鲁之类也。荆之类，根固而心实，能久远，宜为树。鲁之类，根不固，心不实，不能久远，宜为地桑。然荆之条叶，不如鲁叶之盛茂，当以鲁桑条接之，则能久远而又盛茂也。鲁为地桑，而有压条之法，传转无穷，是亦可以久远也。荆桑所饲蚕，其丝坚韧，中纱罗用。《禹贡》称“厥篚檿丝”，注曰：“檿，山桑。”此荆之产而尤佳者也。鲁桑之类，宜饲小蚕。

《齐民要术》曰：收椹之黑者，剪去两头，惟取中间一截，盖两头者，其子差细，种则成鸡桑、花桑；中间一截，其子坚栗，则枝干坚强而叶肥厚。将种之时，先以柴灰淹揉。次日，水淘去轻秕不实者，晒令水脉才干，种乃易生。按：“收椹”一条，乃节取陈旉《农书》[3]，非《齐民要术》也。下“慎勿采沐”五十二字，方是引《齐民要术》耳。仍当畦种，常薅令净，慎勿采沐。大如臂许，正月中移之，十步一树，行欲少掎角，不用正相当。凡耕桑田，不用近树，犁不著处，斸土令起，斫去浮根，以蚕矢粪之。剶桑，十二月为上时，正月次之，二月为下。大抵桑多者宜苦斫，桑少宜省剶。《农桑要旨》[4]云：平原淤壤，土地肥虚，荆桑、鲁桑种之俱可。若地连山陵，土脉赤硬，正宜荆桑。《士民必用》[5]云：种艺之宜，惟在审其时月，又合地方之宜，使之不失其中。盖谓栽培之宜，春分前后十日及十月并为上时。春分前后，以其发生也。十月号阳月，又曰小春，木气长生之月，故宜栽培，以养元气。此洛阳方左千里之所宜，其他地方，随宜取中可也。大抵春时及寒月，必于天气晴明巳午时，藉其阳和。如其栽子已出元土，忽变天寒风雨，即以热汤调泥培之。暑月则必待晚凉，仍预于园中，稀种麻麦为蔭。惟十一月种栽不生活。

种桑之次，则种材木果核。按：龚遂为渤海太守[6]，令民口种一树榆，秋冬课收敛，益蓄果实、菱、芡，民皆富实。黄霸治颍川[7]，使民务耕桑种树，治为天下第一。后汉樊重欲作器物[8]，先种梓漆，时人嗤之。然积以岁月，皆得其用，向之笑者，咸求假焉。李衡于武陵龙阳洲上种柑橘千树[9]，敕儿曰：“吾洲上有千头木奴，不责汝衣食，岁得绢一疋，亦可足用矣。”橘成，岁得绢数千疋，此栽植之明效也。使今之时，上之劝课皆如龚、黄，下之力本皆如樊、李，材木不可胜用，果实不可胜食矣。

《齐民要术》言，种榆者，三年之后便可将荚叶卖之，五年之后便堪作椽即可斫卖，十年后魁、椀、瓶、榼、器皿无所不任[10]，十五年后可为车毂。其岁岁科简剶治之功，指柴雇人，卖柴之利，已自不赀，况诸般器物，其利十倍。斫后复生，不劳更种，所为一劳永逸。

《务本直言》[11]云：近闻诸般材木，比之往年，价直重贵，盖因不种不栽，一年少于一年，可为深惜。古人云：木奴千，无凶年。木奴者，一切树木皆是也。自生自长，不费衣食，不忧水旱，其果木材植等物，可以自用，有余又可以易换诸物。若能多广栽种，不惟无凶年之患，抑亦有久远之利焉。

《齐民要术》云：凡栽一切树木，欲记其阴阳，不令转易。大树髡之，小树则不髡。先为深坑，纳树讫，以水沃之，著土令如薄泥，东西南北摇之良久，然后下土坚筑。埋之欲深，勿令挠动。栽讫，皆不用手捉，及六畜抵突。凡栽树，正月为上时，二月为中时，三月为下时。然枣鸡口、槐兔目、桑虾蟆眼、榆负瘤，自余杂木，鼠耳、虻翅，各以其时。种树既多，不可一一备举。

凡桑果以接博为妙，一年后便可获利。昔人以之譬螟子者[12]，取其速肖之义也。凡接枝条，必择其美，宜用宿条向阳者，气壮而易茂；嫩条向阴者，气弱而难成。根株各从其类。然荆桑亦可接鲁桑，梅可接杏，桃可接李。接工必有用具：细齿截锯一连，厚脊利刃小刀一枚。要当心手款稳，又必趁时。以春分前后十日为宜，或取其条衬青为期。然必待时暄可接，盖欲藉阳和之气也。一经接博，二气交通，以恶为美，以彼易此，其利有不可胜言者。夫接博，其法有六：一曰身接，先用细锯截去元树枝茎，作盘砧，高可及肩，以利刃小刀际其盘之两旁，微启小罅，深可寸半，先用竹攕[13]之，测其深浅，却以所接条，约五寸长，一头削作小篦子，先噙口中，假津溢以助其气，却内之罅中，皮肉相对插之，讫，用树皮封系，宽紧得所，用牛粪和泥斟酌封裹之，勿令透风，外仍用留二眼，以泄其气。二曰根接，锯截断元树身，去地五寸许，以所接条削篦插之，一如身接法，就以土培封之，以棘枝围护之。三曰皮接，用小刃刀子，于元树身八字斜劙之，以小竹攕测其浅深，以所接枝条皮肉相向插之，封护如前法，俟接枝发茂，以渐去其元树枝茎，使之茎茂耳。四曰枝接，如皮接之法而差近枝耳。五曰靥接[14]，小树为宜。先于元树横枝上截了，留一尺许，于所取接条树上眼外，方半寸，刀尖刻断皮肉至骨，并款揭皮肉一方片，须带芽心揭下，口噙少时取出，印湿痕于横枝上，以刀尖依痕刻断元树靥处，大小如之，以按接之，上下两头以桑皮封系，紧慢得所，仍用牛粪泥涂护之，随树大小酌量多少接之。六曰搭接。将已种出芽条，去地三寸许，向上削作马耳，将所接条并削马耳，相搭接之，封系粪壅如前法。今夫种植之功，其利既溥，又加之以接博，犹变稂莠而为嘉禾，易碔砆而为美玉，世之欲业其生者，其可不务之哉？

又有去蠹之法。凡桑果不无虫蠹，宜务去之。其法用铁线作钩取之。一法用硫黄及雄黄作烟熏之，即死。或用桐油纸燃塞之，亦验。

夫既已种植，复接博之，既接博矣，复剔其虫蠹。柳子所谓“吾问养树，得养人术”，此长民为国者所当视效也。夫民为国本本斯立矣，既兴其利，而复除其害，为治之道，无以外是。苟审行之，不惟得劝民之法，抑亦知政教之本欤？

【注释】

[1]三农：有两种解释，一种释为分别生活在高原、平原、低洼地的三类农民，另一种释为根据土地多寡而区分的上、中、下三类农民。九谷：黍、稷、秫、稻、麻、大豆、小豆、大麦、小麦。

[2]荆桑：古代桑树品种，又名家桑、桑椹树、黄桑叶等，树型高大，枝条坚劲，多椹，桑叶产量较高，我国各地有广泛种植。

[3]陈旉《农书》：陈旉曾在真州（今江苏仪征）西山隐居务农，于南宋绍兴十九年（1149）写成《农书》，史称《陈旉农书》。全书3卷，上卷论述农田经营管理和水稻栽培，中卷叙说养牛和牛医，下卷阐述栽桑和养蚕。该书是论述宋代中国南方地区农事的综合性农书。

[4]《农桑要旨》：成书于金元时期的一部农书。

[5]《士民必用》：“民”当为“农”，成书于金元时期的一部农书。

[6]龚遂：字少卿，生卒年不详，西汉山阳郡南平阳县（今山东邹县）人。汉宣帝时任渤海太守，平定盗贼叛乱、鼓励农桑，境内大治。

[7]黄霸：字次公，淮阳郡阳夏（今河南太康）人，西汉大臣。汉宣帝时曾为颍川（治所在今河南禹州市）太守，教化民众遵章守法、勤事农桑、节约资财。

[8]樊重：字君云，西汉末年南阳湖阳（今南阳市唐河县）人，东汉光武帝刘秀外公。世为南阳大姓，善于农稼，爱好货殖。

[9]李衡：字叔平，荆州南郡襄阳（今湖北襄樊市）人。孙吴官员，曾任丹阳太守、威远将军。武陵，西汉高帝改黔中郡置，东汉移治临沅县（今湖南常德市西），属荆州。

[10]魁：食勺。椀（wǎn）：“碗”的古字，盛食物或饮料的器皿。榼（kē）：古代盛酒或贮水的器具。

[11]《务本直言》：元代农学典籍，修廷益著。

[12]螟子：螟蛉的幼虫。蜾蠃捕捉螟蛉的幼虫，放入巢中，然后将自己的卵刺入螟蛉

幼体内，依靠吸收螟蛉虫体内营养发育长大，古人误认为是蜾蠃将螟蛉幼虫抚育长大。

[13]攕（xiān）：削，楔子。

[14]靥（yè）：同“靨”，泛指面颊。

【译文】

司马迁《货殖传》说：山民有千株大楸树，安邑人有千株枣树，燕、秦人有千株栗树，蜀、汉、江陵人有千株柑橘，齐、鲁人有千株桑树，这些人的富有都同千户侯相等。这都是说种植果木的收益非常广博。看看柳子厚的《郭橐驼传》，说橐驼所种的树，如果移栽，没有不成活的，而且高大茂盛，果实成熟既早又多，别人仿效，却都不如他。这又使人知道种树不能没有方法。

通过考察《诗经》，“上天省视周地岐山，柞树棫树都已砍完，苍翠松柏栽种山间”，是说周朝承受天命的原因；“栽植榛子和板栗，还有椅、桐和梓、漆”，是说卫文公能够复兴国家的原因。像王侯那样富有和尊贵，尚且致力于种树，何况老百姓呢？《周礼》中太宰把民众分成九种职业去管理，第一种三农生产九种谷物，第二种就是从事果木蔬菜种植的职业，仅次于三农，可见它在民众从事的职业中是极其重要的。既然这样，种树的事情，又怎么能怠慢呢？

可以种植的树木种类繁多，最有利于民生日用的，首先是桑树，所以先对桑树详细论述。桑的种类很多，不可遍举，世人通常所说的种类，是荆桑和鲁桑。荆桑桑椹多，鲁桑桑椹少。叶片薄而尖长，边缘有锯齿的，是荆桑。凡是枝干条叶坚韧的，都是荆桑一类。叶片圆厚而多津液的，是鲁桑。凡是枝干条叶肥厚的，都是鲁桑一类。荆桑之类，根系牢固而木质坚硬，树龄长，适宜养成树桑。鲁桑之类，根系不牢固而木质疏松，树龄短，适宜养成地桑。但是，荆桑的条叶不如鲁桑茂盛，如果用鲁桑的枝条嫁接荆桑，那么就能培育出树龄长而条叶茂盛的新株了。鲁桑作为地桑，可以用压条的方法来繁殖，无限延续下去，这也可以延长鲁桑的树龄。荆桑饲养出的蚕，其丝坚韧，可用作纱罗丝织。《禹贡》说：“厥篚檿丝。”注说：“檿，山桑。”这是荆桑中特别好的。鲁桑之类，适合饲养幼蚕。

《齐民要术》说：选取黑色的桑椹，剪去两头，只取中间一截。因为两头的种子细小，种下去便成鸡桑、花桑；中间一截，种子坚实，种下去枝干坚强，叶片肥厚。将要播种的时候，先用草木灰浸泡揉搓。第二天，用水淘去轻秕不实的籽粒，在阳光下将附着的水分恰好晒干，种子就容易发芽。按：“收椹”一条，是从陈旉《农书》中节取的，不是出自《齐民要术》。下面“慎勿采沐”五十二字，才是引自《齐民要术》。仍然应当畦种，经常锄草保持干净，切勿采叶剪枝。长大到手臂那样长，正月里移栽定植，十步栽一株，行距稍微偏斜，不要正相对直。凡是在桑间耕地，不要靠近桑树，犁耕不到的地方，用锄头翻起，截断浅土浮根，用蚕屎施肥。修剪桑树，十二月最好，正月次之，二月最差。一般桑枝稠密的要多剪，枝条稀疏的要少剪。

《农桑要旨》说：平原淤积土壤，土质肥沃疏松，荆桑、鲁桑都可以栽种。如果是连着山陵的坡地，土壤裸露坚硬，只适合栽种荆桑。

《士民必用》说：种植的适宜方法，全靠把握好时节，又适合当地的环境，使其不失最佳时机。适合栽培的时间，春分前后十天以及十月，都是最好的时机。春分前后，是草木开始生长的时节。十月叫作“阳月”，又叫“小春”，是树木再生的月份，所以适宜栽培，能够养护元气。这是洛阳方圆千里内所适宜的，其他地方，各随所宜，把握最佳时机。一般春天和寒冷月份，必须在天气晴朗之日的巳、午二时栽种，凭借这时的阳和之气。如果要栽培的树种已经挖掘出土，突然天气转冷或有风雨，那就用热水调和坑中的泥土来培护。夏天必须在晚凉的时候，还须预先在园中散种麻、麦遮阴。只有十一月栽种，不容易成活。

次于种植桑树的，就是栽种可用作木材的树和果树。按：龚遂担任渤海太守，让每人种一棵榆树，秋冬季节检查督促老百姓收获，增加积聚果实、菱角、芡实，老百姓都很富足。黄霸治理颍川，让民众耕种桑树，治绩为天下第一。后汉樊重想要制造器具，先种梓树、漆树，人们都嘲笑他。但积年累月之后，这些树木都成为有用之材，当初笑他的人，都向他求借。李衡在武陵郡龙阳县的沙洲上种了千株柑橘，嘱咐儿子说：“我沙洲上有千头木奴，不需要你供给衣食，每年每株贡娟一匹，也足够你享用了。”等到柑橘长成，每年得绢几千匹，这是种树的明显效益。假使现在上面的人能够像龚、黄那样鼓励和督促，下面的人像樊、李那样致力于本业，那么材木就用不尽，果实就吃不完了。

《齐民要术》说，种榆树，三年之后便可以把榆荚、榆叶摘下卖钱，五年之后便可以作椽子来砍伐售卖，十年后汤勺、饭碗、瓶子、盛酒器、各种器皿都可以制作，十五年后可制车毂。榆树每年剪修整治的人工，只要给他柴薪，就有人受雇，卖柴的收益，已是很不少，何况卖掉各种器具，又有十倍的收益。砍伐后根茬又长出新枝，不需要重新栽种，这是一劳永逸的事情。

《务本直言》说，近来听说各种木材的价格，比往年贵了许多，原因是不种不栽，树木一年比一年少了，深为可惜。古人说："木奴千，无凶年。"所谓木奴，指的是一切树木。树木自生自长，不费衣食，不担心水旱灾害，那些果实、木材等物品可以自用，有剩余的又可以拿去易换诸物，假若能够广泛种植，不但没有凶年的忧患，而且还有久远的利益。

《齐民要术》说：凡移栽一切树木，要记住原来的向阳面和背阴面，不要颠倒了。大树剪去树枝，小树则不用修剪。预先掘好深坑，把树栽放到里面后，用水浇灌，使附着于根部的土成稀泥状，长时间地东西南北摇动它，然后填土筑实。埋根要深，不要让它晃动。凡树栽好后，都不可用手抓握，以及不让六畜碰触。凡栽树，正月为上时，二月为中时，三月为下时。然而树木发芽时，枣树像鸡嘴，槐树像兔子眼，桑树像青蛙眼，榆树像负瘤，此外的杂树，像老鼠耳朵、牛虻翅膀，各有适宜的时节。可种的树木非常多，不能一一列举。

凡是桑树、果树以嫁接为好，一年后便可获利。前人把嫁接比作螟蛉之子，比喻嫁接的枝条很快长得与原树相似的意思。凡是嫁接枝条，必须选择良好的枝条，宜于选取二年生的向阳枝条，气息强壮而容易茂盛。向阴的枝条，气息柔弱而难以成活。根株要根据其种类确定。但荆桑可以接鲁桑，梅可以接杏，桃可以接李。嫁接必须具备的工具：细齿铁锯一把，背厚锋利的小刀一把。操作应该心专手稳，又必须找好时机。以春分前后十日为宜，或者等到其枝条泛青，但必须等到晴天暖和的时候才可以嫁接，以凭借其阳和之气。一经嫁接，两种树木枝干上的气脉流通，把不好的转化为好的，原来的树变成了新的品种，好处是说不完的。嫁接的方法有六种：一是身接，先用细齿锯截断原树枝干做砧木，高度可到肩膀，用锋利的小刀在砧木两边开个小缝，一寸半深，先用竹楔子插入，测试其深浅，然后用嫁接的枝条，大约五寸长，一头削作小篦子，先含在口中，用口中的津液来增加它的生气，然后将其放入缝隙中，使外皮和里面的木质部分相对应插入，插完，用树皮封扎接口，松紧适度，再用牛粪调和泥土酌情封裹起来，不让它透风，但在外面留两个孔眼，用来宣泄其气息。二是根接，用锯子截断原树身，离地五六寸左右，把用来嫁接的枝条削成楔子插入，与身接的方法相同，然后用泥土封裹，外面用荆棘围护起来。三是皮接，用小刃刀子在原树身上切开八字形的口子，用小竹楔子测试其深浅，然后把要嫁接的枝条外皮和里面的木质部分相对应着插入，封裹培护与前面的方法一样，等到嫁接的枝条生长茂盛，逐渐去掉原树的枝条，使嫁接的枝条单独繁茂。四是枝接，如同皮接的方法，只是稍微靠近枝干罢了。五是靥接，适合接小树。先把原树上的横枝截断，留一尺左右，在要嫁接枝条树上芽眼外围，半寸见方，用刀尖切透表皮直至木质部分，并轻轻取下这一方寸树皮，必须带芽心揭下，口含一小会取出，把湿痕按压在横枝上，用刀尖依照湿痕切出一个靥接空块，大小与芽片一样，随即把芽片嵌入空块内，接合处上下两头用桑皮封牢，松紧适度，仍然用牛粪和泥土封起来，根据树的大小酌量靥接若干。六是搭接。把已经种出的芽条，离地三寸左右，向上削成马耳形状，同时把所要嫁接的枝条也削成马耳形状，二者相搭拼接起来，封扎、粪土培护与前面的方法一样。如今种树的收益已经很多，又加上嫁接的方法，就像变稂莠为嘉谷，化璞石为美玉。世上想以种植谋生的人，难道不可以勉力从事吗?

又有去除虫蠹的方法。凡是桑树、果树不免有虫蠹，务必要除去。去除的方法，一种方法是用铁丝做成钩子取出害虫。另一种方法是用硫磺及雄黄烧烟熏它，就会死掉。或者用桐油纸点燃塞进去，也有效果。

树已经种了，又进行了嫁接；已经嫁接了，又除去害虫。柳宗元所谓“我问培育树木的方法，却得到了抚育人民的道理”，这是为管理人民、治理国家的人应该效法的。人民是国家的根本，根本已经树立起来，给他们兴利，又给他们除害，治国安民的道理，也不过是这些。如果能够审慎实行，不只是得到劝勉人民的方法，难道不是也知道政治教化的根本吗?

《植柳六法》

明 · 刘天和

［导读］

《植柳六法》出自《问水集》，作者是刘天和（1479—1545），嘉靖十三年（1534）他以右副都御史接任总督河道，负责治理黄河。刘天和汲取历史经验，始创并实施了固堤植柳（卧柳、低柳、编柳、深柳、漫柳、高柳）六法。

“植柳六法”充分利用柳树根系长、须根密的特性，使其深扎堤内，盘根错节，交织成网，可使成排柳树固定河槽，控制水流；经过反复验证，是行之有效的固堤方法，也是一项积极的水土保持措施。

【原文】

余行中州[1]，历观堤岸，绝无极坚者，且附堤少盘结繁密之草，与南方大异。为之忧虞，乃审思备询而施植柳六法。

一曰卧柳。凡春初筑堤，每用土一层，即于堤内外边厢各横铺如钱如指柳枝一层，每一小尺许一枝，毋太稀疏，土内横铺二小尺余，土面止留二小寸，毋过长，自堤根直栽至顶，不许间少。

二曰低柳。凡旧堤及新堤，不系栽柳时月修筑者，俱候春初用小引橛，于堤内外自根至顶，俱栽柳如钱如指大者，纵横各一小尺许，即栽一株，亦入土二小尺许，土面亦止留二小寸。

三曰编柳。凡近河数里紧要去处，不分新旧堤岸，俱用柳椿，如鸡子大，四小尺长者，用引橛先从堤根密栽一层，六七寸一株，入土三小尺，土面留一尺许，却将小柳卧栽一层，亦内留二尺，外留二三寸，却用柳条将柳椿编高五寸，如编篱法，内用土筑实平满，又卧栽小柳一层，又用柳条编高五寸，于内用土筑实平满，如此二次，即与先栽一尺柳椿平矣。却于上退四五寸，仍用引橛密栽柳椿一层，亦栽卧柳编柳各二次，亦用土筑实平满。如堤高一丈，则依此栽十层即平矣。

以上三法皆专为固护堤岸，盖将来内则根株固结，外则枝叶绸缪，名为活龙尾埽[2]，虽风浪冲激，可保无虞。而枝梢之利，亦不可胜用矣。北方雨少草稀，历阅旧堤，有筑已数年而草犹未茂者，切不可轻忽。

四曰深柳。前三法止可护堤以防涨溢之水，如倒岸冲堤之水亦难矣。凡近河及河势将冲之处，堤岸虽远，俱宜急栽深柳，将所造长四尺、长八尺、长一丈二尺数等铁裹引橛，自短而长，以次钉穴使深，然后将劲直带梢柳枝，如根梢俱大者为上，否则不拘大小，惟取长直，但下如鸡子上尽枝梢长如式者，皆可用。连皮栽入，即用稀泥灌满穴道，毋令动摇，上尽枝梢，或数枝全留，切不可单少。其出土长短不拘，然亦须二三尺以上，每纵横五尺，即栽一株，仍视河势缓急，多栽则十余层，少则四五层。数年之后，下则根株固结，入土愈深，上则枝梢长茂。将来河水冲啮，亦可障御。或因之外编巨柳长椿，内实稍草埽土，不犹愈于临水下埽，以绳系岸，以桩钉土，随下随冲，劳费无极者乎？尝于睢州[3]见有临河四方上岸水不能冲者，询之父老，举云农家旧圃，四围柳株伐去，而根犹存，彼不过浅栽一层，况深栽数十层乎？及观洪波急流中，周遭已成深渊，而柳树直立，略不为动，益信前法可行。郡邑治水之官，能视如家事，图为子孙不拔之计，即可望成效。将来捲埽之费可全省矣。但临河积年射利之徒，殊不便此，治水者止知其为父老土著之民，惟言是听，而不知机缄之有为也。捲埽斧刃堤后远近适中之处，尤宜急栽，多栽数层。此法黄河用之，运河频年冲决深要去处亦可用。

五曰漫柳。凡坡水漫流之处，难以筑堤，惟沿河两岸密栽低小柽柳数十层，俗名随河柳，不畏淹没，每遇水涨既退，则泥沙委积，即可高尺余或数寸许，随淤随长，每年数次，数年之后，不假人力，自成巨堤。如沿河居民，各分地界，筑一二尺余缕水小堤，上栽柽柳，尤易淤积成高。一二年间，堤内即可种麦，用工甚省，为效甚大。黄河用之。

六曰高柳。照常于堤内外用高大柳椿，成行栽植，不可稀少。黄河用之，运河则于堤面栽植，以免牵挽。

【注释】

[1]中州：古豫州（今河南省一带）地处九州之中，称为中州。明、清以来专指河南一省。

[2]埽（sào）：旧时治河，将秫秸、石块、树枝捆扎成圆柱形用以堵口或护岸的东西。也指用埽做成的挡水建筑物。

[3]睢州：金天德三年（1151）改拱州置，治襄邑县（今河南睢县）。辖境相当于今河南省睢县、柘城、民权等地。明洪武初废襄邑县入州，属开封府，嘉靖二十四年（1545）改属归德府。

【译文】

我行走中州，一个个地观察河堤，发现没有极为坚固的，而且附堤缺少盘根错节的繁茂野草，这与南方有很大不同。我为此很忧虑，于是慎重思考、广泛咨询而施用“植柳六法”。

第一种称为卧柳。凡是春初构筑河堤，每用土一层，就在河堤内外的侧边分别横铺一层如铜钱如手指粗细的柳枝，间距为每隔一小尺左右为一枝，不要太稀疏，土内横铺二小尺左右枝条，土面只留二小寸枝条，不要过长。从河堤根部一直栽到顶部，不可减少。

第二种称为低柳。凡是旧河堤和新河堤，不是在栽种柳树的月份修筑的，都要等初春时用小引橛，在河堤内外自根部至顶部，全部栽种如铜钱如大指粗细的柳树，间距为纵向横向各一小尺左右，即栽种一株，也是埋入土中二小尺左右，土面只留二小寸。

第三种称为编柳。凡是靠近河岸几里的紧要之处，不分旧堤新堤，都用柳木桩，如同鸡蛋般粗细、四小尺长度的，用引橛先从河堤根部密密的栽种一层，间距为六七寸就栽种一株，埋入土中三小尺，土面上留出一寸左右，缝隙用小柳枝卧栽一层，也是土内留二尺，土外留二三寸，缝隙用柳条将柳桩编高五寸，如同编篱笆的方法，里面用土筑实平满，又卧栽小柳一层，又用柳条编高五寸，里面用土筑实平满，如此反复二次，就与先栽的一尺柳桩相持平了。随后在上部退四五寸，仍旧用引橛密栽柳桩一层，再分别栽卧柳编柳各二次，也用土筑实平满。倘若河堤高一丈，那么按照这种方法栽十层就持平了。

以上三种方法都是专门为了固护堤岸，将来土内根株盘结牢固，土外枝叶茂密，被称为“活龙尾埽”，即使风浪冲刷激荡，也可以保证堤岸无忧。而枝条的收益，也取之不尽。北方雨少草稀，我历次考察旧的河堤，其中有筑成数年却草木仍不茂盛的，且不可轻慢忽视。

第四种称为深柳。前面三种方法可以保护河堤、防范河水涨溢，若是防范那种破坏河岸、冲垮河堤的大水却是很难的。凡是靠近河流以及水势会冲淹之处，堤岸虽然稍远，都应当迅速栽植深柳。将打造的四尺长、八尺长、一丈二尺长几等铁用铁包裹的牵引木橛，从短到长，依次钉入土中制造尽可能深的土洞。然后选择劲拔挺直带有树梢的柳枝，倘若根部和树梢都大的为上等，否则就不限大小，只要选取又长又直，只要是下端如鸡蛋般粗细、上端都是枝梢而且长度符合标准的，都可使用，带皮栽入土洞中，接着用稀泥灌满土洞，使其不会摇晃，上端保全枝梢，可以多个枝条全部保留，切记不可枝条单薄量少。露出地面的部分长短不限，但最起码要二三尺以上。每隔纵向横向五尺，就栽种一株，还要看河流势头的缓急程度，多栽可以十余层，少栽可以四五层。数年之后，下端根株盘结牢固，进入土中更深，上端枝梢长且茂盛。将来河水冲刷，也可以作为抵御屏障。有人采用外围编制巨大的柳树长木桩，内层用树枝草木泥土夯实，这种做法就像洪水来了才临时把筑堤材料放下去，用绳子捆系堤岸，用木桩钉住泥土，一边下桩一边被水冲垮，这样不是耗费人力财力无穷无尽吗？我曾经在睢州看见有临近河边的方台受水冲击却不毁坏的，咨询当地老人，都说是农家以前的园圃四周栽植的柳树被砍伐，但是树根还在，那不过是浅栽一层就如此牢固，何况深栽数十层的呢？待到看到洪水急流之中，周边已经变成深渊，而柳树却岿然直立，不为所动，于是更加确信此前方法可行。郡县负责治理水利的官员，如果能将其视为自家之事来做，为子孙谋划不可动摇的长远之计，就能够切实看到成效，将来治河的费用也可以全部节省下来。但是对紧靠河流常年谋取财利之人来说，此举十分不便，负责治水的人只认为这些人是当地居民百姓，就听从他们的言论，却不知道事情还有隐藏的机要之处。刚刚完成治河筑堤之后选择远近合适之处，尤其应当迅速栽柳，多栽数层。此种方法适合治理黄河使用，运河上那些常年遭受洪水冲击决堤的重要位置也可以使用。

第五种称为漫柳。凡有斜坡河水漫灌之处，难以构筑河堤，只有沿河两岸密密栽植矮小的柽柳数十层，俗名叫随河柳。这种不怕水淹，每次遇到洪水上涨之后退去，泥沙堆积，柳树就会长高一尺或者几寸左右，每次淤积随之长高，每年几次，数年之后，不用借助人力，自然成为高大的河堤。倘若沿河居民，各自划分地界，构筑一二尺左右连续不断的沿水小堤坝，在上面栽植柽柳，十分容易淤积而变高。一两年左右，堤坝以内就可以种麦，节省工夫，收效却很大。治理黄河沿岸可以使用。

第六种称为高柳。按照常用做法在河堤内外用高大的柳桩成行栽植，不能稀疏量少。治理黄河沿岸使用。运河则应当在河堤上栽植，以免妨碍船只牵拉通航。

《种树说》

清·俞森

【导读】

本文摘录自《[雍正]河南通志》。俞森的《种树说》全文篇幅不大，却是一篇珍贵的林业专论，作者突出强调了森林的多种效益，详细论述了对发展林业的看法，在中国林业思想史上具有重要价值。

俞森通过对河南一带的调查，认识到当时林业得不到发展的原因，不在于百姓无知，而在于“有司无导”。他对林业的效益有全面认识，将种树的好处概括为“八利”：高产、抗灾、足薪、屋材、器用、护堤、蚕桑、防沙。在八利中，六条是经济效益，二条是生态社会效益。俞森还找到了制约林业发展的原因有“三弊二源”，并深刻地提出了发展林业的途径，其主要措施是，长官下达种树令，且时常“巡行郊野”进行检查，并按令赏罚，这样就可以实现人不告荒、户皆宁处。

【原文】

余闻之百岁树德，十岁树木，故安邑千树枣，燕秦千树栗，渭川千亩竹，虽无禄秩之奉、爵邑之入，其人皆与千户侯等。今豫州历经闯贼[1]焚掠，百姓惨戮无遗，虽蓊翳成林之处，不可谓无，然极目平原，往往而是。常召土人问之，椅桐梓漆，无不具也；桑柘榛栗，无不宜也。枣二岁而实，五岁而得一石；柿五岁而实，十岁而得三石；榆荚一岁而盈丈；柳枝五岁而合围。土壤之沃如此，是此地树木之效，尚不须十年也。乃熟察四郊，家无储积，室鲜完庐，岂此邦之民，尽属蚩蚩[2]，抑有司无以导之也。余常计种树之效，其利有八；上之人不肯尽心者，其弊有三；下之人相视不前者，其源有二也。

何谓八利？一亩之地树谷，得二石足矣；一亩之地而树木，所入不数十石乎？其利一。岁有水旱，菽麦易伤，榛栗枣柿不俱伤也，年丰贩易，岁凶疗饥，其利二。贫人无薪，至拾马粪，掘草根，种树则落其实而取其材，何忧无樵苏之具？其利三。造屋无木，土墼[3]覆草，久雨屋颓，率多露处，种树上可建楼居，下不至为土隅，其利四。树少则生无以为器具，死无以为棺椁，种树则材木不可胜用，其利五。豫土不坚，濒河善溃，若栽柳列树，根株纠结，护堤牢固，何处可冲？其利六。五亩之宅，树之以桑，宅不毛者有里布[4]，今汴州[5]四野之桑高大沃若，若比户皆桑，大讲蚕务，其利七。五行之用，不克不生，今树木稀少，木不克土，土性轻扬，人物粗猛，若树木繁多，则土不飞腾，人还秀饬，其利八。有此八利，而上下恬熙。

玩日愒月[6]，则三弊不除而二源不扩也。何谓三弊？在上之人以簿书期会之不遑[7]，常恐因所缓而误所急，一也。贪婪者每借事而生端，谨慎者每安常而袭故，二也。凡民可与乐成，难与虑始，未蒙章甫之歌[8]，先致麛裘之谤[9]，三也。至于民间或有广种之举，工师求大木，通国皆无而一家独有，此祸之媒也，一也。邻右尽蓬蒿而果实离离，虽折柳樊圃，亦众射之的矣，二也。此所谓二源不扩也。此非上之人不顾三弊，扩清二源，则利不可得也。一里之内而种树者止一家，一邑之内而种树者止一里，则利少而害多，不得不顾虑也。若尽一邑而悉种焉，则利广矣；尽一郡而悉种焉，则利更广矣；阖省而悉种焉，则其为利尤广，而何虑祸之独钟乎？阖省者，一邑之积也。

夫地道敏树[10]，最易者无如枣、柿、榆、柳，柳树宜于冬月，枣、柿与榆宜于三月。枣、柿之实可以备荒，榆、柳之木可以造屋，枝条可以供薪。使众邑之中，各有贤令长下一令，曰："户无分上下，一家种枣三十株、柿三十株，榆、柳各百株，能逾格多种及广载杂树者旌之，不如令者罚无赦。"则三年之后，人不告荒，十年之后，户皆宁处，八利将无不见矣！所虑者，但申文告而不稽察其弊，徒文具而无利济之实耳。为邑长者下令之后，常以时巡行郊野，则人人惊动，毋敢荒怠矣。

语曰：树德莫如滋。使数十百年之后，诸父老食以得饱，居以得安，指此参天蔽日者以告子孙曰："某树某树皆某令君之所视其灌溉者也。"其德不已滋乎？故详具委曲，申告诸公，知不以余言为迂，必为投袂而起矣[11]。

【注释】

[1] 闯贼：对明末李自成（号"闯王"）为代表的农民起义的蔑称。

[2] 蚩蚩：敦厚貌。一说，无知貌。

[3] 墼（jī）：未烧的砖坯。

[4] 故宅不毛者有里布：出自《周礼·地官·载师》："凡宅不毛者有里布，凡田不耕者出屋粟。"郑玄注："宅不毛者，谓不树桑麻也。"

[5] 汴州：北周宣帝改梁州置，治浚仪县（今河南开封）。因州城临汴水而得名。唐代辖境相当今河南省开封、封丘、尉氏、杞县、兰考等地。五代梁开平元年（907）升为开封府。

[6] 愒（kài）：荒废。

[7] 簿书：官署中的文书簿册。期会：谓在规定的期限内实施政令。

[8] 章甫：仕宦。

[9] 麛（mí）裘之谤：麛裘，即麑裘，用幼鹿皮制成的白衣服。语出《吕氏春秋·乐成》：孔子始用于鲁，鲁人鹥诵之曰："麛裘而韠，投之无戾。韠而麛裘。投之无邮。"用三年，男子行乎涂右，女子行乎涂左，财物之遗者，民莫之举。

[10] 地道敏树：语出《礼记·中庸》："人道敏政，地道敏树。"意思是说，利用土地种

树的法则，在使树木快速生长。

[11]投袂（mèi）：挥动袖子。出自《左传·宣公十四年》："楚子闻之，投袂而起。"形容精神振作。

【译文】

我听说，树立德行需要上百年，植树成材只需要十年，所以安邑有一千棵枣树，燕秦有一千棵栗树，渭川有一千亩竹子，虽然没有官职俸禄的奉养、爵位封邑的收入，这样的人财富却可与千户侯相等。现在豫州经历了李自成起义军的焚烧抢掠，百姓惨遭杀戮没有幸存的，人口少而土地空阔，虽说草木茂盛成林的地方不能说没有，但是放眼望去尽是平旷的原野，到处都是这样。曾经找当地人询问这些，椅、桐、梓、漆不是不具备，桑、柘、榛、栗不是不适宜生长。枣树两年就结果，五年就能收获一石了；柿树五年就结果，十年就能收获三石了；榆荚一年就快一丈长了；柳枝五年就达到合抱了。土壤肥沃成这样，那么这里植树的效益，尚且不要等十年。于是仔细观察四周郊外，家里没有积蓄，房屋很少完整。难道这里的百姓都是愚笨的人吗？还是因为这里官员没有很好地引导呢？我曾经统计了种植的效益，它有八个好处；上面的人不肯尽心尽力的，它有三个弊端；下面的人相互观望而不前进的，它有两个根源。

什么叫八个好处呢？一亩的土地用来种植谷物，最多能得到两石；而一亩土地用来种植树木，所获得的收入，不是几十石吗？这是第一个好处。如果一年中有水涝或旱灾，豆麦容易受到损伤，而榛、栗、枣、柿则不会一起受损伤，丰年的时候贩卖容易，歉岁的时候可以充饥，这是第二个好处。穷人没有柴薪，以至于拾马粪，挖草根，种树既可以得到果实，又能获取木材，哪里要担心砍柴刈草的工具呢？这是第三个好处。建造房屋没有木材，只能垒以土坯，覆以茅草，长时间下雨房屋就会倒塌，有很多破败之处。种树从好的方面说可以建造楼房居所，从差的方面说也不至于住土屋草房，这是第四个好处。树少的话，活着的人没法用来制作器具，死了也没有制作棺椁的木料，多种树那么木材就使用不完，这是第五个好处。河南的土壤不坚实，临河的土地容易溃决，如果栽上柳树、排列各种树木，根株相互纠结，能够保持河堤牢固，哪有地方能被洪水冲决呢？这是第六个好处。五亩大的宅地里，种上桑树，不种桑麻的罚出居宅税钱，现在汴州四方的桑树高大润泽，如果每家都种植桑树，重视养蚕，就是第七个好处。五行的作用，相克相生，现在树木稀少，木不能克土，土性飞扬，人们粗猛，如果树木繁多，那么土性就不会飞腾，人们内秀谨慎，这是第八个好处。有了这八个好处，那么上下就会一片安宁。

荒废岁月，就会有三个弊端没法除去，而两个根源没法扩充。什么叫三个弊端呢？上面的人因为簿书期会而没有时间，常常害怕因为轻缓的事耽误紧急的事，这是第一条。贪婪的人经常借事而生争端，谨慎的人常常安于现状而因袭旧俗，这是第二。大部分人可以和他享受成果，难以共同考虑开始，还没有当上官，就已经招惹诸多诽谤，这是第三。至于民间偶尔也有大量植树的行为，工匠师傅寻求大木，一国都没有而只有一家有，这是灾祸的媒介，这是第一点。邻居左右都是蓬蒿而自己家果实累累，即便做好准备，也是众矢之的，这是第二点。这就是所说的二个根源无法扩大。如果上面的人不管三个弊端，扩大了两个根源，那么不可能获得效益。一里以内只有一家人种树，一县以内只有一里的范围种树，那么就会好处少而危害多，不得不考虑呀。如果整个县都种树，那么好处就大了；整个郡都种树，那么好处就更大了；全省都种树，那么它的好处如此之大，哪还要担心灾害独独降临这里呢？整个省，也是一个县一个县累积起来的。

利用土地种树的法则，在使树木快速生长，最容易生长的莫过于枣、柿、榆、柳，柳树适宜于冬天种植，枣树、柿树和榆树适合三月种植。枣树和柿树的果实可以备荒，榆树和柳树的木材可以用来造屋，枝条可以用作柴薪。假如每一县里，都有一个贤能的官员下一命令，说：“每家不分贫富上下，一家种植枣树三十株，柿树三十株，榆树、柳树各一百株，能够超额多种以及广泛种植各种杂树的给予表彰，不执行命令则进行处罚，绝不宽恕。”那么三年之后，就会没有人报告饥荒，十年之后，家家都安宁生活，八个好处将无处不在了。所担心的是，只是申明文告而不仔细稽查它的弊端，只见文字表述而没有兴利除弊的实际动作。作为一县之长的人下达命令之后，应该常常按时到乡野巡视，那么就会人人震动，没有人敢纵逸怠惰了。

俗话说：树立德行再也没有比这好的了。假使几十上百年后，父老乡亲能吃得饱，住得安好，指着这些参天蔽日的大树对子孙说：“这里哪一棵哪一棵树都是哪个县令亲自视察且灌溉的。”这种德行难道不大吗？所以详细说明原委，申明告诉各位，知道不把我的话当作迂腐的言论，一定会振奋而起的。

《水蜜桃谱》

清·褚华

【导读】

水蜜桃为上海特产，明代已著称于世，作者褚华世居上海，叙述家乡特产而成此书。《水蜜桃谱》初刻于嘉庆十八年（1813），是中国古代现存唯一一本关于水蜜桃培植的著作。

《水蜜桃谱》详述水蜜桃的品种、特征特点、栽培方法、嫁接技术、除虫方法等。节选部分主要记载的是上海地区水蜜桃的起源以及种植方法。

【原文】

水蜜桃，前明时出顾氏名世露香园中[1]，以甘而多汁，故名水蜜。其种不知所自来，或云自燕，或云自汴。然橘逾淮而化枳，梅渡河而成杏，非土腴水活，岂能为迁地之良乎？则谓桃为邑产也，亦无不可。

露香园，自顾氏衰后为演火器所，俗谓之九亩地。园之水石犹有存者，而夭夭蓁蓁[2]实无一株矣。今桃之最佳者，产黄泥墙李氏吾园；次者产右营游击署北，与露香接壤；下者产西门城濠及诸处散种者。

花千叶者不结实。水蜜桃花虽单瓣，其艳过于常桃也。春时，花弥望不绝，倾城士女咸往游赏，靓妆艳服者相继于道，人比之邓尉梅[3]、盘山杏。幼闻先君子云，每清明，在二月，其花开于节前，先花后叶；在三月，其花开于节后，花叶并放，验之信然。

种法，用枝上自熟桃连肉埋粪地中，尖头向上，止须覆土尺余。太深，则不出爆。芽长时，宜带土移栽别地，然后接换。如不接换，则结实小而味稍劣，邑谓之直脚水蜜桃。

树生二三年可接，多在春分前、秋分后。离树根一二尺许锯去，以快刀修光，使不沁水。又向靠皮带膜处，从上切下一寸余，却以水蜜桃东南北枝两边削作马耳状者，在口中噙热插下，用纸封固，外涂以泥，再加箬叶护之，待其活后，乃去箬叶之缚，听其所封之泥与纸渐渐自脱。

树既活，其根又生嫩枝，急宜截去。否则接枝无力，而不能畅达，如任其自生，则所结实还为本质，而接枝悴矣。古法云，当以两枝接一本，活后乃择其弱者，剪去一枝。今种桃者或不尽然。

凡果木结实时，宜乎浇灌，独水蜜桃结实时灌之，其实即落。虽遇大旱之年，经月不雨，亦不灌水。枝叶憔悴，或有用薄河泥壅盖根下。可异者，经赤日之后，旋遇倾盆大雨则不妨，性所独也。

种桃之家，有树连数十亩，苟遇淫雨，其根易烂，故卑湿者中多为沟以泻水。谚云："种李宜稀，种桃宜密。"密之云者，谓成行列而枝不相碍，非交柯接叶之谓也。

结实熟时，至早须交立秋，节迟则处暑。迟早不过二十日后即自落，不能至白露者。或前或后者，均非水蜜桃也。

桃皮甚紧，数年以后，树既壮盛，则膏脉易枯，须以刀划破流出，便能久活。或云，桃根托地较他果独浅，故年远辄枯。法以初生时，将树砍去，次年俟发芽时又砍，砍至三次，则根入地深而耐久矣。倘以此根接水蜜，当更佳耳。

……

凡有蛀虫累累枝上，以多年油篝灯挂之，其虫自落。若实中生虫，则以煮猪首淡汁，俟冷浇树，可以辟蛀。近日种桃家不行此法，梅雨后枝叶生虫，倩佣提取，颇辛苦，交小暑方止。实中之虫，听其自然。俗云十桃九蛀，皮有黑斑一点，即有虫盘踞皮内。盖虫由肉生，非自外入。

桃树枝柔条弱，实繁日重，用竹扶持，以免风雨飘摇，亦种桃家珍爱之道。

桃性耐肥，上半年浇灌，宜在正月，凡桃六月亦可。惟水蜜桃尚未落实，须至采后也。余则自七月至十二月，皆可浇灌，或有乍经移植接换，当俟其性定乃粪，或迟或速，或多或少，斟酌尽善是在抱瓮者。

桃接本不过十年，故有老梅而无老桃。种桃家岁必代接，每树必有一二年实盛者，俗谓之当家树。过此结实渐少，本亦蛀凋矣。今种之不断者，全在接本。

【注释】

[1]顾名世：明代嘉靖年间人。他和兄长顾名儒在上海构建的"露香园"，与豫园、日涉园合称为"明代上海三大名园"。

[2]夭夭蓁蓁：出自《诗经·周南·桃夭》："桃之夭夭，其叶蓁蓁"。

[3]邓尉梅：太湖之滨的邓尉山梅花很美，而"香雪海"是邓尉山赏梅胜地。

【译文】

水蜜桃，前朝明代时出自于顾名世的露香园中，因为甘甜而多汁，所以名叫水蜜。它的种子不是从哪里来，有的人说来自燕地，有的人说来自汴州。但是橘子过了淮河就化成枳，梅渡过了黄河就变成了杏，不是土肥水活，哪里能够成为迁移地的良种呢？如此说来，桃是本地的物产，也没有什么不可以了。

露香园，自从顾家衰落以后变成了演练火器的地方，俗称为九亩地。园里的水石还有保留下来的。但是花木实际上一株也没有了。如今最好的桃，产自于黄泥墙李吾的园子里；次一点的桃产自右营游击署的北面，与露香园接壤；最差的产自于西门城墙和其他各地散种的。

花开千叶的不结果实。水蜜桃花虽然是单瓣，它的美艳超过了平常的桃子。春天时节，满眼望去花开不绝，满城的男女都前往游览观赏，打扮艳丽的人们一个接一个地走在路上，人们把它比作邓尉山的梅和盘山的杏。年幼的时候听父亲说，每当清明节在二月，它的花就开在节前，先开花后长叶子；清明节在三月，它的花就开在节后，花叶同时开放，验证后果然那样。

种植方法，用树枝上自然成熟的桃子连肉埋到粪地里，尖头向上，只要盖一尺多的土。太深了，就不能长出芽。芽长出来时，要带土移栽到别的地方，然后进行嫁接。如果不嫁接的话，那么结出的果实小而且味道差，本县称之为直脚水蜜桃。

树生长二三年后可以嫁接，多在春分之前或秋分后。离树根一二尺的地方锯去，用快刀修剪光滑，让它不渗水。再在靠近皮而带膜的地方，从上切下来一寸多，再用水蜜桃东、南、北方向的树枝两边削成马耳朵状，在嘴里含热了插进去，用纸封好，外面涂上泥，再加箬叶护上，等到它成活之后，就去掉箬叶的束缚，放任所封口的泥和纸自行脱落。

树活了以后，它的根又生嫩枝，应赶紧截去。否则嫁接的枝条没有力量，而且不能畅茂，如果放任它自行生长，那么所结的果实还是原来的品质，而且嫁接的枝条就会枯萎。古法说，应当把两根枝条嫁接到一棵树上，成活之后才选择其中较弱的，剪去一枝。现在种桃的也不尽是这样做。

凡是果树结果实时，适合多浇灌水，独有水蜜桃结果时浇灌水，果实就会落。即便是遇到大旱之年，几个月不下雨，也不浇水。枝叶憔悴，有的人用薄薄的河泥盖在根上。其中特殊的，经过烈日以后，很快遇到倾盆大雨也无妨，这是它本性所独特的地方。

种桃的人家，有果实相连几十亩，假如遇到连绵大雨，它的根部容易腐烂，所以低下潮湿的地方多用沟渠来泄水。谚语说：“种李应该稀疏，种桃应该稠密。”这里的密，说的是要排成行列而枝条互不妨碍，并不是枝叶交错的意思。

结果成熟之时，最早也要过立秋，迟点要到处暑。迟和早不超过二十天，就自行脱落，不能迟到白露。有的在前，有的在后的，这都不是水蜜桃了。

桃皮很紧，几年之后，树壮实繁茂后，膏脉容易枯竭，必须用刀划破树皮使之流出来，这样就能活得时间长。有人说，桃树根扎地里比其他果树浅，所以年代远了就会枯死。解决的方法是在桃树初生时，将树干砍去，第二年等到它发芽时再砍去，砍到第三次，那么树根就扎入地里很深而能够活得长了。假如用这样树根嫁接水蜜桃会更好。

……

凡是有蛀虫成串出现在树枝上，用多年油篝灯挂在树枝上，虫子就自行掉落。如果果实中生虫，那就用煮猪头熬出来的淡汁，等待冷却之后浇到树上，可以驱虫。近日种桃人家不用这个方法了，梅雨后枝叶生虫，雇佣工人一一捉虫，颇为辛苦，一直到小暑才停止。果实中的虫子，听其自然。俗语说十个桃九个有虫蛀，果皮上有一点黑斑的，就有虫盘踞在果实里。因为虫由肉而生，不是从外面进去的。

桃树枝条柔弱，果实多了就一天天沉重，用竹子来支撑，用来防止风雨飘摇，也是种桃人家爱桃之道。

桃本性耐肥，上半年浇肥适宜在正月，凡是桃六个月浇一次就行。只有水蜜桃尚未结果实，需要等到采摘之后。其他自七月到十二月，都可以浇灌，有的刚刚经过移植嫁接，应当等到它稳定之后再浇粪，或是迟或是早，或是多或是少，斟酌最好的处理都在于浇灌的那个人。

桃嫁接后不超过十年，所以有老梅树而没有老桃树。种桃人家每年都要替代嫁接，每棵树一定有一两年果实繁盛期，俗语称之为当家树。过了这段时间结果渐渐减少，树身慢慢虫蛀凋零了。现在种植不间断的，全部在于嫁接。

《查复封闭山林事宜状》

清·牛运震

【导读】

状，文体名，向上级陈述意见或事实的文书。《查复封闭山林事宜状》出自《清经世文编》，作者牛运震，时任甘肃平番县知县，在任期间兴修水利，革除陋规。

选文是牛运震上报上级并批准施行的文书，主张对县辖地日益严峻的森林资源开展保护，对森林资源的砍伐进行限制。平番地居内陆，用水依赖高山积雪，生态环境脆弱。在开发热潮中，宝贵的森林资源面临着兵火焚烧、民用爨炊、商业砍伐等多重消耗。只有对商业性开采严格执行限伐制度，才能维系生态平衡，保障水源、林木的可持续供给；同时需要适度采伐，以满足民众基本的生产、生活需求。作者的思考及政策正是对当地实际问题的积极回应。

【原文】

查保护山林、荫泉护雪，资以培地脉而益农功，洵体国经野之至道，亦仁民爱物之良法，自宜遵照奉行也。只缘卑县地高风寒，民间日用，柴炭是其急务。前因柴炭昂贵，卑职不揣冒昧，酌请分别开禁在案。今奉宪檄，饬令查明妥议具报。

伏查卑县东路阿坝一带之昌灵山，林木颇属畅茂，其处地势高阜，并无河渠，亦鲜泉源。即民间需用之水，率由水窖[1]渍注汲饮。若使林木益密，则积雪愈深。一值春融雪消，不惟资以润泽土膏，亦可以济民间挹取之用。况该处薪草煤炭出产颇多。即使封闭山林，亦无妨于爨火[2]，应请永行封禁，未便轻议开采。再有北路镇羌岔口以西、四台以东等山，曾经剿番焚烧之余，衹存小丛短树。该处傍河依渠，率皆民间播种田亩。亦赖冬雪深厚，而后春水畅流。方长之丛木，可惜田禾之灌溉攸赖，似应酌量封禁，以为储蓄水利之计。至于四台以西之沙金沟先密寺棋子棹子等山，均系旷土草地，并无关于民田，且长林森茂，树木丛杂。附近居民，多以樵牧为业。应听本地居民随便采伐，烧造柴炭售卖度日，以为谋生之资，并供本地爨烟之用。惟是外来商民，操持赢利，雇众入山，锯板烧炭，亦不可漫无稽查。仍应先令赴县领照，酌定株数，限以日期，以示节制。庶山木丛发，取之以节，不致肆行斩伐，濯濯一空也。

再查土司[3]管辖地方，经卑职移准土司，覆称该管西山连城一带，自旁卜浪峡以至东耳阁隆寺，附近土民田地，兼有引渠转磨之用，均关水利。再有细沟、柏蹬沟，该处居民，汲饮颇艰，亦赖松根积雪淌水为用。应请遵照封禁，定期开采。至于茨儿沟、脑干沟、七个岭、克岔岭，以及四台以西之先密寺、棋子、棹子等山，土汉交错地方，山木茂密，均无关于水利，仍应听民采取，烧造柴炭，以便利用。亦应附请照依所议，分别办理。如此立定章程，遵照查禁，则护林覆雪既有益于田苗，而分别开采即百姓日用之需又不致于缺乏。庶几边鄙黎氓，永享利赖于无穷矣。

【注释】

[1]水窖：我国黄土高原缺水、苦水（水质苦涩）地区存蓄雨水、雪水的一种水利设施。在田边路旁水流汇集的地方，挖掘瓶状土窖，内壁及底部均有防渗设施，除供人畜饮用外，还可浇灌农田，也起蓄水保土作用。也叫旱井。

[2]爨（cuàn）火：灶膛里的火。

[3]土司：亦称“土官”。元、明、清时期于西北、西南地区设置的由少数民族首领充任并世袭的官职。按等级分为宣慰使、宣抚使、安抚使等武职和土知府、土知州、土知县等文职。

【译文】

保护山林、荫护泉源，用来培养地脉因而有益于农事，诚然是治理国家的优良措施，也是爱护万民万物的很好方法，自然应当遵照奉行。只是由于我县地势高、气候冷，民间日用品之中，柴草薪炭是紧急之事。此前因为柴草薪炭价格昂贵，属下我大胆冒昧，上报申请有区别地开放禁令，申请在档案中有记录可查。现今尊奉上官所发檄文，命令属下调查清楚、妥善商议、详细上报。

经考察我县东路阿坝一带的昌灵山，树木颇为旺盛繁茂，该处地势高起，并没有河流沟渠，也少有泉溪源流。即便是民间需要的用水，大都是用水窖聚积雨雪以供饮用灌溉。倘若树木更茂密，那么积雪越深厚。待到春暖雪融，不仅可以滋润土壤，也可以补益民间汲取用水。况且该处柴草煤炭出产很多，即使封禁山林，也不会影响百姓做饭取暖，理应奏请实行永久封禁，不能随便轻率选择开禁采伐。再有北路镇羌岔口以西、四台以东等山，曾遭受围剿番人的战火焚烧，仅仅存活着小灌木丛和矮树。该处靠近河渠，大都是民间播种的田地，也是依赖冬季积雪深厚，然后春季融水畅流。刚刚生长的树丛应予爱惜，而且与田禾灌溉息息相关，应当酌情考量采取封禁，以作为储蓄水利的计策。至于四台以西之沙金沟先密寺棋子棹子等山，全都是荒地草地，与农田并无关联，而且森林高大茂盛，树木攒聚杂生。附近居民，大多以砍柴畜牧为业。应当任由本地居民随其所宜采伐，烧柴造炭售卖度日，以此作为谋生的来源，并且还可以为本地百姓生活提供柴炭之用。唯有外来的商人，筹划经营获利，雇佣众人入山，锯伐木材烧制木炭，不可放纵毫无稽查。应当首先令其到县衙领取凭证，估量确定砍伐株数，限定日期，以示节度法制。山上树木丛聚生长，有节制地开采，不会导致肆意砍伐、最后光秃罄尽。

再有土司管辖的地区，经过属下我传达，土司回复说其管辖的西山连城一带，自旁卜浪峡以至东耳阁隆寺，附近当地少数民族百姓田地，都有引用渠水推动石磨的做法，都与水利相关。还有细沟、柏蹬沟，当地居民汲水饮用十分艰难，也是依赖树木积水、融雪流水饮用。应当遵照命令封禁山林，定时开采。至于茨儿沟、脑干沟、七个岭、克岔岭，以及四台以西之先密寺、棋子、棹子等山，少数民族与汉族交错居住之处，山林茂密，都与水利事业无关，可以任由百姓采伐获取，烧造柴炭，便于百姓生活使用。也应当一并奏请依照地方反馈，有区别地处理。如此立定章程，遵照执行严格查禁，那么保护森林积雪资源就有益于农业种植，而有区别地开采则满足百姓日用需求又不至于匮乏。这样边远地区黎民百姓，将会永享利益，有所依靠。

《檇李谱》（节选）

清·王逢辰

［导读］

檇李，古地名，在今浙江嘉兴西南，其地产李著名，又以地名名其李，故称檇李。《檇李谱》是中国古代唯一一本论述檇李的专著，主要记檇李的栽植、移接、虫害、采摘、收贮、食用等。

节选内容为檇李栽培技术的记载部分，重点介绍檇李的品种特征和栽培管理。

［原文］

栽种

树性清洁，灌溉亦宜清水。最忌粪土及一切秽恶之物。朱竹垞[1]太史《槜李诗》云："瘦地翻宜嫁"，此其证也。

分植

须俟根下旁生，以石压之。三四年后，细根已出，枝叶畅茂，约文许长，方可于腊月中分而植之。根上必连胎土。

远移

槜李虽嘉兴土产，总以净相寺为第一。其余各邑，亦不少佳者。然寺中之杏，土宜使然也。

接换

结实之树，初生二三年都要于春分前后接换枝干，则实大而美，惟槜李无须接换也。然以槜李接他种李，亦能结实，但其味稍逊耳。

枯蛀

槜李树未见极大者。种约十年始能结实，自二十年至三十年最为茂盛，此后子渐少，螬渐多，树即枯蛀。若年分未久，而地不清洁，亦欲蛀而易枯矣。

花实

花开细白，实缀微青，三四月间饶有韶致。明吴尚书鹏[2]为其弟鹤撰吾里《太平寺沸雷轩碑记》云："绕槛植槜李千株，开花如晴雪，垂实似冰桃。"真能为槜李写生者矣。

消息

土人于结实之初，即欲探问多少消息，预为他日馈遗。寺僧故作名贵，必欲以多报少，好作诳语。以此人不之信，辄到寺亲探。余尝戏语同人云："探李消息"可对"报竹平安"，都是禅门珍贵物也。

时候

每年至小暑方熟，先后不过一旬。如过节气略早，则小暑前五日必熟，迟则小暑后五日必熟。无论节气迟早，总不离乎小暑也。

守护

临熟之时，尤宜守护。树旁置一竹柝[3]，用以警鸟。再用竹竿植树顶，络以蒲葵扇，于风中摇动之，使飞啄者不敢下，寺憎穷日夜之力，劳于金铃之护矣。

采摘

逐日清晨视其树上，青颗变为黄晕，若兰花色，且须透出朱砂红斑点，方可采摘。过青太生，过红太熟，太生则其味不甜，太熟则其颗易落。

收贮

生李可贮木器中二三日，半熟李可贮磁器中二三日，全熟李可贮竹器中二三日。若欲致远，须以生李贮竹器中，护以蕉叶，取其凉爽耐久，可六七日不坏。然太生难熟，熟于器者色香味终稍减矣。

食法

食李之法，宜择树上红黄相半者，摘贮磁瓦器或竹木器，约一二日开视。如其红晕明透、颜色鲜润，即取布巾雪去白粉，以指爪破其皮，浆液可一吸而尽。此时色香味三者皆备，虽甘露醴泉[4]不能及也。过此恰好地位，即红变为紫，非但浆腻，且味淡矣。若青李生食，不过甘芳鲜脆而已，槜李之真味不出也。

出数

净相寺僧析为十房，而植李者止五六房。向惟西房李最盛，约十余本。近因三遭火厄，树亦尽归阆苑矣。现惟殿下房有五六本，东南房有四五本，东北房有三四本，其余各一二本，综计不及二十本。大年每树可得百余颗，小年则十余颗而已。物罕愈珍，犹之佳人难得。槜李盖比于夷光[5]矣。

荒熟

李有大年小年，且有无年者。花时晴雨调匀，则结子必繁，可望大年。久晴温燥，久雨过湿，则子必稀少，即为小年。所最忌者雾，四五月中若遇连朝重雾，子必尽落，几不能为硕果之仅存矣。

【注释】

[1]朱竹垞（chá）：即朱彝尊，号竹垞，浙江嘉兴人。清代著名学者、藏书家。

[2]明吴尚书鹏：即吴鹏，字万里，浙江秀水县（今浙江嘉兴）人。嘉靖二年（1523）进士。嘉靖三十三年（1554）任工部尚书，两年后改吏部尚书。著有《飞鸿亭集》。

[3]柝（tuò）：打更用的梆子。

[4]甘露醴泉：出自《礼记·礼运》："故天降甘露，地出醴泉"。

[5]夷光：即西施，本名施夷光，春秋时期越国美女。

［译文］

栽种

树性清洁，灌溉也需要清水。最忌讳粪土和所有秽恶的东西。朱彝尊的《槜李诗》说："瘦地翻宜嫁"，这就是证明。

分植

需要等到根下旁生小枝，用石头压住。三四年之后，细根已经长出，枝叶繁茂，大约一丈多长，才可以在腊月中旬分根移植。根上必须连着母株的土壤。

远移

槜李虽然是嘉兴的土产，总体来说以净相寺为第一。其余其他各县，也有不少好的品种。但是净相寺中的杏，土宜使它这样的。

接换

结果实的树，刚刚生长二三年都要在春分前后接换枝干，那么果实大而味道美，只有槜李不需要接换。但是用槜李嫁接种李，也能够结果实，只是味道稍微差点罢了。

枯蛀

没有见到过很大的槜李树。种植大约十年之后才能结果实，从二十年到三十年最为茂盛，此后果实越来越少，螬虫越来越多，树开始枯萎虫蛀。如果年份不长，而土壤不洁净，也很容易虫蛀和枯萎。

花实

开花细白色，果实上微微带点青，三四月间很有风韵景致。明代尚书吴鹏为他的弟弟吴鹤撰写《太平寺沸雷轩碑记》说："绕着栏槛种植槜李一千株，开花像晴雪一样，垂下的果实像冰桃一样。"这是真正能描绘槜李的人呀。

消息

当地人在结果实的初期，就想要探问果实有多少的消息，预先为以后馈赠做准备。寺里的僧人故意造成名贵，一定把多的报称少，好说假话。因此人们都不相信，就到寺里亲自探查。我曾经和同人开玩笑说："探李消息"可以对"竹报平安"，都是禅门的珍贵物品呀。

时候

每年到小暑时节才成熟，前后不超过十天。如果过节气略早，那么小暑前五天一定成熟，迟了就在小暑后五天一定成熟。无论节气是迟是早，总不离小暑前后。

守护

快要熟的时候，尤其需要守护。树旁放置一个竹梆子，用来驱赶飞鸟。再用竹竿旁插在树顶，缠绕一把蒲葵扇，在风中摇动，使想要飞下来啄食的鸟不敢下来，寺里的僧人耗尽白天黑夜的所有力气，比看护金铃还要劳累。

采摘

每天早上清晨视察果树，看到青颗变为黄晕，像兰花色一样，并且要透出朱砂一样的红斑点，才可以采摘。过于青了太生，过于红了太熟，太生了它的味道就不甜，太熟了它的果实就容易脱落。

收贮

生的李子可以储藏在木质器具中二三天，半熟的李可以贮藏在磁器中二三天，全熟的李可以贮藏在竹器中二三天。如果想要运到远处，必须把生李贮藏在竹器中，用芭蕉叶子护起来，这使它凉爽耐久，可以六七天不坏。但是太生难熟，在容器里成熟的李子色、香、味都有所减低。

食法

吃李的方法，可以选择树上红黄颜色各半的，摘下来贮存在磁瓦器或竹木器里，等一两天打开看看。如果它有红晕通透、颜色鲜润，就拿布巾擦去白粉，用手指捅破它的果皮，浆液可以一吸而尽。这时候色、香、味三者都有，即使甘露、醴泉都比不上呀。过了这个最好的时机，李就由红变为紫，不仅果浆甜腻，而且味道也变淡了。如果吃青的李子，不过只有甘甜鲜脆罢了，槜李的真正本味就出不来了。

出数

净相寺的僧人分为十房，而种植槜李的只有五六房。一向只有西房的槜李最旺盛，大概十几棵。近来因为三次遭受火灾，果实都被烧毁了。现在只有殿下房有五六棵，东南房有四五棵，东北房有三四棵，其余各房各有一两棵，总计不到二十棵。丰收年份每树结果一百多颗，歉收年份就只有十几颗而已。物品越少越珍贵，就像佳人难得一样。那槜李可与西施相比了。

荒熟

李有丰年和歉年，而且有没有收成的年份。开花的时候晴雨均匀，那么结出的果实一定多，可以期望丰年。晴天太多气候干燥，雨期太长过于潮湿，那么结的果实就会少，就是歉年。最忌讳的是雾，四五月份要是遇到连天的大雾，果实一定都脱落，几乎不可能有硕果仅存的。

第三章 森林利用与贸易

《周易·系辞下》(节选)

【导读】

《周易》成书于先秦时期，最初是一部占筮用书，后来逐步发展为包罗万象的文化经典。它包括《易经》和《易传》两部分,《易经》包括六十四卦及卦爻辞,《易传》是对《易经》所作的解释，共有10篇。

本文节选自《易传·系辞下》，通论《周易》中蕴含的哲理和功用。作者从观象比类的角度，论述了人类早期对森林资源的采伐与利用，如“斫木为耜，揉木为耒”“刳木为舟，剡木为楫”“断木为杵”“弦木为弧，剡木为矢”等。

【原文】

古者包牺氏之王天下也[1]，仰则观象于天，俯则观法于地，观鸟兽之文与地之宜，近取诸身，远取诸物，于是始作八卦[2]，以通神明之德，以类万物之情。作结绳而为网罟，以佃以渔，盖取诸《离》[3]。包牺氏没，神农氏作[4]，斫木为耜，揉木为耒，耒耨之利，以教天下，盖取诸《益》[5]。日中为市，致天下之民，聚天下之货，交易而退，各得其所，盖取诸《噬嗑》[6]。神农氏没，黄帝、尧、舜氏作，通其变，使民不倦，神而化之，使民宜之。《易》穷则变，变则通，通则久。是以自天佑之，吉无不利。黄帝、尧、舜垂衣裳而天下治，盖取诸《乾》、《坤》[7]。刳木为舟，剡木为楫[8]，舟楫之利，以济不通，致远以利天下，盖取诸《涣》[9]。服牛乘马，引重致远，以利天下，盖取诸《随》[10]。重门击柝，以待暴客，盖取诸《豫》[11]。断木为杵，掘地为臼，杵臼之利，万民以济，盖取诸《小过》[12]。弦木为弧，剡木为矢，弧矢之利，以威天下，盖取诸《睽》[13]。上古穴居而野处，后世圣人易之以宫室，上栋下宇，以待风雨，盖取诸《大壮》[14]。古之葬者，厚衣之以薪，葬之中野，不封不树，丧期无数。后世圣人易之以棺椁[15]，盖取诸《大过》[16]。上古结绳而治，后世圣人易之以书契，百官以治，万民以察，盖取诸《夬》[17]。

【注释】

[1]包牺氏：即伏羲氏，古代传说中的帝王，被尊奉为中华民族的人文始祖。

[2]八卦：《周易》所创立的八种基本符号，由阳爻、阴爻排列而成，每三根爻组成一卦，其名称为乾、坤、震、巽、坎、离、艮、兑，代表天、地、雷、风、水、火、山、泽八种自然现象。

[3]离：卦名。网罟四周为绳框，中空为网眼，与离卦（䷝）外实中虚的卦画相合。

[4]神农氏：古代传说中的帝王，被尊奉为从事农业生产的始祖。

[5]益：卦名。益卦（䷩）上巽为木、为入，下震为动，二至四互坤为土，木动入土，有耕耨之象。

[6]噬（shì）嗑（kè）：卦名。噬嗑卦（䷔），上卦离为日，下卦震为动，日中而动，有交易之象。

[7]垂衣裳：黄帝裁定衣服制度，上为衣，下为裳，乾卦象天为上为衣，坤卦象地为下为裳。

[8]刳（kū）：挖空，掏空。剡（yǎn）：刮削。

[9]涣：卦名。涣卦（䷺），上巽为木，可以做舟楫；下坎为水，可以舟行。

[10]随：卦名。随卦（䷐），一种解释，三变乾为马，四变二三四互坤为牛；另一种解释，上兑为悦，下震为动、为雷、为车、为龙、为马，下面车马行动而上面物乐随之。

[11]豫：卦名。豫卦（䷏），上为震、为雷，下坤为地、为众，击柝巡夜，如雷动于地以警众。

[12]小过：卦名。小过卦（䷽），上震为动，下艮为止，象杵动于上而臼止于下，又震为东方木，艮为手，有持杵捣臼之象。

[13]睽：卦名。睽卦（䷥），上为离为绳，下为兑为小木，有弓矢之象。

[14]大壮：卦名。大壮卦（䷡），上为震为雷，喻为风雨；下为乾为天，天似穹庐，喻为房屋。

[15]棺椁（guǒ）：古代丧葬时的棺材，里面一层为棺，外面一层为椁。

[16]大过：卦名。大过卦（䷛），上为兑，指低洼之地，象墓穴；下为巽为木，象棺椁。

[17]夬：卦名。夬卦（䷪），上为兑为木，下为乾为金，象刀刻木简书写记事。

［译文］

上古伏羲氏治理天下，仰观天上日月星辰的变化，俯察大地高下卑湿的法则，又观察鸟兽的种种特征和土地上所宜生长之物，近从自身取象，远从外物取象，于是创作出八卦，用来会通神明的德性，比类万物的情状。编绳结网，用以捕捉鸟兽和渔猎，大概取象于《离》卦。伏羲氏之后，神农氏兴起，砍削树木做成犁头，弯曲木材做成犁柄，用耕作的好处教导天下，大概取自《益》卦。在中午开设集市，招引天下的民众，汇聚天下的货物，交易后散去，各得其所，大概取自《噬嗑》卦。神农氏之后，黄帝、尧、舜相继兴起，通晓事物和前人创制的变化，使民众利用它而不厌倦，加上神奇的改作，使百姓使用更加方便。《易》道穷极则变化，变化则能通达，通达则能长久发展下去。所以上天帮助它，吉而无不利。黄帝、尧、舜通过裁量衣服制度而使天下得到治理，大概取自《乾》卦、《坤》卦。凿木为船，削木为楫，船和楫的用处，是可以帮人渡过无法通行的水道，到达远方，使天下之人受益，大概取自《涣》卦。驾乘牛马，拉运重物，以行远方，便利天下之人，大概取自《随》卦。设置几层门，击柝巡夜，防备盗贼，大概取自《豫》卦。截木做杵，掘地做臼，杵臼的功用使万民受益，大概取自《小过》卦。弯木设弦制成弓，削尖木材做成箭，弓箭的功用，可以慑服天下，大概取自《睽》卦。上古住在洞穴和野地，后世圣人改变居住方式，建造房屋，上有屋梁，下有墙壁，用来防御风雨，大概取自《大壮》卦。上古时下葬，用柴草包裹，葬在野地里，不堆土做坟，不种树做标记，服丧的期限没有定数。后世圣人改用棺椁，大概取自《大过》卦。上古结绳记事来处理日常事务，后世圣人用文字来代替它，百官用它来治理政事，万民用它来明察事理，大概取自《夬》卦。

《周礼·冬官·考工记》(节选)

【导读】

《周礼·冬官·考工记》记载了春秋战国时期官营手工业各工种规范和制造工艺，是我国现存最早的手工业技术档案。

《考工记》之中，有大量先秦时期森林利用与林业科技史料，最为典型的就是“攻木之工七”，即轮人、舆人、弓人、庐人、匠人、车人、梓人。轮人，制造车轮和车盖；舆人，制造车厢和车辕；车人，制造耒耜、牛车、羊车；庐人，制造兵器的柄；匠人，建造都城、宗庙、宫殿、沟洫等土木工程；弓人，制造弓箭；梓人，制造筍虡、饮器、箭靶。节选内容中，木工主要负责用木材制造车辆、弓箭、木器以及房屋、宫室等。

【原文】

攻木之工：轮、舆、弓、庐、匠、车、梓。

……

轮人[1]为轮，斩三材必以其时。三材既具，巧者和之。毂[2]也者，以为利转也。辐也者，以为直指也。牙也者，以为固抱也。轮敝，三材不失职，谓之完。望而眡其轮，欲其幎尔而下迤也[3]。进而眡之，欲其微至也。无所取之，取诸圜也。望其辐，欲其掣[4]尔而纤也。进而眡之，欲其肉称也。无所取之，取诸易直也。望其毂，欲其眼也，进而眡之，欲其帱之廉也[5]。无所取之，取诸急也。眡其绠[6]，欲其蚤[7]之正也。察其菑蚤不齵[8]，则轮虽敝不匡。凡斩毂之道，必矩其阴阳。阳也者，稹理而坚；阴也者，疏理而柔。是故以火养其阴，而齐诸其阳，则毂虽敝不藃[9]。

……

舆人[10]为车，轮崇、车广、衡长，参如一，谓之参称。参分车广，去一以为隧[11]。参分其隧，一在前，二在后，以揉其式。以其广之半为之式崇，以其隧之半为之较崇[12]。六分其广，以一为之轸围[13]。参分轸围，去一以为式围。参分式围，去一以为较围。参分较围，去一以为轵围[14]。参分轵围，去一以为轛围[15]。圜者中规，方者中矩，立者中县，衡者中水，直者如生焉，继者如附焉。凡居材，大与小无并，大倚小则摧，引之则绝。

……

梓人为筍虡[16]。天下之大兽五：脂者、膏者、赢者、羽者、鳞者[17]。宗庙之事，脂者膏者以为牲，赢者、羽者、鳞者以为筍虡。外骨、内骨，却行、仄行、以脰鸣者、以注鸣者、以旁鸣者、以翼鸣者、以股鸣者、以胸鸣者[18]，谓之小虫之属，以为雕琢。

……

庐人为庐器[19]，戈柲[20]六尺有六寸，殳寻[21]有四尺，车戟常[22]，酋矛常有四尺[23]，夷矛三寻[24]。

……

匠人建国[25]，水地以县[26]，置槷以县[27]，眡以景，为规，识日出之景与日入之景，昼参诸日中之景，夜考之极星[28]，以正朝夕。匠人营国，方九里，旁三门。国中九经九纬，经涂九轨，左祖右社[29]，面朝后市，市朝一夫[30]。

……

车人之事[31]，半矩谓之宣，一宣有半谓之欘，一欘有半谓之柯，一柯有半谓之磬折[32]。车人为耒，庛长尺有一寸，中直者三尺有三寸，上句者二尺有二寸[33]。自其庛，缘其外，以至于首，以弦其内，六尺有六寸，与步相中也。坚地欲直庛，柔地欲句庛。直庛则利推，句庛则利发。倨句磬折，谓之中地。车人为车[34]。柯长三尺，博三寸，厚一寸有半，五分其长，以其一为之首。毂长半柯，其围一柯有半。辐长一柯有半，其博三寸，厚三之一。渠三柯者三。行泽者欲短毂，行山者欲长毂，短毂则利，长毂则安。行泽者反輮，行山者仄輮，反輮则易，仄輮则完[35]。六分其轮崇，以其一为之牙围[36]。柏车毂长一柯[37]，其围二柯，其辐一柯，其渠二柯者三，五分其轮崇，以其一为之牙围。大车崇三柯[38]，绠寸，牝服二柯有参分柯之二[39]。羊车[40]二柯有参分柯之一。柏车二柯。凡为辕[41]，三其轮崇，参分其长，二在前，一在后，以凿其钩[42]。彻广六尺[43]，鬲长六尺[44]。

弓人为弓[45]，取六材必以其时[46]，六材既聚，巧者和之。干也者，以为远也；角也者，以为疾也；筋也者，以为深也；胶也者，以为和也；丝也者，以为固也；漆也者，以为受霜露也。凡取干之道七：柘为上，檍次之，檿桑次之，橘次之，木瓜次之，荆次之，竹为下。凡相干，欲赤黑而阳声，赤黑则乡心，阳声则远根[47]。

【注释】

[1]轮人：制作车轮和车盖的工匠。

[2]毂（gǔ）：车轮中心的圆木部件，周围与车辐的一端相接，中有圆孔，用以插轴。

[3]眡：同“视”。幎（mì）：均匀的样子。迤（yǐ）：斜倚。

[4]掣（xiāo）：细长。

[5]帱：毂长出在轮外，长出的部分用皮革包裹起来，称为帱。廉，棱。

[6]绠：轮辐近轴处的突出部分。

[7]蚤：辐条插入牙中的部分。

[8]菑：辐条插入毂中的部分。龋，参差不齐。

[9]蔽（hào）：物体因收缩变形而不平。

[10]舆人：制作车厢和车辕的工匠。

[11]隧：车厢的纵深，为四尺四寸。

[12]较：车箱两旁板上的横木。

[13]轸：车箱底部四周的横木。这里专指舆底方木框的后边那一个横木。

[14]轵：车箱两侧由方格组成的挡板。

[15]轛（duì）：车轼下面纵横交织的木栏。

[16]梓人：古代木工的一种。专造乐器悬架、饮器和箭靶等。后泛指木工、建筑工匠。笋（sǔn）虡（jù）：古代悬挂钟磬的架子。横架为笋，直架为虡。

[17]兽：这里指动物，与小虫相对。脂者、膏者、羸者、羽者、鳞者，郑玄注：“脂，牛、羊属。膏，豕属。羸者，谓虎、豹、貔貍为兽浅毛者之属。羽，鸟属。鳞，龙蛇之属。”

[18]外骨：骨长在外，指龟类。内骨：骨长在内，指鳖类。却行：倒行，指蚯蚓类。仄行：侧行，指蟹类。连行：连贯而行，指蚁类。纡行：曲折而行，指蛇类。脰鸣：用颈发声，如蛙类。注鸣：用嘴发声，如鸟类。旁鸣：震动肋部发声，如蝉类。翼鸣：振动翅膀发声，如蟋蟀类。股鸣：用腿和腹摩擦发声，如蝗类。胸鸣：用胸部发声，如蠑螈类。

[19]庐人：制造戈、戟等兵器柄的工匠。庐器：戈、戟等兵器的柄。

[20]柲（bì）：兵器的柄。

[21]殳（shū）：古兵器，竹木制，无棱无刃。寻有四尺，一丈二尺。

［22］车戟：车上插置的戟。常，一丈六尺。

［23］常有四尺：二丈。夷矛：长矛。

［24］三寻：二丈四尺。

［25］匠人：负责建造都城、宗庙、宫殿、沟洫等土木工程的工匠。

［26］县：同“悬”。水地以县：以水平之法量高下。一种说法，如果使用某一地块，先在地的四方挖沟注水，水从高向低流，由此确定地面的高低，平整土地。

［27］槷（niè）：同“臬”，古代立在地上测量木影的立柱。郑玄说法，在地的四角树立木杆，根据水来观测木杆的高下，确定地面的高低，平整土地。林希逸说法，用两根木头，一纵一横，横木置地，纵木树立，放置横木中间，在横木上悬绳，据此确定土地的高低。

［28］极星：北极星，夜间方向在正北，所以根据北极星的位置也可以确定南北方向。

［29］祖：祖庙，祭祀祖先之所。社：社庙，祭祀土地神之所。

［30］夫：面积单位，方百步。

［31］车人：制造耒耜、牛车、羊车的工匠。

［32］矩：直角。宣：半矩，45度的锐角。欘（zhú）：一宣有半，67.5度的锐角。柯：一欘有半，101.25度的钝角。磬折：一柯有半，151.875度的钝角。

［33］庛（cì）：耒下端安装耜的一段木头。句：弯曲。耒木三折，从下至上，弯曲如弓，所以下文称从庛端到耒首的直线距离为弦。

［34］车人为车：此处车指货车，包括大车、柏车、羊车。

［35］鞣（róu）：煣。反鞣，木里在外。仄鞣，木表在外。木里滑腻，煣制轮牙，木里在外，行沼泽地，可以减少泥阻。木皮坚涩，煣制轮牙，木表在外，行山路，可以减少破损。

［36］牙围：车牙的粗围。

［37］柏车：行山地之车。

［38］大车：平地载任之车。

［39］牝服：车厢。

［40］羊车：古代一种装饰精美的车子。

［41］辕：车前驾牲畜的长木。

［42］钩：钩心，指车下与轴相连的钩心木。

［43］彻：通“徹”，即轨。

[44]鬲：通“軛”，驾车时搁在牛马颈上的曲木。

[45]弓人：负责制造弓箭的工匠。

[46]六材：制作弓箭的六种材料，即干、角、筋、胶、丝、漆。干：弓干，以木或竹为之。远，射远。角：动物的角，主要是牛角，制成薄片状，贴于弓臂的内侧。筋：动物的肌腱，贴附于弓臂的外侧。胶：动物胶，如鹿胶、马胶、牛胶、鼠胶、鱼胶、犀胶，用以粘合干材和角筋。丝：即丝线，用以缠绕傅角被筋的弓管，使之更为牢固。漆：在弓臂涂上漆，以防霜露的侵蚀。

[47]远根：所取干材靠树根较远。离树根较远的干材，制成弓干，受力均匀。

【译文】

治理木材的工匠：轮人、舆人、弓人、庐人、匠人、车人、梓人。

……

轮人制作车轮，采伐制作毂、辐、牙的三种木材，必须按照一定的季节。三种木材具备之后，还需要通过精巧的工艺将它们加工组合。毂，要求灵活转动；辐，要求笔直支撑。牙，要求坚固抱合。轮子即使磨损坏了，毂、辐、牙也不失其功用，才称得上精湛。远望轮子，能够均匀地下斜。靠近看，轮子着地的面积很小。这没有其他方法，只有把轮子做得很圆。远望辐条，像人臂一样渐渐细小。靠近看，它的粗细都很均匀。这没有其他方法，只有把辐条做得很直。远望车毂，像大眼睛一样地凸出。靠近看，裹革的地方隐起棱角。这没有其他方法，只有把毂做得很紧固。细看轮绠要注意辐端插入牙中是否齐正。看到菑、蚤没有参差不齐，那么这轮子即使用破旧了，也不会变形。凡砍伐毂材的方法，必须先刻识阴阳记号。木材向阳的部分，文理致密而坚实；背阴的部分，纹理疏松而脆弱。所以要用火烤背阴的部分，使其与向阳的部分性能一致，如此即使毂材用破旧了，也不会收缩变形而不平。

……

舆人制作车厢，使车轮的高度、车厢的宽度、车衡的长度，三者如一，叫作三称。把车厢的宽度分成三等分，去掉一等分就是车厢的纵深。把车厢的纵深分成三等分，一等分在前，二等分在后，用火煣制车轼。用车厢宽度的一半作为轼高的尺度。用车厢纵深的一半作为较的高度。把车厢的宽度分成六等分，用一等分的长度作为轸木的围长。把轸木的围长分为三等分，去掉一等分就是轼木的围长。把轼木的围长分成三等分，去掉一等分就是较木的围长。把较木的围长分成三等分，去掉一等分就是轵木的围长。把轵木的围长分成三等分，去掉一等分就是轛木的围长。[凡车厢上所用之木，]圆木圆得符合规，方木方得符合矩，立木直得符合垂线，横木平得如同水平，直立之木如同从地里生长出来的，纵横相交之木如同附着为一体。凡处置造车的木材，粗大的木材不要同细小的木材相并而用。粗大的木材倚附于细小的木材，细小的木材就会折断，用力拉时会把细小的木材拉断。

……

梓人制作筍虡。天下大的动物分为五类：脂类、膏类、臝类、羽类、鳞类。宗庙祭祀，用脂类、膏类的动物为牲，用臝类、羽类、鳞类动物的形象作为筍虡上的刻饰。骨长在外的、骨长在内的、倒行的、侧行的、连贯而行的、曲折而行的、用颈发声的、用嘴发声的、震动肋部发声的、振动翅膀发声的、用腿和腹摩擦发声的、用胸部发声的，这些都是小虫之类，用它们的形象雕琢筍虡。

……

庐人制作兵器的柄，戈柄长六尺六寸，殳长一寻四尺，车戟长一常，酋矛长一常四尺，夷矛常三寻。

……

匠人建造都城，以水平之法测量高下，立木柱悬绳校直，观测日影，画圆，分别记录下日出和日落时间投影，白天参考中午时的日影，夜里参考北极星的位置，以确定东西方向。匠人营造都城，九里见方，每一面开设三个门，都城内九条南北道路、九条东西道路，每条道路可容纳九辆车并行。王宫左边是祖庙，右边是社庙，前面是外朝，后面是集市，集市和外朝的面积各占一百步见方。

……

车人造车的事，直角的一半叫作宣，一宣半叫作欘，一欘半叫作柯，一柯半叫作磬折。车人制作耒，下端庛长一尺一寸，中间直的一段长三尺三寸，上端弯曲的一段长二尺二寸。从庛端，沿着耒木的外缘，到达首端，以两端之内的直线距离为弦，长六尺六寸，正好等于一步的长度。坚硬的土地要用直庛，柔软的土地要用弯庛。直庛利于推耜入土，弯庛利于翻土。庛弯曲的角度如磬折，就能适宜各类土地。车人制造货车。斧柄长三尺，宽三寸，厚一寸半，把斧柄的长度分成五等分，用一等分的长度作为斧刃的长度。毂长一尺五寸，毂围长四尺五寸。辐长四尺五寸，辐宽三寸，厚一寸。轮牙周长二丈七尺。在沼泽地行驶要用短毂，在山地行驶要用长毂，短毂行驶便利，长毂行驶安稳。在沼泽地行驶要反𫐐，在山地行驶要仄𫐐，反𫐐使轮牙轻便，仄𫐐使轮牙坚固。将轮的高度分为六等分，用一等分为牙的粗围。柏车毂长三尺，毂的围长六尺，辐长三尺，轮牙周长一丈八尺，把轮的高度分为五等分，用一等分作为牙的粗围。大车轮高九尺，轮绠宽一寸，车厢长八尺。羊车的车厢长七尺。柏车的车厢长六尺。凡制作车辕，辕长是轮高的三倍，把辕长分为三等分，二等分在前，一等分在后，以凿钩心。轨宽六尺，轭长六尺。

弓人制弓，取用六种材料，必须按照一定的季节。六种材料具备后，还需要通过精巧的工艺将它们加工组合。干材，以求射得远；角材，以求射得迅速；筋材，以求射得深入；胶材，以求各种材料结合的紧密；丝材，以求弓身牢固；漆材，以防霜露侵蚀。制作弓干的材料可分为七等：柘木为上等，檍木次一等，檿桑木又次一等，橘木又次一等，木瓜木又次一等，荆木又次一等，竹材最次。凡选择干材，要颜色赤黑而声音清越的，颜色赤黑则靠近木心，声音清越则远离木根。

《孟子·梁惠王上》（节选）

［导读］

《孟子》成书于战国时期，儒家经典著作，被南宋朱熹列为“四书”之一。全书共七篇，每篇又分为上下，记载有孟子及其弟子的政治、教育、哲学、伦理等思想观点和政治活动。

节选内容出自《梁惠王上》，其中孟子不仅提出了农林生产的永续利用和可持续发展思想，而且设计了“五亩之宅”“百亩之田”的园圃制生产模式，作为王道政治的具体措施，对古代农林生产和私家园林的发展，产生了深远影响。

［原文］

不违农时，谷不可胜食也；数罟不入洿池[1]，鱼鳖不可胜食也；斧斤以时入山林，材木不可胜用也。谷与鱼鳖不可胜食，林木不可胜用，是使民养生丧死无憾也。养生丧死无憾，王道之始也。五亩之宅，树之以桑，五十者可以衣帛矣。鸡豚狗彘之畜[2]，无失其时，七十者可以食肉矣。百亩之田，勿夺其时，数口之家可以无饥矣。谨庠序之教[3]，申之以孝悌之义，颁白[4]者不负戴于道路矣。七十者衣帛食肉，黎民不饥不寒，然而不王者，未之有也。

【注释】

[1] 数：细、密。洿（wū）：低洼地，水池。

[2] 豚：小猪。彘（zhì）：猪。鸡豚狗彘，概指家庭养殖的禽畜。

[3] 庠序：古代的地方学校。后亦泛称学校。

[4] 颁白：同“斑白”，头发花白。

【译文】

不违背农时，粮食就吃不完；细渔网不入池泽，鱼鳖就吃不完；斧斤按照时节进入山林，木材就用不完。粮食和鱼鳖吃不完，木材用不完，就使民众的养生送死没有缺憾了。养生送死没有缺憾，是王道的开端。在五亩大的宅园中，种植桑树，那么年满五十的人就能穿上丝绸了；鸡鸭猪狗等禽畜，能够按时饲养照料，那么年满七十的人就能吃上肉了；一家人百亩农田，不耽误他们耕作的季节，几口人的家庭也就没有饥荒了。注重地方学校的教育，强调孝敬长辈的道理，头发花白的人就不至于在道路上背负重物了。年满七十的人能穿上丝绸，吃上肉，老百姓不受饥寒，做到这些而不称王天下，还从未有过。

《史记·货殖列传》（节选）

西汉·司马迁

【导读】

“货殖”指利用货物的生产与交换，进行商业活动，从中生财求利。司马迁所指的“货殖”，还包括手工业及农、林、牧、渔、矿山、冶炼等行业的经营在内。

节选部分主要介绍了秦汉时期全国依据自然生产物划分为山西、山东、龙门碣石北与江南四大范围，以及这些区域的农林作物栽植与分布情况，如“安邑千树枣；燕、秦千树栗；蜀、汉、江陵千树橘；淮北、常山已南，河济之间千树萩；陈、夏千亩漆；齐、鲁千亩桑麻；渭川千亩竹”，都属于人工种植经济林的范畴，这反映了秦汉时期林业生产分布的广泛性和多样性。同时，司马迁阐明了当时社会以森林资源致富的渠道，即通过经营用材林、经济林，可以获得巨额财富而堪比王侯，即所谓“素封”，这反映出秦汉时期林业生产经营的重要经济价值和社会价值。

【原文】

夫山西[1]饶材、竹、谷、纑、旄、玉石；山东[2]多鱼、盐、漆、丝、声色；江南[3]出楠、梓、姜、桂、金、锡、连、丹沙、犀、玳瑁、珠玑、齿革；龙门、碣石[4]北多马、牛、羊、旃裘、筋角；铜、铁则千里往往山出棋置：此其大较也。皆中国人民所喜好，谣俗被服饮食奉生送死之具也。故待农而食之，虞而出之，工而成之，商而通之。此宁有政教发征期会哉？人各任其能，竭其力，以得所欲。故物贱之征贵，贵之征贱，各劝其业，乐其事，若水之趋下，日夜无休时，不召而自来，不求而民出之。岂非道之所符，而自然之验邪？

……

谚曰：“百里不贩樵，千里不贩籴。”居之一岁，种之以谷；十岁，树之以木；百岁，来之以德。德者，人物之谓也。今有无秩禄之奉，爵邑之入，而乐与之比者，命曰“素封”。封者食租税，岁率户二百。千户之君则二十万，朝觐聘享出其中。庶民农工商贾，率亦岁万息二千（户），百万之家则二十万，而更傜租赋出其中。衣食之欲，恣所好美矣。故曰陆地牧马二百蹄，牛蹄角[5]千，千足羊，泽中千足彘，水居千石[6]鱼陂，山居千章[7]之材。安邑[8]千树枣；燕、秦[9]千树栗；蜀、汉、江陵[10]千树橘；淮北、常山[11]已南，河济之间千树楸[12]；陈、夏[13]千亩漆；齐、鲁[14]千亩桑麻；渭川[15]千亩竹；及名国万家之城，带郭千亩亩钟[16]之田，若千亩卮茜[17]，千畦姜韭：此其人皆与千户侯等。然是富给之资也，不窥市井，不行异邑，坐而待收，身有处士之义而取给焉。若至家贫亲老，妻子软弱，岁时无以祭祀进醵[18]，饮食被服不足以自通，如此不惭耻，则无所比矣。是以无财作力，少有斗智，既饶争时，此其大经也。今治生不待危身取给，则贤人勉焉。是故本富为上，末富次之，奸富最下。无岩处奇士之行，而长贫贱，好语仁义，亦足羞也。

凡编户之民，富相什则卑下之，伯则畏惮之，千则役，万则仆，物之理也。夫用贫求富，农不如工，工不如商，刺绣文不如倚市门，此言末业，贫者之资也。通邑大都，酤一岁千酿，醯酱千瓨[19]，浆千甔[20]，屠牛羊彘千皮，贩谷粜千钟，薪槁千车，船长千丈，木千章，竹竿万，其轺车[21]百乘，牛车千两，木器髹者千枚，铜器千钧，素木、铁器、卮茜千石，马蹄躈[22]千，牛千足，羊彘千双，僮手指千，筋角、丹沙千斤，其帛、絮、细布千钧，文采千匹，榻布、皮革千石，漆千斗，蘗麹、盐、豉千荅[23]，鲐、鮆[24]千斤，鲰[25]千石，鲍[26]千钧，枣、栗千石者三之，狐、鼦裘千皮，羔羊裘千石，旃席千具，佗果菜千钟，子贷金钱千贯，节驵会[27]，贪贾三之，廉贾五之[28]，此亦比千乘之家，其大率也。佗杂业不中什二，则非吾财也。

【注释】

[1]山西：战国、秦、汉时称崤山、华山以西地区。又称关西。

[2]山东：战国、秦、汉时称崤山或华山以东地区。又称关东。亦指战国时秦以外的六国。

[3]江南：指长江以南的地区。各时代的含义有所不同：汉以前一般指今湖北省长江以南部分和湖南省、江西省一带；后来多指今江苏、安徽两省的南部和浙江省一带。

[4]龙门：即禹门口。在山西省河津县西北和陕西省韩城市东北。黄河至此，两岸峭壁对峙，形如门阙，故名。碣石：山名。在河北省昌黎县北。碣石山余脉的柱状石亦称碣石，该石自汉末起已逐渐沉没海中。

[5]蹄角：牛的蹄与角，古时用以计牛头数。蹄角六，即一头牛。

[6]石（dàn）：量词。计算重量的单位。一百二十斤为一石。

[7]章：大木材。引申为计量大树的量词。

[8]安邑：古安邑在今山西夏县西北。原为战国魏都，秦置县。

[9]燕：周代诸侯国。姬姓，周公奭之后，在今河北省北部和辽宁省西端，建都蓟（今北京城西南隅）。秦：周代诸侯国。嬴姓，周孝王封伯翳之后非子为附庸，与以秦邑。秦襄公始立国，至秦孝公，日益富强，为战国七雄之一。春秋时辖有今陕西省地，故习称陕西为秦。

[10]蜀：古族名、国名，分布在今四川西部。相传最早的首领名蚕丛，称蜀王。公元前316年归并于秦，秦于其地置蜀郡。汉：水名，汉水，也称汉江，为长江最长的支

流。发源于今陕西省宁强县，流经湖北省，在武汉市入长江。江陵：在湖北省中部偏南、长江沿岸。秦置县，治所在今荆州市。

[11]淮北：地区名。淮水北岸地，即今安徽凤台县至亳州市东南一带。常山：即今河北曲阳西北的恒山，汉代为避汉文帝（名恒）讳为常山。秦恒山郡，汉改为常山郡（国），治所在元氏（今河北元氏县西北）。

[12]河济：黄河与济水的并称。与长江、淮河合称四渎。楸（qiū）：木名。落叶乔木，叶子三角状卵形或长椭圆形，花冠白色，有紫色斑点，木材质地细密。可供建筑、造船等用。

[13]陈：春秋诸侯国名，在今河南淮阳及安徽亳州一带。夏：夏国，相传为禹子启所创立的奴隶制国家，建都安邑（今山西省夏县北）。

[14]齐：春秋时齐国故地（今山东省泰山以北黄河流域和胶东半岛地区），秦汉以后仍沿称这些地区为齐。鲁：春秋时鲁国故地（在今山东兖州东南至江苏沛县、安徽泗县一带），秦汉以后仍沿称这些地区为鲁。

[15]渭川：即渭水。亦泛指渭水流域。

[16]钟：古容量单位。春秋时齐国公室的公量，合六斛四斗。之后亦有合八斛及十斛之制。

[17]卮：同“巵”，野生植物名，紫赤色，可制胭脂。茜：草名，茜草，多年生草本植物，根可做红色染料，也可入药。

[18]进醵（jù）：聚餐。醵：凑钱聚饮。

[19]瓨（xiáng）：长颈的瓮坛类容器。

[20]甔（dān）：坛子一类的瓦器。

[21]轺车：一马驾之轻便车。

[22]蹄躈（qiào）：亦作“蹏噭”。古时用以计算牲畜的头数。蹄窍五，即算一头牲畜。噭，口；躈，肛门。

[23]糵（niè）：酒曲，酿酒用的发酵剂。

[24]荅：容量单位。《史记集解》引徐广曰：“或作‘台’，器名有瓵。孙叔然云：瓵，瓦器，受斗六升合为瓵。

[25]鲐（tái）：鱼名，也称鲭、油筒鱼、青花鱼。鮆（jì）：鱼名，即刀鱼。

[26]鲰（zōu）：杂小鱼。鲍（bào）：盐渍鱼；干鱼。

[27]驵会：亦作“驵侩”“驵阓”“驵狯”。说合牲畜交易的人，后泛指经纪人、市侩。

[28]贪贾三之，廉贾五之：《史记集解》引《汉书音义》曰："贪贾未当卖而卖，未可买而买，故得利少，而十得三。廉贾贵而卖，贱乃买，故十得五。"

［译文］

峄山以西地区盛产木材、竹子、楮木、纻麻、旄牛尾、玉石；峄山以东地区盛产鱼、盐、漆、丝、音乐美女；长江以南地区出产香木、梓木、生姜、桂木、金、锡、铅、丹砂、犀牛角、玳瑁、珠玉、象牙皮革；龙门至碣石山一线以北地区盛产马、牛、羊、兽毛衣物、制作弓弩的动物筋角；铜、铁就每隔千里常常有山出产而在全国星罗棋布：这是大概的情况。这些产物都是国人所喜好，民众衣着饮食、养生送终的物品。因此要依靠农民耕种来饮食，虞人管理来出产，工匠制造来完成，商人运输来流通。这些难道要有政治教化征发才能约期聚集吗？人们各自依凭自己的才能，竭尽自己的努力，来获得所希望的东西。所以物品价格低贱了预兆着会变昂贵，昂贵了预兆着会变低贱，各自劝勉地对待职业，快乐地工作，就像水流趋向下游，日夜无休止，不召自来，不用强求而民众会自行生产。这难道不是符合规律、顺应自然的验证吗？

……

俗话说："贩柴不超出一百里，贩粮不超出一千里。"在一个地方居住一年，可种植谷物；居住十年，可种植树木；居住一百年，要用德行引来人。德行，人与财物的称谓。现今有的人没有秩品俸禄、爵位食邑的收入，但生活快乐能与有俸禄封邑的人相比的人，被叫作"素封"。有封邑的人靠封邑的租税生活，每年每户大约二百钱。拥有千户的封君就收入二十万，朝见君主聘问献纳出自其中。平民中农工商贾，大约也是每年本金一万得利息二千，百万之家就可收息二十万，而兵役徭役租赋出自其中。衣食的享受，可以恣意获得所喜欢的。所以说陆地牧马五十匹，牛一百六十七头，羊二百五十只，水泽中有二百五十头猪，水中有可养千石鱼的池塘，山上有千棵成材的树木。在安邑有千棵枣树；燕地、秦地有千棵栗树；在蜀地、汉水、江陵有千棵橘树；在淮北、常山以南，黄河、济水之间有千棵楸树；在陈地、夏地有千亩漆树；在齐地、鲁地有千亩桑麻田；在渭川有千亩竹林；以及在著名都会万家之城，有千亩亩产一钟的田地，或千亩卮子、茜草，千畦生姜、韭菜：拥有这些的人都可以与千户侯相等。然而这些富庶的资财，不用去市场察看，不要到外地奔波，坐等收成即可，本身有隐士的名分而又得到富裕的收入。假若家境贫困，双亲年老，妻子儿女羸弱无力，逢年节时无以祭祀聚餐，饮食衣物无法自给，如此还不知惭愧羞耻，那么就没有什么可比的了。所以没有资财就要出卖力气，稍有资财就要比斗心智，已经富有就要逐时争利，这就是常规。现今谋求生机不必危及生命获取供给，就应受到贤人勉励。因此靠农业致富为上等，靠商业致富为次等，靠奸猾致富最下等。没有隐居山野的奇人异士的操行，而长期贫贱，还喜好口说仁义，是十分羞愧的。

凡是编入户籍的平民，财富与人相差十倍就会卑下，相差百倍就会畏惧，相差千倍就会供人役使，相差万倍就会成为其奴仆，这是事物的常理。从贫穷追求富有，务农不如做工，做工不如经商，刺绣织锦不如倚靠市门经商，这是说从事商业，是穷人致富的手段。交通便利的大城市，酒一年卖出千瓮，醋和酱千缸，饮料千甔，屠宰牛羊猪千头，贩卖谷物千钟，柴薪千车，造船总计千丈，木材千章，竹竿上万，轺车百乘，牛车千辆，涂漆的木器千枚，铜器千钧，未涂漆雕饰的白木器皿、铁器、卮子、茜草千石，马二百匹，牛二百五十头，羊猪两千只，奴婢百人，筋角、丹沙千斤，帛、絮、细布千钧，华美的纺织品千匹，粗布、皮革千石，漆千斗，酿酒的麴、盐、豆豉千荅，鲐鱼、刀鱼千斤，小鱼千石，干鱼千钧，枣、栗三千石，狐、貂裘皮千张，羔羊皮千石，毡席千具，其他果品蔬菜千钟，放贷得利息千贯，作为牲畜交易的经纪人，贪心的商人获利十分之三，廉正的商人获利十分之五，这样的经营规模也堪比千乘之家，这是大概的情况。其他行业获利不足十分之二的，就不属于我说的致富行业了。

《新修本草》（节选）

唐·苏敬

【导读】

《新修本草》经唐高宗批准，由苏敬等人编成，并由政府颁行，世称《唐本草》，是世界上最早的一部官方药典。唐政府规定为学医者必读之书，对我国药学的发展起有推动作用。《新修本草》有本草 20 卷，目录 1 卷，又有药图 25 卷，图经7卷，计53卷，分玉石、草、木、人、兽禽、虫、鱼、果、菜、米谷、有名未用类。

《新修本草》中记载木类植物药材主要是第十二、十三、十四卷3卷，本篇节选自《新修本草》卷十二，限于篇幅仅选取榆树、酸枣树、槐树、楮树、枸杞等代表性木类植物药材，供读者了解。

［原文］

榆皮，味甘，平，无毒。主大小便不通，利水道，除邪气、肠胃邪热气，消肿。性滑利。久服轻身不饥，其实尤良。疗小儿头疮痂疕。华主小儿痫，小便不利，伤热。一名零榆。生川山谷。二月采皮，取白曝干。八月采实，并勿令中湿，湿则伤人。

此即今榆树耳，剥取皮，刮除上赤皮，亦可临时用之，性至滑利。初生叶，人以作糜羹辈，令人睡眠。嵇公[1]所谓：榆，令人瞑也。断谷乃屑其皮，并檀皮服之，即所谓不饥者也。

〔谨案〕榆三月实熟，寻即落矣，今称八月采实，恐《本经》误也。

酸枣，味酸，平，无毒。主心腹寒热，邪结气，四肢酸疼湿痹[2]，烦心不得眠，脐上下痛，血转、久泄，虚汗、烦渴。补中，益肝气，坚筋大骨，助阴气，令人肥健。久服安五脏，轻身延年。生河东川泽[3]。八月采实，阴干，卅日成。

恶防己[4]。今出东山间，云即是山枣树子，子似武昌枣，而味极酸，东人乃啖之以醒睡，与此疗不得眠，正反矣。

〔谨案〕此即人樲枣实也，树大如大枣，实无常形，但大枣中味酸者是。《本经》唯用实，疗不得眠，不言用仁。今方用其仁，补中益气[5]。自补中益肝已下，此为酸枣仁之功能。又于下品“白棘”条中，复云用其实。今医以棘实为酸枣，大误矣。

槐实，味苦、酸、咸，寒，无毒。主五内邪气热，止涎唾，补绝伤，疗五痔[6]、火疮，妇人乳瘕[7]，子脏急痛。以七月七日取之，捣取汁，铜器盛之，日煎，令可作丸，大如鼠矢，内窍中，三易乃愈。又堕胎。久服明目，益气，头不白，延年。枝主洗疮及阴囊下湿痒。皮主烂疮。根主喉痹寒热。生河南[8]平泽。可作神烛。

景天[9]为之使。槐子以多连者为好，十月上巳日[10]采之，新盆盛，合泥百日，皮烂为水，核如大豆。服之，今令人脑满，发不白而长生。今处处有。此云七月取其子未坚，故捣绞取汁。

〔谨案〕《别录》[11]云：八月断槐大枝，使生嫩蘖，煮汁酿酒，疗大风痿痹甚效。槐耳味苦、辛，平，无毒，主五痔心痛，女人阴中痒痛。槐树菌也，当取坚如桑耳者。枝炮熨止蝎毒也。

楮实，味甘，寒，无毒。主阴痿水肿，益气，充肌肤，明目。久服不饥，不老轻身。生少室山[12]，一名榖实，所在有之。八月、九月采实，晒干，四十日成。叶，味甘，无毒。主小儿身热，食不生肌，可作浴汤。又主恶疮生肉。树皮主逐水，利小便。茎主瘾疹痒，单煮洗浴。其皮间白汁疗癣。

此即今榖树子也，仙方采捣取汁和丹用，亦干服，使人通神见鬼。南人呼榖纸，亦为楮纸，作褚音。武陵人作榖皮衣，又甚坚好耳也。

枸杞，味苦，寒，根大寒，子微寒，无毒。主五内邪气，热中，消渴[13]，周痹，风湿，下胸胁气，客热、嘘吸，坚筋骨，强阴，利大小肠。久服坚筋骨，轻身，能老，耐寒暑。一名杞根，一名地骨，一名枸忌，一名地辅，一名羊乳，一名却暑，一名仙人杖，一名西王母杖。生常山平泽、又诸丘陵阪岸上。冬采根，春、夏采叶，秋采茎、实，阴干。

今出堂邑[14]，而石头烽火楼下最多。其叶可作羹，味小苦。俗谚云：去家千里，勿食萝摩、枸杞。此言其补益精气，强盛阴道也。萝摩一名苦丸，叶厚大，作藤生，摘有白乳汁，人家多种之，可生啖，亦蒸煮食也。枸杞根、实，为服食家用，其说乃甚美，仙人之杖，远自有旨乎也。

【注释】

[1]嵇公：即嵇康（224—263），字叔夜，三国魏谯郡铚县（今安徽濉溪）人。著名思想家、文学家。语出嵇康《养生论》："且豆令人重，榆令人暝；合欢蠲忿，萱草忘忧，愚智所共知也。"

[2]湿痹：中医学病名。痹症类型之一。因风寒湿三邪中以湿邪偏胜，湿性黏腻滞着所致。

[3]河东：黄河流经山西省境，自北而南，故称山西省境内黄河以东的地区为"河东"。

[4]防己：植物名，木质藤本，可供药用，喜温暖气候，国内多地有分布。

[5]益气：中医采用的一种补益气虚的治病方法。适用于内伤劳倦或病久虚羸、气短懒言、面色苍白、神疲无力、肌肉消瘦等症。

[6]五痔：五种痔疮。唐孙思邈《千金要方·五痔》："夫五痔者，一曰牡痔，二曰牝痔，三曰脉痔，四曰肠痔，五曰血痔。"

[7]瘕（jiǎ）：腹中结块的病。

[8]河南：指黄河以南地区。具体所指范围广狭有异。

[9]景天：多年生草本植物。叶长椭圆形，白绿色；花白色带红，供观赏。

[10]上巳：旧时节日名。汉以前以农历三月上旬巳日为"上巳"；魏晋以后，定为三月三日，不必取巳日。

[11]《别录》：即《名医别录》，药学著作，3卷。辑者佚名（一作陶氏），约成书于汉末。是秦汉医家在《神农本草经》一书药物的药性功用主治等内容有所补充之外，又补记365种新药物，分别记述其性味、有毒无毒、功效主治、七情忌宜、产地等。由于本书系历代医家陆续汇集，故称为《名医别录》。

[12]少室山：山名，位于今河南郑州登封市城西嵩山南麓。

[13]消渴：中医学病名。口渴、善饥、尿多、消瘦，包括糖尿病、尿崩症等。

[14]堂邑：春秋楚地，本名棠。后属吴，称堂邑。今江苏六合稍西而北。

【译文】

榆树皮，味道甘甜，药性平和，无毒。主治大小便不通，有利于水分代谢，去除邪气、肠胃邪热气，消肿。药性顺畅无滞碍。长久服用身轻不觉饥饿，其种子特别好。治疗小孩头上的疮痂。花朵主治小孩癫痫，小便不顺利，因炎热而生病。一种名字叫零榆。生长在颍川山谷中。二月采取榆树皮，取得白色部分晒干。八月采摘种子，并且不要让种子浸水，湿了就会使服用的人受伤。

这就是现在的榆树，剥掉并且收取树皮，刮掉上面的红皮，也可以临时应急使用，药性十分顺畅无滞碍。刚长出来的嫩叶，人们用来制作粥羹等，容易让人睡觉。如嵇康所说：榆树，令人昏沉。没有谷物的时候，将榆树皮研末，与檀木皮一起服用，就是所谓的不觉饥饿。

〔谨案〕榆树在三月份种子成熟，随后即飘落，现在说八月采摘种子，恐怕是《神农本草经》的错误。

酸枣，味道酸，药性平和，无毒。主治心腹寒热，邪气郁结，四肢酸疼，湿寒麻痹，心烦无法睡眠，肚脐上下疼痛，血液流转，长久腹泻，出虚汗、烦躁干渴。补脾胃，益肝气，强健筋骨，有助阴气，令人肥硕健壮。持久服用能够安抚五脏，轻身延年。生长于河东山林川泽。八月采摘果实，阴干，三十日就制成。

忌讳与防己同用。如今生长在东山之间，有人说就是山枣树果实，果实像武昌枣，而味道极酸，东山人于是食用它来睡醒后提神，与酸枣治疗失眠，正好相反。

〔谨案〕这就是酸枣的果实，树大得像枣树，实际上没有固定的形态，但是大枣中味道酸的就是。《神农本草经》只用果实，治疗失眠，没有提到服用酸枣仁。现在的药方用酸枣仁，补中益气。从补中益肝以下，这才是酸枣仁的功效。又在下品“白棘”条中，又说服用它的果实。现今的医生把棘实当作为酸枣，是大错误了。

槐实，味道苦、酸、咸，寒，无毒。主治五脏邪气热，治疗流口水，补益绝伤，治疗五痔、火疮。妇人乳房结块，子宫剧烈疼痛。在七月七日摘取槐实，捣碎取汁，盛在铜器中，每日煎熬，使其可以制作药丸，大小像老鼠屎。将药丸放入口鼻，三次换药即可痊愈。又能堕胎。长久服用可以明目，益气，头发不白，延长寿命。枝条主治清洗脓疮以及阴囊下的湿痒。槐树皮主治溃烂的脓疮。槐树生长在河南的平原沼泽。可以制作祭神的火炬。

景天是槐树的辅助药物。槐树的种子以多而且相连的为好，十月上巳日采摘，用新盆子盛，与泥巴合在一起放置百天，种皮腐烂为水，果核像大豆。服用，使人头脑充实，头发不白而长生。现在处处都有槐树。这里说七月采摘没有坚硬的果实，因而捣碎绞烂盛取它的汁液。

〔谨案〕《别录》说：八月砍断槐树的大枝，使其生出嫩小的旁枝，用来煮汁酿酒，治疗麻风麻痹十分有效。生于槐树上的木耳味道苦、辛，药性平和，无毒，主治五痔心痛，女人阴道瘙痒。槐树上生出的菌类，应当摘取坚硬像桑树上的菌类的。炙烤的槐树枝，可以治疗蝎毒。

楮实，味道甘甜，性寒，无毒。主治男子性功能衰败、水肿，益气，充盈肌肤，明目。长久服用不觉饥饿，不老身轻。生长在少室山，一种名字叫榖实，到处都有。八月、九月采摘种子，晒干，四十日制成。楮树叶，味道甘甜，无毒。主治小孩身体发热，进食而不增体重，可以作为药浴。又主治恶疮生肉。树皮主治水分代谢，有利小便。树茎主治荨麻疹瘙痒，单纯煮水洗浴。树皮中的白色汁液可以治疗皮癣。

这就是现在的榖树种子，仙方中采摘捣碎取得汁液与丹药合用，也可以直接服用，能够让人通神见鬼。南方人称呼榖纸，也就是楮纸，发褚字的读音。武陵地区的人制作榖皮衣，又十分结实优良。

枸杞，味道苦涩，性寒，根大寒，果实微寒，无毒。主治五脏内的邪气，内热，消除口渴，周身麻痹，风湿，消除胸部腋下闷气，外邪入侵的热病，头痛，补内伤，大劳，哮喘，强健筋骨，增强性功能，有利于大小肠。长久服用强健筋骨，身轻，驻颜，耐寒暑。一种名字叫杞根，一种名字叫地骨，一种名字叫枸忌，一种名字叫地辅，一种名字羊乳，一种名字叫却暑，一种名字叫仙人杖，一种名字叫西王母杖。生长在常山平原沼泽，还有诸多丘陵山坡堤岸之上。冬天采伐根，春季、夏季采摘叶子，秋季采摘茎、果实，阴干。

现今出产于堂邑，而石头烽火楼下最多。叶子可以做菜羹，味道稍苦。俗语说：离家千里，不要食用萝摩、枸杞。这是说它能补精益气。萝摩一名苦丸，叶子肥厚而大，藤生，摘下有乳白色汁液，百姓多有种植，可以生吃，也可以蒸煮食用。枸杞根、果实，被服用丹药的人食用，据说十分味美，仙人的手杖，长久以来都有此蕴意吧。

《梓人传》

唐·柳宗元

【导读】

本篇选自柳宗元《柳河东集》。《梓人传》描绘了一位不拘小节、不屑于琐事、却能“善度材”“善用众工”的木匠的事例。

从林业研究的角度观察，选文如实记录了唐代木工行业的概貌，对于木工用具、木材用途、施工过程、建造技术、工程理论等，进行了细致说明，为研究唐代林木加工利用提供了有价值的史料。

【原文】

裴封叔[1]之第，在光德里。有梓人款其门，愿佣隙宇而处焉。所职寻引、规矩、绳墨[2]，家不居砻斫之器[3]。问其能，曰：“吾善度材，视栋宇之制，高深、圆方、短长之宜，吾指使而群工役焉。舍我，众莫能就一宇。故食于官府，吾受禄三倍；作于私家，吾收其直太半焉。”他日，入其室，其床阙足而不能理，曰：“将求他工。”余甚笑之，谓其无能而贪禄嗜货者。

其后京兆尹[4]将饰官署，余往过焉。委群材，会众工。或执斧斤，或执刀锯，皆环立向之。梓人左持引右执杖而中处焉。量栋宇之任，视木之能，举挥其杖曰：“斧！”彼执斧者奔而右；顾而指曰：“锯！”彼执锯者趋而左。俄而斤者斫，刀者削，皆视其色，俟其言，莫敢自断者。其不胜任者，怒而退之，亦莫敢愠焉。画宫于堵，盈尺而曲尽其制，计其毫厘而构大厦，无进退焉。既成，书于上栋，曰“某年某月某日某建”，则其姓字也。凡执用之工不在列。余圜视大骇，然后知其术之工大矣。

继而叹曰：“彼将舍其手艺，专其心智，而能知体要者欤？吾闻劳心者役人，劳力者役于人，彼其劳心者欤？能者用而智者谋，彼其智者欤？是足为佐天子、相天下法矣！物莫近乎此也。彼为天下者本于人。其执役者，为徒隶[5]，为乡师、里胥[6]；其上为下士[7]；又其上为中士、为上士；又其上为大夫、为卿、为公[8]。离而为六职[9]，判而为百役[10]。外薄四海，有方伯、连率[11]。郡有守[12]，邑有宰[13]，皆有佐政。其下有胥吏[14]，又其下皆有啬夫、版尹[15]，以就役焉，犹众工之各有执伎以食力也。彼佐天子相天下者，举而加焉，指而使焉，条其纲纪而盈缩焉，齐其法制而整顿焉，犹梓人之有规矩、绳墨以定制也。择天下之士，使称其职；居天下之人，使安其业。视都知野，视野知国，视国知天下，其远迩细大，可手据其图而究焉，犹梓人画宫于堵而绩于成也。能者进而由之，使无所德；不能者退而休之，亦莫敢愠。不衒能，不矜名，不亲小劳，不侵众官，日与天下之英才讨论其大经，犹梓人之善运众工而不伐艺也。夫然后相道得而万国理矣。相道既得，万国既理，天下举首而望曰：‘吾相之功也。’后之人循迹而慕曰：‘彼相之才也。’士或谈殷、周之理者，曰伊、傅、周、召[16]，其百执事之劳勤而不得纪焉，犹梓人自名其功而执用者不列也。大哉相乎！通是道者，所谓相而已矣。其不知体要者反此：以恪勤为公，以簿书为尊，衒能矜名，亲小劳，侵众官，窃取六职百役之事，听听于府庭，而遗其大者远者焉，所谓不通是道者也。犹梓人而不知绳墨之曲直、规矩之方圆、寻引之短长，姑夺众工之斧斤刀锯以佐其艺，又不能备其工，以至败绩用而无所成也。不亦谬欤？”

或曰：“彼主为室者，傥或发其私智，牵制梓人之虑，夺其世守而道谋是用，虽不能成功，岂其罪耶？亦在任之而已。”余曰：不然。夫绳墨诚陈，规矩诚设，高者不可抑而下也，狭者不可张而广也。由我则固，不由我则圮。彼将乐去固而就圮也，则卷其术，默其智，悠尔而去，不屈吾道，是诚良梓人耳。其或嗜其货利，忍而不能舍也，丧其制量，屈而不能守也，栋桡屋坏，则曰“非我罪也”，可乎哉，可乎哉？

余谓梓人之道类于相，故书而藏之。梓人，盖古之审曲面势者[17]，今谓之都料匠云[18]。余所遇者，杨氏，潜其名。

【注释】

[1]裴封叔：即裴墐，字封叔，河东闻喜（今属山西）人。柳宗元的姐夫。贞元三年（787）进士及第，历任殿中侍御史、金州刺史等。元和十二年（817）病卒。

[2]寻引：量度长短的工具；尺度。规矩：规和矩。校正圆形和方形的两种工具。绳墨：木工画直线用的工具。

[3]砻（lóng）斫（zhuó）：磨和砍削。亦指磨和砍削的技能。

[4]京兆尹：官名。汉代管辖京兆地区的行政长官，职权相当于郡太守。后用以称京都地区的行政长官。

[5]徒隶：刑徒奴隶，服劳役的犯人。

[6]乡师：《周礼》官名。地官司徒之属。每三乡共乡师二人，掌理治下乡的教育行政，并监督乡以下各级行政长官处理政务。后泛指地方官吏。里胥：即里长，一里之长。仿周代闾胥、里宰之制，后代或置或废，建制不一。

[7]下士：官名。古代天子、诸侯都设有士，分上士、中士、下士。秦以后亦沿用。《礼记·王制》：“王者之制禄爵，公、侯、伯、子、男，凡五等，诸侯之上大夫卿、下大夫、上士、中士、下士，凡五等。”

[8]大夫：古职官名。周代在国君之下有卿、大夫、士三等；各等中又分上、中、下三级。后因以大夫为任官职者之称。秦汉以后，中央要职有御史大夫，备顾问者有谏大夫、中大夫、光禄大夫等。唐宋尚存御史大夫及谏议大夫，明清全废。卿：古代高级官员的名称。西周、春秋时天子、诸侯都有卿，分上、中、下三等。秦汉时期三公以下设有九卿。历代相沿，清代则常以三品至五品卿作为官员的虚衔。公：古代最高官职。三公为古代中央三种最高官衔的合称，唐宋沿东汉之制，以太尉、司徒、司空为三公，但已非实职。

[9]六职：谓治、教、礼、政、刑、事六种职事。

[10]百役：指各种劳役。

[11]方伯：殷周时代一方诸侯之长。后泛称地方长官。汉以来之刺史，唐之采访使、观察使，明清之布政使均称“方伯”。连率：连帅。古代十国诸侯之长。

[12]郡有守：郡守，郡的长官，主一郡之政事。秦废封建设郡县，郡置守、丞、尉各一人。守治民，丞为佐。汉唐因之；宋以后郡改府，知府亦称郡守。

[13]邑有宰：邑宰，县邑之长。即县令。

[14]胥吏：官府中的小吏。

[15]啬夫：古代官吏名，乡官。秦制，乡置啬夫，职掌听讼、收取赋税，汉晋及南朝宋因之。版尹：掌管地方户籍的小吏。

[16]伊：即伊尹，商汤大臣，名伊，一名挚，尹是官名。傅：即傅说，古虞国（今山西平陆）人，殷商时期著名贤臣，先秦史传为商王武丁丞相，为“三公”之一。周：即周公，西周初期政治家，武王弟，成王叔。召：即召公。

[17]审曲面势：亦作“审曲面埶”。原指工匠做器物时审度材料的曲直。后指区别情况，适当安排营造。

[18]都料匠：古代称营造师，总工匠。

【译文】

翡封叔的家宅在光德里。有位木匠来敲他的门，希望以闲时服役为代价在此租房居住。他掌管有寻引、规矩、绳墨，家里不曾储备磨砺和砍削的器具。问他有什么才能，说：“我善于测算木材，查看房屋的样式，高深、圆方、短长是否合适，我指挥而众工匠劳作。离开我，众工匠无法建成一栋房子。因此，就食于官府，我的俸禄是他人的三倍；为私家劳作，我收取全部酬劳的大半。”有一天，我进入他的房屋，他的床缺了腿却不会修理，说：“将要请别的工匠来修理。”我十分耻笑他，认为他是没有才能却贪财之人。

后来，京兆尹打算修饰官署房屋，我恰好经过。堆积了大量木材，会集众多工匠。有人拿着斧头，有人拿着刀具，都环绕站着，面向那位木匠。木匠左手拿着长尺，右手拿着木杖，站在人群中间。他测量房屋的承重，查看木材的耐力，举起木杖挥动说：“用斧！”那手执斧头的人就跑向右边去砍；回头指挥说：“用锯！”那手拿锯子的人就跑向左边去锯。不一会儿，拿斧子的砍，拿刀的削，全都看他的脸色，等待他的命令，没有敢擅自决断的。那些不胜任者，被他怒言斥退，也没有人敢怨恨。他在墙上绘画房屋图，一尺大小的图样却细致描绘出建筑结构，计算微小的尺寸却构建整个大厦，没有丝毫误差的地方。房屋建成，在房屋正梁上书写，文字说："某年某月某日某建"，就是他的姓氏名字。那些工匠名字均不在列。我环视大为惊诧，然后才知道他的技术精湛程度如此之大。

接着我感叹说："他大概放弃了手艺，专心使用智能，而能领悟要旨的人吧？我听说'劳心的人役使别人，劳力的人被别人役使，他大概是劳心的人吧？有技艺的人出力而有才智者谋划，他大概是有才智的人吧？'这足以成为辅佐天子、治理天下的人所效法的啊！道理没有比这更相近的了。那些治理天下的以人才为根本。那些服役的人，是徒隶，是乡师、里胥；其上是下士；又其上是中士、是上士；又其上是大夫、卿、公，分开则有六职，判定则有上百种劳役。外面靠近四海，则有方伯、连率等职官。郡有郡守，邑有邑宰，都有助于政事。其下有胥吏，又其下都有啬夫、版尹，以完成劳役，就犹如各有技艺用来谋生。那些辅佐天子、治理天下的人，推举人才，委派任务，发布命令，指派任务，整理纲纪，进行增减，统一法制。犹如木匠有规矩、绳墨来拟定法式。选择天下的士人，使其称职；居住在天下的人，使其安家乐业。考察都城就了解乡野，考察乡野就了解全国，考察全国就了解了天下。其远近大小，可以手拿地图进行探究。犹如木匠在墙上画图而功绩就完成了。有能力的人进升而任用，使其不用感恩；没有能力的人辞退而罢免，也没人敢怨恨。不炫耀才能，不崇尚名声，不亲自做细小事情，不干涉众官员工作，每日与天下杰出的人才讨论治国方略，犹如木匠善于运用众多工匠而不自夸才能。这样之后，做宰相的道理才算懂得，治理国家的道理掌握好了，天下安定了，全天下人就会抬头仰望说：'这是我们宰相的功劳啊。'后人也会依循事迹而羡慕说：'他真是做宰相的人才啊。'士人有的谈起商、周的安定时，提及伊尹、傅说、周公、召公，他们手下上百种官员的辛勤劳作却不曾得到记载，犹如木匠自己在工程上署名却没有列出其他工匠。伟大啊宰相！能够通晓此道者，才是所谓的真正的宰相。那些没有领悟要旨的人做法与此相反：以忙碌为功绩，以公文为重责，炫耀才能崇尚名声，亲劳小事，干涉众官，以六职百役的功绩自居，自夸于公堂，却遗漏了那些重大长远的事务，这就是不懂得做宰相道理的人。这犹如木匠不了解绳墨的曲直、规矩的方圆、寻引的长短，姑且一味地夺取众位工匠的斧头刀锯来辅助他们劳作，又不能充任其工作，最后导致失败而无所成。这不也是错误的吗。"

有人说："如果房子的主人，倘若凭借个人的偏私见识，牵制木匠的规划，剥夺其世代积累的经验而意见分歧难于成事，最后不能成功，这难道是木匠的过错吗？也在于任用他的人。”我说：“不是这样。绳墨正确使用，规矩正确施用，高处不能压制变低，窄处不能扩张变广。听由我规划房子坚固，不听我房子坍塌。那些房主甘于舍弃坚固而选择坍塌，那就收起他的技艺，静默他的智慧，悠然而去，坚持住自己的主张，那真是优良的木匠啊。有的人贪图房主的财物，克制本心而不能舍弃，丧失应遵守的标准，屈从而不能坚持操守，致使栋梁弯曲，房屋损坏，却说‘不是我的过错’，可以如此吗，可以如此吗？”。

我认为做木匠的道理与做宰相类似，所以书写下来收藏。木匠，大概是古代的审曲面势的人，现今称之为都料匠。我所遇到的那位，姓杨，潜是他的名字。

《黄州新建小竹楼记》

北宋·王禹偁

［导读］

选文出自宋代王禹偁著《小畜集》。王禹偁（954—1001），历任右拾遗、左司谏、知制诰、翰林学士，因敢于直言讽谏屡受贬谪，因曾被贬于黄州，世称王黄州。

《黄州新建小竹楼记》托物言志，借景抒情，描写了作者在黄冈时所建的竹楼及其生活情趣，反映了宋代南方对竹子的利用。苏轼《记岭南竹》记载：“岭南人，当有愧于竹。食者竹笋，庇者竹瓦。载者竹筏，爨者竹薪，衣者竹皮。书者竹纸，履者竹鞋，真可谓一日不可无此君也耶！”

［原文］

黄冈[1]之地多竹，大者如椽，竹工破之，刳去其节，用代陶瓦。比屋皆然，以其价廉而工省也。子城[2]西北隅，雉堞圮毁[3]，榛莽荒秽，因作小楼二间，与月波楼通，远吞山光，平挹江濑[4]，幽阒辽敻[5]，不可具状。夏宜急雨，有瀑布声；冬宜密雪，有碎玉声。宜鼓琴，琴调和畅；宜咏诗，诗韵清绝；宜围棋，子声丁丁然；宜投壶[6]，矢声铮铮然，皆竹楼之所助也。

公退之暇，披鹤氅衣[7]，戴华阳巾[8]，手执《周易》一卷，焚香默坐，销遣世虑。江山之外，第见风帆沙鸟、烟云竹树而已。待其酒力醒，茶烟歇，送夕阳，迎素月，亦谪居之胜概也。彼齐云落星，高则高矣；井干丽谯，华则华矣。止于贮妓女，藏歌舞，非骚人之事，吾所不取。

吾闻竹工云：竹之为瓦仅十稔[9]，若重复之，得二十稔。噫！吾以至道乙未岁，自翰林[10]出滁上[11]，丙申移广陵[12]，丁酉又入西掖[13]，戊戌岁除日，有齐安[14]之命，已亥闰三月到郡。四年之间，奔走不暇，未知明年又在何处，岂惧竹楼之易朽乎？后之人与我同志，嗣而葺之，庶斯楼之不朽也。

咸平二年八月十五日记。

【注释】

[1]黄冈：隋开皇十八年（598）改南安县置，治今湖北省新洲县。唐中和五年（885）徙治今黄冈市。历为永安郡、黄州、黄州府治。

[2]子城：大城所属的小城，也叫瓮城或月城。

[3]雉堞（dié）：古代城墙上掩护守城人修筑的矮墙，也泛指城墙。圮（pǐ）：倒塌，毁坏。

[4]挹（yì）：酌，以瓢舀取。江濑：江滩上的急流。平视沙滩上的急流，似乎触手可及。

[5]阒（qù）：幽静。敻（xiòng）：远，辽远。

[6]投壶：古代宴饮时举行的一种娱乐游戏，向壶里投箭，以投中次数决定胜负。

[7]氅（chǎng）：泛指鸟羽制成的外衣；外套大衣。

[8]华阳巾：道士所戴的一种帽子。

[9]稔（rěn）：庄稼成熟，比作“年”。

[10]翰林：即翰林学士，官名。唐玄宗开元初以张九龄、张说、陆坚等掌四方表疏批答、应和文章，号“翰林供奉”，与集贤院学士分司起草诏书及应承皇帝的各种文字。德宗以后，翰林学士成为皇帝的亲近顾问兼秘书官，常值宿内廷，承命撰拟有关任免将相和册后立太子等事的文告，有“内相”之称。唐后期往往即以翰林学士升任宰相。北宋翰林学士仍掌制诰。

[11]滁上：即滁州。隋开皇初改南谯州置，“因滁水为名”。治新昌县（后改清流县，今滁州市）。唐武德三年（620）复置。辖境相当今安徽省滁州市和全椒、来安二县

地。宋属淮南东路。

[12]广陵：秦置（一说楚置）县，治今江苏省扬州市西北蜀岗上。五代南唐复名广陵县，与江都县同为扬州治所，治今扬州市。北宋熙宁五年（1072）并入江都县。

[13]西掖：中书或中书省的别称。东汉应劭《汉官仪》卷上："左右曹受尚书事，前世文士，以中书在右，因谓中书为右曹。又称西掖。"

[14]齐安：黄州旧称。唐天宝元年（742）改黄州置，治黄冈县（今湖北武汉市新洲区）。辖境相当于今湖北省武汉市北部，红安、麻城、黄冈等县市地。乾元元年（758）复为黄州。

【译文】

黄冈地区盛产竹子，大的像椽子那么粗，竹工破开它，刮去竹节用来代替陶瓦。家家户户都这样，因为竹瓦既便宜又省工。在月城的西北角，矮墙坍塌，草木丛生，于是（利用那里的空地）盖了两间小竹楼，与月波楼连通，远望山色一览无余，平视沙滩上急流似乎触手可及，幽静辽远，无法一一描述。夏天遇到急雨，听起来像瀑布声；冬天遇到大雪，听起来像玉石碎裂声。（这里）适宜弹琴，琴声和谐流畅；适宜吟诗，诗韵清新绝妙；适宜下棋，棋声丁丁悦耳；适宜投壶，箭声铮铮动听。这些乐趣，都是竹楼给予的。

在办完公事回来的闲暇时间，披上鸟羽编织的大氅，戴上华阳巾，手拿一卷《周易》，焚香默坐，排除世俗杂念。这时，水色山光之外，眼前只有风帆、沙鸟、烟云、竹树罢了。等到酒醒之后，茶尽烟消，送走夕阳，迎来皓月，这是谪居之地的美景啊！那齐云楼、落星楼，高大确实是高大！井干楼、丽谯楼，华丽确实是华丽！但它们只不过是用来贮藏妓女，陈列歌舞罢了，这不是诗人应做的事情，我也不屑于去做。

我听竹工说："用竹做瓦，只可以用十年。如果铺两层，就可以用二十年。"唉！我在至道乙未年，由翰林学士被贬到滁州，丙申年又转到广陵，丁酉年又调入中书省，戊戌年的除夕奉命调到齐安，己亥年闰三月来到这里。四年之间，奔走不停，不知明年又在什么地方，难道还怕竹楼容易朽坏吗？希望后来的人跟我志趣相同，能继续修整它，希望这座竹楼永远不会朽坏。

咸平二年农历八月十五日记。

《营造法式》(节选)

北宋·李诫

【导读】

《营造法式》是李诫在俞皓《木经》的基础上编撰而成的，总结了历代木结构建筑技术，确定了各种木结构的比例数据，订出了规范标准，并配有生动的木结构建筑部件图。它是我国古代最完整的建筑技术典籍，标志着中国古代木结构建筑技术的成熟。其中《大木作制度》《小木作制度》是《营造法式》的重要内容，记载了宋代建筑设计中木材加工利用的程序规范。“大木作”是指建造房屋的木构架，如枓、栱、梁、柱、椽、檐等；“小木作”指房屋中非承重木构件的制作和安装，如门窗、隔断、栏杆、龛橱等。

节选内容出自《营造法式·大木作制度·材》，它明确提出了建筑“以材为祖”，规定了材八个等次的截面尺寸和应用范围，“清楚地指明了材的大小是与房屋的规模相适应的，在建造房屋之前，先要按照预定的大小决定取用某一等材”(陈明达，1993)。

【原文】

凡构屋之制，皆以材为祖[1]。材有八等，度屋之大小，因而用之。

第一等：广九寸，厚六寸[2]。以六分为一分[3]。右殿[4]身九间至十一间则用之。若副阶并殿挟屋[5]，材分减殿身一等；廊屋[6]减挟屋一等。余准此。

第二等：广八寸二分五厘，厚五寸五分。以五分五厘为一分。右殿身五间至七间则用之。

第三等：广七寸五分，厚五寸。以五分为一分。右殿身三间至五间或堂[7]七间则用之。

第四等：广七寸二分，厚四寸八分。以四分八厘为一分。右殿三间、厅堂[8]五间则用之。

第五等：广六寸六分，厚四寸四分。以四分四厘为一分。右殿小三间、厅堂大三间则用之。

第六等：广六寸，厚四寸。以四分为一分。右亭榭[9]或小厅堂皆用之。

第七等：广五寸二分五厘，厚三寸五分。以二分五厘为一分。右小殿及亭榭等用之。

第八等：广四寸五分，厚三寸。以三分为一分。右殿内藻井或小亭榭施铺作[10]多则用之。

栔[11]广六分，厚四分。材上加栔者，谓之足材。施之栱眼内两枓之间者，谓之闇栔[12]。

各以其材之广，分为十五分，以十分为其厚。凡屋宇之高深，名物之短长，曲直举折之势，规矩绳墨之宜，皆以所用材之分，以为制度焉。凡“分寸”之“分”，皆如字“材分”之“分”，音符问切。余准此。

【注释】

[1]材：宋代建筑设计施工的模数。《营造法式》规定：以单栱或素方用料的断面尺寸为一材。

[2]厚：构件较窄的一面的宽度。

[3]分（fèn）：衡量建筑和建筑构件的最小模数单位，它的大小等于材高的1/15，或材厚的1/10。每分的实际尺寸，随所用材等第的大小来确定。

[4]殿：规模最大、质量标准最高的房屋。

[5]副阶：殿、阁等个体建筑周围环绕的廊子。挟屋：主要殿堂两侧紧贴殿身山墙修建的附属建筑。

[6]廊屋：建筑群中正屋、副阶、挟屋以外房间的通称。

[7]堂：即堂屋，规模质量次于殿的房屋。

[8]厅堂：建筑群纵轴线上的主要建筑，次于殿堂，常作为正式会客、议事或行礼的场所。

[9]亭榭（xiè）：泛指庭院内小建筑，用厦两头或斗尖屋盖者，多用六至八等材。榭：建在高台上的木屋，多为游观之所。

[10]藻井：中国古代建筑中室内顶棚的独特装饰部分，一般做成向上隆起的井状，有方形、多边形或圆形凹面，周围饰以各种花藻井纹、雕刻和彩绘。铺作：即枓栱，中国木构架建筑特有的结构部件，主要由斗形木块和弓形肘木纵横交错层叠构成。

[11]栔（zì）：一种模数单位，高六分，厚四分。

[12]闇（àn）：深。

［译文］

所有建造房屋的制度，都要以材为根本。材有八个等次，根据房屋大小，采用相应等次。

一等材：高度为九寸，宽度为六寸。以六分为一分。九间至十一间殿适用。如果副阶包含殿的挟屋，那么其材分比殿身降低一个等次；回廊的材分比挟屋降低一个等次。其余的遵循这个原则。

二等材：高度为八寸二分五厘，宽度为五寸五分。以五分五厘为一分。五间至七间殿适用。

三等材：高度为七寸五分，宽度为五寸。以五分为一分。三间殿或五间殿或者七间堂适用。

四等材：高度为七寸二分，宽度为四寸八分。以四分八厘为一分。三间殿、五间厅堂适用。

五等材：高度为六寸六分，宽度为四寸四分。以四分四厘为一分。小三间殿、大三间堂适用。

六等材：高度为六寸，宽度为四寸。以四分为一分。亭榭或小厅堂适用。

七等材：高度为五寸二分五厘，宽度为三寸五分。以二分五厘为一分。小殿以及亭榭适用。

八等材：高度为四寸五分，宽度为三寸。以三分为一分。殿内藻井或小亭榭适用。

栔的高度为六分，宽度为四分。材的高度为一材一**栔**，那么就称之为足材。**栱**眼内两**枓**之间的高度，称为“**闇栔**”。

各个等次的材的高度均分为十五分，其宽度为十分。根据屋宇的高度深度、各个构件的长短、屋顶坡度曲面的形式、圆方平直的情况，都有相应的材分，作为其制度规定。凡是“分寸”的“分”，都如字“材分”的“分”，音符问切。其余都如此。

《避暑录话》（节选）

北宋·叶梦得

【导读】

《避暑录话》是宋代叶梦得所撰的一部史料笔记，分上下两卷，内容多是北宋时期的朝野杂事，考证经史、地理、诗文、典章制度等方面的内容也较多。

节选内容出自《避暑录话》卷下，表述了对于林木种植的做法与思考，以及林木成材后利用价值和经济价值的体现。通过对史料的研读，可见宋代士人对于森林培育及其利用的认知，蕴含着有益的永续利用思想。

【原文】

吾居虽略备，然材植不甚坚壮，度不过可支三十年即一易。人生不能无役，闲中种木亦是一适。今山之松已多矣，地既皆辟，当岁益种松一千，桐、杉各三百，竹凡见隙地皆植之，尽五年而止，可更有松五千，桐杉各千五百。三十年后，使居者视吾室敝则伐而新之，竹但取其风霜毁折与侵道妨行者，可不外求而足。今岁积益，与此山竹无虑增数千竿，松杉生不满三尺者处处有之，桐子已实，伺其坠，多蓄之。冬春之间当与汝曹日策杖山行，自课择仆之健而愿者两人供役，吾不为无事矣。然此居竟何有？吾年六十犹思预植良材为后计，柳子厚诗云：晚学寿张樊敬侯[1]，种漆南园待成器。使子厚在，宁免一笑耶？

【注释】

[1]寿张樊敬侯：即樊重，西汉末年南阳湖阳（今南阳市唐河县）人，东汉光武帝刘秀外公。曾种梓树和漆树，数年之后，获资巨万，广施赈赡，泽被乡里。死后被光武帝刘秀追谥为寿张敬侯。

【译文】

我的居所虽然大略完备，然而用材不甚坚固结实，估计大致可以支撑三十年就需要更换。人的生活不能没有劳作，闲暇时种树也是一种快意之事。现今山上的松树已经很多了，土地既然都已开辟，应当每年增种松树一千株，梧桐树、杉树各三百株，竹子凡是有空地就都种植，满五年可以停止，届时就有松树五千株，梧桐树、杉树各一千五百株。三十年后，后来居住者倘若认为我的房子破旧，就可以砍伐这些树木而修缮翻新；竹子只要砍伐那些被风霜毁坏摧折的与侵占道路妨碍行走的，可以不用求之于外就可以自给自足。今年积累，以及山中竹子大约增加数千根，松树、杉树不足三尺高的处处都有，梧桐树已结果实，等到梧桐子随风坠落，多多积蓄储藏。冬春之际可以与你们一起手持竹杖在山上亲自劳作，选择两位健壮而且愿意跟随的仆人以供役使，我可以不亲力亲为而且无事操劳。既如此这个居所还需要什么呢？我年满六十仍考虑提前种植优良的树木为后代做好长久之计。柳宗元的诗中曾说：“晚年要学寿张敬侯，南园种漆待成材”。倘若柳宗元在此，我的做法应该不会受到嘲笑。

《伐木记》（节选）

北宋·张耒

【导读】

张耒（1054—1114），北宋后期的重要诗人，苏门四学士之一，著有《柯山集》。

节选内容出自张耒的《柯山集》卷四十二。《伐木记》以砍伐福昌官舍附近的树木为题，叙述了人的活动对自然生态环境的改变，从人之气与生物之气的消长，论述了人与生态环境的关系。

【原文】

予官福昌[1]，福昌，古邑之废者也。官舍依山，为地十余亩，其竹与木居十六。地旷人寡，草木茂遂，其大者皆百余年，根干蔽覆，若幄若屋，交罗笼络，萦以茑蔓[2]。凡日将旦，夕将晦，鸟鸣兽号，声音百千，终日阒然[3]，不闻人声。夫环为城，通为衢，限为域，立为屋室，辟为场圃，夷易洞达[4]，内外相应，面阳而背阴，附燥而瞰湿，间以草木，表以台观[5]，人之所托也。惟其所托者若是，故禽兽不敢藏，蛇蚖无所蟠，居之而安，游之而乐，而人之气乃能胜其异己者。是故无疾患，无惊惕，寿考安乐，远去疾疠。而今吾之所居，草木居大半矣，其坚顽硕老[6]，无以异于薮泽[7]，此则鸟兽之所恋，而蛇虺狐貉[8]之所乐，而人之所居，乃其弃余。则凡使吾四邻之外，晨夜而不敢出，其心矜矜，若畏敌国，一夕数兴，寝而不梦，是岂非蛇虺狐貉之气胜，而人之所托者弱耶？于是聚吏徒，集斧斤，一日之役十夫，不三日而尽伐之，剖根穷本，芟伐翦剔，大者备梁柱，小者中椽杙[9]，弱者补藩篱，恶者从薪蒸。洒扫垦除，平地乃见，阴阳疏通，表里洞然，屋室阶闼[10]，如涌而出。于是鸟兽之声，狐貉之迹，不复至矣。朝游而足不忌，夜处而心不惕，吾知人之气胜矣。

【注释】

[1]福昌：唐武德二年（619）改宜阳县置，为熊州治，治所在今河南宜阳县西五十四里福昌村。五代唐改为福庆县。北宋复为福昌县。熙宁五年（1072）省入寿安县，元佑元年（1086）复置福昌县。

[2]茑（niǎo）：常绿寄生灌木名。茎蔓生，寄生于桑、枫等树上。秋初结实如豆，可入药。

[3]阒（qù）然：寂静无声的样子。

[4]夷易：平易，平正，平坦。洞达：流畅，通顺，明白。

[5]表：标识，标记。台观：泛指楼台馆阁等高大建筑物。

[6]坚顽：顽强坚定。硕老：年高望重的博学之士，这里形容草木幽邃、年代久远。

[7]薮（sǒu）泽：水草茂密的沼泽湖泊地带。

[8]蛇虺（huǐ）：亦作“虵虺”。泛指蛇类。狐貉：亦作“狐狢”。狐与貉。貉：兽名。外形似狐，毛棕灰色。穴居于河谷、山边和田野间，昼伏夜出，食鱼、鼠、蛙、虾、蟹和野果等。是一种重要的毛皮兽。现北方通称貉子。

[9]椽杙（yì）：椽子和小木桩。

[10]阶闼（tà）：陛阶和宫门，这里指台阶和门庭。

【译文】

我在福昌做官，福昌，是一座废弃的古城。官舍靠近山岭，占地十多亩，竹子和树木占了十分之六。地广人稀，草木繁茂，其中的大树有一百多年，树根和树干被遮蔽覆盖，像帐幕像房屋，盘根错节，茑萝缠绕。每当太阳将要升起，或者夕阳西下夜幕来临，鸟鸣兽叫，声音百千，白天则显得寂静，听不到人声。如果围起城墙，修通道路，限定区域，建立房屋，开辟场圃，平坦通畅，内外相应，面南背北，居高临下，间杂草木，构筑楼台，这是人类所凭借之气。正因为人类所凭借之气是这些，所以禽兽不敢藏匿，蛇蚖无所盘踞，在这里居住感到安全，游览感到快乐，所以这是人类的气息克制了异类的气息。因此人们没有疾病，没有惊惧，高寿而安乐，远离疫病。但是我现在居住的地方，草木已经占了大半，幽深久远，和薮泽没有多大区别了，这是鸟兽所留恋的地方，也是蛇虺、狐貉乐于栖居之所，而人所居住的，不过是它们抛弃多余的地方。如此除了周围的邻居之外，清晨和黑夜不敢出去，内心戒惧，小心谨慎，像害怕仇敌一样，一晚上几次起身，不能安然入梦，这难道不是蛇虺、狐貉之气占了优势，而人类所凭借之气处于弱势吗？因此我召集差役奴仆，拿起斧头，一天派十个人，不到三天就把这些树木砍伐完了，连根带本都给挖了出来，除草伐树，剪枝剔叶，大的木头用以充任横梁和木柱，小的木头作为椽子和木桩，柔弱的枝条用来修补藩篱，粗劣的则用来烧火做饭。经过这些清扫铲除，原来的平地显现出来，阴阳通达，表里明了，房屋阶庭，像从地下冒出来。如此鸟兽的声音、狐貉的踪迹，不再出现了。早晨出游而无所顾忌，晚上居此而无所畏惧，我知道这是人的气息占优势了。

《橘录》（节选）

南宋·韩彦直

［导读］

本篇选自宋代韩彦直著《橘录》。韩彦直，字子温，延安府肤施县（今陕西延安）人，是宋代抗金名将韩世忠的长子。韩彦直于绍兴十八年（1148）考中进士，在中央和地方上担任过各种官职。他在温州任职期间，撰成《橘录》一书。

《橘录》又称《永嘉橘录》《橘谱》，是中国最早的一部柑橘学专著，也是世界上第一部完整的柑橘栽培学著作。全书共分三卷，上卷和中卷记述了当时温州地区的柑橘类果树 27 种，并对每一种柑橘树木的形态、适应地区、果实的性状等进行了详细的论述；下卷分种治、始栽、培植、去病、浇灌、采摘、收藏、制治、入药九个方面，论述了柑橘的栽培、加工、收藏及其在医药上的价值，其中对于柑橘栽培时的土壤选择和整治、橘树的嫁接时间和方法、柑橘的采摘和收藏、施肥技术、病虫害防治等，有许多精辟的论述。节选内容为《橘录》序文，主要介绍了写作的缘起，论述了温州地区橘树种植的状况。

［原文］

橘出温郡[1]，最多种，柑乃其别种。柑自别为八种，橘又自别为十四种，橙子之属类橘者，又自别为五种，合二十有七种，而乳柑[2]推第一。故温人谓乳柑为真柑，意谓他种皆若假设者，而独真柑为柑耳。然橘亦出苏州、台州[3]，西出荆州，而南出闽、广[4]，数十州皆木橘耳，已不敢与温橘齿矧[5]，敢与真柑争高下耶？且温四邑俱种柑，而出泥山[6]者又杰然推第一。泥山盖平阳[7]一孤屿，大都块土，不过覆釜，其旁地广袤只三二里许，无连岗阴壑，非有佳风气之所淫渍郁烝。出三二里外，其香味辄益远益不逮。夫物理何可考耶？

或曰温并海，地斥卤[8]，宜橘與柑。而泥山特斥卤佳处，物生其中，故独与他异。予颇不然其说。夫姑苏、丹丘与七闽、两广之地[9]，往往多并海斥卤，何独温？而又岂无三二里得斥卤佳处如泥山者？自屈原、司马迁、李衡、潘岳、王羲之、谢惠连、韦应物辈皆尝言吴楚间出者，而未尝及温，温最晚出。晚出而群橘尽废，物之变化出没，其浩不可考如此。以予意之，温之学者由晋唐间，未闻有杰然出而与天下敌者，至国朝始盛，至于今日尤号为文物极盛处。岂亦天地光华秀杰不没之气来钟此土，其余英遗液犹被草衣，而泥山偶独得其至美者耶？

予北人，平生恨不得见橘著花。然尝从橘舟市橘，亦未见佳者，又安得所谓泥山者啗之？去年秋，把麾[10]此來，得一亲见花而再食其实以为幸。独故事，太守不得出城从远游，无因领客入泥山香林中，泛酒[11]其下。而客乃有遗予泥山者，且曰："橘之美当不减荔子，荔子今有谱，得与牡丹、芍药花谱并行，而独未有谱橘者。子爱橘甚，橘若有待于子，不可以辞。予因为之谱，且妄欲自附于欧阳公、蔡公[12]之后，亦有以表见温之学者，足以夸天下，而不独在夫橘尔。

淳熙[13]五年十月延安韩彦直序。

［注释］

［1］橘：这里指柑橘，是柑、橘、橙、柚等水果的总称。温郡：即温州，唐上元二年（675）析括州置，辖境相当今浙江省温州、永嘉等地。北宋属两浙路，南宋属两浙东路。南宋咸淳元年（1265）以度宗赵禥潜邸升为瑞安府。

［2］乳柑：即温州蜜柑，柑的良种之一。

［3］苏州：隋开皇九年（589）改吴州置，治吴县（今江苏苏州市），以姑苏山得名。北宋政和三年（1113）改为平江府。台州：唐武德五年（622）改海州置，治所在临海县（今浙江临海市）。北宋属两浙路，南宋时属两浙东路。

［4］闽广：闽，古种族名，生活于今浙江南部和福建一带。后因称福建为闽。广，即广州，三国吴黄武五年（226）分交州置。旋废。永安七年（264）复置，治番禺县（今广东广州市）。辖境相当今广东、广西大部地区。宋复为广州，治南海、番禺二县（今广州市）。

［5］齿矧（shěn）：并提，并论。

［6］泥山：宋置镇，属平阳县，今为浙江苍南县宜山镇。

［7］平阳：五代梁乾化四年（914）吴越改横阳县置，属温州。治所即今浙江平阳县。南宋咸淳元年（1265）属瑞安府。

［8］斥卤（lǔ）：盐碱地。

［9］姑苏：苏州的别称，因西南有姑苏山得名。丹丘：亦作“丹邱”，传说中神仙居住的地方，昼夜长明。七闽：指古代居住在今福建省和浙江省南部的闽人，因分为七族，故称。后亦泛指福建省。两广：地区名，宋分岭南道为广南东路、广南西路，通称“两广”。

［10］把麾：手持旗帜，这里指接受任命，出任官职。

［11］泛酒：古代风俗，农历三月三日，在水渠旁，浮酒杯于水上，任其飘流，停则取饮，相与为乐。这里指饮酒。

［12］欧阳公：即欧阳修，北宋政治家、文学家，著有《洛阳牡丹记》。蔡公：指蔡襄，北宋政治家、文学家，著有《茶录》《荔枝谱》。

［13］淳熙：南宋孝宗赵昚在位期间的第三个年号（1174—1189），共计使用16年。

【译文】

温州地区出产的柑橘，种类繁多。柑是从其中分出的种类，柑自分为八种，橘又自分为十四种，属于橙子而归入橘类的，又自分为五种，合起来总共有二十七种，而乳柑被推举为第一。因此温州人认为乳柑是真柑，而其他品种都是姑且一说，只有真柑才是柑。虽然柑橘也出产在苏州、台州，西方出产于荆州，南方出产于闽、广等地，但这十多个州郡所出产的不过是木橘罢了，已不能和温橘相提并论，又怎么能和真柑争高下呢？并且温州四个县邑都种柑，而泥山卓尔不群故被推为第一。泥山不过是平阳县的一座孤岛，大部分都是小块土地，只有锅盖那么大，它四周宽广也不过二三里，没有连绵的山岗和幽深的谷壑，也没有特殊的气候浸润蒸郁。离此二三里以外，距离越远，柑橘的香味就越差。这其中的原因哪里能探究得出呢？

有人说温州靠近海边，土壤属于盐碱地，适宜橘和柑生长。而泥山又是盐碱最为突出的地方，所以这里生长的柑橘，与其他地方不同。我很不赞同这种说法。姑苏、丹丘和七闽、两广地区，往往也有很多盐碱地，又哪里只有温州呢？难道就没有像泥山这样二三里盐碱突出的地方吗？自屈原、司马迁、李衡、潘岳、王羲之、谢惠连、韦应物，都曾论及吴楚地区出产的柑橘，但他们都没有提到温州，温州出现得最晚。晚出的温橘使其他柑橘品种相形见绌，事物的盛衰变化，真像柑橘这样多的不可考究。按照我的看法，温州地区的学者，从晋代至于唐代，并没有出类拔萃而能与天下匹敌的，到了宋代才开始兴盛，而到了现在，温州则成为文化极为发达的地区。这难道是天地间光彩照耀、优异杰出之气钟情于这片土地，其多余的精华、遗落的津液还被及草木，而泥山偶然间得到了其中最为美好的一部分吗？

我是北方人，平素很难见到橘树开花。然而我也曾经到橘船上购买橘子，但没有见到好的，更不用说得到并品尝泥山橘了。去年秋天，我被委任到这里，不仅一睹橘花，还品尝到了它的果实，甚为荣幸。但因为旧例，太守不能够出城远游，没办法带领宾客到泥山橘林中，饮酒于其下。有宾客送给我泥山橘，并且对我说："橘子的甜美不比荔枝差，现在荔枝已经有谱录，能够与牡丹、芍药花谱并行于世，但没有写橘谱的人。你既然那么喜爱橘，如果由你来写橘谱，你不应该推辞。"我因此写了橘谱，并且期望自己继欧阳修、蔡襄之后，也能彰显温州的学者，为天下称颂，而不只是在柑橘了。

南宋淳熙五年（1178）十月，延安韩彦直序。

《菽园杂记》（节选）

明·陆容

【导读】

《菽园杂记》是明代陆容所编撰的史料笔记，涉及朝野掌故、人事、方言和风俗等多方面内容。书中最为宝贵的是记载了许多明中叶手工业生产和民情风俗等方面的材料，如卷十三记衢州造纸的方法。

此处节选的是卷十三中的一小段，主要记载了明代江南各地区种植花木的风俗。

【原文】

江南名郡，苏、杭[1]并称。然苏城及各县富家，多有亭馆花木之胜，今杭城无之。是杭俗之俭朴愈于苏也。湖州[2]人家绝不种牡丹，以花时有事蚕桑，亲朋不相往来，无暇及此也。严州及於潜[3]等县，民多种桐、漆、桑、柏、麻苎[4]，绍兴多种桑、苎、茶[5]，台州[6]地多种桑、柏，其俗勤俭又皆愈于杭矣。苏人隙地多榆、柳、槐、樗、楝、榖等木[7]，浙江[8]诸郡，惟山中有之，余地绝无。苏之洞庭山[9]人以种橘为业，亦不留恶木[10]。此可以观民俗矣。

【注释】

[1]杭：杭州府，元至正二十六年（1366）朱元璋改杭州路置，治所在钱塘、仁和二县（今浙江杭州市）。明初为浙江行省治，洪武九年（1376）为浙江承宣布政使司治。清为浙江省治。辖境相当今浙江杭州、海宁、余杭、富阳四市及临安县地。

[2]湖州：即湖州府，元至正二十六年（1366）朱元璋改湖州路置，直隶京师。治所在乌程、归安二县（今浙江湖州市城区）。辖境相当今浙江湖州市及德清、安吉、长兴

三县地。洪武十四年（1381），改隶浙江布政使司。清属浙江省。

[3]严州：即严州府，元至正二十二年（1362）朱元璋改建德府置，属中书分省。治所在建德县（今浙江建德市东北五十里梅城镇）。辖境相当今浙江建德、淳安、桐庐等市县地。二十三年（1363）中书分省移治于此。二十六年（1366）改属浙江行省。於潜县，东汉改於暨县置，属丹阳郡。治所在今浙江临安县西六十四里于潜镇。明、清属杭州府。

[4]麻苎：亦作"麻苧"，大麻与苎麻，泛指麻，茎皮可供纺织用。

[5]绍兴：即绍兴府，南宋绍兴元年（1131）改越州置，为南宋陪都。治所在山阴、会稽二县（今浙江绍兴市）。以年号为名。元至元十三年（1276）改为绍兴路。至正二十六年（1366）朱元璋复改绍兴府，属浙江布政使司。清属浙江省。

[6]台州：即台州府，明洪武初改台州路置，属浙江行省。治所在临海县（今浙江临海市）。辖境相当今浙江临海、台州二市及天台、仙居、宁海、三门、温岭五县地。清属浙江省。

[7]樗（chū）：即臭椿，苦木科，落叶乔木。抗旱性较强，耐烟尘，生长快，为工矿区较合适的绿化树之一；其材粗硬，不耐水湿；可供胶合板、建筑、造纸用，根皮可入药。楝（liàn）：落叶乔木，四五月间开淡紫色小花，有清香；核果球形或长圆形，生青熟黄，味苦；其根皮、树皮、果实均可入药；木材坚实，可制器具。榖（gǔ）：落叶乔木。皮可制桑皮纸。又称构或楮。

[8]浙江：浙江等处行中书省的简称。元至正二十六年（1366）朱元璋置，洪武九年（1376）改浙江承宣布政使司，治所在杭州府（今浙江杭州市）。

[9]洞庭山：在今江苏吴县西南。有东、西二山。东山古称胥母山，又名莫釐山，原系湖中小岛，元、明以后始与陆地相连成半岛。今名洞庭东山或东洞庭山。俗称东山。西山为太湖中最大岛屿，古称包山，一作苞山，又名夫椒山。今名洞庭西山或西洞庭山，俗称西山。今为太湖名胜之地。

[10]恶木：贱劣的树。语出晋陆机《猛虎行》："渴不饮盗泉水，热不息恶木阴。"

[译文]

江南有名的地方，苏州、杭州并称。然而苏州城区及郊县的有钱人的家里，很多都有亭台馆舍、花草树木的景致，现在杭州城却没有。所以杭州俭朴的风气超过苏州。湖州的老百姓绝对不培植牡丹，因为牡丹开花的时候要忙于种桑养蚕，甚至亲朋之间都不再互相往来了，更没有时间顾及牡丹花了。严州和于潜等县，很多百姓种植桐树、漆树、桑树、桕树、苧麻，绍兴多种桑树、苎麻、茶，台州地区多种桑树、乌桕，那里俭朴的民风又超过杭州了。苏州空闲的地上多种植榆树、柳树、槐树、樗树、楝树、榖树等树木，浙江地区只有山里面才种植这些树木，其他地方绝对没有。苏州洞庭山的百姓以种植橘树谋生，也不保留贱劣的树。从这些可以看出老百姓的风俗了。

《本草纲目》（节选）

明·李时珍

［导读］

《本草》之名始见于《汉书·平帝纪》，而《汉书·艺文志》未见著录。至南朝梁阮孝绪《七录》始著录《神农本草经》，共收药三百六十五种；陶弘景又增三百六十五种，为《名医别录》。唐代显庆年间苏恭、长孙无忌等修定《本草》，又增药一百一十四种，为《唐本草》。宋代嘉佑年间掌禹锡等复增药八十二种，为《嘉佑补注本草》；政和年代曹孝忠等修订为《政和重修经史证类本草》。到了明代，李时珍荟萃众说，考订谬误，删繁补阙，著《本草纲目》52卷，收载药物一千八百九十二种，药方一万一千余首，为《本草》总结性的巨著。

《本草纲目》是对16世纪以前中医药学的系统总结，被誉为中国古代本草类药典的代表。书中涉及大量对动植物药性的分析利用以及林产动植物的特征、产地、性状的综合性论述，而林产药材的利用是中国古代森林利用中很重要的一部分内容。节选内容是《木部》中关于树木的总论。

［原文］

李时珍曰：木乃植物，五行之一。性有土宜，山谷原隰[1]。肇由气化，爰受形质。乔条苞灌，根叶华实。坚脆美恶，各具太极[2]。色香气味，区辨品类。食备果蔬，材充药器。寒温毒良，直有考汇。多识其名，奚止读诗。埤以《本草》[3]，益启其知。乃肆搜猎，萃而类之。是为木部，凡一百八十种，分为六类，曰香[4]，曰乔[5]，曰灌[6]，曰寓[7]，曰苞[8]，曰杂[9]。

【注释】

[1]隰（xí）：低湿的地方。

[2]太极：派生万物的本源。《易·系辞上》："易有太极，是生两仪，两仪生四象，四象生八卦。"

[3]《本草》：《神农本草经》的省称，古代著名药书。因所记各药以草类为多，故称《本草》。

[4]香：香木，收柏等35种。

[5]乔：乔木，收蘖木等52种。

[6]灌：灌木，收桑等51种。

[7]寓：寓木，寄生在树木上的植物，收茯苓等12种。

[8]苞：苞木，收竹等4种。

[9]杂：杂木，收淮木等7种，附录19种。

【译文】

李时珍说：树木是植物，是五行中的一种。木性与土性有着相宜的特点，无论是高山、低谷、平原、湿地都能生长。开始时由气生化而成，才有了外形和内质。高干硕枝丛生，根叶花实繁茂。有的坚，有的脆，有的美，有的丑，都具有自己的特点。根据它的颜色气味，可以区分它的品种和类别。木实可以充当果品、蔬菜，木材可以作为药材、器物。它们的寒热温良，有毒无毒，历代医家进行了考证汇编。多多了解它们的名称，哪里只能靠读诗书？如果再研读本草，就更能增长知识。于是我广泛的搜集涉猎，整理归类，这就是木部。一共一百八十种，分为六类，分别是香木、乔木、灌木、寓木、苞木、杂木。

《广志绎》(节选)

明·王士性

【导读】

《广志绎》为明代地理学家王士性(1547—1598)所著，记述了各地的山川名胜、关塞险要、物产民俗，特别是保存了许多西南少数民族的史料。

节选内容出自《广志绎》卷四《江南诸省》，既有明代姑苏人对木构家具的风尚，又有明代官方采木的介绍，也有对楠木、铁力、花梨木等树木材性的描述，展现了作者多方面的林业知识。

【原文】

楚[1]中与川[2]中均有采木之役，实非楚、蜀产也，皆产于贵[3]竹深山大垅中耳。贵竹乏有司开采，故其役专委楚、蜀两省。木非难而采难，伐非难而出难，木值百金，采之亦费百金，值千金，采之亦费千金。上下山阪，大涧深坑，根株既长，转动不易，遇坑坎处，必假他木抓搭鹰架[4]，使与山平，然后可出，一木下山，常损数命，直至水滨，方了山中之事。而采取之官，风餐露宿，日夕山中，或至一岁半年。及其水行，大木有神，浮沉迟速，多有影响，非寻常所可测。

天生楠木，似专供殿庭楹栋之用。凡木多囷轮[5]盘屈，枝叶扶疏，非杉、楠不能树树皆直，虽美杉亦皆下丰上锐，顶踵殊科，惟楠木十数丈余既高且直。又其木下不生枝，止到木巅方散干布叶，如撑伞然，根大二丈则顶亦二丈之亚，上下相齐，不甚大小，故生时躯貌虽恶，最中大厦尺度之用，非殿庭真不足以尽其材也。大者既备官家之采，其小者土商用以开板造船，载负至吴中[6]则拆船板，吴中拆取以为他物料。力坚理腻，质轻性爽，不涩斧斤，最宜磨琢，故近日吴中器具皆用之，此名香楠。又一种名斗柏楠，亦名豆瓣楠，剖削而水磨之，片片花纹，美者如画，其香特甚，爇之[7]，亦沉速之次。又一种名瘿木，遍地皆花，如织锦然，多圆纹，浓淡可挹，香又过之。此皆聚于辰州[8]。或云，此一楠也，树高根深，入地丈余，其老根旋花则为瘿木，其入地一节则为豆瓣楠，其在地上者则为香楠。

……

广南[9]所产多珍奇之物。……木则有铁力、花梨、紫檀、乌木，铁力，力坚质重，千百年不坏；花梨亚之，赤而有纹；紫檀力脆而色光润，纹理若犀，树身仅拱把，紫檀无香而白檀香。此三物皆出苍梧、郁林[10]山中，粤[11]西人不知用而东人采之。乌木质脆而光理，堪小器具，出琼海[12]。

【注释】

[1]楚：湖广地区（今湖北、湖南）自周以后即称楚地。明代，“楚”正式成为湖广布政使司的代称。

[2]川：四川省的简称，亦简称“蜀”。

[3]贵：贵州省的简称，亦简称“黔”。

[4]鹰架：施工时用以撑托结构构件的临时支架。

[5]囷（qūn）轮：屈曲貌。

[6]吴中：即今江苏吴县一带，亦泛指吴地。

[7]爇（ruò）：烧，焚烧。

[8]辰州：元至正二十四年（1364）朱元璋改辰州路置，治沅陵县（今属湖南）。属湖广行省。辖境相当今湖南省沅陵、吉首等市县以南，洪江市、新晃侗族自治县以北地区。清属湖南省。

[9]广南：古代对广东、广西地区的合称。

[10]苍梧：隋开皇十年（590）改广信县置，属静州。治所在今广西梧州市。明为梧州府治。郁林：唐乾封元年（666）设郁林州，州治在今广西兴业县铁城。宋至道二年（996）改治南流县（今玉林市玉州区），建州城于南流江畔，元代、明代续设郁林州。

[11]粤：地名。广东、广西古为百粤之地，故合称两粤。

[12]琼海，唐高宗显庆五年（660），析容琼县置乐会县，建治于南管村（今琼海市烟塘镇福石岭管区泗村），隶琼州。明太祖洪武元年（1368年），会同、乐会属琼州。三年（1370），升琼州为府，县直辖于府。

【译文】

楚中和汉中都有采木的徭役，实际上并不是湖北、四川出产的木材，都是出产于贵州深山之中。贵州缺乏官吏进行开采，所以采木徭役都委托给湖北和四川两省。不是木材生长难，而是开采难；不是开采难，而是运出来难，木材本身值一百金，采运也要花一百金，木材本身值一千金，采运也要花费一千金。山上山下崎岖不平，大水涧、深沟渠，木材根干本身就长，转移挪动困难，遇到大坑坎坷之处，必须借助其他木材搭建的支架，使之与山势平齐，然后才可以运出，一根木头运下山，常常折损数条人命，一直运到水边，才结束了山中的事情。而且负责采木的官员，风餐露宿，每天待在山里，有的甚至一待就是一年半载。等待木材水运时，大木又仿佛都有神灵一样，运输途中浮沉、快慢，都会产生很多影响，不是正常人力所能控制的。

天然生长的楠木，仿佛专门供应宫殿、门庭、屋檐、栋梁之用。凡是树木大都扭曲盘旋，枝叶繁茂纷披，不是杉木、楠木不可能棵棵树都挺直，即使好的杉木也都是下大上尖，树根和树端差别很大。只有楠木生长十几丈后还是既高大又挺直。还有楠木下部不长枝丫，一直到树顶端才开始散开生长枝叶，如同撑伞一样，根株粗两丈的话，树顶端也粗两丈左右，上下互相平齐，大小差距不大，所以楠木生长时虽然枝干外形丑陋，却最适合于大厦建筑之用，不是用来建筑宫殿门庭真不能充分发挥它的材性。大的楠木既预备供给官府采办，小的楠木也被本地商人用来开板造船，运输到吴中之后，船板就被拆卸下来，吴中人拆下来后用作其他的材料。楠木材质坚韧，纹理细腻，质地轻，材性好，不会钝涩斧头，最适合雕琢，所以近来吴中地区的器具都用楠木制造，这种楠木叫香楠。又有一种叫斗柏楠，也叫豆瓣楠，剖开后就水打磨，木材上有一片片花纹，美丽的就像画一样，它的香气特别明显，烧它，仅次于沉水香。又有一种树叫瘿木，遍地都是它的花，就像织锦一样，有很多圆形花纹，浓淡仿佛可以舀一样，香味又超过了豆瓣楠。这些都聚集于辰州。有的人说，这是一种楠木，树干高大，树根扎的深入地下一丈多，它的老根带旋花的是瘿木，它深入地下的一节是豆瓣楠，它生长在地面以上的就是香楠。

……

广南地区的物产多珍异奇特的东西。……木材有铁力木、花梨木、紫檀、乌木。铁力木，材质坚硬厚重，千百年不会朽坏；花梨木次之，颜色赤红而有花纹；紫檀材性劲脆而木色光润，纹理如同犀角一样，树身仅两手合围粗，紫檀没有香味而白檀有香味。这三种树都出自苍梧、郁林山中，粤西人不知道使用，被东人采用。乌木质性清脆而肌理光滑，可以制作小器具，出自琼海。

《农政全书》（节选）

明·徐光启

【导读】

《农政全书》是我国传统农学的一部综合性巨著。《农政全书》对发展农业生产的政策、制度、实施措施等进行了专门论述，尤其突出了屯垦、水利和荒政三方面的内容，这是以前农书从未有过的，但全书最有学术价值的是"树艺""种植"等篇目所记载的植物及其栽培方法。作者以其谨慎的科学态度，广征历史文献，加之实地调查，乃至亲自实验，因此书中所记植物之形态、特征、价值及栽培方法，大多信而有征。

节选内容出自《农政全书·种植·种法》，主要记载园篱植物的价值、树木移植技术。

【原文】

凡作园篱诸品：冬青：取其干可作骨，取子作药，取其叶冬夏不凋。病在二十年后即烂坏。或云以猪粪壅[1]之则久，宜试。二三八九月移。爵梅：取其条叶作刷绿布，取其干可作骨，取其远年者根株盘结，可作几杌[2]等器。正二月移。五加皮：取其干可作骨，取其刺可却奸，取其芽可食，取其根皮作药作酒。正月插。金樱子：取其刺可却奸，取其花香味可玩，取其子可作药。正月插。梅：取其花香味可玩，取其干可作骨，取其干上微有刺。移种不拘时。枸杞：取其芽可食，取其子作药，取其根作药，取其干作骨。正八九月插。飞来子：取其花可食，种不拘时。椒：取其刺可却奸，取其干可作骨，取其实可食、可作药。取其叶可作味，核可作油。四月种。茱萸：取其干可作骨，取其实可食，可作药。栀子：取其干可作骨，取其花香，单台[3]者取其子作药、作染色，取其叶不凋。猫奶子：取其干可作骨，取其刺可却奸，取其叶冬夏不凋，取其花香，取其嫩叶可食，名神仙茶。此移种者。迎春花：取其花早，种于篱内。酸枣：取其干可作骨，取其枝可却奸，取其子可食，取其仁，药材。移种不拘时。木笔[4]：取其干可作骨，取其花美。分移于篱内。桑：取其干可作骨，取其叶可饲蚕，取其椹可食，可作药。压条。枳：取其干可作骨，取其刺可却奸，取其枝可盖墙，可卖，取其子可传生接博。移种。槿：取其干可作骨，取其花。不拘时插。野蔷薇：取其刺可却奸，取其花可蒸露。可插可移。榖树：取其干可作骨，取其汁可作胶书金字，取其子中药材，取其皮可造纸，取其木可种蕈。楝：取其干可作骨，且速成。榆：取其干可作骨，且速成，荚可食。白杨：取其干可作骨。速成，修取为薪，且不如杨柳之多蛀也。宜插。刺杉：取其干可作骨，刺可却奸。皂荚：干作骨，且速成。芽可食。有刺，可却奸。种山矾[5]：不凋，花香，易成。插金银花：花香，中药。移椿树：易成，芽可食。种枇杷：易成，冬月开花。花药材，干叶俱青。插小叶树：易成。芽可食。木龙[6]：易成。叶贴毒疮。不凋。

……

玄扈先生[7]曰：凡诸木俱宜在下弦后、上弦前移种[8]。地气随月而盛；观诸潮汐，此理易晰矣。方气盛时，生气全在枝叶；故移则伤其性，接则失其气，伐用则润气满中，久而生蠹也。分栽者，于树木根傍生小株，每株就本根连处截断。未可便移，须待次年方可移植别处。或丛生，亦必按时月分植，则易活也。压条者，身截半断，屈倒于地。熟土兜一区，可深五指余，卧条于内，用木钩子，攀拗在地，以燥土壅近身半段，露稍头半段勿壅。以肥水灌区中。至梅雨时，枝叶仍茂，根必生矣。次年此日，初叶将萌，方断连处。是年霜降后移栽尤妙。凡扦插花木，先于肥地熟劚[9]细土成畦，用水渗定。正二月间，树芽将动时，拣肥旺发条，断长尺余，每条上下削成马耳状。以小杖刺土，深约与树条过半，然后以条插入，土壅入。每穴相去尺许。常浇令润，搭棚蔽日。至冬换作暖荫，次年去之。候长高移栽。初欲扦插，天阴方可用手。过雨十分，无雨难有分数矣。大凡草木有余者，皆可采条种。寻枝条嫩直者，刀削去皮二寸许，以蜜固底，次用生山药捣碎，涂蜜上，将细软黄泥裹外，埋阴处。自然生根。春花：以半开者，摘下即插之萝卜上[10]，实土花盆内种之。灌溉以时。花过，则根生矣。不伤生意，又可得种，亦奇法也。立夏日，取交春一个时辰内扦插各色树木，入地四五寸，无不活者。当年即便生结。又云：于正二月上旬，取树木嫩枝扦插，胜于种核，五年方大。扦插全活，则二年已生矣。

【注释】

[1]壅：用土或肥料培在植物的根部。

[2]杌（wù）：凳子。

[3]单台：对应于“重台”而言，单瓣（花）。

[4]木笔：木名，即辛夷。其花未开时，苞有毛，尖长如笔，因以名之。

[5]山矾：花名，常绿灌木。春开白花，芳香。

[6]木龙：木名，唐段成式《酉阳杂俎续集·支植上》：“木龙树。徐之高冢城南有木龙寺，寺有三层砖塔，高丈余。塔侧生一大树，萦绕至塔顶，枝干交横，上平，容十余人坐。枝杪向四下垂，如百子帐。”

[7]玄扈先生：即徐光启（1562—1633），号玄扈。

[8]下弦：农历每月二十二日或二十三日。上弦：农历每月的初七或初八。

[9]熟劚（zhú）：深挖。

[10]插之萝卜上：用萝卜养活插条，可以有较稳定的水分和小分子有机物供应，有利于生根。

【译文】

所有作园篱的花木品种，冬青：它的枝干可以做架子，它的子可以用作药材，它的叶子无论冬天还是夏天都不凋谢。缺点是二十年后就朽烂坏掉。有人说用猪粪堆在它的根部就能够长久，可以试试。二、三、八、九月份移栽。爵梅：它的枝条叶子可以做刷绿布，它的枝干可以做架子，年代久远盘根错节的可以制作几机等器具。正月、二月移栽。五加皮：它的枝干可以做架子，它的刺可以趋避奸邪，它的芽可以吃，它的根皮可以作药材和酿酒。正月插栽。金樱子：它的刺可以趋避奸邪，它的花香味可以欣赏，它的子可以作药材。正月插栽。梅：它的花香味可以欣赏，它的枝干可以做架子，取它的枝干上稍微有点刺。移种不拘时节。枸杞：它的芽可以吃，它的子可以作药材，它的根可以作药材，它的枝干可以做架子。正月、八月、九月插栽。飞来子：它的花可以吃，种植不拘时节。椒：它的刺可以趋避奸邪，它的枝干可以做架子，它的果实可以吃、可以作药材。它的叶子可以做调味品，它的果核可以榨油。四月栽种。茱萸：它的枝干可以做架子，它的果实可以吃，可以作药材。栀子：它的枝干可以做架子，它的花香，单瓣花的子可以作药、可以用来染色，它的叶子不凋谢。猫奶子：它的枝干可以作架子，它的刺可以趋避奸邪，它的叶子冬夏不凋谢，它的花很香，它的嫩叶可以吃，叫作神仙茶。这是移植的品种。迎春花：它的花开得早，所以种在园篱里。酸枣：它的枝干可以做架子，它的枝条可以趋避奸邪，它的果实可以吃，它的果仁是药材。木笔：它的枝干可以做架子，它的花很美。分枝移植于园篱里。桑：它的枝干可以做架子，它的叶子可以养蚕，它的桑椹可以吃，可以作药材。压条栽植。枳：它的枝干可以做架子，它的刺可以趋避奸邪，它的枝条可以用来盖墙，可以售卖。它的子可以作为种子。移植栽种。槿：它的枝干可以做架子，它的花可以欣赏。无论什么时节都可以栽插。野蔷薇：它的刺可以趋避奸邪，它的花可以用来蒸取水露。可以插栽，可以移植。榖树：它的枝干可以做架子，它的树汁可以做胶液书写金字，它的子可以作药材，它的皮可以造纸，它的木头上可以种植菌类。楝：它的枝干可以做架子，并且生长迅速。榆：它的枝干可以做架子，并且生长迅速，榆荚可以吃。白杨：它的枝干可以做架子，生长迅速，削减枝条可以做柴薪，并且不像杨柳那样容易生虫蛀。适宜插植。刺杉：它的枝干可以做架子，它的刺可以趋避奸邪。皂荚：枝干可以做架子，而且生长迅速，芽可以吃。有刺，可以趋避奸邪。种山矾：不凋谢，花很香，易生长。插金银花：花很香，可以作药材。移椿树：易生长，芽可以吃。种枇杷：易生长，冬天开花，花可以作药材，枝干、叶子都青翠。插小叶树：易生长。芽可以吃。木龙：易成活。叶子可以用来贴毒疮。不凋谢。

……

玄扈先生说：所有树木都适宜在每月下弦后、上弦前进行移种。地气随着月亮变化而兴衰；观察潮汐变化，这中间的道理就清楚了。当地气兴旺的时候，生机勃勃全展现在枝叶上；所以这时移植树木就损伤它的本性，插接就丧失其生气，采伐利用就会充满湿润之气，时间长了就会滋生虫蛀。分栽的树苗，是在树木根部侧生的小苗，把每一株小苗和母株本根连接处截断。但不能马上进行移植，要等到第二年才能移植到其他地方。有的是丛生，也一定要按时节月份进行分栽，这样容易成活。压条的树苗，将枝条选取半段，弯曲仆倒在地上。用熟土环绕周围，可以达五指多深，将枝条卧入土坑，用木钩子固定，使它攀拗在地上，用干燥地泥土堆在靠近枝干的那半段，将枝梢头那半段露出来不用堆土。用肥水浇灌压条区域，到了梅雨时节，枝叶仍然茂盛的，一定生根了。第二年的这一天，新叶子将要长出来，再切断连接处。这一年霜降之后移植尤其好。凡是插条培植花木，先要在肥沃的土地上深挖细土成陇，用水浇渗好。正月、二月之间，树芽将要萌发时，选择肥壮旺盛的枝条，截为一尺多长，每条上下都削成马耳朵的形状。用小杖穿土打眼，深度大致超过枝条的一半，然后将截取的枝条插进去，用土壅好。每一土洞相距一尺多。经常浇水使之保持湿润，搭建棚子遮蔽日光。到了冬天换成取暖棚，第二年去除棚子。等到枝条长高了进行移栽。刚开始要插条，天阴时才可以动手。有雨的话有十分的把握，没有雨的话就很难有把握了。大部分草木有余的，都可以采用插条法种植。选择枝条嫩且直的，用刀削去大约二寸皮，用蜜涂在底层，再用捣碎的山药涂在蜜上，再将细软的黄泥裹在外面，埋在阴凉处，自然生根。春天开花的：用花半开的，摘下来插在萝卜上，填实土种在花盆里。按时浇水灌溉。花期过了，就生根了。不损害其生机，又得以栽种，也是奇妙的方法。立夏之日，在交春的那一个时辰里插种各种树木，插入地下四五寸，没有不成活的。当年就能存活结实。又说：在正月、二月上旬，用树木的嫩枝进行插条，比种果核要好，种果核的话五年才能长大。而插条的全能存活，第二年就已开始生长了。

《五杂组》（节选）

明・谢肇淛

［导读］

《五杂组》是明代的一部著名的博物学著作，全书16卷，说古道今，分类记事，计有天部二卷，地部二卷，人部四卷，物部四卷，事部四卷。天部记述天文、气候、节气和四时的人事活动。地部记述地理、疆界、山川、河流、名胜，包括当时的海外地区。人部记述人的形体、心性、境遇，包括技艺、医药、术数、书画、宗教等各种活动。物部记述动物、植物和各种物品，鸟兽虫鱼花卉草木、饮食服饰、文玩乐器等都有论述。事部记述贫富、收藏、文字、职官、行政、姓氏、婚嫁等社会活动。

节选内容出自《五杂组・物部》，记载的是树木特性及材用。

［原文］

闽人作室必用杉木，器用必用榆木，棺椁必用楠木，北人不尽尔也。桑、柳、槐、松之类，南人无用之者，北人皆不择而取之，故梁栋多曲而不直，什物多窳[1]而不致，坐是故耳。梗、楠、豫章[2]，自古称之，而柟木生楚、蜀者，深山穷谷，不知年岁，百丈之干，半埋沙土，故截以为棺，谓之沙板。佳者解之，中有文理，坚如铁石。试之者，以暑月作合[3]，盛生肉，经数宿，启之，色不变也。然一棺之直，皆百金以上矣。夫葬，欲其速朽也，今乃以不朽为贵，使骨肉不得复归于土，魂魄安乎？或以木之佳者，水不能腐，蚁不能穴，故为贵耳，然终俗人之见也。

【注释】

[1]窳（yǔ）：疵病；粗劣。

[2]梗：木名。即刺榆。中国大半省份有分布。耐干旱，各种土质易于生长，可作固沙树种。木材淡褐色，坚硬而细致，可供制农具及器具用；树皮纤维可作人造棉、绳索、麻袋的原料。楠：常绿大乔木。木材坚密芳香，为贵重的建筑材料，也可供造船用。产于云南、四川、贵州、湖南等地。豫章：木名。枕木与樟木的并称。

[3]合：同“盒”，盛物之器。即盒子。

【译文】

福建人建造房屋一定要用杉木，制作器具一定要用榆木，制造棺椁一定要用楠木，北方人不全是这样。桑木、柳木、槐木、松木之类，南方的人没有使用它们的，而北方人却不加选择地使用它们，所以房屋栋梁很多弯曲而不端直，日常用具很多粗劣而不精致，是因这个的原因呀。梗、楠、豫章，自古以来都受到称赞，而生长在湖北、四川的柟木，都在人迹罕至的山林深谷，不知道生长了多少年，长达百丈的枝干，一半埋在沙土里，所以截取它来制作棺木，称为沙板。好的柟木，剖开之后，中间有纹理，坚硬的像铁石一样。有人试着在酷暑时用它制作盒子，储藏生肉，经过几天之后，打开盒子，生肉颜色不变。但是一副棺木的价值，都是在一百金以上了。死后下葬，本来是想要尸体迅速腐朽的，现在却以不腐朽为珍贵，让骨肉不能重新回归大地，魂魄能够安宁吗？有人认为好的木料，水不能让它腐朽，白蚁不能让它虫蛀，所以才以之为贵，但这终归是俗人的看法呀。

《天工开物》(节选)

明·宋应星

【导读】

《天工开物》是世界上第一部关于农业和手工业生产的综合性著作，是中国古代一部综合性的科学技术著作，被外国学者誉为“中国17世纪的工艺百科全书”。全书对中国古代的各项技术进行了系统地总结，涉及机械、砖瓦、陶瓷、硫磺、烛、纸、兵器、火药、纺织、染色、制盐、采煤、榨油等众多方面。

宋应星认为，在生物由低级到高级的发展中，草木之属较为基本，动物是从植物演化并生成的，而植物又是从无机物演化与生成的，归根到底是通过水火与土木交互作用而产生。《天工开物》中所述各种植物如稻、麦等农作物和各类树木的种植，都应当据此而行。他更详细叙述了将这些植物借水火及金木石的交互作用而制成植物油、糖、衣料、染料、纸张、车船等产品，以及木器、榨油器、糖车、纺织机、各种农具、蒸煮锅等工具及日常用品。《天工开物》共三卷十八篇，节选的是《舟车》中部分木材加工利用内容，即用木材、竹材制作车船。

【原文】

凡木色，桅用端直杉木[1]，长不足则接，其表铁箍逐寸包围。船窗前道皆当中空阙，以便树桅。凡树中桅，合并数巨舟承载，其末长缆系表而起。梁与枋樯用楠木、槠木、樟木、榆木、槐木[2]。樟木春夏伐者，久则粉蛀。栈板不拘何木。舵杆用榆木、榔木[3]、槠木。关门棒用椆周木[4]、榔木。橹用杉木、桧木、楸木[5]。此其大端云。

……

凡车质，惟先择长者为轴，短者为毂，其木以槐、枣、檀、榆用榔榆。为上。檀质太久，劳则发烧，有慎用者合抱枣、槐，其至美也。其余轸、衡、箱、轭[6]则诸木可为耳。

【注释】

[1]桅：竖立于船的甲板上的长杆，用来挂帆悬旗或兼作吊杆柱等。杉木，常绿乔木，

高可达三十米以上。木材白色或淡黄，质轻，耐朽，供建筑和制器具用。

[2]槠（zhū）木：常绿乔木，叶子呈长椭圆形，花黄绿色，果实呈球形，褐色，有光泽。木材坚硬，可制器具。樯：船桅杆。

[3]榔木：即榔榆，落叶乔木。叶子互生，秋天开淡黄色小花，结翅果，椭圆形。木材坚硬致密，可制车轮、农具等。

[4]椆周木：不详。椆，木名。一种遇寒不凋的树。清吴其濬《植物名实图考·木类·椆》："江西之樟，湖南之椆，所为什器几徧遐迩……字或作梼，《新化县志》据《山经》作椆，较为确晰。其木质重而坚，耐久不蛀。叶亦似樟稍小，亦似山茶。枝干皮光而灰黑，木纹似栗而斜。"

[5]桧木：木名。柏科，常绿乔木。茎直立，幼树的叶子像针，大树的叶子像鳞片，雌雄异株，春天开花。木材桃红色，有香味，细致坚实。寿命可长达数百年。楸木：木名。落叶乔木，叶子三角状卵形或长椭圆形，花冠白色，有紫色斑点，木材质地细密。可供建筑、造船等用。

[6]轸（zhěn）：车后横木。一说，为车厢底部四面的横木。衡：车辕前端的横木。箱：指车厢。轭（è）：亦作"枙"，驾车时套在马颈上的曲木。

【译文】

造船用的木料，桅杆要用匀称笔直的杉木，一根木料长度不足的可以接，接驳的地方用铁箍逐寸包紧。船楼的前面应该空出地方，以便竖桅杆。竖立中桅时，要拼接几条大船来承载，依托桅杆顶部的长绳索把它吊起来。船梁、船枋及船身用楠木、槠木、樟木、榆木、槐木。樟木要用春、夏两季砍伐的，放置久了容易虫蛀。船底和甲板无论用什么木料都可以。舵杆用榆木、榔木、槠木。关门棒用椆木、榔木。船桨用杉木、桧木、楸木。这是用木料的大致情况。

……

造车的木材，首先选择长木做车轴，短的可以做车毂，以槐木、枣木、檀木、榆木用榔榆。为最好。檀木使用时间长了，会因为摩擦而发热，因此有细心的人用合抱的枣木、槐木来做，这是做车轴的最好木料。其余像车轸、车衡、车厢、车轭等部件，用各种木料都可以。

《云间据目抄》（节选）

明·范濂

【导读】

《云间据目抄》是明代华亭（今上海松江）人范濂所撰的一部笔记小说，全书共五卷，记叙松江掌故，分人物、风俗、祥异、赋役、土木五类，各为一卷。该书直书时事，还涉及不少关于明代松江地区的文学艺术、社会生活等重要史料。

节选内容出自《云间据目抄》卷五《纪风俗》。在明代的江南地区，消费方式竞趋奢华，人们的社会生活发生了较大变化，这一点在家具和园林宅第上也有所体现。节选内容主要反映出当时世人对家具的追求已经不仅仅满足于实用方面的价值，而更注重质感细腻、制作精美、价格昂贵。同时，也是了解和研究明代家具制造、用材、文化的重要史料。

【原文】

细木家伙如书桌、禅椅之类，予少年时曾不一见，民间止用银杏金漆方桌。自莫廷韩[1]与顾、宋两家公子，用细木数件，亦从吴门[2]购之。隆、万[3]以来，虽奴隶快甲之家皆用细器。而徽[4]之小木匠，争列肆于郡治中，即嫁妆、杂器俱属之矣。纨绔豪奢，又以榉木[5]不足贵，凡床厨几桌皆用花梨、瘿木、乌木、相思木与黄杨木[6]，极其贵巧，动费万钱，亦俗之一靡也。尤可怪者，如皂快[7]偶得居止，即整一小憩，以木板装铺，庭畜盆鱼杂卉，内列细桌拂尘，号称书房。竟不知皂快所读何书也?

【注释】

[1]莫廷韩：本名莫是龙，字廷韩，号秋水。精研绘画、书法理论，著有《画说》。他与顾斗英（字仲韩）并称“云间二韩”。

[2]吴门：指苏州或苏州一带，为春秋时期吴国故地，因此历史上作为苏州的别称。

[3]隆：隆庆，明穆宗朱载垕的年号（1567—1572），共6年。万：万历，明神宗朱翊钧的年号（1573—1620），共48年。

[4]徽：徽州的简称。元至正二十七年（1367）朱元璋改兴安府置，明洪武元年（1368）

直隶中书省。治所在歙县（今安徽歙县）。永乐元年（1403）改隶南京。辖境相当今安徽黄山市部分、歙县、休宁、祁门、绩溪、黟县等县及江西婺源县地。

［5］榉木：木名。榆科落叶乔木。叶互生，椭圆状卵形，有毛。叶、木皮可入药。木质坚实，纹理细，耐水湿，可供造船、建筑、桥梁等用。

［6］花梨：即花榈木。热带常绿乔木，质坚，纹理细密。明李时珍《本草纲目·木部二·榈木》："木性坚，紫红色，亦有花纹者，谓之花榈木，可作器皿、扇骨诸物。"瘿木：指楠树树根。可制器具。乌木：木名。又名乌文木。常绿乔木，产于热带地区。木质坚实细致，色黑，可制精致的器具和工艺品。相思木：木名。南朝梁任昉《述异记》卷上："昔战国时，魏国苦秦之难。尝有民从政戍秦，久不返，妻思而卒。既葬，冢上生木，枝叶皆向夫所在而倾，因谓之相思木。"黄杨木：黄杨科常绿灌木或小乔木，充分生长时可成中型乔木，木质致密坚韧，为制作工艺品良材，旧时以此制梳，刻印亦佳。根入药，治风湿痛。又为园林绿化的重要树种。

［7］皂快：旧时州县衙役有皂、快、壮三班。皂班掌站堂行刑；快班又分步快、马快，原为传递公文，后掌缉捕罪犯；壮班掌看管囚徒。其成员通称差役，亦称皂快。

［译文］

细木家具中诸如书桌、禅椅之类，我少年的时候从来没有见过，民间只有银杏木金漆的方桌。自从莫廷韩与顾、宋两家公子，使用的几件细木家具，也是从吴门购买来的。隆庆、万历以来，即使是平常百姓家里都用细木家具。徽州地区的小木匠，争相在郡治中开店，即便是嫁妆、杂器之类也都是细木家具。富贵豪奢的家庭，又认为榉木不值得珍贵，凡是床、厨、几、桌等家具都用花梨木、瘿木、乌木、相思木和黄杨木制作，极其贵重精巧，动辄耗费万钱，也是日常生活中一大浪费呀。尤为值得奇怪的是，就像官府的皂快偶得一住所，仅仅整备用来短暂休息，却用木板装饰铺设，庭院养鱼种花，屋内陈列内列长桌拂尘，号称书房。究竟不知皂快居然要读什么书呢。

《广东新语》(节选)

清·屈大均

【导读】

《广东新语》是一部系统记述广东天文地理、人物风俗、草木生物、经济产物等的笔记体方志，被公认为是内容广博、史地价值很高的广东区域的地方志。

《广东新语》包括天、地、山、水、石、兽、鳞、虫等28卷，介绍明清时期广东地区的自然状况，为后世研究该地区的地理、生物等提供了参考。其中“禽语”“木语”等条目，对广东丰富的动植物资源及其分布、种类、特色等进行了详尽介绍。节选内容出自卷二十五《木语·海南文木》条，逐一记述了海南文木的品种、性状、材用。

【原文】

海南文木[1]，有曰花榈者，色紫红微香，其文有鬼面者可爱，以多如狸斑，又名花狸。老者文拳曲，嫩者文直，其节花圆晕如钱，大小相错，坚理密致，价尤重。往往寄生树上，黎人方能识取。产文昌、陵水[2]者，与降真香相似。有曰乌木，一名角乌，色纯黑，甚脆。其曰茶乌者，来自番舶[3]，坚而不脆，置水中则沉。有曰鸡翅木，白质黑章如鸡翅，绝不生虫，其结瘿犹楠斗斑，号瘿子木，一名鸡刺。匠人车作素珠，泽以伽傩之液，以给[4]买者。有曰虎翅木，文如虎斑，皆出文昌、陵水。有曰苏方木，汁红可染，黎山[5]野生者良，其花即金凤。有曰铁索木，质坚皮黄，剥落时如榆，可为器，黎山为多。有曰香楠，产崖州[6]，童童若幢盖，亭擢而上，枝枝相避，叶叶相让，干甚端伟，一名端正树，肤有花纹，色黄绿而细腻，剖之香辣。有曰相思木，似槐似铁力，性甚耐土，大者斜锯之，有细花云，近皮数寸无之，有黄、紫之分。亦曰鸡翅木，犹香榔之呼鸡翅木，以文似也。花秋开，白色，二三月荚枯子老如珊瑚珠，初黄，久则半红半黑，每树有子数斛[7]。售秦晋[8]间，妇女以为首饰。马食之肥泽，谚曰：“马食相思，一夕膘肥。马食红豆，腾骧在厩。”其树多连理枝[9]，故名相思。唐诗：“红豆生南国。”又曰：“此物最相思。”邝露诗：“上林[10]供御多红豆，费尽相思不见君。”唐时常以进御，以藏龙脑，香不消减。有曰铁力木，理甚坚致，质初黄，用之则黑。其性湿，赤手凭之令脉涩，黎山中人多以为薪，广人以作梁柱及屏幛。南风天出水，谓之潮木，亦曰石盐。作成器时，以浓苏木水或胭脂水三四染之，乃以浙中生漆精薄涂之，光莹如玉，如紫檀，其潮亦止。紫檀一名紫榆，来自番舶，以轻重为价，粤人以作小器具，售于天下。花榈稍贱，凡床屏案多用之。若香楠、虎子楠、铁力，则凡为栋梁、船碇皆是也。香楠有紫贝、金钗之名，金钗色黄赤，紫贝黄中带绿，皆香辣细润。黄楠木理粗疏。有水杪者，叶如罗汉松，肤理细润，可方铁力，以作棺不朽。有飞云木，文如波浪到心，可为杯。有秋风木，类梓，生子数十成艽[11]，味酸甜可食。有胭脂木，高三四丈，叶类波罗，色如胭脂红艳，与秋风木、紫荆性皆耐土不易朽。有棕，根叶俱类桃，而肤理轻细油腻，性耐水。有橡木，分青、黄、白三种，黄者最良，坚而腻，不招虫蛀。有槌子木，一名员子，一名赤梨，橡之别种也。子如珠玑可食，亦曰珠子木，子多则岁歉，长乐人每以为验。有水椰，叶如鱼子兰稍尖，其质有文如牛角者良。有曰栌，性坚而理疏。有金丝樏，可为弩，其白樏如象牙者，可为器皿，性最韧。有椅，一名云楸，琵琶、棋、枰多用之。有吐珠木，坚如铁力，色比紫荆较赤。此皆海南之文木也。海南五指之山，为文木渊薮，众香之大都。其地为离[12]，诸植物皆离之木，故多文。又离香而坎臭[13]，故诸木多香。香结于下则枝叶枯于上，有科上槁之象[14]，故欲求名材香块者，必于海之南焉。自儋州[15]至崖千里间，木多杂树，又多树上生树，盖鸟食树子，粪于树枝而生者，巨且合抱，或枝柯伏地下，连理而生。亦多铁力、石梓、香楠、水杪之属。惟地暖少霜雪，松木不生，即生亦质性不坚，脂香液甘，易为白蚁所食。故岭南栋柱榱桷之具，无有以松为用者，亦以多文木故也。

【注释】

[1]海南：旧指今海南岛地区。亦泛指南部滨海地区。文木：明代文震亨所编《长物志》中，有专门对当时制作的家具的述评。在用料上，他将“花梨木、铁梨木、香楠木”等称为“文木”，并认为用“文木”制作的家具可入佳品。

[2]文昌：唐贞观元年（627）改平昌县置，属崖州。治所在今海南省文昌县西北。北宋改属琼州。元属乾宁军民安抚司，至顺二年（1331）移治北山都（今文昌县）。明属琼州府。陵水：隋大业六年（610）置，属临振郡。治所在今海南省陵水黎族自治县东北。明属万州，正统间迁治南山所（今陵水黎族自治县）。清属崖州。

[3]番舶：旧称来华贸易的外国商船。

[4]绐（dài）：欺诳。

[5]黎山：即黎母山，在海南省中部，五指山的旧称。为万泉河、陵水、昌化江的分水岭。主峰五指山，在琼中黎族苗族自治县南。

[6]崖州：北宋开宝五年（972）改振州置，治所在宁远县（今海南省三亚市西北崖城镇）。辖境相当今海南三亚市和保亭、乐东两县部分地区。明洪武元年（1368）改吉阳军为崖州，属琼州府。清光绪三十一年（1905）升为直隶州，属广东省。

[7]斛（hú）：中国旧量器名，亦是容量单位，一斛本为十斗，后来改为五斗。

[8]秦晋：指春秋时期的秦晋两国。此处指两国所属地域。

[9]连理枝：两棵树的枝干合生在一起，又称相思树、夫妻树、生死树，比喻夫妻恩爱。

[10]上林：古宫苑名。秦旧苑，汉初荒废，至汉武帝时重新扩建。故址在今西安市西及周至、户县界。设有上林苑令，属少府，主上林苑中鸟兽，所属有丞、尉各一人。

[11]艽（jiāo）：多年生草本植物，叶宽而长，根可药用。

[12]离：八卦之一，代表火。

[13]坎：八卦之一，代表水。

[14]科上槁：《易·说卦》：其于木也，为科上槁。槁：木枯。

[15]儋州：唐武德五年（622）改儋耳郡置，治所在义伦县（今海南省儋州市西北中和镇）。辖境相当今海南省海南岛西部地区。宋代有改动，明洪武元年（1368）复改儋州。

［译文］

海南的文木，有叫花榈的，颜色紫红，微微有香气，它的花纹中有鬼脸的令人喜爱，因为很多像狸身的斑纹，又叫花狸。老树纹理曲折，嫩树纹理端直，它的疤节花纹有像铜钱一样的圆晕，大小相互错杂，木性坚韧，肌理细致，价值尤其高。往往寄生在树上，黎族人才能识别获取。产自文昌、陵水的花榈和降真香相似。有叫乌木的，又叫角乌，很松脆。其中叫茶乌的，来自于番船上，坚韧而不松脆，放到水里就沉了下去。有叫鸡翅木，白色木质有黑色花纹像鸡翅一样，绝对不会生虫，它长出的树瘿像楠斗斑，叫作瘿子木，一个名字叫鸡刺，工匠切削成佛珠，用伽傩树液浸泡，来欺骗购买者。有叫虎翅木，斑纹像老虎的花纹，都出自文昌、陵水。有叫苏方木，树的汁液可以染色，黎山野生的好，它的花就是金凤。有叫铁索木，木质坚硬皮黄色，剥落时像榆木，可以制作器具，黎山上很多。有叫香楠，产自崖州，枝叶茂盛像幢盖一样，挺直向上生长，枝叶之间相互避让，枝干非常端直雄伟，一种名字叫端正树，木质有花纹，颜色黄绿而细腻，剖开后有香辣之气。有叫相思木，像槐木又像铁力木，木性非常耐土，大树斜着锯开后，有细小的花纹，靠近树皮的那几寸没有花纹，有黄色和紫色之分。也叫鸡翅木，就像香椒叫鸡翅木，因为花纹相似的原因。秋天开花，白色，二三月果荚枯裂，子成熟，像珊瑚珠一样，刚开始黄色，时间长了半红半黑，每棵树有几斛子。卖到秦晋地区，妇女用它来做首饰。马吃了长的肥壮，谚语说："马吃了相思，一晚上膘就肥了。马吃了红豆，在马厩里就要飞腾。"它的树有很多连理枝，所以叫相思。唐诗："红豆生南国。"又说："此物最相思。"邝露的诗："上林供御多红豆，费尽相思不见君。"唐代时常常进贡此木，用来贮藏龙脑，香味不会消减。有叫铁力木，纹理非常坚韧细致，木质开始黄色，用了之后变成黑色。它的本性偏湿，空手贴在上面血脉往来艰涩，黎山的百姓多用它来做柴薪，广东人用它来做梁柱和屏风。刮南风的日子里树木渗水，称之为潮木，也叫石盐。制作成器具时，用浓苏木水或胭脂水浸染三四遍，再用浙江出产的生漆精细地薄涂一下，光洁莹润像玉一样，就像紫檀，它的潮气也就没有了。紫檀，一种名字叫紫榆，来自于番船，根据轻重来估价，广东人用它来制作小器具，贩卖到各地。花榈稍微便宜一点，大凡床、屏风、书案都用它来制作。像香楠、虎子楠、铁力，那么凡是栋梁、船碇都是它们制作的。香楠有紫贝、金钗的名号，金钗颜色黄赤，紫贝黄中带绿，都香辣细润。黄楠木纹理粗疏。有叫水杪的，叶子像罗汉松，肌理细润，可以和铁力木相媲美，用来制作棺材不会朽坏。有飞云木，像波浪一样的纹理一直延伸到木心，可以用来制作杯子。有秋风木，像梓木，长出的几十颗子像芄一样，味道酸甜可以吃。有胭脂木，高达三四丈，叶子像波罗，颜色像胭脂一样红艳，与秋风木、紫荆木一样都耐土，不容易朽坏。有梌木，根和叶都像桃，而木质轻细油腻，本性耐水。有椽木，分青、黄、白色三种，黄色的最好，坚韧而细腻，不生虫蛀。有槌子木，一种名字叫员子，另一种名字叫赤梨，是椽的别种。它的子像珠玑一样可以吃，也叫珠子木，子长得多，那么这一年收成就不好，长乐人每每用它作为验证。有水椰，叶子像鱼子兰而稍微有点尖，它的木质有纹理如牛角一样的优良。有叫栌木，木性坚韧而纹理粗疏。有金丝樏，可以制作弓弩，其中像象牙一样的白樏，可以用来制作器皿，木性最为坚韧。有椅木，一个名字叫云楸，琵琶、棋、枰多用它来制作。有吐珠木，坚硬得像铁力木，颜色比紫荆木稍微红一点。这些都是海南的文木。海南的五指山，是文木的聚集地，众多香木的大本营。它的地形为离，这些植物都是离地的树木，所以多有花纹。又离香而坎臭，所以这些树木都有香味。香集结于下面而枝叶枯萎于上面，有科上槁的卦象，所以想要追求名贵木材和香料，一定要在海南呀。从儋州到崖州的一千里范围内，树木多是杂树，又大都树上又生树，因为鸟吃了树子，鸟粪落在树枝上而生长出来的，树木巨大的要人合抱，有的枝干仆倒在地上，枝叶交缠在一起。也有很多铁力、石梓、香楠、水杪一类的树木。因为气候温暖，很少有霜雪，松木没法生长，即使生长出来木质也不坚韧，树脂很香树液甘甜，容易被白蚁所吞食。所以岭南地区百姓房屋的栋梁、屋柱、屋椽等，没有用松木建造的，也是由于文木多的原因。

《抚郡农产考略》（节选）

清·何刚德

【导读】

抚郡，即明清时期的抚州府，大致相当于今江西抚州。何刚德曾任抚州知府，在任期间调查了解所属各县农产情况。其后撰成《抚郡农产考略》，是记载抚州地区农业物产的重要文献。

全书分上下二卷。上卷为谷类，以水稻为主，对稻类品种详加论列，兼叙耕耘与收藏。下卷分草、木两类，分类记述各种经济、园艺作物。每种农作物的记载，前有总述，后分天时、地利、人事、物用四目。节选内容记载了抚州地区竹子品种以及竹纸的制造销售情况。

【原文】

笙竹杆小穰薄，可织器，可为簟。箬竹叶可造蓬，可裹粽，杆可为笔管、面箸。淡竹可入药。箭竹可作钓竿。实竹可作杖。观音竹可供盆玩。桃竹可为簟。篁竹可为笛。白竹可为扎篾，为筐篮。茅竹杆最大，其用最广，大者每株值二百余钱，小者亦值钱数十。竹始生为笋，冬月生者为冬笋，立春后生者为春笋，冬笋每斤值二三十钱，春笋半之。笋晒干，上者为玉兰片，次合笋，再次明笋。竹与笋均可造纸，金邑[1]断笋杪造毛边纸，中节造表心纸，挨根者最老，造粗纸。纸坊各村多以种竹造纸致富。宜邑[2]亦以山粮户为富户，树竹多故也。乐邑[3]毛边纸分上次两色，崇仁[4]、宜黄斗方纸有厂纸、薄纸、户纸三种。凡红竹参用禾杆者为粗草纸，新竹未发枝叶者为白玉泉纸，有枝叶而竹尚嫩者为毛边纸，新老竹四六参用者为膏纸，老竹皮参用禾杆者为爆竹纸，新老竹参用者为小竹庄纸。毛边纸每担上者贵时值钱七千钱，贱亦六千。次者贵时值钱六千，贱则五千。草纸每捆值钱二百有余，爆竹纸八九块可售，英洋一元。小竹庄纸五块可售，英洋一元。崇邑工造纸，宜邑供饭贩运，宜黄纸盖多购自崇邑。崇邑所产每岁约四十万块，值银八万余两。宜邑所产每岁十余万块，值银二万两。乐邑所产岁入四千两，临东二邑不能造纸。

【注释】

[1]金邑：即金溪县。北宋淳化五年（994）升金溪场置，属抚州。治所即今江西金溪县。元属抚州路，明属抚州府。

[2]宜邑：即宜黄县。北宋开宝三年（970）升宜黄场复置，属抚州。治所即今江西宜黄县。元属抚州路。明属抚州府。

[3]乐邑：即乐安县。东汉灵帝分余汗县置。南宋绍兴十九年（1149）复置，属抚州。治所在今江西乐安县北古塘，后徙詹墟（今乐安县治）。元属抚州路。明属抚州府。

[4]崇仁：即崇仁县。隋开皇九年（589）置，属抚州。治所即今江西崇仁县。元属抚州路。明属抚州府。

【译文】

筀竹竹竿细小而穰薄，可以用来编制器具，可以制作竹席。箬竹的竹叶可以造蓬，可以用来裹粽子，竹竿可以制作笔管、筷子。淡竹可以入药。箭竹可以制作钓竿。实竹可以制作手杖。观音竹可以制作盆景把玩。桃竹可以制作竹席。篁竹可以制作笛子。白竹可以用来扎蔑，制作篮筐。茅竹杆最大，它的用途也最广，大的每株可以值二百多钱，小的也值几十钱。竹子刚萌生时是笋，冬天生的叫冬笋，立春以后生的叫春笋，冬笋每斤值二三十钱，春笋价值是冬笋一半。笋晒干后，上等的是玉兰片，次一等的是合笋，再次的是明笋。竹和笋都可以用来造纸，金溪断取笋梢来制造毛边纸，取笋中节制造表心纸，取靠近根部最老的部分制造粗纸。有纸坊的各个村子都以种植竹子造纸致富。宜黄也有种植山粮成富户的，因为种竹多的原因。乐安的毛边纸分为上等、次等两种，崇仁、宜黄的斗方纸有厂纸、薄纸、户纸三种。凡是用红竹掺和禾杆制造的是粗草纸，用尚未长枝叶的新竹制造的是白玉泉纸，用已长有枝叶但很嫩的竹子制造的是毛边纸，新竹子和老竹子四六比例掺和制造的是膏纸，老竹皮掺和禾杆制造的是爆竹纸，新的和老的竹子均匀掺和制造的是小竹庄纸。毛边纸每担上等的贵的时候值七千钱，便宜的时候值六千钱。次等的贵的时候卖六千钱，便宜的时候卖五千钱。草纸每捆值二百多钱，爆竹纸八九块就可以卖了，英洋要一元。小竹庄纸五块可以出售，英洋一元。崇仁善于造纸，宜黄长于贩运，宜黄纸大都从崇仁购买而来。崇仁每年出产大约四十万块，值银子八万多两。宜黄每年出产大约十几万块，值银子二万多两。乐安每年收入四千两，临川、东乡两地不能造纸。

《结筏顺清河记》

清・陈锦

［导读］

本篇出自陈锦的《勤余文牍》，记载的是中国古代一种木材的计量方法——龙泉码。龙泉码也称为“龙泉码价”，是 17 世纪 40 年代即明末龙泉县人郭维经及女儿郭明珠在自创的原木材积表的基础上，发明的简便原木材计量办法，以银两价码作为杉原条材积计量单位的材积表。因创始于明代的江西龙泉县（今遂川县）而得名。

“龙泉码”的运用，解除了木材买卖中对于计量不精确的困扰，实现了公平交易，规范了木材市场。明清时期，由龙泉人为主体，形成了遍及南部中国的临江木商，成为木材行业中的翘首。“龙泉码价”从发明至停用，持续有三百余年的历史，是世界上最早的原木材积表，是中国“林业科技上的奇葩”。

［原文］

楩檀杞梓，自楚出也，庇材者麇集于汉[1]。乾嘉[2]以前，闲岁易天坛灯杆，构大材，不于藏则于川，巨筏蔽江，名曰王木。庙工构料，遂袭其名。予诗所谓“王木传闻惊水驿，楚材声价重岩廊”是也。然以是知木贾之立法也，精矣！木无大小，无病而根杪具者入选，其中空外裂、多节、无皮、短细、曲踵、蠹腐者不与焉。用篾画分寸曰滩尺，任取一木，约距根尺有一把量其围圆，得若干尺寸为若干马，自围一尺马三分起，至六尺止，每半寸则一进马，以次递进。尺五分以上，每进半分；尺四寸以上，每进一分；尺五寸五分以上，每进分半；尺八寸五分以上，每进二分；二尺五寸五分以上，每进五分；三尺五分以上，每进一钱；三尺五寸五分以上，每进二钱；四尺一寸以上，每进四钱；四尺五寸五分以上，每进八钱；五尺一寸以上，每进一两六钱；五尺五寸以上，至六尺，每进三两二钱。统而计之，尺马三分二尺，而马且八分矣，三尺而马已一两三分矣，四尺则四两三分，五尺则十六两三分，六尺则六十四两三分矣。法用勾股，围径互乘，方圆递积，并计宽长，得此倍蓰[3]，是为龙泉马数。古人制作之精，百世而不可易者也。六尺以上曰飞马，言马不可限量也。尺半以下曰钱马，言马不及一钱也。一尺以下曰不等，言马不列于等也。问值者按马计钱，名曰贯头，每马若干贯，则其值也。每马马一两，每贯钱一千也。

［注释］

［1］麇（jūn）集：聚集，群集。汉，水名。汉水，也称汉江，为长江最长的支流。发源于今陕西省宁强县，流经湖北省，在武汉市入长江。

［2］乾嘉：清代乾隆、嘉庆两朝的合称。

［3］蓰（zǒng）：草纤细茂密。

［译文］

楩、檀、杞、梓等木，产自楚地，贩卖木材的人聚集于汉水。乾嘉时期之前，隔一年更换天坛的灯杆，需要购买木材，不是在西藏就是在四川，巨大的竹筏遮蔽大江，称为“王木”。兴修皇家殿宇的工匠购买木料，就沿袭了这一名称。我的诗“王木传闻惊水驿，楚材声价重岩廊”写的就是这情况。但是凭借这个知道了木商建立的标准，精密啊！木材不论大小，没有病害并且根梢齐备的都得以入选，其中诸如木材中空开裂、多节、没有树皮、又短又细、上下弯曲、虫蛀的不能入选。用竹篾刻划出分寸叫作滩尺，随便拿一根木料，在距离树根大约一尺的地方用一把滩尺测量木料的周长，得到多少尺寸就是多少马，从周长一尺马三分开始，到六尺为止，每半寸就一进马，以此递进。一尺五分以上，每一马进半分；一尺四寸以上，每一马进一分；一尺五寸五分以上，每一马进一分半；一尺八寸五分以上，每一马进二分；二尺五寸五分以上，每一马进五分；三尺五分以上，每一马进一钱；三尺五寸五分以上，每一马进二钱；四尺一寸以上，每一马进四钱；四尺五寸五分以上，每一马进八钱；五尺一寸以上，每一马进一两六钱；五尺五寸以上，到六尺，每一马进三两二钱。统计起来，尺马三分二尺，而马就八分了，三尺二马就是一两三分了，四尺而马是四两三分，五尺而马是十六两三分，六尺是六十四两三分了。计算方法用勾股定理，木料周长与直径互乘，方圆逐步累积，同时计算宽和长，得到这个精密的计算方法，这就是龙泉码。古人制定标准的精密，经历百代而也不会变化啊。六尺以上就叫作飞马，说的是马已经没法限制了。半尺以下叫作钱马，说的是一马不到一钱。一尺以下叫作不等，说的是这些马不被列入等级中。询问价钱的人按照码数计价，称作贯头，每一马多少贯，就是它的价钱了。每马码一两，每贯一千钱。

第四章 林政管理与法令

《周礼·地官司徒》(节选)

【导读】

《周礼》又名《周官》《周官经》，是儒家经典“三礼”之一。相传《周礼》为周公所作，约成书于春秋战国时期，是研究先秦政治制度的重要文献。《周礼》以职官编排章节，分《天官冢宰》《地官司徒》《春官宗伯》《夏官司马》《秋官司寇》《冬官考工记》，其中《冬官考工记》系后人补入。

《周礼》中有许多与林业有关的官署、官职记载，如《天官冢宰》中兽人为掌管森林狩猎的官员，《地官司徒》中囿人为王室园林的管理官员，《夏管司马》中掌固、司险掌管沟渠堤岸、道路植树，《秋官司寇》中柞氏专管草木和林麓。职官之外，九赋、九贡都将山林资源作为赋税的重要来源，并主张进行山林资源的清查，保护山林动植物资源，以及提倡植树造林。节选内容“大司徒”，明确了大司徒是地官之长，掌管土地与社稷、人民及其教化，负责税赋等经济事务；山虞”“林衡”，都是负责林业保护和利用的具体官员，山虞掌山林之政令，负责管理山区森林，按时抚育、采伐森林；林衡是护林官员，负责安排护林人员。

【原文】

大司徒之职，掌建邦之土地之图与其人民之数，以佐王安扰邦国。以天下土地之图，周知九州之地域广轮之数[1]，辨其山林、川泽、丘陵、坟衍、原隰之名物[2]，而辨其邦国都鄙之数，制其畿疆而沟封[3]之，设其社稷之壝而树之田主[4]，各以其野之所宜木，遂以名其社与其野[5]。

以土会之法辨五地之物生。一曰山林，其动物宜毛物，其植物宜皁物[6]，其民毛而方。二曰川泽，其动物宜鳞物，其植物宜膏物[7]，其民黑而津。三曰丘陵，其动物宜羽物，其植物宜核物[8]，其民专而长。四曰坟衍，其动物宜介物，其植物宜荚物[9]，其民晳而瘠。五曰原隰，其动物宜蠃物，其植物宜丛物[10]，其民丰肉而庳。

……

山虞掌山林之政令，物为之厉[11]，而为之守禁。仲冬斩阳木，仲夏斩阴木[12]。凡服耜，斩季材，以时入之。令万民时斩材，有期日。凡邦工入山林而抡材，不禁。春秋之斩木，不入禁。凡窃木者，有刑罚。若祭山林，则为主，而修除，且跸。若大田猎，则莱[13]山田之野。及弊田，植虞旗于中，致禽而珥[14]焉。

林衡掌巡林麓之禁令，而平其守，以时计林麓而赏罚之。若斩木材，则受法于山虞，而掌其政令。

【注释】

[1]广轮：汉代马融解释为“东西曰广，南北为轮。”

[2]汉代郑玄解释：“积石曰山，竹木曰林，注渎曰川，水钟曰泽，土高曰丘，大阜曰陵，水崖曰坟，下平曰衍，高平曰原，下湿曰隰。”

[3]沟封：在疆界上挖掘沟渠，沟边上种树，用来阻挡外人入侵。

[4]田主：土神和谷神所依之树。

[5]遂以名其社与其野：用当地田野所宜生长的树作为社和田野的名称。如以松树为田主，其社就叫松社。

[6]毛物：长有细毛的兽类。皁物：柞栎之类，柞实为皂斗，可做黑色染料。

[7]鳞物：鱼龙之属，水族的统称。膏物：水生植物，莲芡之类。

[8]羽物：飞禽之属，鸟类的统称。核物：李梅之属，有果核的植物。

[9]介物：龟鳖之属，甲壳类动物。荚物：荠荚，王棘之属，有荚角类的植物。

[10]羸物：虎豹之属，短毛类动物。丛物：萑苇之属，芦荻之类的植物。

[11]厉：藩界，即设藩篱以为界。

[12]阳木：生于山南面的树木，仲冬进行采伐。阴木：生于山北面的树木，仲夏进行采伐。

[13]莱：荒草，这里指清除田猎场周围的野草。

[14]珥：割去禽兽的左耳。

［译文］

大司徒的职责，掌管天下各国土地的地图和人口数目的户籍，以辅助王安定天下各国。依据天下土地的地图，周知九州地域面积之数，辨别各地的山林、川泽、丘陵、坟衍、原隰的名称与所出产之物，辨别天下诸侯国和王畿内的采邑数，制定王国和诸侯国的疆域并挖沟起土种树以为界，设立各国社稷的壝坛并树立田主，这些田主应该是当地田野所宜生长的树木，并以此为各国社和田野的名称。

根据土地状况计算贡税多少的方法，辨别五种不同的地形及其生物。一是山林，其动物适合毛类，植物适合可供染色的柞栎之类，其人民毛长而体方。二是川泽，其动物适合鳞类，植物适合结子多的莲芡之类，其人民皮肤黑而润泽。三是丘陵，其动物适合羽类，植物适合有果核的李梅之类，其人民体圆而长。四是坟衍，其动物适合介类，植物适合有荚角的王棘之类，其人民肤白而体瘦。五是原隰，其动物适合羸类，植物适合丛生的萑苇之类，其人民体胖而矮。

……

山虞掌管有关山林的政令，为山中的各种物产设置藩篱以为界，守护山林，禁止民众非时采伐。仲冬时节采伐山南边的树木，仲夏时节采伐山北边的树木。凡制造车较和耒耜等，砍伐较小的树木，按时送交负责制造的官吏。命令民众在规定的时节内砍伐树木，并有天数限制。凡因国家工程需要而进山林选择木材，则不受此限制。春秋时期砍伐树木，不能进入禁止采伐区。凡盗伐树木，有刑罚加以惩处。如果王亲自田猎，就芟除山中田猎场周围的野草。到停止田猎的时候，就在田猎场中央竖起虞旗，把捕获的禽兽集中到虞旗下面，割取它们的左耳以待计功。

林衡掌管巡视平地和山脚的林木，执行有关的禁令，合理安排民众分守山林，根据他们守护山林的情况进行赏罚。若要砍伐木材，则需要山虞决定砍伐的日期，并掌管相应的政令。

《荀子·王制》(节选)

【导读】

荀子，名况，字卿，先秦儒家的代表人物之一。他以性恶论为基础，继承和发展了孔子的思想，“隆礼而重法”，提出了一系列的政治主张，如君道、臣道、富国、天论等。

《荀子》书中有许多关于森林生态与人类活动间关系的描述，如《荀子·劝学》中“草木畴生，禽兽群焉，物各从其类也。是故质的张而弓矢至焉，林木茂而斧斤至焉，树成荫而众鸟息焉，醯酸而蚋聚焉”。节选内容出自《王制》篇，所谓“王制”是指圣王治理国家所应采取的制度和措施，包含森林管理内容。他在选文中提出“山林泽梁以时禁发而不税”的林业税收政策，主张设置虞师、乡师和工师，分别负责山林的保护与监管、人工林的种植和培育、木材的加工制造等。

【原文】

王者之等赋[1]，政事，财万物，所以养万民也。田野什一[2]，关市几而不征，山林泽梁以时禁发而不税。相地而衰政，理道之远近而致贡。通流财物粟米，无有滞留，使相归移也。四海之内若一家，故近者不隐其能，远者不疾其劳，无幽闲隐僻之国，莫不趋使而安乐之。夫是之谓人师，是王者之法也。

……

圣王之制也，草木荣华滋硕之时，则斧斤不入山林，不夭其生，不绝其长也；鼋、鼍、鱼、鳖、鳅鳝孕别之时，罔罟毒药不入泽，不夭其生，不绝其长也。春耕、夏耘、秋收、冬藏四者不失时，故五谷不绝而百姓有余食也；污池渊沼川泽谨其时禁，故鱼鳖优多而百姓有余用也；斩伐养长不失其时，故山林不童而百姓有余材也。

……

修火宪[3]，养山林、薮泽、草木、鱼鳖、百索[4]，以时禁发，使国家足用而财物不屈，虞师之事也[5]。顺州里，定廛宅[6]，养六畜，闲树艺，劝教化，趋孝弟，以时顺修，使百姓顺命，安乐处乡，乡师之事也。论百工，审时事，辨功苦，尚完利，便备用，使雕琢文采不敢专造于家，工师之事也。

【注释】

[1]等赋：赋税有等，按等次、等级征收赋税。

[2]什一：十而税一。

[3]修火宪：制定防火的法令。

[4]百索：各种蔬菜。

[5]虞师：主管山林的官员。

[6]廛（chán）宅：城邑百姓的住房。

【译文】

王者的法度：规定好赋税的等级，处理好政事，管理好天下各种资源，以此来养育天下的人民。对于田地，按照收入的十分之一征税；对于关卡和集市，进行稽查而不征税；对于山林和湖泊，按照季节封禁或开放而不征税。按照土地的肥瘠而分别征收赋税，根据路途的远近而规定其缴纳的贡物。让财物、粮食流通起来，没有滞留积压，不同地区之间互通有无，相互供给。四海之内就像一家人一样，所以近处的人不隐瞒自己的才能，远处的人不怨恨劳苦，不管相距有多远、地处多么偏僻的国家，无不乐于归附依顺而听从役使。这就叫作为人师表，是王者的法度。

……

圣王的制度：花草和树木开花结果的时候，不允许进入山林砍伐树木，不使它们的生命夭亡，不使它们的生长断绝。鼋、鼍、鱼、鳖、鳅鳝产卵生育时，不向水泽中投放渔网、毒药，不使它们的生命夭亡，不使它们的生育断绝。春天耕田，夏天除草，秋天收获，冬天贮藏，不耽误四季农时，那么粮食就不会断绝，百姓家中还有多余的粮食；池塘、水潭、湖泊、河流，严格规定捕鱼时间，那么水中的鱼鳖就会特别多，除了百姓食用外还会有多余；采伐利用，繁殖生长，都不违背它们的时节，那么山林就不会童秃，而老百姓还有多余的木材使用。

……

制定防火的法令，养护山林、沼泽湖泊、草木、鱼鳖、蔬菜，按季节封禁或开放，使国家财物充足而不缺乏，这是虞师的职责。管理州里地方的百姓，确定城邑百姓的住房，饲养禽畜，学习种植栽培，劝勉百姓接受教化，敦促人们孝敬父母，尊敬兄长，并按时清理整顿，让百姓遵守法令制度，安居乐业，这是乡师的职责。评论各种工匠的技术，根据时节确定该做的事，分辨器物的精巧与粗劣，重视器物的坚固完好，方便耐用，使工匠不敢在家中私自刻镂、织染，这是工师的职责。

《秦律十八种·田律》

秦·睡虎地秦墓竹简

［导读］

睡虎地秦墓竹简，又称睡虎地秦简、云梦秦简，是指1975年在湖北省云梦县睡虎地秦墓中出土的大量竹简，分类整理为十部分内容，包括《秦律十八种》《效律》《秦律杂抄》《法律答问》《封诊式》《编年记》《语书》《为吏之道》，甲种与乙种《日书》，其内容主要是秦朝时的法律制度、行政文书、医学著作以及关于吉凶时日的占书。

本文选自睡虎地秦墓竹简《秦律十八种》。《秦律十八种·田律》作为其中出土的秦代法律文书，内容主要涉及农田水利、山林保护等方面，对于了解秦代的林业法规政策具有很高的历史价值。《田律》中禁止肆意砍伐山林树木和捕杀幼兽，对农林资源进行保护，在注重严刑苛法的秦代，其于生态环境的意义重大。

［原文］

春二月，毋敢伐材木山林及雍（壅）堤水。不夏月，毋敢夜草为灰，取生荔[1]、麛（卵）[2]、彀[3]，毋□□□□□□毒鱼鳖，置穽罔（网），到七月而纵之。唯不幸死而伐绾（棺）享（椁）者，是不用时。邑之新（近）皂及它禁苑者[4]，麛时毋敢将犬以之田。百姓犬入禁苑中而不追兽及捕兽者，勿敢杀；其追兽及捕兽者，杀之。河（呵）禁所杀犬，皆完入公；其他禁苑杀者，食其肉而入皮。

【注释】

[1]荔：草名。生荔可理解为刚生长出的草木。另有解释“荔”为“甲”，《释名》：“甲，孚甲也，万物解孚甲而生也。”即植物发芽时所戴的种皮。

[2]麛（mí）卵：幼鹿和鸟卵。

[3]彀（kòu）：由母哺食的幼鸟。

[4]邑：人民聚居之处。大曰都，小曰邑。

【译文】

春天二月，不准砍伐材木山林及筑堤堵塞水道。不到夏季，不准燔烧野草为灰烬，获取刚发芽的植物、幼兽、鸟卵、幼鸟，不准□毒杀鱼鳖，设置陷阱网具捕鸟兽，到七月才放松禁令。只有不幸死亡需要伐木制造棺椁的，不受时节限制。城邑靠近牲畜栏棚其他禁苑的，禽兽幼小时不准携带猎犬去狩猎。百姓的狗进入禁苑但不追逐及捕杀禽兽的，不准杀死；那些追逐及捕杀禽兽的，可以杀死。禁区场所杀死的狗，都要完整上缴官府；其他禁苑杀死的狗，可以食用狗肉而上缴狗皮。

《二年律令·田律》

西汉·张家山汉墓竹简

【导读】

张家山汉墓竹简是指中国湖北省江陵县张家山汉墓中出土的竹简。其中，二四七号汉墓竹简包含有《历谱》《二年律令》《奏谳书》《脉书》《算数书》《盖庐》《引书》《遗策》八种简书，内容涉及西汉早期的律法、司法诉讼等方面，为汉代历史研究提供了重要的新史料。《二年律令》共有竹简五百二十六枚，据推断，《二年律令》是吕后二年施行的法律，内容涉及西汉社会、政治、军事、经济、地理等方面。

汉承秦制，张家山汉墓竹简《二年律令·田律》中的法律条文，对于《礼记·月令》《秦律十八种·田律》关于农林资源及动植物保护的内容和思想有一定的承袭，且更加细化，规定了具体的犯罪类型与量刑标准，这是很大的进步之处。西汉初期，盛行黄老之术，实行休养生息的发展政策，明确以法律形式进行的强制性规定并推行，体现了政府与社会对自然资源的重视。

【原文】

禁诸民吏徒隶，春夏毋敢伐材木山林，及进壅堤水泉，燔草为灰，取产麛卵縠；毋杀其绳重者[1]，毋毒鱼。毋以戊己日兴土功。

诸马牛到所，皆毋敢穿穽[2]，穿穽及置它机能害人、马牛者，虽未有杀伤也，耐为隶臣妾[3]。杀伤马牛，与盗同法。杀人，弃市[4]。伤人，完为城旦舂[5]。

马、牛、羊、㹠彘、彘食人稼穑[6]，罚主金马、牛各一两，四㹠彘若十羊、彘当一牛，而令挢稼偿主。县官马、牛、羊，罚吏徒主者。贫不能赏（偿）者，令居县官[7]；□□城旦舂、鬼薪白粲也[8]，笞百，县官皆为赏（偿）主，禁毋牧彘。

【注释】

[1]绳重者：孕重者。指怀孕将产的野兽。

[2]穽（jǐng）：捕野兽的陷坑。

[3]耐：剃除鬓须，古代一种刑罚。隶臣妾：隶臣与隶妾，汉代处罚男女罪人的两种刑名。

[4]弃市：本指受刑罚的人站在街头示众，民众共同鄙弃之，后以“弃市”专指死刑。

[5]完：古刑罚名，对情节轻微或年老、年幼有罪当刑者，罚作劳役，而不残伤其肉体。城旦：古代刑罚名，一种筑城四年的劳役。舂：汉代的一种徒刑。

[6]㹠彘：㹠，疑读为豰（bo）。《广雅·释兽》：“豰，豜豭也。”即牡猪。

[7]居：居作，服劳役。

[8]鬼薪：秦汉时的一种徒刑，因最初为宗庙采薪而得名，主要从事官府杂役、手工业生产劳动以及其他各种重体力劳动等。白粲：令罪人选精米以供祭祀，秦汉时的一种刑罚，施于高级官员命妇及其后裔中的女子犯罪者。

【译文】

严禁众平民、官员、刑徒、奴隶，春夏时节不准砍伐材木山林，以及筑堤壅堵水泉，焚烧野草为灰烬，猎取幼兽、鸟卵、幼鸟；不准捕杀怀孕将产的野兽，不准用毒药捕鱼。不准在戊己日兴办土木工程。

凡是马牛所到之处，都不准挖掘陷阱，挖掘陷阱以及设置其他捕鸟兽的机关而伤害人、马牛的，即使没有杀伤，也要判处耐刑和隶臣妾的刑罚。杀伤马牛，与盗窃同罪。杀人者，处以死刑。伤人者，判处完刑和城旦、舂刑。

马、牛、羊、小公猪、猪啃食他人庄稼，判主人罚金，马、牛分别为一两，四头小公猪等同于十只羊、一头猪相当于一头牛，并且令其缴纳谷物赔偿事主。若是官府的马、牛、羊，则处罚主管的官员。因贫穷无力赔偿者，令其在官府服役；□□城旦或舂刑、鬼薪白粲，笞罚一百，官府都为其赔偿事主，严禁不可放牧猪。

《宋书·羊玄保传》（节选）

南朝梁·沈约

【导读】

沈约的《宋书》是一部记述南朝刘宋历史的纪传体史书，是“二十四”正史之一。《宋书》收录了许多当时的诏令奏议，保存了部分统治阶层的决策条文。

本文节选自《宋书》列传十四《羊玄保传附羊希传》，记述的是羊玄保、羊希兄弟的生平事迹。选文中记载的是有关南朝时期国有山林所有权下放的相关史料。

【原文】

（羊）玄保兄子希，字泰闻，太山南城人，少有才气。大明初，为尚书左丞。时扬州刺史西阳王子尚上言：“山湖之禁，虽有旧科，民俗相因，替而不奉[1]，熂山封水[2]，保为家利。自顷以来，颓弛日甚，富强者兼岭而占，贫弱者薪苏无托，至渔采之地，亦又如兹。斯实害治之深弊，为政所宜去绝，损益旧条，更申恒制。”

有司检壬辰诏书："占山护泽，强盗律论，赃一丈以上，皆弃市。"希以"壬辰之制，其禁严刻，事既难遵，理与时弛。而占山封水，渐染复滋，更相因仍，便成先业，一朝顿去，易致嗟怨。今更刊革，立制五条。凡是山泽，先常熂爈种养竹木杂果为林芿[3]，及陂湖江海鱼梁鳅鮆场，常加功修作者，听不追夺。官品第一、第二，听占山三顷；第三、第四品，二顷五十亩；第五、第六品，二顷；第七、第八品，一顷五十亩；第九品及百姓，一顷。皆依定格，条上赀簿。若先已占山，不得更占；先占阙少，依限占足。若非前条旧业，一不得禁。有犯者，水土一尺以上，并计赃，依常盗律论。停除咸康二年壬辰之科。"从之。

【注释】

[1] 替：废弃。

[2] 熂（xì）：放火烧山草。

[3] 林芿：林莽，林木。

[4] 赀簿：账簿。

【译文】

羊玄保兄长的儿子羊希，字泰闻，泰山南城人，年轻的时候很有才华。大明初年，担任尚书左丞。当时扬州刺史西阳王子尚上书说："关于禁止开山围湖之事，虽然原来就有相关法律规定，但民间旧俗沿袭，弃置而不遵守，烧山堵水，占据地盘谋取私家利益。最近以来，这种法律松弛的情况日益严重，富贵豪强霸占连片的山岭，贫穷羸弱者连柴草都无处寻觅。至于渔猎樵采之地，也是这样。这实在是有损统治的严重弊端呀，是施政应该消除根绝的事，应该增删修改原有的法令条例，重新申明不变的法制。"有关部门查实了壬辰年诏书，说："侵占山泽者，以强盗律论处；侵占土地一丈以上，都判处弃市。"羊希认为："壬辰的制度，有关禁令严酷苛刻，事情既然难以遵守，法令就会随时间的推移而松弛。而占山封水的行为，逐渐发展兴盛，一代传给下一代，所占之地便变成了先人的产业。一旦下令全部没收，容易招致百姓的怨恨。现在对原有法令进行改革，制定五条规定。凡是山泽，原先曾经焚烧野草种植竹木杂果而成林木的，以及围塞江海湖泊形成渔场，并且常常加以维修劳作的，可以允许继续经营，不予收缴。官品第一、第二者，允许占山三顷；官品第三、第四者，允许占山二顷五十亩；官品第五、第六者，允许占山二顷；官品第七、第八者，允许占山一顷五十亩；第九品和平民百姓，允许占山一顷。一律依照固定的标准，逐一登录账簿。如果先前已经占山了，不得再占；如果先前所占还缺少，依照限额占足。如果不是上述各条例或原有家业，一律不得侵占。如果有违反者，侵占水土一尺以上，全部算作赃物，依照通常惩办盗贼的法律惩处。停止废除咸康二年壬辰制定的法令。”采纳了这项建议。

《魏书·食货志》（节选）

北齐·魏收

【导读】

魏收的《魏书》是“二十四史”正史之一，内容记载了公元4世纪至6世纪北魏王朝的历史。纪传体史书中《食货志》，一般记述田制、户口、赋役、漕运、钱法、盐法等制度，是了解历代政府经济政策的重要史料。

节选的是《魏书·食货志》中一段，内容是北魏孝文帝改革的重要政策——均田制，其中明确记载了政府推行植树造林的相关政策。

【原文】

九年，下诏均给天下民田：

诸男夫十五以上，受露田四十亩[1]，妇人二十亩，奴婢依良。丁牛一头受田三十亩，限四牛。所授之田率倍之，三易之田再倍之，以供耕作及还受之盈缩。

诸民年及课则受田，老免及身没则还田。奴婢、牛随有无以还受。

诸桑田不在还受之限，但通入倍田分。于分虽盈，没则还田，不得以充露田之数。不足者以露田充倍。

诸初受田者，男夫一人给田二十亩，课莳余[2]，种桑五十树，枣五株，榆三根。非桑之土，夫给一亩，依法课莳榆、枣。奴各依良。限三年种毕，不毕，夺其不毕之地。于桑榆地分杂莳余果及多种桑榆者不禁。

诸应还之田，不得种桑榆枣果，种者以违令论，地入还分。

诸桑田皆为世业，身终不还，恒从见口。有盈者无受无还，不足者受种如法。盈者得卖其盈，不足者得买所不足。不得卖其分，亦不得买过所足。

【注释】

[1]露田：北魏田制，有露田、桑田、麻田之别。种谷物之田谓之“露田”。

[2]课：交税。莳：种植。

【译文】

太和九年，下诏平均分配天下民田：

各户男夫十五岁以上，接受露田四十亩，妇女二十亩，奴婢按照良民规格授田。成年牛一头授田三十亩，每户限四头牛授田。政府所授给民户的田都另给同样数量的田，称之为倍田，需要休耕两年才能耕种一年的田则另给两倍量的田，作为休耕和还授田的储备。

民众到了法定交税年龄就开始接受政府的授田，到了法定免交赋税的年龄及死后则需要将所授田交还国家，奴婢和耕牛则根据有无而还授田。

国家给予的桑田不在归还和授田之列，但要记入倍田分配数量中。即使其数量较多超过了倍数，在死后归还，不得用以充作露田的数量。但桑田数量的不足，可以用露田来补充。

所有初次接受均田的人，男夫每人给二十亩田，种时鲜蔬菜，并种桑树五十棵，枣树五棵，榆树三棵。不能种桑树的地方，每个男夫另给田一亩，依法种植榆、枣树等。奴婢按照良民标准分配。所分桑田限定三年内种植完毕，如果没有按照规定种植完毕桑、榆、枣树等，政府便收回尚未种植的土地。在所分桑榆田地里种植其他果树和时鲜，以及多种桑榆树，概不禁止。

所分应归还的露田，不得种植桑榆枣果，种植的人以违反国家法令惩处，没收其已种植果树的田地充作还授的田地。

所有分配的桑田都作为世代拥有的产业，身死后也不归还，归后代拥有。后代所继承的前辈桑田按现有人口计算，超过的不受不还，如果没有达到规定数额的就可以依法补足。超过的部分也可以出卖，不足数额的也可以通过购买的方式补足。但不能将规定份内的桑田卖掉，也不能买过头所差部分。

《唐律疏议·户婚》(节选)

唐·长孙无忌

[导读]

《唐律疏议》又称《永徽律疏》，是唐高宗永徽年间完成的一部重要法典。它集唐以前我国封建法律之大成，不仅完整保存了唐律，还记载了大量有关政治、经济的资料，是研究其时田制、赋役的重要依据。

唐代承继北朝及隋朝制度，继续施行均田制。《新唐书·食货志》记载："永业之田，树以榆、枣、桑及所宜之木，皆有数。"因此在均田制下，出于发展农林、富民强国的目标，永业田的植树造林活动十分凸显。《唐律疏议》中《户婚律·里正授田课农桑》，以法律的形式，详细规定了林木种植数量，严格规范了唐朝均田制下的农林生产活动与各级政府官员职责，这是唐代林业政策方面的重要内容。

[原文]

诸里正，依《令》："授人田[1]，课农桑。"若应受而不授，应还而不收，应课而不课，如此事类违法者，失一事，笞四十。一事，谓失一事于一人。若于一人失数事及一事失之于数人，皆累为坐。

[疏]议曰：依《田令》："户内永业田[2]，每亩课植桑五十根以上，榆、枣各十根以上。土地不宜者，任依乡法。"又条："应收授之田，每年起十月一日，里正预校勘造簿，县令总集应退应受之人，对共给授。"又条："授田，先课役，后不课役；先无，后少；先贫，后富。"其里正皆须依《令》造簿通送及课农桑。若应合受田而不授，应合还公田而不收，应合课田农而不课，应课植桑、枣而不植，如此事类违法者，每一事有失，合笞四十。

[注释]

[1]授田：古时按户分田的制度。田为公有，受田者向国家纳税。年老及身故，还田。

[2]永业田：田制名，也称世业田。北魏行均田制，每男夫授桑田二十亩，身没不还，世代承耕，故称永业田。北齐、隋、唐沿用此制，但授田多少不等。唐中叶以后，土地兼并激烈，此制名存实亡。

【译文】

里正职掌分授田地、劝课农桑。众位里正，依照《田令》："授给人民田地，劝导致力农桑。"倘若应当授予田地却不授予，应当归还田地却未收回，应当劝导农事却没有劝导，诸如此类违反法令者，失误一件事情，判处笞责四十。一事，意思是对一个人失误一件事。倘若对一个人失误数件事，以及对多个人失误一件事，都累积判罪。

［疏］议说：依照《田令》："每户的永业田，每亩督责种植桑树五十株以上，榆树、枣树各十根以上。土质不适宜种桑榆的，听任依照本乡的常规作法。"又一条："应该收回与授予的田地，每年十月一日起，里正预先校对勘验编制簿册，县令总起召集应该退还与应该授田之人，当面一起退还与授予。"又一条："授田：先授予承担赋役的成年人，后授予不承担赋役的人；先授予无田之人，后授予少田之人；先授予贫者，后授予富者。"众里正都必须依照《田令》编制簿册全部送县，以及劝导百姓务农栽桑。倘若应该授予田地却不授予，应当归还田地却未收回，应该督导栽植桑、枣却未栽植，应该督责种植桑树、枣树却没有种植，诸如此类违反法令者，失误一件事情，判处笞责四十。

《劝天下种桑枣制》

唐·常衮

【导读】

常衮，唐代宗时宰相。制书是古代皇帝命令的一种。东汉蔡邕《独断》记载："其（皇帝）命令：一曰策书，二曰制书，三曰诏书，四曰戒书。"

本篇选自北宋史学家宋敏求所编的《唐大诏令集》，是宰相常衮为唐代宗李豫起草的制书。该制书旨在劝导百姓广为栽植果树，作为度过灾荒、充实民生的重要手段，并明确规定了男丁必须栽植的果树数量，而且要求地方官员严加监督施行、定期向朝廷奏报。

【原文】

敕：《诗》有《豳风》，陈王业也。八月剥枣，以助男功。蚕月条桑，俾修女事。赡人之道，必广于滋殖。分地之利，非止于耕耘。益之以织纴，杂之以果实，则寒有所备，俭有所资。如旨蓄之御冬，岂无衣以卒岁？顷属多难艰食，必资树艺，以利于人。庶俾播种之功，用申牧养之化。天下百姓，宜劝课种桑枣，仍每丁每年种桑三十树。其寄住、寄庄、官荫、官家[1]，每一顷地准一丁例。仍委节度、观察、州县长吏躬亲勉率[2]，不得扰人，务令及时，各使知劝，一一勉谕讫，具数奏闻。

【注释】

[1]寄庄：我国封建社会中地主在本籍以外置备土地，设庄收租，谓之寄庄。官荫：旧时官吏有功于国或因公死亡，得荫其子孙入官，谓之官荫。

[2]节度：官名，节度使的省称。观察：官名，观察使的省称。

【译文】

敕令：《诗经》有《豳风》七篇，陈述周王的伟业。八月收枣，来增加男丁的农耕收成。蚕忙时节采桑，使女子更好地从事纺织。供养百姓的途径，必须依靠广泛的增长。分获土地的收益，不仅仅停留在耕种上。通过增加纺织的副业，兼有果实的收获，那么寒冬有所储备，荒年有所依靠。就如同贮藏了美好食品来抵御寒冬，怎么会没有衣服来度过年终？近来灾难众多，百姓饥馑，必须要依靠植树，给百姓带来好处。可以借助播种的功绩，来宣扬帝王统治的教化。天下的百姓，应当督导其栽种桑树枣树，仍旧每个男丁每年种植桑树三十株。那些暂住、寄庄、官荫、官家，每顷田地按一个男丁的数目。依旧委派节度使、观察使、州县官吏亲自劝勉督导，不得搅扰百姓，务必使其顺应时令，分别使其知晓劝导，待劝导完成之后，详细计数呈奏天子。

《对田中有树判》

唐·张璜

【导读】

判即判文，也称判词，是我国古代一种经常使用的重要文体。唐代的判文，在日常行政和取士选官中具有特别的地位和意义。

本篇选自北宋李昉等编的《文苑英华》，作者张璜。此判文属于科举中的应试判文。针对农田中树木问题，作者引用了西汉司马迁、东晋陶渊明的典故，在判文中指出在农田的边界上植树，利于农作物的生长，利于百姓休息，此类举措有利无害，因而予以充分支持。

【原文】

田中有树判

乙有树于田中，里人让之，称“在疆埸”。

对

国有谟训，人惟定居。非周封之井疆[1]，异秦制之阡陌[2]。乙有嘉树，森乎甫田，上含烟飙，下润沟洫。擢本抽干，岂彭泽之五柳[3]；负阴向阳，等江陵之千橘[4]。此乃是地良美，繇条草木。有滋稼穑，看施馌野之劳；益我公私，见满如坻之积。纵使群木耸秀，何妨百谷用成。今则不废藨蓘[5]，况乎实在疆场。里人之让，未知相土之宜；司寇之局，须置赎金之名。

【注释】

[1]井疆：井邑的疆界。井，指周代的井田制。以方九百亩为一里，划为九区，形如“井”。

[2]秦制：指秦孝公时商鞅变法开始，秦国“废井田、开阡陌”的土地制度改革。

[3]彭泽：县名。今江西省北部。汉代始设，晋陶潜曾为彭泽令，因以“彭泽”借指陶潜。五柳：即五柳先生，陶潜的别号。陶潜曾作《五柳先生传》以自况，文中云：“宅边有五柳树，因以为号焉。”

[4]江陵之千橘：语出《史记·货殖列传》：“江陵千树橘……此其人皆与千户侯等。”江

陵，古地名。秦置县，治所在今湖北荆州市。

[5]藨（biāo）蓘（gǔn）：穮蓘。耕耘和培育。

【译文】

田中有树的判文

某乙在田中有树，乡里主事者责问他，回答称“树在田界”。

对判

国家有谋略和训诲，百姓希望安定居住。不是周代分封制下的井邑疆界，不同于秦代郡县制下的纵横田界。某乙有佳树，森森郁郁覆盖大田，上蕴含烟雾风云，下滋润沟渠。高耸如云萌发枝条，岂是彭泽的五柳能比；背阴向阳，与江陵的千棵橘树等同。这是土地良美，草木茂盛。润泽庄稼，可以解除田间送饭者的劳乏；有益于公私，见证满如山的积蓄。纵然使得群木高耸秀美，如何妨碍百谷长成。如今大树不影响耕耘和培育，况且确实生在田界。乡里主事者的责备，是不知道因地制宜；纠察官员的狭隘，必须舍弃赎金的命令。

《对修堤请种树判》

唐·元稹

【导读】

元稹（779—831），字微之，河南人，唐朝著名诗人。《新唐书》记载，元稹九岁工属文，十五擢明经，判入等，补校书郎。元和元年（805）举制科，对策第一，拜左拾遗。著有《元氏长庆集》。

本篇选自元稹所撰《元氏长庆集》补遗卷三，是元稹的应试判文。针对修筑堤坝后是否应当植树的问题，元稹批评了负责官员吝惜眼前投资、忽视植树造林、没有长远眼光，明确指出植树造林能够有效巩固堤防，防止大规模溃坝与洪灾，对于水利工程的作用重大。可见，唐代已经对植树固堤有了明确的认识，并努力付诸于实践。

【原文】

修堤请种树判

乙修堤毕，复请种树功价。有司以为不急之务。乙固请营缮。令诸侯水堤内不得造小堤，及人居其堤，内外各五步，并堤上种榆、柳杂树。若堤内窄狭地种，拟充堤堰之用。

对

善防既毕，固合程功。柔木载施，亦将补败。乙之亟请，谁谓过求？隐椎之役虽终，列树之思尚切。有司见阻，无备实难。苟吝养材之资，盖非长利；远求为楗之用[1]，岂不重劳。当有取于缮完，顾何烦于艺植。且十年可待，五步足征，防在未萌，著之先甲。因而致用，庶无瓠子之灾[2]；言之不从，恐累匏瓜之系。

【注释】

[1]楗（jiàn）：河工以埽料所筑之柱桩。

[2]瓠（hú）子：瓠子歌的省称。乐府歌辞名。汉武帝作。汉元封二年，汉武帝令汲仁、郭昌发卒数万人，堵黄河瓠子决口，并自临工地。初堵口不成，武帝作《瓠子歌》二章悼之，卒塞瓠子。事见《史记·河渠书》。

【译文】

修堤请求种树的判文

某乙修缮堤坝完毕，又申请种树的工程。官员认为是不急之务，某乙坚持请求营缮植树。令其在水堤内不得建造小堤坝，以及人居住在大堤上，其堤坝内外各五步，并且在堤坝上种植榆树、柳树等杂树。如果在堤坝之内狭窄地段栽植，初定充当堤坝的用料。

对判

完善的堤防既已完毕，固然符合工程量计算，轻柔的树木继而栽植，也能弥补堤防漏洞。某乙的急切申请，谁说就是过分请求呢？依靠重力的劳动虽然结束，成行种植树木的想法仍十分迫切。官员的阻拦，没有准备实际上是阻难。如果仅仅吝惜养护木材的花费，那不是长久的利益；去远方求取修筑楗桩所用木料，岂不是繁重的劳役。当时认为修缮堤坝做法可取，为何后来又觉得栽植树木烦琐。而且十年就能成材，五步即可获得，预防祸患在没有萌发前，是前人宝贵的经验。借鉴并接纳采用，就没有瓠子决堤的灾难；言论不被采用，恐怕会连累成为无所作为之人。

《奏为乞免陵州井纳柴状》（节选）

宋·文同

［导读］

文同（1018—1079），字与可，自号笑笑先生，北宋梓州永泰（今四川绵阳）人，著名书画家。他与苏轼是表兄弟，著有《丹渊集》。

本篇节选自文同《丹渊集》卷34《奏为乞免陵州井纳柴状》，是文同任职陵州时所作。陵州以陵井而得名，制盐业发达。北宋时期，官府不断增设盐井，煮盐燃薪，需要大量木材，由官府摊派给百姓，不仅百姓深受其害，当地的森林资源也遭到严重破坏。文同写这篇奏状，请求朝廷免除陵州百姓为官办盐井缴纳木材的制度。

［原文］

臣自至当州访问，得所以为其民之深害、久而不能去者，惟管内仁寿等四县百姓每岁输陵井监煎盐木柴[1]，共计三十八万四千二百余束也。当时立法，但以五等人户每税钱上以二文一分，科令纳柴一束。故其等高者不下千束，虽下户亦三二十束矣。其柴若常时，私下货卖，自可每束直三四十文足钱。官中向亦以其不易，每束更支盐六两。后来常见其亏损百姓，不复支盐，却改每束与见钱七文五分。是官中大约破九文已来，贴折民下三四十文柴一束矣。其百姓所得者贴钱，悉为出旁引揽之人，诸头销使，寻亦随手散尽。又官中科配[2]，尽须要纳干柴。其百姓自一夏已来，以蚕麦务忙，不暇更豫先营置，放令干燥。皆于二税欲起之时，若本家田内所产之少，则须望林回买生湿杂木，翦截赍擎上州[3]，赴场送纳。依自来体例，愿以两束折纳一束，是三四十文一束之柴，又只止得四文有余矣。加此倍之，则近纳七八十万束生湿柴也。偏州小县，尽是山坡，田土瘠薄，别无他产。而每年于二税送纳疋帛、斛斗，并科买红花、紫草，出助役、还青苗之外[4]，又复有此七八十万束木柴之役。比之他州，此方之民实被其苦。臣子细体问得二十三年已前，本州止有官井数处，所销柴茆，若不甚费，其价亦不至高大。自许人开作卓筒之后，部下至今已及数百井，故栽种林木，不能供得，公私采斫，以至山谷童秃，极望如赭。纵有余蘖，才及丈尺，已为刀斧所环，争相翦伐，去输官矣。人既匮极，草木亦不得尽其生意。又缘当州地皆险恶，径路狭隘，磴道龃龉，不通辇运。臣尝屡至纳柴之处，见所输之民，无老与幼，皆悉荷负。有县界阔远，奔走百里之外，陟历深阻，忽值霜雪风雨，冲冒寒滑。加以期限相逼，势不能止，攀缘陨越，饮食失所，以至肩踵皲裂，衣裳穿露，身体尫瘠，都无人色。吁嗟之声，充溢远近。自冬及春，正是他处百姓皆能有所休息之时，而斯民重困，狼狈如此。

【注释】

[1]仁寿：今四川仁寿县，隋唐至北宋前期为陵州治，北宋熙宁五年（1072）为陵井盐监治。陵井监：传说汉代有山神号十二玉女，为道人张道陵指陵上开盐井，后人称为陵井，盐监以陵井得名。1072年，废陵州入陵井监，1122年改为仙井监。

[2]科配：指官府摊派正项赋税外的临时加税。

[3]赍（jī）擎：捧持，持送。

[4]出助役：出钱免除劳役，助役钱是王安石变法的重要措施之一。还青苗：归还从政府借贷的现钱或粮谷，青苗法也是王安石变法的重要措施之一。

【译文】

我自从到了陵州后，通过寻访，了解到民众受害最深、长久不能摆脱的，是辖区内的仁寿等四县的百姓每年都要向陵井监输送煮盐木柴，共计三十八万四千二百多束。从前制定的法令，凡是五等人户，税钱每增加两文一分，法令缴纳木柴一束。因此等次高的人户缴纳的木柴不少于千束，即便下等人户缴纳的木柴也有二三十束。这些木柴如果在平时，私下买卖，每束可以卖到三四十文足钱。官府从前也是因为不容易，每束替代支付食盐六两。后来经常出现亏损百姓的事情，不再支付食盐，而改为每束给现钱七文五分。因此官府大约花费九文，来补偿折算给百姓低于三四十文一束。百姓所获得的补偿钱，全都给了旁边引导招揽的人，各方面打点，随即也就用完了。同时根据官府的摊派，都必须缴纳干柴。这里的百姓从入夏以后，因为桑蚕麦收劳作繁忙，没有时间提前置办，存放让其干燥。都是等到夏秋两税快要缴纳的时候，如果本家田地内出产柴薪稀少，那么就必须望林回买生湿杂木，剪断截好后携带到州府，前往盐场输送缴纳。根据历来的规矩，自愿以两束折算成一束，所以三四十文钱一束的木柴，又只能得到四文多了。加上这些翻倍计算，那么接近缴纳七八十万束生湿木柴了。州处偏远，县城狭小，全是山坡，田地土壤贫瘠，又没有其他产业。而每年因为二税缴纳的布帛、米粮，以及征购红花、紫草，出助役、还青苗之外，还要缴纳这七八十万束的木柴。与其他州相比，这里的百姓实在深受其苦。我经过细致体察访问得悉二十三年以前，本州只有官井数处，所消耗的柴草，并不太多，价格也不太高。自从允许人们开凿卓筒井后，本州所属的盐井至今已有数百处，因此只靠栽种的树木，已经不能满足需求，公家和私人不断采伐，以至于山坡和谷地都光秃秃了，远远望去，到处都是赤裸裸的。即使有剩余而萌发的枝芽，刚长到丈尺长，已经被刀斧包围，争相砍伐，拿去输送官府了。人民已经极度匮乏，草木也不能充分生长。又因陵州地形险恶，道路狭隘，山径崎岖，无法以车载运。我曾经屡次到缴纳木柴的地方，见到输送木柴的百姓，无论老少，全都是背负。有的县界离得远，奔走百里之外，路途偏远，跋山涉险，忽然碰到霜雪风雨，顶风冒雪，天寒路滑。加上期限逼迫，时间不能等待，翻山越岭，没有吃饭喝水的地方，肩膀和脚跟皲裂，衣裳破露，身体瘦弱，都没有人样了。哀愁叹息的声音，充溢远近。从冬天到春天，正是其他地方的百姓休养生息的时候，而这里的百姓却更加困苦，狼狈如此。

《后山谈丛》（节选）

宋・陈师道

［导读］

陈师道（1053—1102），字履常，号后山居士，北宋文学家，“苏门六君子”之一。其著作《后山谈丛》，属于笔记小说，是研究北宋时期历史、文学和社会文化的重要参考。

本篇节选自《后山谈丛》卷四，记载的内容是宋太祖时在汴河设置竹木务（竹木监），管理竹木的采伐运输，并颁布相关木材采伐的法令。

【原文】

太祖置竹木务于汳上[1]，市竹木于秦晋，由河入汳，有卒千五百人。出材于汳，纳材于场，置事材场于务之侧，有二三千人。凡兴造者受成材焉。其法曰：有敢请生材者徒二年[2]。今启圣院乃其材也，今百年矣，梁栱之际，尚不容发。自置八作司以具杂物[3]，而领以三司修造矣。

【注释】

[1]汳（biàn）：古水名，在今河南。晋以后被认为汴水的下游，"汳"之名渐废不用。《水经注·汳水》："汳水出阴沟于浚仪县北。"

[2]生材：与成材相对，指新采伐的木材。现在一般指未经干燥、含水量在纤维饱和点以上的新伐木材。

[3]八作司：官署名。宋朝属将作监，分东西二司，掌管京城内外修缮事务。

【译文】

宋太祖在汴河设置竹木监，从陕西、山西等地贩运木材，经黄河运输至汴河，参加运输差役的工人有一千五百人。汴河运出来的木材，堆放于竹木场里，处理木材的竹木场就设置在竹木监的旁边，工作人员有二三千人。所有的施工建筑必须用成材。相关的法令规定：有人敢用新采伐的木材进行建筑，判二年徒刑。现在的启圣院用的就是这种木材，距今已经一百年了，梁拱的边际，还容不下一根头发。此后设置八作司办理各种将作事，而主要负责三司的修缮事务。

《元史·食货志》(节选)

明·宋濂

[导读]

《元史》,中国古代“二十四”正史之一,明初由宋濂等人编修。因《元史》编纂多照抄旧有史料,具有更高的史料价值。

元世祖忽必烈比较重视农桑生产。至元七年(1270),元朝设司农司,管理全国农桑事务。本文节选自《元史·食货志》,记载的就是司农司颁布的农桑之制十四条,明确要求百姓种植桑枣等经济林。

[原文]

种植之制,每丁岁种桑枣二十株。土性不宜者,听种榆柳等,其数亦如之。种杂果者,每丁十株,皆以生成为数,愿多种者听。其无地及有疾者不与。所在官司申报不实者,罪之。仍令各社布种苜蓿,以防饥年。近水之家,又许凿池养鱼并鹅鸭之数,及种莳莲藕、鸡头、菱角、蒲苇等,以助衣食。

[译文]

种植的制度,每个成年人每年种植二十株桑树或枣树。土壤不适合种植桑枣的,听凭种植榆树、柳树等树种,数量也是二十株。种植其他果树的,每个成年人十株,都要以成活来统计数量,自己愿意多种树的随便。至于那些没有土地以及患有疾病的人,可以不参加。百姓所在地的官衙有不如实上报的,给予处罚。仍旧下令各社撒籽栽种苜蓿,用来防备饥荒年份。靠近水源的家庭,又允许他们开凿水池,养殖鱼类、鹅鸭等家禽,以及种植莲藕、鸡头、菱角、蒲苇等,用来补助衣食之用。

《明会典》(节选)

明·李东阳

[导读]

《明会典》是明代官修的典章制度类史书，以六部官制为纲，以事则为目，记载明朝重要的典章制度和行政法规。明正德年间，由李东阳等人重校。李东阳(1447—1516)，长沙府茶陵州(今湖南茶陵)人，明代中期著名的政治家，官至内阁首辅大臣。

节选内容出自《明会典》卷163，主要记载明代竹木商品的赋税。

[原文]

客商兴贩竹木等项抽分[1]，各有分数，以防过取，今备载于后。

……

三分取一：芦柴、茅草、稻草、茭苗草、藁草。

三十分取二：杉木、软篾、棕毛、黄藤、白藤。

十分取二：松木、松板、杉篙、杉板、檀木、黄杨、梨木、杂木、檐杯、锄头柄、竹扫箒、茭苗、苕箒、猫竹、水竹、杂竹、木炭、煤炭、竹交椅、筀竹、黄藤鞭杆、木柴、箭竹。

事例[2]：洪武十三年，罢天下抽分竹木坊。永乐六年，开设通州、白河、卢沟、通积、广积五抽分竹木局。十三年令照例抽分。

三十分取六：松木、柏木、椴柴、椴木、长柴、把柴、杂木块柴、鞭杆、松木板、煤炸、木炭、檀木、片柴、杉木板、猫竹、水竹、筀竹、杉木篙、车轴、车辋、车辐、杂竹、箭竹、黄藤鞭杆、杂木檐板、茭苗苕箒、竹扫箒、芒苗苕箒、石竹篾、梢柴。

三十分取三：棕毛、蒿柴、豆秸、蓟秸杆。

三十分取二：石灰、石炭、杉木、砖瓦、黄藤、白藤、软竹篾、黄杨木。

[注释]

[1]抽分：亦称“抽解”，宋元明时期对外国货物以及国内土货征收的实物税。

[2]事例：可以作为依据的前事，即成例。

[译文]

客商贩卖竹木等商品所征收的实物税，都有一定的比例，为了防止过多征收税额，现在都详细地记载在后面。

……

征收三分之一税额的有：芦柴、茅草、稻草、茭苗草、藁草。

征收三十分之二税额的有：杉木、软篾、棕毛、黄藤、白藤。

征收十分之二税额的有：松木、松板、杉篙、杉板、檀木、黄杨、梨木、杂木、檐杯、锄头柄、竹扫箒、茭苗、苕箒、猫竹、水竹、杂竹、木炭、煤炭、竹交椅、筀竹、黄藤鞭杆、木柴、箭竹。

成例：洪武十三年，废除全国征收竹木税的竹木坊。永乐六年，开设通州、白河、卢沟、通积、广积五个征收赋税的竹木局。永乐十三年，下令按照以往比例征收竹木税。

征税三十分之六的有：松木、柏木、椵柴、椵木、长柴、把柴、杂木块柴、鞭杆、松木板、煤炸、木炭、檀木、片柴、杉木板、猫竹、水竹、筀竹、杉木篙、车轴、车辋、车辐、杂竹、箭竹、黄藤鞭杆、杂木檐板、茭苗苕箒、竹扫箒、芒苗苕箒、石竹篾、梢柴。

征收三十分之三的有：棕毛、蒿柴、豆秸、蓟秸杆。

征收三十分之二的有：石灰、石炭、杉木、砖瓦、黄藤、白藤、软竹篾、黄杨木。

《读书堂彩衣全集·禁打鸟》

清·赵士麟

[导读]

赵士麟（1629—1699），字麟伯，号玉峰，云南省澄江县人。康熙年间进士，累官至浙江巡抚。其学本于朱子，著有《读书堂彩衣全集》。

本段节选自赵士麟《读书堂彩衣全集》卷四十四，篇名为《禁打鸟》。这是赵士麟颁布的一篇禁止打鸟、保护鸟类的官文，通过叙述鸟类的无害和无用，强调世人要有慈悲之心，不得杀鸟，并明确规定严肃惩处杀鸟的行为。

【原文】

为严禁打鸟伤生，以广化育事。照得人生日用有必需之物[1]，固难禁其不杀；失业穷民有必趋之利，亦难禁其不为。若夫物不可登于几俎，利不过算以锱铢，而残忍毒恻目伤心则莫如打鸟一事矣。以彼翱翔空宇，栖迟林木，于人无患，于世无求，体轻而肉瘦，食之不足以饱也，性热而气腥，嚼之殊不觉甘也，则打之者之无谓也。奈何破其巢卵，拆彼雌雄，徒伤天地好生之仁，致造因果报还之孽，顽冥无知一至于此。合行饬禁为此云云。嗣后，务各发慈心，另谋生理。如有或执鸟鎗，或擎粘竿，故戕物命者，许地方总甲人等，民则擒送所在官司，重责枷示，兵则拿送该管将领，军法从事。扶同容隐[2]，一并治罪不贷。

【注释】

[1]照得：古代下发公文和布告中常用语。查察而得。

[2]扶同：附和、伙同。容隐：容许、隐瞒。专指中国古代亲亲遵隐原则，即亲属犯罪知而不告。

【译文】

为了严禁打鸟杀生，以便推广化生长育事宜。查得人们日常生活有一些必需物品，本来是很难禁止人们不杀的；失业的贫苦老百姓有必然追逐的利益，也很难严禁他们不干杀生之事。至于既不能摆人桌子上盛肉的容器，算起来获利也非常小，但是却残忍歹毒让人恻目伤心的事，就是打鸟一事。这些鸟翱翔于天空之中，栖息于林木之间，对人没有危害，对世间也没有什么所求，身体轻而肉瘦，吃了它们也不足以饱腹，体性燥热而气味腥臊，咀嚼它们也不会感到甘甜，所以打鸟也没有什么价值。为何要破坏它们的巢卵，拆散它们的雌雄，仅只是伤害天地的爱惜生灵的仁性，制造因果报应的孽缘，愚钝无知已经到这种程度了。应当实行严禁打鸟就是针对这些。从今往后，务必各自要发慈悲之心，另外谋求生活的办法。如果还有拿着鸟枪，或者握着粘杆，故意戕害生灵性命的，允许地方总甲等官员，将犯事百姓押送至所属官府，重重责罚戴枷示众，犯事的士兵就押送给管他们的将领，按照军法处置。伙同犯罪和亲属容隐的，一起治罪不予宽恕

《明史·食货志》(节选)

清·张廷玉

【导读】

张廷玉(1672—1755)，安徽桐城人，清初重臣。张廷玉等人编纂的《明史》是一部记述明代历史的纪传体史书，是“二十四”正史之一。

本段节选自《明史·食货志》，记述的是明代实行的官方采办木材行为及其影响。

【原文】

采木之役，自成祖缮治北京宫殿始。永乐四年遣尚书宋礼如四川，侍郎古朴如江西，师逵、金纯如湖广，副都御史刘观如浙江，佥都御史史仲成如山西。礼言有数大木，一夕自浮大谷达于江。天子以为神，名其山曰神木山，遣官祠祭。十年复命礼采木四川。仁宗立，已其役。宣德元年，修南京天地山川坛殿宇，复命侍郎黄宗载、吴廷用采木湖广。未几，因旱灾已之。寻复采大木湖广，而谕工部酌省，未几复罢。其他处亦时采时罢。弘治时，发内帑修清宁宫，停四川采木。正德时，采木湖广、川、贵，命侍郎刘丙督运。太监刘养劾其不中梁栋，责丙陈状，工部尚书李鐩夺俸。嘉靖元年，革神木千户所及卫卒。二十年，宗庙灾，遣工部侍郎潘鉴、副都御史戴金于湖广、四川采办大木。二十六年，复遣工部侍郎刘伯跃采于川、湖、贵州，湖广一省费至三百三十九万余两。又遣官核诸处遗留大木。郡县有司，以迟误大工逮治褫黜非一[1]，并河州县尤苦之。万历中，三殿工兴，采楠杉诸木于湖广、四川、贵州，费银九百三十余万两，征诸民间，较嘉靖年费更倍。而采鹰平条桥诸木于南直、浙江者，商人逋直至二十五万。科臣劾督运官迟延侵冒[2]，

不报。虚糜乾没[3]，公私交困焉。

【注释】

[1]褫（chǐ）：剥夺。

[2]科臣：科道官，明清六科给事中与都察院各道监察御史的统称。

[3]虚糜：白白的浪费。乾没：侵吞公家或别人的财物。

【译文】

采办木料的工役，从明成祖修缮北京宫殿开始。永乐四年，派遣尚书宋礼到四川，侍郎古朴到江西，师逵、金纯到湖广，副都御史刘观到浙江，佥都御史史仲成到山西。宋礼奏说有几棵大树，一天晚上自己从大峡谷中浮出来到江中。天子认为很神奇，把那座山命名为神木山，派遣官员建立祠堂祭祀。永乐十年，又命令宋礼到四川采木。仁宗即位，停止了这工役。宣德元年，修建南京天地山川坛殿宇，又命令侍郎黄宗载、吴廷用到湖广采办木材。不久，因为发生旱灾而停止。后来又在湖广采办大木料，而晓谕工部酌情节省，不久又罢除了。其他地方的采木也是时采时罢。弘治时，调发内府的钱修清宁宫，停止在四川采办木材。正德时，在湖广、四川、贵州采办木材，命令侍郎刘丙监督运输。太监刘养弹劾他采办的木材不适合做栋梁，责成刘丙陈述情况，工部尚书李鐩被剥夺俸禄。嘉靖元年，革去神木千户所和卫兵。嘉靖二十年，宗庙发生火灾，派遣工部侍郎潘鉴、副都御史戴金到湖广、四川采办大木料。嘉靖二十六年，又派遣工部侍郎刘伯跃到四川、湖广、贵州采办木料，湖广一个省花费就达到三百三十九万多两。又派遣官吏核实各地遗留下来的大木料。郡县主管官员，因为延误大工程而被治罪夺取官职的不止一人，沿河州县更是深受其苦。万历年间，三殿工程动工，到湖广、四川、贵州采办楠木、杉木等木料，耗费白银九百三十多万两，征收于民间的，比嘉靖年间耗费的还多几倍。而在南直隶、浙江等地采办鹰平条桥等木，商人拖欠款额达二十五万两。科道官员弹劾督运官员延迟侵吞问题，得不到答复。白白的浪费侵吞，公家私人都陷入了困顿。

《清世宗实录》(节选)

清·爱新觉罗·胤禛

【导读】

实录是编年体史书的一种。《清实录》是清朝历代皇帝统治时期的大事纪，详尽地记载了有清一代近三百年的用人行政和朝章国故。

本段节选自《清世宗实录》，记载了雍正帝重视农桑，要求官员推行林木种植和禁止非时砍伐树木的行为。

【原文】

雍正二年二月：朕自临御以来。无刻不廑念民依[1]，重农务本。但我国家休养生息，数十年来户口日繁，而土田止有此数。非率天下农民竭力耕耘，兼收倍获，欲家室盈宁，必不可得。《周官》所载巡稼之官，保介田畯[2]，皆为课农设也。今课农虽无专官，然自督抚以下，孰不兼此任。其各督率有司悉心相劝，并不时咨访疾苦，有丝毫妨于农业者，必为除去。仍于每乡中择一二老农之勤劳作苦者，优其奖赏，以示鼓励。如此则农民知劝，而惰者可化为勤矣。再舍旁田畔以及荒山旷野，度量土宜，种植树木。桑柘可以饲蚕，枣栗可以佐食，柏桐可以资用，即榛楛杂木亦足以供炊爨。其令有司督率指画，课令种植，仍严禁非时之斧斤、牛羊之践踏、奸徒之盗窃，亦为民利不小。至孳养牲畜，如北方之羊，南方之彘，牧养如法，乳字以时，于生计咸有裨益。总之，小民至愚，经营衣食，非不迫切，而于目前自然之利，反多忽略。所赖亲民之官，委曲周详，多方劝导，庶使踊跃争先，人力无遗，而地利始尽。不惟民生可厚，风俗亦可还淳。尔督抚等官，各体朕惓惓爱民之意，实心奉行，倘视为具文，苟且涂饰，或反以扰民，则尤为不可也。

【注释】

[1]廑(jǐn)：通“勤”。

[2]保介：农官之副也。田畯：田大夫也。

［译文］

雍正二年二月：我自从登基以来，无时无刻不惦记着百姓们的依托，重视农业致力于根本。但是我国休养生息，几十年来人口日渐增加，而土地田亩数量有限。如不率领天下农民竭尽全力耕耘劳作，多多收获，想要各家各户充实安宁，一定不可能得到。《周官》所记载的巡视农业生产的官职，保介、田畯，都是为督责务农而设立的。现在督责务农虽然没有专门的官员，但是自总督、巡抚以下，哪个官员不是兼有这个责任呢。各位总督带领相关衙门官吏要悉心劝导，并不时地咨询查访农民疾苦，有丝毫妨碍农业生产的，一定要为百姓除去。依然在每一乡里选择一两个勤劳吃苦的老农，给以优厚奖赏，以此表示鼓励。这样的话就使农民了解劝意，而懒惰的人可以转化为勤劳了。再在房屋旁边、田边上以及荒山旷野，估量土宜，种植树木。桑柘可以用来养蚕，枣栗可以用来佐餐，柏桐可资利用，即使是榛、楛、杂木也可以用来生火做饭。下令有关官员监督领导筹划，督促下令百姓种植树木，依旧严禁不合时宜的砍伐、牛羊的践踏、奸徒的盗窃，也对百姓有很大益处。至于养殖牲畜，像北方的羊，南方的猪，如果能够用正确方法畜养，按时繁殖，对百姓生活也有很大好处。总之，小民非常愚笨，筹划营造衣食，不是不急切，但是对于当前天然的利益，反而多有忽略。这就依赖亲近百姓的官员，委婉详尽地多方劝导，才能使百姓踊跃争先，人人不留遗力，而地利才能充分发挥。不仅仅百姓生活得以丰厚，风俗也可以更淳朴。你们总督、巡抚等官员，各个要体会我深切的爱民之心，全身心地执行，假如只是看作空文，敷衍掩饰，或是反而因此侵扰百姓，那就更加不可以了。

《大清会典事例》（节选）

清·昆冈等纂

［导读］

《大清会典》，也叫《五朝会典》，是康熙、雍正、乾隆、嘉庆、光绪五个朝代所修会典的总称，主要记载清朝的行政法规及其事例。康熙、雍正朝只有《清会典》，自乾隆朝开始才有《事例》。

节选的两段出自乾隆朝的《大清会典事例》，反映了以乾隆帝为代表的清代统治者对于农林种植的重视。

【原文】

乾隆三年，“据河南巡抚奏称，‘种树为天地自然之利，臣经钦奉谕旨，随饬地方官多方劝谕，桑柘榆柳枣梨桃杏，各就土性所宜，随处种植。一年之内，成活之树，共计百九十一万有余’等语。朕御极以来，轸念民依，于劝农教稼之外，更令地方有司化导小民，时勤树植，以收地利，以益民生。今览该抚所奏，是豫省一年之内，已种树百余万之多。朕思中州接壤畿辅[1]，为南北往来之冲，并未闻有教民种植滋事繁扰之处。安见豫省之法不可仿行于他省耶？……可将此传谕各督抚善体朕心，勉力为之。”

……

乾隆九年，“直隶、天津、河间各属[2]，土性宜枣，种植最多。深、冀亦产桃、梨，至于榆柳杨树之类，河洼碱地，各有所宜。令民间于村头屋角、地亩四至，随宜广种，始足以资利益。如有旗地可种树木之处，广令该管各官，劝谕旗人，亦可多为栽种。”

【注释】

[1]中州：河南省的古称。畿辅：京都附近地区。

[2]直隶：封建社会一般指直属京师地区，清代主要指以北京为中心的直隶省。

【译文】

乾隆三年，“据河南巡抚上奏，‘种树具有天地自然的好处，我遵从皇上的谕旨，随时告诫地方官员多方进行劝谕，桑、柘、榆、柳、枣、梨、桃、杏等树，根据各自土性适宜，随处种植。一年之内，成活的树，共计一百九十多万棵’等话。我从登基以来，非常惦记百姓的依靠，在劝导农业生产之外，更是下令地方官员教化引导百姓，按时勤劳地种树，用来收获土地好处，有益于百姓日常生活。现在看到该巡抚的奏折，是说河南省一年以内就已经种了一百多万棵树了。我想河南与畿辅接壤，是南北往来的重要地方，并没有听说有因为教导百姓种植树木而产生滋扰百姓生活的地方，河南的做法为什么不能在其他省份仿效呢？……可以将这一上谕传达给各省总督巡抚，使他们体会我的用心，尽力去做。”

……

乾隆九年，“直隶、天津、河间各附属地方，土性适宜枣树，种植最多。深、冀也出产桃、梨，至于榆、柳、杨树之类，河洼碱地，各有所宜。下令民间百姓在村头屋角、田地的四周，随着土宜广泛种植树木，这样才是实现最大土地利益的方法。如果旗人土地中有可供种树的地方，下令负责管理该地的官员，劝谕旗人，也要多种树木。”

第五章 园林与风景名胜

《诗经·大雅·灵台》

【导读】

《诗经》分为风、雅、颂三部分，《大雅》《小雅》主要是周代贵族典礼、宴会时的乐歌，一定程度上反映了周代的社会生活和生产劳作。

《诗经·大雅·灵台》不仅是歌颂周文王的诗篇，也是我国古代皇家园林发端的史诗。它通过对灵台、灵囿、灵沼的修建过程的歌颂，记载了人们利用天然山水林木，挖池筑台而成皇家园林的过程。灵囿、灵台、灵沼大体已具备园林的四个基本要素，它既是帝王狩猎、通神的场所，也是生产的基地，同时还作为游赏的对象。这首诗歌所展现的皇家园林，不仅是周王狩猎、游憩、生活的场所，也是与民共享自然资源的地方，成为后世儒家所称道的典范。虽然在《灵台》一诗中，没有提及植物品类，但从“麀鹿濯濯，白鸟翯翯”等也可以管窥到当时的森林生态状况。

【原文】

经始灵台，经之营之。庶民攻之[1]，不日成之。经始勿亟，庶民子来。
王在灵囿，麀鹿攸伏[2]。麀鹿濯濯，白鸟翯翯[3]。王在灵沼，于牣鱼跃[4]。
虡业维枞[5]，贲鼓维镛[6]！于论鼓钟，于乐辟廱[7]！

于论鼓钟，于乐辟廱！鼍鼓逢逢[8]，蒙瞍奏公[9]。

【注释】

[1]攻：制作，建造。

[2]麀（yōu）：母鹿。

[3]濯濯：肥壮貌。翯翯（hè）：洁白貌。

[4]灵沼：园中的池泽。牣（rèn）：满。

[5]虡（jù）：悬挂乐器的木架。业：悬挂乐器的大版。枞：崇牙，即虡上的载钉，用以悬钟磬。

[6]贲（bì）：大鼓。镛：大钟。

[7]辟廱："廱"通"雍"。古代大学大射行礼处，有水环绕。

[8]鼍（tuó）：鳄鱼。鼍鼓：用鼍皮蒙的鼓。

[9]蒙瞍：盲人。

【译文】

开始兴建灵台，测量规划，营造起来。百姓一起动手兴建，很快就建成了。建台本来不着急，百姓却踊跃到来。

周王开始游乐在灵囿，母鹿驯顺，伏地不惊。成群的母鹿肥壮美好，成群的白鸟羽毛泽丽。周王游乐在灵沼，满池鱼儿在欢跳。

木架大版崇牙耸，挂着大鼓和大钟。钟鼓声合律，欢乐在辟廱！

钟鼓声合律，欢乐在辟廱！敲击鼍鼓响蓬蓬，瞽师奏乐祝成功。

《上林赋》（节选）

西汉·司马相如

【导读】

《上林赋》是西汉文学家司马相如的代表赋作，是《子虚赋》的姊妹篇。上林苑是汉武帝在秦代旧苑基础上扩建的园林建筑，是中国古代最具盛名的皇家园囿之一。苑中景观无数，广植花木，且圈养珍禽异兽，供皇帝秋冬猎取。

文献节选自东汉班固《汉书·司马相如传》，描绘了上林苑中庞杂的水系河道，丰饶的渔产禽类，巍峨连绵的群山密林，众多种类的野生动物，丰富的林产植物资源。全文以昂扬的气势，重现了上林苑恢宏巨丽的规模。同时，通过史料的记载，也有助于了解西汉都城周边地区的森林植被与野生动物资源的分布状况。

【原文】

且夫齐楚之事，又乌足道乎！君未睹夫巨丽也，独不闻天子之上林乎？左苍梧，右西极，丹水更其南，紫渊径其北。终始灞浐，出入泾渭；酆镐潦潏[1]，纡馀委蛇，经营其内。荡荡乎八川分流，相背而异态。东西南北，驰骛往来，出乎椒丘之阙，行乎洲淤之浦，径乎桂林之中，过乎泱漭之野。汩乎混流，顺阿而下，赴隘狭之口，触穹石，激堆埼，沸乎暴怒，汹涌澎湃。滭弗宓汩，偪侧泌瀄[2]。横流逆折，转腾潎洌，滂濞沆溉。穹隆云桡，宛潬胶盭。逾波趋浥，莅莅下濑。批岩冲拥，奔扬滞沛。临坻注壑，瀺灂霣坠，沉沉隐隐，砰磅訇礚，潏潏淈淈，湁潗鼎沸。驰波跳沫，汩濦漂疾。悠远长怀，寂漻无声，肆乎永归。然后灏溔潢漾，安翔徐回，翯乎滈滈，东注大湖，衍溢陂池。

于是乎鲛龙赤螭，䱭䲛渐离，鰅鳙鰬鮀，禺禺鱋鳎，揵鳍掉尾，振鳞奋翼，潜处乎深岩，鱼鳖讙声，万物众多。明月珠子，的砾江靡。蜀石黄碝，水玉磊砢，磷磷烂烂，采色澔汗，藂积乎其中。鸿鹔鹄鸨，駕鹅属玉，交精旋目，烦鹜庸渠，箴疵鵁卢，群浮乎其上，泛淫泛滥，随风澹淡，与波摇荡，奄薄水陼，唼喋菁藻，咀嚼菱藕。

于是乎崇山矗矗，巃嵷崔巍，深林巨木，崭岩参差。九嵕巀嶭[3]，南山峨峨，岩陁甗崎，摧崣崛崎。振溪通谷，蹇产沟渎，谽呀豁閜，阜陵别岛，崴魂葨瘣，丘虚堀礨，隐辚郁壘，登降施靡，陂池貏豸。允溶淫鬻，散涣夷陆，亭皋千里，靡不被筑。掩以绿蕙，被以江蓠，糅以蘪芜，杂以留夷。布结缕，攒戾莎，揭车衡兰，槀本射干，茈姜蘘荷，葴持若荪，鲜支黄砾，蒋芧青薠，布濩闳泽，延曼太原。离靡广衍，应风披靡，吐芳扬烈，郁郁菲菲，众香发越，肸蚃布写，晻薆咇茀。

于是乎周览泛观，缜纷轧芴，芒芒恍忽，视之无端，察之无涯。日出东沼，入乎西陂。其南则隆冬生长，涌水跃波。其兽则獳旄貘犛，沈牛麈麋，赤首圜题，穷奇象犀。其北则盛夏含冻裂地，涉冰揭河。其兽则麒麟角端，騊駼橐驼，蛩蛩驒騱，駃騠驴骡。

于是乎离宫别馆，弥山跨谷，高廊四注，重坐曲阁，华榱璧珰，辇道纚属，步櫩周流，长途中宿。夷嵕筑堂，累台增成，岩窔洞房，俯杳眇而无见，仰攀橑而扪天，奔星更于闺闼，宛虹拖于楯轩。青龙蚴蟉于东箱，象舆婉僤于西清，灵圄燕于闲馆，偓佺之伦暴于南荣[4]，醴泉涌于清室，通川过于中庭。盘石裖崖，嵚岩倚倾。嵯峨磼碟，刻削峥嵘，玫瑰碧琳，珊瑚丛生，瑉玉旁唐，玢豳文磷，赤瑕驳荦，杂臿其间，晁采琬琰，和氏出焉。

于是乎卢橘夏熟，黄甘橙楱，枇杷橪柿，亭柰厚朴，樗枣杨梅，樱桃蒲陶，隐夫薁棣，荅遝离支，罗乎后宫，列乎北园。貤丘陵，下平原，扬翠叶，扤紫茎，发红华，垂朱荣，煌煌扈扈，照曜鉅野。沙棠栎槠，华枫枰栌，留落胥邪，仁频并闾，欃檀木兰，豫章女贞，长千仞，大连抱，夸条直畅，实叶葰楙，攒立丛倚，连卷欐佹，崔错癹骫，坑衡閜砢，垂条扶疏，落英幡纚，纷溶箾蔘，猗柅从风，藰莅卉歙，盖象金石之声，管钥之音。偨池茈虒，旋还乎后宫，杂袭累辑，被山缘谷，循阪下隰，视之无端，究之无穷。

于是乎玄猨素雌，蜼玃飞鸓，蛭蜩蠼猱，獑胡豰蛫，栖息乎其间。长啸哀鸣，翩幡互经。夭蟜枝格，偃蹇杪颠。隃绝梁，腾殊榛，捷垂条，掉希间，牢落陆离，烂漫远迁。

若此者数百千处，娱游往来，宫宿馆舍，庖厨不徙，后宫不移，百官备具。

【注释】

[1] 酆（fēng）、鄗（hào）、潦、潏：古水名，均为关中八川之一。

[2] 滭（bì）弗：大水流动的样子。宓汩：水流迅疾。偪（bì）侧：狭窄。泌（bì）瀄（jié）：水流互击。

[3] 九嵕（zōng）：即九嵕山。在今陕西礼泉县境内，与秦岭山脉遥相对峙。

[4] 偓佺：古传说中的仙人名。刘向《列仙传》："偓佺者，槐山采药父也，好食松实，形体生毛，长数寸，两目更方，能飞行逐走马。"

【译文】

况且齐国和楚国的事物，又哪里值得称道呢！你未曾目睹极其美好的事物，难道没有听说过天子的上林苑吗？左边是苍梧，右边是西极。丹水流过它的南边，紫渊经过它的北面。始终徘徊其中的是灞水、浐水，流进又流出的是泾水、渭水。酆水、鄗水、潦水、潏水，曲折绵延，在其中周旋往来。浩浩荡荡的八条河川分道而流，流向相背，姿态各异。东西南北，奔腾往来，从尖削高丘的缺口奔流而出，穿行沙石堆积的河岸，流经桂树之林，流过广袤的原野。疾速的水流，顺着山势向下，直赴狭隘的山口，碰撞岩石，冲激河岸，沸腾暴怒，汹涌澎湃。水流湍急，激起的旋回水浪有如云彩。水流曲折逶迤，后浪拍击前浪，直泻峡谷深潭。奔腾的河水冲刷着河底沙石，撞击着石岸和河堤，奔腾的波涛，激扬起阵阵雾气。水势从高处流入深深的沟壑中后渐缓，发出的声音也变的涓细，随后水势深广宏大，激荡起砰磅轰磕的巨响，水浪翻涌，如鼎中沸水。奔腾的水流击起层层泡沫，迅速旋转着漂向远方。河水开阔，一去不返，水流缓慢，形成一些漩涡，泛着白光的浩瀚水面，向东流入太湖中，湖水满溢流入附近池泽。

于是蛟龙、赤螭，鲉鳢、渐离，鰅、鳙、鳍、鮀，禺禺、魼鳎，挺直背鳍，摇摆尾巴，振动鳞片，奋举双翅。躲藏在深渊岩石下，鱼鳖高声喧哗，万物聚集。明月珍珠，在江边闪烁。如玉的蜀石、黄色的碝石、水晶石堆积，色彩鲜明灿烂，聚集在其中。鸿、鹔、鹄、鸨，駕鹅、属玉，鵁鶄、旋目，烦鹜、水鸡，箴疵、鸬卢等水鸟，成群浮在水上，数量泛滥，成群结队，随风而漂，随波而荡，铺满水面，时而叼啄青藻，时而咀嚼菱藕。

于是高山挺拔耸立，巍峨陡峭，深山老林，巨木参天，高峻的山崖参差不齐。九嵕山雄伟险峻，终南山巍峨高峻，山峰倾斜，山坡陡峭，山路崎岖。因巨石而收敛的溪水，穿过山谷，形成弯曲幽深的水潭，宽广空旷的涧谷。深山中的陡坡和水中的岛屿高峻不平，山势起伏绵延，山坡下渐趋平坦。水势缓慢，渐渐平坦成为陆地，千里平地，没有不被开拓的。苑中地上到处铺满了蕙草、江离，掺以香草蘼芜，杂以香草留夷。遍地生长结缕，丛生绿色沙草，揭车、衡兰，稿本、射干，茈姜、蘘荷，葴持、若荪，鲜支、黄砾，蒋芧、青薠，这些美丽稀有植物遍布广阔大泽，弥漫整个平原，绵延不绝，到处繁衍，迎风摇摆，吐出芳香，浓郁强烈，诸多香味发散，沁人心田，香气四溢。

于是周游浏览，极眼观望，一片茂盛景象，茫茫然恍惚不清，一眼望去不见边界，仔细探察没有边际。日出东方沼泽，日落西方山坡。苑的南边在隆冬季节万物也能生长，泉水涌出闪耀波光；苑中的野兽有庸牛、旄牛、貘、牦牛、水牛、驼鹿、麋鹿、赤首、圜题、穷奇、大象、犀牛。苑的北面则盛夏时节大地封冻龟裂，提着衣服踏冰过河；其中的野兽有麒麟、角端、**騊駼**、骆驼、蛩蛩、**驒騱**、**駃騠**、驴、骡之类。

于是离宫别馆，遍布山谷，高大的回廊四周环绕，多层楼阁弯曲迂回。雕花的房椽、镶玉的瓦当，宽度可容辇车的阁道，环绕的长廊不见尽头，途中需住宿休息。铲平高山山顶修筑厅堂，楼台层层累叠，内室幽深，从上向山下望去深奥不见地面，向上攀摸房椽可以摸到天。流星从宫中的小门内闪过，弯弯的彩虹横架在窗外的栏杆上。青龙蟠行在东厢房，象车慢行在西厢房。众仙云集在清闲的馆舍，**偓佺**之辈的仙人在南檐下晒太阳。甘甜的泉水从清凉屋室内流出，流通的河川从庭院中经过。巨石累叠在池岸上的山崖，低处的岩石陡峭险要，高处的岩石高大险峻，山岩的纹理有如人工削刻。玫瑰玉和青绿色玉遍布，珊瑚丛生，珉玉岩彩纹石，纹理斑然如鳞，赤红色的玉石，色彩斑斓错杂，散乱分布在山崖之间。晁采、琬圭等美玉，以及和氏璧在此出产。

于是卢橘夏天成熟，黄甘、橙子、榛子，枇杷、酸枣、柿子，山梨、柰子、厚朴，**樗**枣、杨梅，樱桃、葡萄，酸李、棠棣，纷多荔枝，网罗在后宫中，植列在北园之内。绵延到丘陵，向下到平原。翠绿树叶摇摆，紫色树枝摇动，红色花朵绽放，垂下红色的花蕊，光彩相照，映红巨大原野。沙棠、栎树、槠树，桦树、枫树、银杏、黄栌，刘子、椰榆、椰子，槟榔、棕榈，檀木、木兰，豫章树、女贞树，树高千仞，树围合抱，枝条茂盛伸展开来，丰硕果实挂满枝头。树木丛生相互簇立，树枝盘曲交错间或背生，高举横出相倚相扶，枝条垂布，飞落的花瓣四散飘落。草木茂盛，随风摇舞，婀娜多姿。风吹草木，凄清作响，有如钟磬之声，好似管弦之音。苑内草木参差，环绕后宫。覆盖累积，布满山林峡谷，沿着溪谷直至低湿的地方，放眼望去没有边际，详细考察无穷无尽。

于是黑色的雄猿、白色的雌猿，长尾猿、大猿、鼯鼠，传说中能飞的蛭、善爬树的蜩、猕猴，似猕猴的**獑**胡、似鼬的**豰**兽、似龟的**蛫**兽，栖息在其间，或长啸或低鸣，上下如飞，交相往来，在树枝间玩耍，屈曲婉转直上树梢。群兽有的越过断桥，跳过奇状的树丛，抓住垂下的枝条，悠荡在空中，或聚或散，自由自在，渐行渐远。

像这样的地方有成百上千处，娱乐游玩，住在宫殿别馆，厨房不需要来回搬动，后宫妃嫔也不必往返迁移，各级官吏配置也十分齐备。

《西京杂记·袁广汉园林之侈》

西汉·刘歆

【导读】

《西京杂记》，相传为西汉刘歆所撰的一本笔记小说，记载了西汉西京长安的各类野史逸闻，是了解西汉历史的重要史料典籍。

节选段落《袁广汉园林之侈》记载的是西汉茂陵富人袁广汉兴建的园林概况，通过记述园林中的假山流水、奇树异草、珍禽怪兽、重阁长廊，展现了西汉时期私家园林的豪侈。

【原文】

茂陵富人袁广汉，藏镪巨万[1]，家僮八九百人。于北邙山下筑园[2]，东西四里，南北五里，激流水注其内。构石为山，高十余丈，连延数里。养白鹦鹉、紫鸳鸯、牦牛、青兕，奇兽怪禽，委积其间。积沙为洲屿，激水为波潮，其中致江鸥海鹤、孕雏产鷇，延漫林池。奇树异草，靡不具植。屋皆徘徊连属，重阁修廊，行之，移晷不能遍也。广汉后有罪诛，没入官园，鸟兽草木，皆移植上林苑中。”

【注释】

[1] 镪（qiǎng）：成串的钱。

[2] 北邙山：即北邙坂，在汉长安城北，今咸阳兴平一带。

【译文】

茂陵县的有钱人袁广汉，家财不计其数，家里的童仆有八九百人。他在北邙山下建造了一座园林，东西四里，南北五里，阻遏流水使之注入园林中。园林里架石为山，高十余丈，连绵几里。园内还饲养了白鹦鹉、紫鸳鸯、牦牛、黑色的犀牛，各种奇禽怪兽，聚集于园中。堆聚泥沙建成了水中的沙洲，激荡流水掀起了波浪，园中还招来了江鸥、海鹤，它们怀胎产下小鸟，遍布了整座园林。奇树异草，无不种植。园中屋宇都会选相连，各种重阁长廊，走在里面，很长时间都走不到头。袁广汉后来有罪被杀了，他的园林也被没收成了官家的园林，园中的鸟兽草木，都移植到了上林苑中。

《洛阳伽蓝记》（节选）

北魏·杨炫之

【导读】

北魏杨炫之的《洛阳伽蓝记》是一部集历史、地理、佛教、文学于一身的笔记。其书历数北魏洛阳城的佛寺，分城内、城东、城西、城南、城北五卷，叙述寺院的缘起变迁、庙宇的建制规模及与之有关的名人轶事、奇谈异闻。

节选的几则材料，都是关于洛阳寺庙园林建筑、植物配置等方面的史料。

【原文】

敬义里南有昭德里。里内有尚书仆射游肇、御史尉李彪、七兵尚书崔休、幽州刺史常景、司农张伦等五宅。彪景出自儒生，居室俭素。惟伦最为豪侈，斋宇光丽，服玩精奇，车马出入，逾于邦君。园林山池之美，诸王莫及。伦造景阳山，有若自然。其中重岩复岭，嵚崟相属[1]，深蹊洞壑，逦迤连接。高林巨树，足使日月蔽亏；悬葛垂萝，能令风烟出入。崎岖石路，似壅而通，峥嵘涧道，盘纡复直。是以山情野兴之士，游以忘归。

……

龙华寺，广陵王所立也；追圣寺，北海王所立也。并在报德寺之东。法事僧房，比秦太上公。京师寺皆种杂果，而此三寺园林茂盛，莫之与争。

……

当时四海晏清，八荒率职，缥囊纪庆[2]，玉烛调辰，百姓殷阜，年登俗乐。鳏寡不闻犬豕之食，茕独不见牛马之衣。于是帝族王侯、外戚、公主，擅山海之富，居川林之饶，争修园宅，互相夸竞。崇门丰室，洞户连房，飞馆生风，重楼起雾。高台芳榭，家家而筑；花林曲池，园园而有。莫不桃李夏绿，竹柏冬青。

……

当时园池平衍，果菜葱青，莫不叹息焉。园中有一海，号咸池，葭菼被岸，菱荷覆水。青松翠竹，罗生其旁。京邑士子，至于良辰美日，休沐告归，征友命朋，来游此寺。云车接轸，羽盖成阴，或置酒林泉，题诗花圃，折藕浮瓜以为兴适。

【注释】

[1]嵚崟（qīn yín）：山势高耸的样子。

[2]缥囊：泛指文史著作。

【译文】

敬义里南有昭德里。里内有尚书仆射游肇、御史尉李彪、七兵尚书崔休、幽州刺史常景、司农张伦等人的五座宅院。李彪、常景是儒生出身，所住的宅院节俭朴素。只有司农张伦的（住宅）最是豪华奢侈。张伦的屋舍漂亮华丽，服用和玩赏的物品精巧新奇，进出乘坐的车马，超过了邦国的君主。园林山池的美好，许多藩王也赶不上。张伦人工建造的景阳山，就好像自然的山一样。山中重重叠叠的山崖和峰峦，高耸林立，接连不断。幽深的溪谷和沟壑，曲折连绵，互相衔接。高林大树，足以使太阳和月亮的光辉受遮蔽而亏缺。虽然悬挂了许多葛藤和萝蔓，风和烟雾仍然能够在它们之间进出。高低不平的石头小路，看上去好像堵塞不通，而实际上可以穿过。又深又险的山间水道，迂回曲折绕过了几道弯后又笔直地向前流去。所以对山野景物充满感情、富有兴趣的人们，在这里游览都忘记了回家。

……

龙华寺是广陵王元羽修建的，追圣寺是北海王元祥修建的，它们都位于报德寺的东面。龙华寺进行法事的房舍，近似于秦太上公寺。京师里的寺院都种各种各样的果树，而这三所寺院园林的茂盛，没有哪一所寺院能够与它们争高下。

……

当时天下太平无事，八方偏远的地区都遵循职守，归顺臣服。文史著作记载着国家的吉庆，人君德光普照，调节着四季的风雨气候。老百姓家家殷实富足，庄稼丰收，民间欢乐。即使是鳏夫寡妇也不用吃猪狗吃的食物，无依无靠的人所穿的衣服也不是披在牛马身上那种粗糙的衣物。在这个时候，皇亲贵族、外戚、公主们拥有全国山海出产的大量财富，占有河流森林的富饶产品。于是，大家争着修建庄园和住宅，互相夸耀、比赛。这些庄园宅院各个都是高门大房，宅子里面门户相对，房间相连。建筑物高耸着，仿佛风和烟雾都是从它们中间升起的一样。家家筑起高大的台子和漂亮的亭榭，园子里都有长满鲜花的树林和蜿蜒曲折的水池。所有宅院都是夏天桃李葱青，冬天松柏苍翠。

……

当时园子地面平坦，瓜果菜叶葱青，看的人没有不叹息的。园中有一水湖，叫咸池。芦苇遮蔽堤岸，菱荷覆盖水面，青松翠竹罗列生长在池边。京城里的士子，到了好时辰、好日子，休假回家，约了朋友，来这寺里游玩。车驾接连而至，羽毛做成的车盖甚至遮蔽了阳光。有人把酒放在树林泉水旁，有人在花圃里题诗，有人折藕浮瓜，游乐其间以为兴事。

《三辅黄图》(节选)

南北朝

【导读】

《三辅黄图》是一本古代地理书，大致成书时间是南北朝时期，主要记载三秦地区的城池、宫观、园林等，是研究秦汉时期关中历史地理的重要史料。

节选部分摘录自中华书局2005年何清谷的《三辅黄图校释》，记载的是汉武帝上林苑中扶荔宫的相关情况，包含建造缘起、宫内植物配置，以及与之有关的荔枝进贡历史。

【原文】

扶荔宫，在上林苑中。汉武帝元鼎六年，破南越起扶荔宫（宫以荔枝得名），以植所得奇草异木：菖蒲百本；山姜十本；甘蕉十二本；留求子十本；桂百本；蜜香、指甲花百本；龙眼、荔枝、槟榔、橄榄、千岁子、甘橘皆百余本。上木[1]，南北异宜，岁时多枯瘁。荔枝自交趾移植百株于庭[2]，无一生者，连年犹移植不息。后数岁，偶一株稍茂，终无华实，帝亦珍惜之。一旦萎死，守吏坐诛者数十人，遂不复莳矣。其实则岁贡焉，邮传者疲毙于道，极为生民之患。至后汉安帝时，交趾郡守唐羌极陈其弊，遂罢其贡。

【注释】

[1]上木：清代毕沅经训堂丛书本《三辅黄图》写作“土木”。或可解“土”为地方。

[2]交趾：古地区名，泛指五岭以南。汉武帝时为所置十三刺史部之一，辖境相当于今广东、广西大部和越南的北部、中部。

【译文】

扶荔宫，在上林苑中。汉武帝元鼎六年（公元前111年），攻破南越国后营建扶荔宫（因为宫里栽植的荔枝而得名），用来栽植从南越获得的奇草异木：菖蒲一百株，山姜十株，甘蕉十二株，留求子十株，桂树一百株，蜜香树、指甲花一百株，龙眼、荔枝、槟榔、千岁子、柑橘树各一百多株。地方的树种，南北土性差异很大，一年左右都枯萎了。从交趾移植了一百多株荔枝树种在庭院中，没有一株活了下来，仍连年不停地移植。后来过了几年，偶然有一株荔枝树稍微生长茂盛点，最终也没有结果，汉武帝仍然非常珍惜它。有朝一日它枯死了，看护它的官员被连坐诛杀了十几人，于是就不再栽种了。荔枝果是年年由地方进贡的，负责传递水果的人经常因疲劳死于路上，成为百姓们很大的忧患。到了东汉安帝时，交趾郡的郡守唐羌极力陈述其间的弊端，于是就停止了进贡。

《魏王花木志》

南北朝

【导读】

《魏王花木志》大致成书于北朝时期，作者不详。其书最早见于《齐民要术》，后世史志、书目均未见记载，估计诞生不久即已亡佚。本文转引自《文渊阁四库全书》版《说郛》辑佚内容。

王毓瑚先生（1957）认为《魏王花木志》是我国古代第一部关于花木的专书。

根据书名以及《说郛》《香艳丛书》所辑佚的内容来看，应是江淮吴越甚至东南沿海地区花木资料的汇编。

【原文】

思惟：思惟树，汉时有道人自西域持贝多子植于嵩之西峰下，后极高大，有四树，树一年三花。

紫菜：吴郡边海诸山悉生紫菜。

木莲：木莲叶似辛夷，花类莲。

山茶：山茶似海石榴，出桂州。

溪荪：溪荪如高良姜，生水中，出茆山。

朱槿：重台朱槿似桑，南中呼为桑槿。

莼根：莼根，羹之绝美，江东谓之莼龟。

孟娘菜：江淮有孟娘菜，并益肉食。

牡桂：牡桂叶大如苦竹叶，叶中一脉如笔迹。

黄辛夷：卫公平泉庄有黄辛夷、紫丁香[1]。

紫藤花：吴苑生。

郁树：郁树高五六尺，其实大如李，色赤，食之甘。

卢橘：卢橘，蜀生有给客橙，似橘而非，若柚而香，冬夏华实相继，或如弹丸，或如拳，通岁食之，亦名卢橘。

槠子：《南方记》槠子如桃实，二月花，实七八月熟，土人盐藏之，味辛，出交趾。

石南：石南树野生，二月花[2]，实如燕卵，八月熟。民采之，取曝干，其皮作鱼羹和之尤美。出九真。

都勾：都勾似栟榈，木中出屑如麫，可取为饵，食如桄榔。

茶叶：茶叶似栀子，可煮为饮，其老叶谓之荈，嫩叶谓之茗。

【注释】

[1]卫公：唐代李德裕死后封卫国公，故称李卫公，建有平泉山庄。此条材料非《魏王花木志》原文，无疑是后世学者辑佚时掺入的其他典籍内容。

[2]二月花：《说郛》辑佚原文中，“石南”与“槠子”两条中“二月花”后面都有“仍

连着”三字，疑为衍文。为求语义贯通，作改订。

［译文］

思惟：思惟树，汉朝时有道士从西域带回来贝多子，种在嵩山西峰下面，后来长的非常高大，有四棵树，此树一年开三次花。

紫菜：吴郡靠近海边的很多山上都生长紫菜。

木莲：木莲的叶子像辛夷，花像莲花。

山茶：山茶像海石榴，出产于桂州。

溪荪：溪荪像高良姜，生于水中，出产于茆山。

朱槿：重台朱槿像桑树，南中地区称为桑槿。

莼根：用莼根做的汤非常鲜美，江东称为莼龟。

孟娘菜：江淮地区有孟娘菜，可以和肉一起吃。

牡桂：牡桂叶子的大小如同苦竹叶，叶子中间有一条线如笔迹。

黄辛夷：李卫公的平泉庄有黄辛夷、紫丁香。

紫藤花：吴苑生长。

郁树：郁树高有五六尺，它的果实大小如同李子，颜色红色，吃起来甜。

卢橘：蜀地生长有给客橙，跟橘子很像但是又不是橘子，吃进嘴里特别香。冬夏开花结果循环往复，有的大小如弹丸，有的如拳头，一整年都能吃到，也叫卢橘。

楮子：《南方记》记载有楮子像桃子，二月开花，七八月果实成熟，土人用盐贮藏，味道辛辣，出自交趾。

石南：石南树野外生长，二月开花，果实如同燕子蛋，八月成熟。老百姓采回来，晒干后，用它的皮调味鱼汤，非常鲜美。出自九真。

都勾：都勾树像栟榈，树中产碎屑如同面粉一样，可以拿来做糕饼，吃起来味道如同桄榔。

茶叶：茶叶像栀子，可以煮来饮用，它老的叶子称为荈，嫩叶称为茗。

《平泉山居草木记》

唐·李德裕

【导读】

李德裕（787—850），字文饶，赵郡赞皇（今河北赞皇县）人。唐代杰出政治家。著有《会昌一品集》。平泉别业是李德裕在东都洛阳城外的别墅，是其多年经营而成。园中有书楼、瀑泉亭、流杯亭、西园、双碧潭等建筑，还有从全国各地搜罗的奇花异卉、珍木奇石。

本篇选自《文渊阁四库全书》版《会昌一品集》附录《李卫公别集》。《平泉山居草木记》记述了平泉山庄中各种花木的名色、来历，如金松、琪树、海棠、榧桧、红桂、厚朴、香柽、木兰、月桂、杨梅、山桂、温树、珠栢、栾荆、杜鹃、山桃、侧栢、南烛、柳栢、红豆山樱、栗梨、龙柏、山茶、紫丁香、百叶木芙蓉、百叶蔷薇、紫桂、海石楠、同心木芙蓉、真红桂、四时杜鹃、相思紫苑、贞桐等，从中可以看出唐代私家园林建设之辉煌，园林植物配置之丰富。

【原文】

余尝览贤相石泉公家藏书目，有《园庭草木疏》[1]，则知先哲所尚，必有意焉。余二十年间，三守吴门，一莅淮服，嘉树芳草，性之所耽，或致自同人，或得于樵客，始则盈尺，今已丰寻。因感学《诗》者多识草木之名，为《骚》者必尽荪荃之美，乃记所出山泽，庶资博闻。

木之奇者，有天台之金松、琪树，稽山之海棠、榧、桧，剡溪之红桂、厚朴，海峤之香柽、木兰，天目之青神、凤集，钟山之月桂、青飕、杨梅，曲阿之山桂、温树，金陵之珠柏、栾荆、杜鹃，茅山之山桃、侧柏、南烛，宜春之柳柏、红豆、山樱，蓝田之栗、梨、龙柏。其水物之美者，荷有白苹洲之重台莲，芙蓉湖之白莲，茅山东溪之芳荪。复有日观、震泽、巫岭、罗浮、桂水、严湍、庐阜、漏泽之石在焉。其伊洛名园所有，今并不载。岂若潘赋《闲居》[2]，称郁棣之藻丽；陶归衡宇[3]，喜松菊之犹存。爰列嘉名，书之于石。己未岁，又得番禺之山茶，宛陵之紫丁香，会稽之百叶木芙蓉、百叶蔷薇，永嘉之紫桂、簇蝶，天台之海石楠，桂林之俱郍卫，台岭、八公山之怪石，巫山、严湍、琅邪台之水石，布于清渠之侧，仙人迹、鹿迹之石，列于佛榻之前。是岁又得钟陵之同心木芙蓉，剡中之真红桂，稽山之四时杜鹃、相思紫苑、贞桐、山茗、重台蔷薇、黄槿，东阳之牡桂、紫石楠，九华山药树天蓼、青枥、黄心栱子、朱杉、龙骨□□。庚申岁，复得宜春之笔树、楠稚子、金荆、红笔、密蒙、勾栗木，其草药又得山姜、碧百合。

【注释】

[1]《园庭草木疏》：书名，唐王方庆撰，记载园艺花木等约100多种。

[2]潘赋《闲居》：潘，潘岳，字安仁，又称潘安。西晋时期著名文学家，撰有《闲居赋》。

[3]陶归：陶，即陶渊明，自号“五柳先生”，晚年更名“潜”，撰有《归去来兮辞》。

【译文】

我曾经观览贤明宰相石泉公的家藏书目，有《园庭草木疏》，因而知道先世的贤人所崇尚的，必定有深刻蕴意。我二十年间，三次在吴门做官，一次在淮地做官，美树芳草，天生十分爱好，有的得自志同道合的朋友，有的得自樵夫，起初刚满一尺，现今已经增长到八尺。由此感悟学习《诗经》的人大都能识别草木的名称，撰写楚辞的人必能穷尽描绘荪草荃草的美妙，于是记载出产草木的名山大泽，用来增加广博的见闻。

奇丽的树木，有天台山的金松、琪树，会稽山的海棠、榧子树、桧树，剡溪的红桂树、厚朴树，海峤的香柽树、木兰，天目山的青神树、凤集树，钟山的月桂、青飕树、杨梅树，曲阿的山桂、温树，金陵的珠柏、栾荆、杜鹃，茅山的山桃、侧柏、南烛树，宜春的柳柏、红豆、山樱，蓝田的栗树、梨树、龙柏。那些美丽的水生植物，荷花有白苹洲的重台莲，芙蓉湖的白莲，茅山东溪的芳荪。又有日观、震泽、巫岭、罗浮、桂水、严湍、庐山、漏泽的奇石在侧。那些伊水洛水地区的名园中所拥有的，在此并不记载。哪能像那潘岳《闲居赋》，称赞森郁的棠棣的华丽；陶渊明的《归去来兮辞》，喜爱松树菊花的寒后犹存。就罗列那美好的名称，书写在石头上。己未年，又得到番禺的山茶，宛陵的紫丁香，会稽山的百叶木芙蓉、百叶蔷薇，永嘉的紫桂、簇蝶，天台山的海石楠，桂林的俱郍卫，台岭、八公山的怪石，巫山、严湍、琅邪台的水石，布置在清澈水渠的两侧，仙人迹、鹿迹之石，分列在佛榻前。这一年又得到钟陵的同心木芙蓉，剡中的真红桂，会稽山的四时杜鹃、相思紫苑、贞桐、山茗、重台蔷薇、黄槿，东阳的牡桂、紫石楠，九华山的药用树种天蓼、青枥、黄心栮子、朱杉、龙骨□□。庚申年，又得到宜春的笔树、楠稚子、金荆、红笔、密蒙、勾栗树，草药又得到山姜、碧百合。

《洛阳名园记》（节选）

宋·李格非

【导读】

李格非，字文叔，济南人，北宋文学家，词人李清照之父。曾受知于苏轼，因身陷元佑党争而被罢官。

《洛阳名园记》是记录北宋私家园林的一篇重要文献，李格非在对北宋洛阳 19 处名园建筑布局、花木培植详尽的描述中，表达了对北宋权贵生活腐化、耽于享乐的忧虑。

【原文】

富郑公园 [1]

洛阳园池，多因隋唐之旧，独富郑公园最为近辟，而景物最胜。游者自其第东，出探春亭，登四景堂，则一园之景胜可顾览而得。南渡通津桥，上方流亭，望紫筠堂而还右旋。花木中有百余步，走荫樾亭赏幽台，抵重波轩而止。直北走土筠洞，自此入大竹中。凡谓之洞者，皆斩竹丈许，引流穿之，而径其上。横为洞一，曰土筠；纵为洞三：曰水筠，曰石筠，曰榭筠。历四洞之北，有亭五，错列竹中，曰丛玉、曰披风、曰漪岚、曰夹竹、曰兼山。稍南有梅台，又南有天光台，台出竹木之杪。遵洞之南而东还。有卧云堂，堂与四景堂并。南北左右二山，背压通流。凡坐此，则一园之胜可拥而有也。郑公自还政事归第，一切谢宾客。燕息此园，几二十年，亭台花木，皆出其目营心匠，故逶迤衡直，闿爽深密，皆曲有奥思。

董氏西园

董氏西园，亭台花木不为行列，区处周旋，景物岁增月葺所成。自南门入，有堂相望者三。稍西一堂，在大地间。逾小桥有高台一。又西一堂，竹环之。中有石芙蓉，水自其花间涌出，开轩窗，四面甚敞，盛夏燠暑，不见畏日，清风忽来，留而不去。幽禽静鸣，各夸得意。此山林之景，而洛阳城中，遂得之于此。小路抵池，池南有堂，面高亭，堂虽不宏大，而屈曲深邃，游者至此往往相失，岂前世所谓“迷楼者”类也。元佑中有留守，喜宴集于此。

董氏东园

董氏以财雄洛阳。元丰中少县官钱粮，尽籍入田宅。城中二园，因芜坏不治。然其规模尚足称赏。东园北向入门，有栝可十围，实小如松实，而甘香过之。有堂可居。董氏盛时，载歌舞游之，醉不可归，则宿此数十日。南有败屋遗址。独流杯、寸碧二亭尚完。西有大池，中为堂，榜之曰“含碧”。水四向喷泻池中，而阴出之，故朝夕如飞瀑，而池不溢。洛人盛醉者，走登其堂，輙醒，故俗目曰“醒酒池”。

环溪

环溪，王开府宅园，甚洁。华亭者，南临池。池左右翼，而北过凉榭，复汇为大池，周围如环，故云然也。榭南有多景楼，以南望则嵩高少室龙门大谷，层峰翠巘，毕効奇于前。榭北有风站台，以北望则隋唐宫阙楼殿千门万户，岧嶤璀璨[2]，延亘十余里。凡左太冲十余年极力而赋者[3]，可瞥目而尽也。又西有锦厅、秀野台。园中树松桧花木千株，皆品别种列，除其中为岛坞，使可张幄次，各待其盛而赏之。凉榭锦厅，其下可坐数百人，宏大壮丽，洛中无逾者。

【注释】

[1]富郑公：即富弼，北宋名臣，两度拜相，曾封郑国公，故称“富郑公”。

[2]岧嶤（tiáo yáo）：高峻，高耸。

[3]左太冲：即左思。西晋著名文学家，他曾以10年时间创作《三都赋》，广为流传，人人传写，一度导致洛阳纸贵。

【译文】

富郑公园

洛阳的园林，多是因袭隋唐时期的旧有建筑，只有富郑公家的花园是最新开辟的，而且景物最好。游人从他家宅子往东，出了探春亭，登上四景堂，就可以环视整个园林的景观了。往南渡过通津桥，上到方流亭，看到紫[illegible]堂后往右就回转了。花木丛中走有一百多步，走到荫樾亭，就可以观赏幽台，到达重波轩为止。径直向北走入土[illegible]洞，从这里开始就进入大竹林中了。所有称之为洞的景观，都斩伐一丈多长的竹子，引入流水贯穿其间，而人走在上面。南北向的有一个洞，名字叫土筓；东西向的有三个洞：分别叫水筓、石筓、榭筓。穿过四个洞到北边，有五个亭子错落地排列在竹林中，分别叫丛玉、披风、漪岚、夹竹、兼山。稍稍往南有梅台，又往南有天光台，台阁掩映在竹木的枝条间。顺着洞的南边往东就回来了，有卧云堂，卧云堂与四景堂并排。南北左右有二山，相对立着中间可以通行。只要坐在这个地方，那么一园子的美景就可以尽收眼底。富郑公自从退休回家后，谢绝了所有拜访的宾客，在园林中休养，快二十年了，园中的亭台花木，都是他自己仔细观察测量，巧妙构思设计，所以无论是曲折横直，还是开阔隐密，都隐隐地藏着巧思。

董氏西园

董氏的西园，分布着不规则的亭台花木，居所回旋曲折，景物都是一年年慢慢累积而成的。从南门进去，对面有三座正堂。靠西边的一座堂，在大地间。过了小桥有一座高台。再往西又有一堂，环绕在竹枝间。中间有石芙蓉，泉水就从花丛中涌出，打开窗户，四面都非常敞亮，盛夏酷暑，不怕炎炎烈日，清风忽然吹来，停留在此一直不去。幽静的禽鸟，各自在此间悠闲适意。这本是山林才有的景致，而在洛阳城中竟可以在这里获得。沿着小路到达水池，水池的南边有一座堂，面对一座高亭，堂虽然不怎么宏大，但是曲折幽深，游人到这经常走失，这难道就是前人所说的“迷楼”一类吧。元祐时有一留守，喜欢在此举行宴会。

董氏东园

董氏曾经凭借财力称雄洛阳。元丰中期因为亏欠官府钱粮，田宅都被官府没收。城中的两座园林，因此荒芜朽坏没有修缮。但是其规模仍然值得赞赏。东园朝北进门，有一株十人围抱的桧树，结果小的象松实一样，但是更具甘甜馨香。有堂屋可以居住。董家繁盛的时候，经常载歌载舞地游览园子，喝醉酒回不了家，就在此住宿十几天。南边还有破败的屋子遗址。唯独流杯、寸碧二个亭子还算完整。西边有一个大水池，水池中间有一座堂，牌匾上写着“含碧”。水从四面喷泻进入池中，而又暗暗地流出去，所以一天到晚如同飞流的瀑布一样，但池中的水却不会溢出。洛阳有喝酒很醉的人，走到这登上堂，就醒酒了，所以大家也把它叫作“醒酒池”。

环溪

环溪，是王开府的宅园，非常的整洁。华亭的南面临近水池。水池分左右两翼，往北边过了凉榭，又汇合为一个大水池，周围就像圆环一样，所以叫环溪。水榭的南边有一个多景楼，向南望去，诸如嵩山少室山龙门大峡谷，层层叠叠翠绿的山峰，各种奇景都呈现于眼前。水榭的北边有风站台，向北望去，仿佛隋唐宫阙楼殿千门万户，高耸璀璨，绵延十几里。左思十几年费尽心力而赋颂的美景，可以转眼间尽收眼底。再往西有锦厅、秀野台。园子中有松树、桧树等花木一千多株，都按照品种列植。花木的中间有岛坞，可以铺张帐篷，等待花木各自盛放时观赏。凉榭锦厅的下面可以坐几百人，非常的宏伟壮丽，洛阳城中没有能超过这里的。

《洛阳花木记·序》

宋·周师厚

【导读】

周师厚（1031—1087），字敦夫，浙江鄞县人。宋神宗时曾多次游历洛阳，观赏牡丹，著有《洛阳牡丹记》。

周师厚曾在洛阳任官，游览了许多洛阳的宅园花圃，他参照唐代李德裕的《平泉花木记》、宋代欧阳修《洛阳牡丹记》等著作，结合自己的亲身经历，撰成《洛阳花木记》，记述北宋时期洛阳地区的花木品种和栽培记述。

【原文】

予少时闻洛阳花卉之盛甲于天下，尝恨皆未能尽观其繁盛妍丽，窃有憾焉。熙宁中，长兄倅绛[1]，因自东都谒告往省亲[2]，三月过洛，始得游精蓝名圃，赏及牡丹，然后信谓向之所闻为不虚矣。会迫于官期，不得从容游览。元丰四年，予莅官于洛，吏事之暇，因得博求谱录，得唐李卫公《平泉花木记》，范尚书、欧阳参政二谱，按名寻讨，十始见其七八焉。然范公所述五十二品，可考者才三十八，欧之所录者二篇而已，其叙钱思公双桂楼下小屏中所录九十余种[3]，但言其略耳，至于花之名品，则莫得而见焉。因以余耳目之所闻见及近世所出新花，参校三贤所录者，凡百余品，其亦殚于此乎，然前贤之所记，与天下之所知洛之所植牡丹而已。至于芍药，天下以维扬为称首，然而知洛之所植，其名品不减维扬，而开头之大殆不如也。又若天下四方所产珍藔佳卉，得一于园馆，足以为美景异致者，洛中靡不兼有之。然天下之人，徒知洛土之宜花，而未知洛阳衣冠之渊薮。王公将相之圃第鳞次而栉比，其宦于四方者，舟运车辇致之于穷山远徼，而又得沃美之土，与洛人之好事者又善植此，所以天下莫能拟其美且盛也。今摭旧谱之所未载，得芍药四十余品，杂花二百六十余品，叙于后，非敢贻诸好事，将以退居灌园，按谱而求其可致者，以备亭馆之植云耳。元丰五年二月鄞江周序。

【注释】

[1]倅（cuì）：副，一般指副官。绛：深红色。宋初朝服着深红色罗袍裙，公服五品以上用红色。

[2]谒告：请假。

[3]钱思公：即钱惟演，字希圣，吴越忠懿王钱俶第七子，北宋大臣，文学家。谥号“思”。

【译文】

我年轻的时候就听说洛阳花卉之繁盛天下第一，曾后悔没能好好地看看花卉的繁盛美丽，暗暗地有些遗憾。熙宁年间，因兄长做官，我从东都请假前往探亲，三月份经过洛阳，才得以游览佛寺和知名花圃，观赏到了牡丹，这样才相信之前所听闻的不是假的呀。受限于官假的期限，没办法充裕地游览。元丰四年（1081），我到洛阳做官，公务的闲暇，得以广泛地征求谱录典籍，得到了唐代李德裕的《平泉花木记》以及范尚书、欧阳修两人的花谱，按照名字寻访花木，已经看到十之七八了。但是范公所记述的有五十二花木，可以考证的才三十八种。欧阳修记录花木的只有两篇文章而已，他所叙述的钱惟演家双桂楼下小屏风里载录的花木九十多种，也只是说个大概罢了，至于那些花中名品，就没有得以看见了。因此我凭借自己平时所闻所见以及最近新出的花卉，参考、校正前面三位贤人记录的资料，一共一百多种花卉品种，也差不多到此为止了，然而这也只是前代贤人所记录的以及现在大家所知道的洛阳种植的牡丹品种而已。至于芍药，天下人都以扬州的为最好，但是我知道洛阳栽植的芍药名品丝毫不少于扬州，只是开出的头花不如扬州大罢了。又比如天下各地所产的珍贵花卉，园林馆池中得到一株，就足以成为其中令人惊异的景致了，而洛阳没有不具有的。但是天下人，只知道洛阳的土性适宜种花，却不知道其中的根源。洛阳城里密密麻麻地排列着各种王侯将相的园圃，那些到各地做官的人，用舟车将僻远地区的花卉品种运回洛阳，同时又得到各种肥沃的土壤，再加上洛阳多事之人善于种植花卉，所以天下没有能与洛阳花卉的美丽和繁盛而比拟的地方了。现在选取旧有花谱中没有记载的芍药四十多种，各类杂花二百六十多种，附录于最后，不敢赠给那些精通花卉的人，只是我自己将要隐退家居，根据谱录可以访求而获得花卉，以用来充实我的园庭种植。元丰五年（1082）二月，鄞江人周师厚自序。

《艮岳记》（节选）

宋·张淏

［导读］

张淏，字清源，生卒年不详，北宋宁宗时期人。官至奉议郎。著有《云谷杂记》《艮岳记》等。

本篇选自《丛书集成初编》版《艮岳记》，记载的是宋徽宗赵佶营造艮岳的事迹。宋徽宗即位之初，未有子嗣，茅山道士刘混康进言，京城东北隅形势稍加，当有多男之祥。于是政和五年（1115），宋徽宗在宫城东北方向建立道观“上清宝箓宫”，政和七年（1117）又在道观之东筑山，号曰“万岁山”。其后又继续凿池引水，搜罗天下名石，建造亭台楼阁，栽种奇花异草，终于在宣和四年（1122）建成艮岳，又名“华阳宫”。艮岳是中国历史上最著名的皇家园林之一，它把诗情画意移入园林，突破了秦汉以来宫苑“一池三山”的规范，是中国园林营造的一大转折。

【原文】

于是按图度地，庀徒僝工，累土积石，设洞庭、湖口、丝溪、仇池之深渊，与泗滨、林虑、灵璧、芙蓉之诸山，取瑰奇特异瑶琨之石，即姑苏、武林、明、越之壤，荆楚、江湘、南粤之野，移枇杷、橙柚、橘柑、榔栝、荔枝之木[1]，金蛾、玉羞、虎耳、凤尾、素馨、渠那、末利、含笑之草[2]，不以土地之殊，风气之异，悉生成长养于雕栏曲槛，而穿石出罅。岗连阜属，东西相望，前后相续，左山而右水，沿溪而旁陇，连绵弥满，吞山怀谷。

其东则高峰峙立，其下则植梅以万数，绿萼承趺，芬芳馥郁，结构山根，号萼绿华堂。又旁有承岚、昆云之亭，有屋外方内圆如半月，是名书馆。又有八仙馆，屋圆如规。又有紫石之岩，祈真之嶝，揽秀之轩，龙吟之堂，清林秀出。其南则寿山嵯峨，两峰并峙，列嶂如屏，瀑布下入雁池，池水清泚涟漪，凫雁浮泳水面，栖息石间，不可胜计。其上亭曰噰噰，北直绛霄楼，峰峦崛起，千叠万复，不知其几千里，而方广无数十里。其西则参术、杞菊、黄精、芎藭，被山弥坞，中号药寮。又禾麻、菽麦、黍豆、秔秫，筑室若农家，故名西庄。上有亭曰巢云，高出峰岫，下视群岭，若在掌上。自南徂北，行岗脊两石间，绵亘数里，与东山相望。水出石口，喷薄飞注如兽面，名之曰白龙沜、濯龙峡，蟠秀、练光、跨云亭、罗汉岩。又西，半山间楼曰倚翠，青松蔽密，布于前后，号万松岭。上下设两关，出关下平地，有大方沼。中有两洲，东为芦渚，亭曰浮阳；西为梅渚，亭曰云浪。沼水西流为凤池，东出为研池，中分二馆，东曰流碧，西曰环山。馆有阁曰巢凤，堂曰三秀，以奉九华玉真安妃圣像[3]。

东池后，结栋山下，曰挥云厅。复由磴道盘行萦曲，扪石而上，既而山绝路隔，继之以木栈，倚石排空，周环曲折，有蜀道之难。跻攀至介亭，最高诸山。前列巨石凡三丈许，号排衙，巧怪崭岩，藤萝蔓衍，若龙若凤，不可殚穷。麓云、半山居右，极目、萧森居左。北俯景龙江，长波远岸，弥十余里。其上流注山间，西行潺湲，为漱玉轩。又行石间，为炼丹、凝亭观、圜山亭。下视水际，见高阳酒肆、清斯阁。北岸万竹苍翠蓊郁，仰不见明，有胜筠庵、蹑云台、萧闲馆、飞岑亭，无杂花异木，四面皆竹也。又支流为山庄、为回溪。自山蹊石罅搴条下平陆，中立而四顾，则岩峡洞穴，亭阁楼观，乔木茂草，或高或下，或远或近，一出一入，一荣一凋，四向周匝。徘徊而仰顾，若在重山大壑、幽谷深岩之底，而不知京邑空旷坦荡而平夷也，又不知郛郭寰会纷华而填委也。真天造地设、神谋化力，非人所能为者，此举其梗概焉。

［注释］

［1］椰栝：木名，椰即椰榆，栝即桧树。

［2］渠那：又名“拘那”，即夹竹桃。末利：即茉莉花。

［3］九华玉真安妃：宋徽宗的宠妃，卒后，宋徽宗将其画像供奉于艮岳，以示悼念。

［译文］

于是根据图纸丈量土地，招募工匠徒役，筹集工料，堆积土石，从洞庭、湖口、丝溪、仇池的深水中，从泗滨、林虑、灵璧、芙蓉的山上，取来瑰丽奇异如美玉一样的石头，还有姑苏、武林、明、越等地土壤，以及荆楚、江湘、南粤等地的野物，移植了枇杷、橙柚、橘柑、榔栝、荔枝等果木，金蛾、玉羞、虎耳、凤尾、素馨、渠那、末利、含笑等花草，不因为土壤不同、气候差异，都生长养护于雕栏曲槛内，穿出石缝间。岗阜相连，东西相望，前后相继，左山右水，沿溪傍陇，连绵不断，布满山岗和深谷。

在它的东侧高峰耸立，下面种植了数万株梅花，绿萼错落相承，芬芳馥郁，架屋于山脚，取名萼绿华堂。旁边又有亭子，名为承岚、昆云；有房屋，外方内圆如同半月，名为书馆。又有八仙馆，房屋像规一样圆。又有紫石岩、祈真嶝、揽秀轩、龙吟堂，掩映于绿树间。在它的南侧，寿山形势高峻，两峰并立，相连如屏障，瀑布从上面流下来汇入雁池，池水清澈，微波泛起，野鸭和大雁浮游于水面，栖息于山石间，多得数不过来。山上有噰噰亭，北面正对绛霄楼，峰峦崛起，千叠万复，看似几千里，而实际上方圆不过数十里。它的西面种植着参术、杞菊、黄精、芎藭，满山遍野，中间有药房。又有禾麻、菽麦、黍豆、秔秫，盖起的房屋如同农家院，所以叫作西庄。上面有亭子名为巢云，高出山峰，向下俯视群岭如同在手掌上。从南向北，行走于山岗石隙间，绵延数里，与东山相望。水从石口出来，喷涌飞流如同兽面，名之为白龙沜、濯龙峡，蟠秀、练光、跨云亭、罗汉岩。再往西，半山间有楼叫倚翠，青松密蔽，布满前后，号为万松岭。上下设置两道关卡，走出关卡到达平地，有大方沼。中间有两个小洲，东边为芦渚，亭子叫浮阳；西边为梅渚，亭子叫云浪。沼中的水向西流为凤池，向东流为研池，中间分为二馆，东边的叫流碧，西边的叫环山。馆中有阁叫巢凤，有堂叫三秀，用来供奉九华玉真安妃圣像。

东池后面，在山下盖起一栋堂屋，叫作挥云厅。再次由磴道盘旋曲折而行，攀石而上，不久就走到了山路的尽头，接着是木栈，依石耸立，回环曲折，犹如蜀道一样艰难。攀爬到介亭，此处高于诸山。前面树立着一块巨石，高三丈左右，叫作排衙，奇巧险峻，藤萝缠绕，如龙似凤，不可穷尽。麓云、半山位于右边，极目、萧森位于左边。向北俯视景龙江，连续的波浪、悠远的堤岸，绵延十多里。引导江水向上流注于山间，慢慢向西行，为漱玉轩。又继续在山石间前行，为炼丹亭、凝观、圜山亭。向下俯视水际，可以看见高阳酒肆、青斯阁。北岸大片的竹林苍翠蓊郁，抬头看不到光线，有胜筠庵、蹑云台、萧闲馆、飞岑亭，没有杂花异木，四面都是竹子。它的支流为山庄，为回溪。从山间小路石缝间，抓着藤条下到平地，站在中间，四面环顾，岩峡洞穴，亭阁楼观，高大的树木，茂盛的花草，有的高有的低，有的远有的近，一出一入，一荣一凋，四面环绕。徘徊仰望，犹如在重山大壑、幽谷深岩的底部，忘记了京城本来是空旷宽广而平坦的地方，又忘记了城市繁华而纷集的境况。这真是天造地设、鬼神造化之力，不是人所能够做到的。这里只是列举其大概罢了。

《长物志》（节选）

明 · 文震亨

［导读］

文震亨（1585—1645），江苏苏州人，明末画家。文震亨的《长物志》是总结明代造园技术的经典之作，内容涉及室庐、花木、水石、禽鱼、书画、几塌、器具、衣饰、舟车、位置、蔬果、香茗等园林建设及配置的各个方面。

本文节选《花木》《几榻》《器具》等数则经典材料，涉及园林植物景观配置、园庭文玩器具摆设等内容。

［原文］

玉兰

宜种厅事前。对列数株，花时如玉圃琼林，最称绝胜。别有一种紫者，名木笔，不堪与玉兰作婢，古人称辛夷，即此花。然辋川辛夷坞、木兰柴不应复名[1]，当是二种。

海棠

昌州海棠有香，今不可得；其次西府为上，贴梗次之，垂丝又次之。余以垂丝娇媚，真如妃子醉态，较二种尤胜。木瓜花似海棠，故亦有木瓜海棠。但木瓜花在叶先，海棠花在叶后，为差别耳！别有一种曰秋海棠，性喜阴湿，宜种背阴阶砌，秋花中此为最艳，亦宜多植。

山茶

蜀茶、滇茶俱贵，黄者尤不易得。人家多以配玉兰，以其花同时，而红白烂然，差俗。又有一种名醉杨妃，开向雪中，更自可爱。

桃

桃为仙木，能制百鬼，种之成林，如入武陵桃源，亦自有致，第非盆盎及庭除物。桃性早实，十年辄枯，故称“短命花”。碧桃、人面桃差之，较凡桃更美，池边宜多植，若桃柳相间便俗。

李

桃花如丽姝，歌舞场中，定不可少。李如女道士，宜置烟霞泉石间，但不必多种耳。别有一种名郁李子，更美。

杏

杏与朱李、蟠桃皆堪鼎足，花亦柔媚。宜筑一台，杂植数十本。

梅

幽人花伴，梅实专房，取苔护藓封，枝稍古者，移植石岩或庭际，最古。另种数亩，花时坐卧其中，令神骨俱清。绿萼更胜，红梅差俗；更有虬枝屈曲，置盆盎中者，极奇。蜡梅磬口为上，荷花次之，九英最下，寒月庭际，亦不可无。（卷二《花木》）

……

几

几以怪树天生屈曲若环若带之半者为之，横生三足，出自天然，摩弄滑泽，置之榻上或蒲团，可倚手顿颡[2]，又见图画中有古人架足而卧者，制亦奇古。

禅椅

禅椅以天台藤为之，或得古树根，如虬龙诘曲臃肿，槎牙四出[3]，可挂瓢笠及数珠、瓶钵等器，更须莹滑如玉，不露斧斤者为佳，近见有以五色芝粘其上者，颇为添足。

天然几

天然几以文木如花梨、铁梨、香楠等木为之；第以阔大为贵，长不可过八尺，厚不可过五寸，飞角处不可太尖，须平圆，乃古式。照倭几下有拖尾者[4]，更奇，不可用四足如书卓式；或以古树根承之。不则用木，如台面阔厚者，空其中，略雕云头、如意之类；不可雕龙凤花草诸俗式。近时所制，狭而长者，最可厌。（卷六《几榻》）

……

笔筒

笔筒，湘竹、栟榈者佳，毛竹以古铜镶者为雅，紫檀、乌木、花梨亦间可用，忌八棱菱花式。陶者有古白定竹节者，最贵，然艰得大者。冬青磁细花及宣窑者，俱可用。又有鼓样，中有孔插笔及墨者，虽旧物，亦不雅观。

笔船[5]

笔船，紫檀、乌木细镶竹篾者可用，惟不可以牙、玉为之。（卷七《器具》）

【注释】

[1]辋川：唐代诗人王维有辋川别业，其中遍植绿植，景色迷人。

[2]顿颡（sǎng）：用手托住头部。

[3]槎（chá）牙：树木枝杈歧出貌。

[4]倭几：即日本式几，日本称“机”，置于席上。

[5]笔船：俗称笔盘，放置毛笔的文房用具。

［译文］

玉兰

玉兰适宜种植在厅堂前，排列数株，花开时好像玉圃琼林一样，一片洁白，最称绝妙盛景。另外有一种紫色的玉兰，名叫木笔，不配给玉兰做奴婢，古人称之为辛夷的就是这种花。但是，王维辋川别业中的辛夷坞、木兰柴里种植的应该不是同名异种，而是两个不同品种。

海棠

昌州的海棠有香气，但今天已经没有了。其次是西府海棠为上品，再次是贴梗海棠，最次是垂丝海棠。但我认为垂丝海棠很娇媚，真如杨贵妃醉酒的姿态一样，比西府海棠和贴梗海棠更美丽。木瓜花像海棠，所以也称为木瓜海棠。但木瓜是先开花后长叶子，海棠则是先长叶子后开花，这是二者的差别。另有一种秋海棠，喜欢阴凉潮湿，适宜种植在庭前阶下的背阴之处，秋季花卉中，它是最鲜艳的，适合多种植。

山茶

川茶花、滇茶花都很名贵，黄色的更加不易得到。普通人家大都用山茶花陪玉兰，因为二者花期同时，红白相间，灿烂夺目，但有些俗气。还有一种名叫醉杨妃的山茶花，在雪中开放，更加让人喜欢。

桃

桃树是仙木，能镇服百鬼，种植成林，就像进入了武陵桃花源一样，也很有风致，但不适宜种植于盆钵和庭前阶下。桃树的特性是早早结果实，但十年就枯竭了，所以被称为短命花。碧桃、人面桃成熟较晚，但比一般的桃花更加美丽，池塘边适宜多种植。如果桃柳相间种植，就俗气了。

李

桃花如美女，歌舞场中，必不可少。李花如女道士，适宜种植于烟霞缭绕的山泉石林之间，但不宜多种。还有一种叫郁李子的，更美。

杏

杏树与朱李、蟠桃堪称三足鼎立，杏花也很柔美。适宜建筑一个平台，把这三种树混合种植几十株。

梅

幽居之士，以花为伴，梅花最受宠爱。取附有地衣和苔藓、枝干苍古的梅树移植到岩石或庭院之间，最为古雅。另外种植数亩，开花时节坐卧其中，令人神骨清爽。绿萼梅最好，红梅稍逊之，有种植在盆盎中枝干盘曲者，特别奇丽。腊梅中，磬口梅为上品，荷花梅次之，九英梅最次，但是寒冬腊月，庭院里也不能没有梅花。(卷二《花木》)

……

几

用怪树天生的圆弧状树枝的一半来制作几，凭空生出几只脚，出自天然，打磨光滑后，放置在榻上或蒲团上，用来放手或以手支头。还看到过图画中有古人躺卧时用来放脚的几，形制也非常的奇特。

禅椅

禅椅用天台山的藤条来制作，或者用弯曲粗大的老树根来制作，枝蔓横生，可以悬挂瓢笠和念珠、瓶钵等物品，以光滑如玉、不露刀斧痕迹者为佳。近来见有将五色灵芝粘在禅椅上做装饰的，真是多此一举。

天然几

天然几用花梨木、铁梨木、香楠木等纹理细密的木材来制作，以宽大为珍贵，长不超过八尺，厚不超过五寸，两端翘起的角不能太尖，要平滑，这才是古式。日本式的几下面有拖尾的更奇特，不能做成四只脚像书桌一样，也可以用老树根来做脚，不然就用木板做脚，台面宽厚的，留下中间的面积，可以略微雕刻一些云头、如意之类的图案，不能雕刻龙凤花草这些庸俗的东西。近来的一些样式，狭而长，最难看。(卷六《几榻》)

……

笔筒

笔筒以湘竹、棕榈制作成的为佳，毛竹制作的，以镶嵌有古铜的为雅，紫檀、乌木、花梨木也间或可用，忌讳用八棱花样式。陶瓷制作的，以古代定窑白瓷的竹节形状的最为珍贵，但很难得到大的。细化青冬瓷及宣窑瓷的笔筒，都可用。还有一种鼓形笔筒，中间有孔可用来插笔和墨，虽为旧物，但也不雅观。

笔船

笔船，紫檀木、乌木镶嵌有竹篾的可以用，只是不可用象牙、玉石制作。(卷七《器具》)

《园冶》（节选）

明·计成

［导读］

计成，字无否，号否道人，江苏苏州吴江县人，明末著名造园家。《园冶》是中国历史上第一部全面系统总结和阐述造园技法的专著，也是第一部园林艺术理论专著。全书论述了宅园、别墅营建的原理和具体手法，反映了中国古代造园的成就。

《园冶》其书主要分为园说和兴造论两部分。其中园说又分为相地、立基、屋宇、装折、门窗、墙垣、铺地、掇山、选石、借景10篇。本文节选了《自序》和卷一《兴造论》及《园说》三篇，这三篇实际上是全书的要旨和纲领，对造园的基本理念、方法、艺术进行了提纲挈领的概述。

［原文］

自序

不佞少以绘名，性好搜奇，最喜关仝、荆浩笔意[1]，每宗之。游燕及楚，中岁归吴，择居润州。环润皆佳山水，润之好事者，取石巧者置竹木间为假山，予偶观之，为发一笑。或问曰：“何笑？”予曰：“世所闻有真斯有假，胡不假真山形，而假迎勾芒者之拳磊乎[2]？”或曰：“君能之乎？”遂偶为成“壁”，睹观者俱称：“俨然佳山也。”遂播闻于远近。适晋陵方伯吴又于公闻而招之[3]。公得基于城东，乃元朝温相故园，仅十五亩。公示予曰：“斯十亩为宅，余五亩，可效司马温公‘独乐’制。”予观其基形最高，而穷其源最深，乔木参天，虬枝拂地。予曰：“此制不第宜掇石而高，且宜搜土而下，令乔木参差山腰，蟠根嵌石，宛若画意；依水而上，构亭台错落池面，篆壑飞廊，想出意外。”落成，公喜曰：“从进而出，计步仅四百，自得谓江南之胜，惟吾独收矣。”别有小筑，片山斗室，予胸中所蕴奇，亦觉发抒略尽，益复自喜。时汪士衡中翰，延予銮江西筑，似为合志，与又于公所构，并骋南北江焉。暇草式所制，名《园牧》尔。姑孰曹元甫先生游于兹[4]，主人皆予盘桓信宿。先生称赞不已，以为荆关之绘也，何能成于笔底？予遂出其式视先生。先生曰：“斯千古未闻见者，何以云‘牧’？斯乃君之开辟，改之曰‘冶’可矣。”时崇祯辛未之秋杪否道人暇于扈冶堂中题。

兴造论

世之兴造，专主鸠匠，独不闻三分匠、七分主人之谚乎？非主人也，能主之人也。古公输巧，陆云精艺，其人岂执斧斤者哉？若匠惟雕镂是巧，排架是精，一梁一柱，定不可移，俗以“无窍之人”呼之，其确也。故凡造作，必先相地立基，然后定其间进，量其广狭，随曲合方，是在主者，能妙于得体合宜，未可拘率。假如基地偏缺，邻嵌何必欲求其齐，其屋架何必拘三、五间，为进多少？半间一广[5]，自然雅称，斯所谓“主人之七分”也。第园筑之主，犹须什九，而用匠什一，何也？园林巧于“因”“借”，精在“体”“宜”，愈非匠作可为，亦非主人所能自主者，须求得人，当要节用。“因”者：随基势之高下，体形之端正，碍木删桠，泉流石注，互相借资；宜亭斯亭，宜榭斯榭，不妨偏径，顿置婉转，斯谓“精而合宜”者也。“借”者：园虽别内外，得景则无拘远近，晴峦耸秀，绀宇凌空[6]，极目所至，俗则屏之，嘉则收之，不分町畽[7]，尽为烟景，斯所谓“巧而得体”者也。体、宜、因、借，匪得其人，兼之惜费，则前工并弃，既有后起之输、云，何传于世？予亦恐浸失其源，聊绘式于后，为好事者公焉。

园说

凡结林园，无分村郭，地偏为胜，开林择剪蓬蒿；景到随机，在涧共修兰芷。径缘三益[8]，业拟千秋，围墙隐约于萝间，架屋蜿蜒于木末。山楼凭远，纵目皆然；竹坞寻幽，醉心既是。轩楹高爽，窗户虚邻；纳千顷之汪洋，收四时之烂漫。梧阴匝地，槐荫当庭；插柳沿提，栽梅绕屋；结茅竹里，浚一派之长源；障锦山屏，列千寻之耸翠，虽由人作，宛自天开。刹宇隐环窗，仿佛片图小李[9]；岩峦堆劈石，参差半壁大痴[10]。萧寺可以卜邻，梵音到耳；远峰偏宜借景，秀色堪餐。紫气青霞，鹤声送来枕上；白苹红蓼，鸥盟同结矶边。看山上个篮舆，问水拖条枥杖；斜飞堞雉，横跨长虹；不羡摩诘辋川，何数季伦金谷。一湾仅于消夏，百亩岂为藏春；养鹿堪游，种鱼可捕。凉亭浮白，冰调竹树风生；暖阁偎红，雪煮炉铛涛沸。渴吻消尽，烦顿开除。夜雨芭蕉，似杂鲛人之泣泪；晓风杨柳，若翻蛮女之纤腰。移风当窗，分梨为院；溶溶月色，瑟瑟风声；静扰一榻琴书，动涵半轮秋水，清气觉来几席，凡尘顿远襟怀；窗牖无拘，随宜合用；栏杆信画，因境而成。制式新番，裁除旧套；大观不足，小筑允宜。

【注释】

[1]关仝：五代时画家，擅长山水画。荆浩：后梁时书画家，擅长全景山水画。

[2]勾芒：传说中春神。《礼记·月令》："仲春之月……其神勾芒。"拳磊：石头堆。

[3]方伯：明清两代的布政使。吴又于：即吴玄，武进人，万历时进士，著有《吾征录》。

[4]曹元甫：名履吉，安徽当涂人，万历年间进士，著有《博望山人稿》。

[5]广（yǎn）：原指靠近山崖而建的房子。

[6]绀宇（gàn）：指佛寺。

[7]町（tīng）畽（tuǎn）：田野。

[8]三益：古人以松、竹、梅为"三益之友"。"三益之径"代表田园生活。

[9]片图小李：李昭道，是唐代"大李将军"李思训的儿子，人称"小李将军"。父子二人均擅长小幅山水画。

[10]大痴：即黄公望，元末四大家之一，号大痴道人，著有《画山水决》。

【译文】

自序

我在少年的时候，就因为擅长绘画而闻名乡里，又本性喜好探索奇异，最爱关仝和荆浩的云山烟水、气势雄浑的笔意，作画时常常师法他们。我游历了燕京（北京）和两湖（湖南、湖北）等地，中年时返回家乡江苏，择居于润州（镇江）。润州四面环山，风景优美，当地爱好园林的人，用形态奇巧的石头，点缀在竹林树木之间作为假山。我偶尔看见了，不觉为之一笑。有人问："你笑什么？"我说："听说世上有真的就有假的，为什么不借鉴真山的形象，而要以假的像迎接春神勾芒时用拳头大的石头堆积成的石堆呢？"有人就说："你能叠山吗？"就此偶尔的机遇，我为他们叠了一座峭壁山，看到的人都赞赏的说："竟然像一座好山。"从此，我的叠山技巧就远近闻名了。恰巧常州有位做过布政使的吴又于公闻名来邀请我。吴公在城东得到一块地基，原来是元朝温相的旧园，面积仅仅十五亩。吴公对我说："其中十亩用来建造住宅，余下的五亩造园，可以效仿司马温公独乐园的遗制。"我观察了园基情况，发现地势很高，而探究附近的水源则很深，还有乔木高耸于云霄，虬枝低垂于地面。我说："根据这里的地理环境来看，造园时不仅要叠石使部分地方变高，还应该挖土使洼地更深，让所有的乔木错落地分布于山腰，在部分外露的屈曲盘驳的树根间镶嵌石头，这样就有山水画的意境了。再沿着池边的山上构筑亭台，使高低错落的亭台倒影于水面，再加上回环的洞壑和飞渡的长廊，其境界之美将出乎人的意料之外。”园林建成之后，吴公高兴地说：“从进园到出园，虽然只有四百步，但是自以为江南盛景，我们尽收眼底了。”另外我还接了一些小工程，虽然只是片山斗室，但自觉发挥出了自己胸中所怀的奇思妙想，自己也很高兴。那时，又有王士衡中书，邀请我在江苏仪征县的銮江之西为他主持建造寤园，园林建成后很合我们的志趣，它同我为吴又于公主持建造的园林一起闻名于大江南北。在造寤园的空闲时，我整理出图式和文稿，题名为《园牧》。安徽当涂县曹元甫到寤园游览，主人与我陪他在园中逗留，并一起住了两晚。先生对此园赞不绝口，认为看到的仿佛是一幅幅荆浩、关仝的山水画，问我能不能把这些建造方法用文字著述出来呢？我就将所制的图式拿给他看。曹先生说：“这是一本自古以来都没有听过和见过的著作，为什么叫作‘牧’呢？这是你自己的艺术创造呀，改称为‘冶’才恰当。”时崇祯四年（1631）秋末，否道人闲暇时记载于扈冶堂中。

兴造论

世上一般建筑，全凭工匠们做主，难道就没有听说过“三分匠、七分主人”的谚语吗？这里所谓“主人”，不是指建筑物的“主人”，而是指能够规划设计并主持施工建造的人。古代鲁班曾设计出结构巧妙的器具和房屋，陆云曾刻画出精美繁复的楼台美景，他们岂是只懂操作工具干活的匠人之流呢？普通工匠只是以雕镂为巧，以按照式样制作构建就是精巧，按照定规不能更改一梁一柱，世俗称这样的工匠是“无窍之人”，甚为确切。所以，凡是建造房屋，必须首先考察地形地势，规划设计房屋基础的位置和朝向，然后确定几间、几进，依照地基宽窄，随曲而曲，当方则方，这完全取决于主持建造的人，妙在能得体合宜地设计屋宇，构思既不拘泥于定制，也不随意草率。假如地基不规整，何必一定要拼镶整齐，房屋木构架何必要限制为三间、五间与多少进数呢？半间一披，也能幽雅相称，这就是“主人之七分”的意义所在。至于造园师的作用更是占了十分之九，而工匠的作用仅占十分之一，为什么这样说呢？因为园林结构妙在因地借景、得体合宜，这方面的工作不是普通工匠能胜任的，也不是园林主人自己就能设计好的，所以必须聘请专业人才主持，还要合理地节约费用。所谓“因”就是：要随着地基的高低，留意地形的端正，如果有树木阻碍景观视线，就要修剪枝条；如果遇到泉水溪流，就要引注石上，让水石美景相互借用衬托；适合建亭的地方就建亭，适合造榭的地方就造榭，取径不妨偏僻，布置要有曲折，这就是“精而合宜”的含义。所谓“借”就是：园虽然有内外之别，取景则不拘于远近之分。晴山耸立、古寺凌空，凡是目力所及之处，庸俗的场景则要屏蔽、遮挡，美好的景色则要收入园中，不论是田野还是村庄，都纳为在园中可以观赏的烟云风景，这就是“巧而得体”的意思。这些得体适宜、因地借景的工作，如果没有请合适的人来主持规划设计和实施，再加上吝啬费用，那么就会前功尽弃，即使有像鲁班、陆云一样智巧的后起之秀，又怎么能传于后世呢？我也怕传统的造园技艺会逐渐失传，姑且将各种园林图式简要地绘制在后面，以供爱好园林的人参考。

园说

但凡造园，无论是在乡村还是城郊，以偏静的地段为好，开荒剪除杂草，景物可因借随机，在溪涧旁就种植兰花香草。根据“三益之友”开辟道路，比照传承万代建造基业。围墙隐约在藤萝之间，远处的房屋蜿蜒曲折，如同悬挂在树梢之上。在山楼上凭栏远眺，洋洋大观一目了然；漫步竹林寻幽探胜，处处都是醉人风景。屋宇高爽、窗户敞亮，能够接纳千里汪洋的水景，收揽四季烂漫的花信。梧桐的阴影铺满地面，槐树的荫凉撒满庭院；沿着河堤栽植杨柳，绕着房屋种植梅花。在竹林中修葺茅屋，疏浚水道引出一道长流，锦嶂如屏，掇造排列于千寻青山。这些虽然由人力建造而成，却看起来如同天工开辟一样。从环窗远望，山林中若隐若现的古寺如同中唐李昭道的小幅风景画；园林劈石山崖耸立，参差变化，如同黄公望的山水画。佛寺可以为邻，隔墙的诵经声时不时飘入耳中；远峰更适宜于借景，秀丽的山色尽收眼底。遥望紫气青霞，有鹤鸣声传来枕上，近看岸边白萍红蓼，可以与鸥鸟为友、隐居江畔。想看山，可以乘坐竹轿代步；想玩水，就拖条栎杖随行；城墙斜起在远空，长桥横跨于水面。于此，不必羡慕唐代王维的辋川别业，更不用说石崇的金谷园了。一湾曲水就可以消夏，百亩园林岂止藏春；园中养鹿可以同游，养鱼足资垂钓。夏天凉亭小酌，调冰润渴，自觉竹树生风；冬天暖阁偎炉取暖，雪水在炉铛中如浪涛般沸腾。可消口渴，可解烦虑。夜雨敲打芭蕉，似乎夹杂着鲛人的泪珠；晓风吹佛杨柳，如同起舞的蛮女纤腰。移植数杆修竹于窗前，分种几株梨树另成别院；月色融融，风声瑟瑟；影乱一榻琴书，荡漾半轮秋水。坐在几席上清气袭人，顿感心胸开阔、远离世俗。窗户上的图案款式可以随意选用，只要符合需要和身份、环境等协调就行；栏杆图式可随心设计，只需与环境相符即可。图案式样要新颖，摒弃俗套。依照这些原则造园，虽然不足以建好大的园林，造小型园林已经够用了。

《秘传花镜》（节选）

清·陈淏子

【导读】

陈淏子，清代园艺学家。《秘传花镜》是主要介绍花卉植物的园艺专著。

本文节选卷二《花园款设》中《堂室坐几》《书斋椅榻》《敞室置具》《卧室备物》几条，涉及园林配置、木质器具等内容。

【原文】

堂室坐几

堂前设长大天然几一[1]，或花梨，或楠木，上悬古画一。几上置英石一座[2]，东坡椅六[3]，或水磨，或黑漆。室中设天然几一，宜左边东向，不可切近窗槛，以避风日。几上置旧端砚一，笔筒一，或紫檀，或花梨，或速香。笔规一，古窑水中丞一，或古铜砚山一，或英石，或水晶，或香树根。古人置砚俱在左，以其墨光不闪眼，且于灯下更宜。清烟徽墨一，画册、镇纸各一，好胜瓶一。又小香几一，上置古铜炉一座。香盒一，非雕漆，即紫檀。白铜匙柱一副，匙柱瓶一，非出土古瓶，即紫檀或老树根。左壁悬古琴一，右壁挂剑一，拂尘帚一。园中切不可用金银器具，愚下艳称富尚，高士目为俗陈。

书斋椅榻

书斋仅可置四椅、二凳、一床、一榻。夏月宜湘竹，冬月加以古锦制褥，或设皋比俱可[4]。他如古须弥座[5]、短榻、矮几、壁几、禅椅之类，不妨高设，最忌靠壁平设数椅。屏风仅可置一座。书架、书柜宜列于向明处，以贮图史，然亦不可太杂如书肆样，其中界尺、裁纸刀、铁锥各一[6]。

敞室置具

敞室宜近水，长夏所居，尽去窗槛，前梧后竹，荷池绕于外，水阁启其旁，不漏日影，惟透香风，列木几极长丈者于正中，两旁置长榻无屏者各一。不必挂佳画，夏日易于燥裂，且后壁洞开，亦无处可悬挂也。北窗设竹床、勒簟于其中，以便长日高卧。几上设大砚一，青绿水盆一，尊彝之属，俱取阳大者。置建兰、珍珠兰、茉莉数盆于几案上风之所，兼之奇峰古树，水阁莲亭；不妨多列湘帘，四垂牕牖，人望之如入清凉福地。

卧室备物

卧室之用，地屏天花板虽俗，然卧处取干燥，用亦无妨，第不可彩画及油漆耳。面南设卧榻一，榻后别留半室或耳房，人所不至处，以置薰笼、衣架、盥匜、厢奁、书灯、手巾、香皂罐之属[7]。榻前仅留一小几，不设一物。小方杌二，小橱一，以贮香药玩器，则室中精洁雅素。一涉绚丽，便类闺阁气，非林下幽人，眠云梦月所宜矣。更须穴壁一贴为壁床，以供契友高人，连床夜话。下穴抽替，以藏履袜。庭中不可多植贱木，第取异种，当必惜者，置数本于内，以文石伴之，如英石、昆山石之类。盆景则设仿云林或大痴画意者二、三盆，以补密室之不逮。

【注释】

[1]天然几：一般长七八尺，宽尺余，高过桌面五六寸，两端飞角起翘，下面两足作片状。装饰有如意、雷纹、剐字等，是厅堂迎面常用的一种陈设家具。

[2]英石：又称英德石，产于广东省英德市。英石具有悠久的开采和玩赏历史，宋代就被列为皇家贡品。它具有“皱、瘦、漏、透”等特点，被列为中国四大园林名石之一。

[3]东坡椅：一种有靠背可以折叠的椅子。

[4]皋比：虎皮。

[5]须弥座：又名“金刚座”“须弥坛”，源自印度，系安置佛、菩萨像的台座。

[6]界尺：画线兼纸镇的文具。

[7]盥（guàn）匜（yí）：盥和匜都是古代洗手器具。奁（lián）：古代盛梳妆用品的匣子。

【译文】

堂室坐几

（花园）堂前摆设一个长大的天然几，或是花梨木的，或是楠木的，上面悬挂一副古画。几上面放置一座英石，摆六张东坡椅，或是水磨的，或是黑漆的。居室中摆设一张天然几，适宜靠在左边朝向东面，不可以太靠近窗栏，以便于避风和日光。几上放置古旧的端砚一方，一个笔筒，或是紫檀的，或是花梨的，或是速香的。一个笔规，一个古窑水中丞，或是一个古旧的铜砚山，或是英石，或是水晶，或是香树根。古人都把砚台放在左手边，这样它的墨光不会闪眼，而且在灯光下更适宜。一个清烟徽墨，画册、镇纸各一个，好胜瓶一个。又放小香几一个，上面放置古旧铜炉一座。香盒一个，不是雕漆的，就要紫檀的。白铜的匙柱一个，柱瓶一个，不是出土的古瓶，就要紫檀或老树根的。左面墙壁上悬挂古乐器一架，右面墙壁上悬挂剑一把，拂尘帚一把，花园中一定不能用金银铸造的器具，愚笨的人羡慕并赞美为富贵，高士看成庸俗。

书斋椅榻

书斋只可以放置四把椅子、两个凳子、一张床、一个榻。夏天适宜放湘竹，冬天增加古锦制作的褥子，或是仅仅放一张虎皮即可。其他像古制的须弥座、短榻、矮几、壁几、禅椅之类，不妨高处摆设，最忌讳靠近墙壁平行摆放几把椅子。只可以放置一座屏风。书架、书柜适宜排列在面向向阳之处，以便贮藏图书，然而也不能摆放的过于混杂像书店一样，其中界尺、裁纸刀、铁锥各放一个。

敞室置具

敞室适宜靠近水边，漫长夏季所居住的地方，撤去所有窗栏，前面种植梧桐后面种竹子，荷花池环绕在外面，水阁在旁边开着门却不漏进去光影，只是透进阵阵香风，在正中间陈列长达一丈的木几，两旁各放置一张没有屏风的长榻。不需要悬挂名画，夏天容易干燥开裂，而且后面的墙壁洞开，也没有地方可供悬挂。靠近北面的窗子放置竹床、勒簟，以便于日常悠闲的躺着。几上摆设一个大砚台，一个青绿的水盆，以及尊彝等青铜器，都要选取高大的。在几案的上风位置放置几盆建兰、珍珠兰、茉莉花，加上奇峰古树，水阁莲亭，不妨再多陈设湘妃竹帘，从窗户四面垂下，人看上去像进入了清凉的福地。

卧室备物

卧室的用具，地屏和天花板虽然俗气，但是睡卧的地方需要干燥，用这些也没事，只是不能够进行彩画和油漆罢了。面朝南面摆设一个卧榻，榻后面不用留半室或耳房，人不到的地方，用来摆放熏笼、衣架、盥匜、厢奁、书灯、手巾、香皂罐之类东西。榻前仅留一个小几，不摆设任何一样东西。小方杌子二个，小橱子一个，用来储藏香料、药材以及各种把玩器，这样卧室中就精致整洁典雅素净。一旦装饰的绚丽，就有了闺阁气，不是林下的幽人了，这样才是眠云梦月所适宜的。更要挖凿一处墙壁作为壁床，以便和情投意合的朋友和高人，连床夜聊。下面挖凿成抽屉，用来储藏鞋袜。院庭中不能过多种植卑贱的草木，而是取一些值得珍惜的特殊品种，放置几样花木在庭院中，用文石相伴，诸如英石、昆山石之类。盆景则摆设二三盆模仿云林或是大痴画意的，用来弥补密室的不足。

《闲情偶寄》（节选）

清·李渔

［导读］

李渔（1611—1680），明末清初文学家、戏曲家。《闲情偶寄》是李渔一生艺术和生活经验的总结，论及戏曲理论、妆饰打扮、园林建筑、器物古玩、饮食烹调、竹木花卉、养生医疗等诸多方面的问题，触及到中国古代生活的许多领域。

本文节选的是《闲情偶寄·种植部》中关于园艺草木的总体论述以及庭院竹子的种植方法。

［原文］

草木之种类极杂，而别其大较有三，木本、藤本、草本是也。木本坚而难痿，其岁较长者，根深故也。藤本之为根略浅，故弱而待扶，其岁犹以年纪。草本之根愈浅，故经霜辄坏，为寿止能及岁。是根也者，万物短长之数也，欲丰其得，先固其根，吾于老农老圃之事，而得养生处世之方焉。人能虑后计长，事事求为木本，则见雨露不喜，而睹霜雪不惊；其为身也，挺然独立，至于斧斤之来，则天数也，岂灵椿古柏之所能避哉？如其植德不力，而务为苟延，则是藤本其身，止可因人成事，人立而我立，人仆而我亦仆矣。至于木槿其生，不为明日计者，彼且不知根为何物，遑计入土之浅深，藏荄之厚薄哉[1]？是即草木之流亚也。噫！世岂乏草木之行，而反木其天年，藤其后裔者哉？此造物偶然之失，非天地处人待物之常也。

……

俗云："早间种树，晚上乘凉。"喻词也。予于树木中求一物以实之，其惟竹乎？种树欲其成荫，非十年不可。最易活者莫如杨柳，求其荫可蔽日，亦须数年。惟竹不然，移入庭中，即成高树，能令俗人之舍，不转盼而成高士之庐。神哉此君，真医国手也！种竹之方，旧传有诀云："种竹无时，雨过便移，多留宿土，记取南枝"[2]。予悉试之，乃不可尽信之书也。三者之内，惟一可遵，"多留宿土"是也。移树最忌伤根，土多则根之盘曲如故，是移地而未尝移土，犹迁人者并其卧榻而迁之，其人醒后尚不自知其迁也。若俟雨过方移，则沾泥带水，有几许未便。泥湿则松，水沾则濡，我欲留土，其如土湿而苏，随锄随散之，不可留何？且雨过必晴，新移之竹，晒则叶卷，一卷即非活兆矣。予易其词曰："未雨先移。"天甫阴而雨犹未下，乘此急移，则宿土未湿，又复带潮，有如胶似漆之势，我欲多留，而土能随我，先据一筹之胜矣。且栽移甫定而雨至，是雨为我下，坐而受之，枝叶根本，无一不沾滋润之利。最忌者日，而日不至；最喜者雨，而雨即来；无所忌而投以喜，未有不欣欣向荣者。此法不止种竹，是花是木皆然。至于"记取南枝"一语，尤难遵奉。移竹移花，不易其向，向南者仍使向南，自是草木之幸。然移草木就人，当随人便，不能尽随草木之便。无论是花是竹，皆有正面，有反面，正面向人，反面向空隙，理也。使记南枝而与人相左，犹娶新妇进门，而听其终年背立，有是理乎？故此语只当不说，切勿泥之。总之，移花种竹只有四字当记："宜阴忌日"是也。琐琐繁言[3]，徒滋疑扰。

【注释】

[1]荄（gāi）：草根。

[2]鲁明善《农桑衣食撮要》记载："古人云：移树无时，莫教树知；多留宿土，记取南枝。"

[3]琐琐：意为事情细小，无足轻重。

【译文】

草木的种类极其复杂多样，而按照它的大类可以分出三类，就是木本、藤本、草本。木本长得坚硬而且不易枯萎，之所以存活时间比较长，是因为根部长得很深。藤本的根部比较短，所以柔软而需要扶持，它存活的时间也还是用年计算。草本的根部就更短了，所以一遇到霜冻就死了，存活时间只能达到一年。所以说，根是万物寿命长短的决定性因素，如想收获的多，就要先稳固它的根。我从农耕和园艺的劳动中，悟出了养生和处世的方法。如果人能凡事考虑之后，从长计议，事事都像木本一样，就不会看见雨露就欣喜，看见霜雪就惊恐。作为树木本身，挺拔自生，至于斧头砍来，就是天意了，难道是充满灵气的椿树和千年松柏能躲避的了的吗？如果人不努力培养自己崇高的品德，而只求苟且行事，这样的人与藤本植物一样，只可以依靠别人来成其事，别人事成了，我的也成了，别人倒了，我也倒了。至于像木槿一样生存的人，从来不考虑明天，它们甚至不知道根是什么，哪里会考虑根入土的深浅，埋藏的厚薄呢？这种人就像次等的草木。哎，世界上难道缺乏像草木一样行事，反倒像草木一样享其天年，又有像藤木一样依附先辈的人吗？这是造物主的偶然失误，并不是天地之间待人处世的常理。

……

俗话说："早上种树，晚上乘凉。"这是个比喻。我在树木里面找到一个做实例，那就只有竹了。种树想要等到成荫，非要十年不可。最容易成活的，莫过于杨柳，要想它们长成树荫遮蔽阳光，也得几年时间。只有竹不是这样，移栽到院子里，很快就长成高的树，能让俗人的家很快成为高士的宅院。它真是神奇呀，是医生中的大国手呀。种竹子的方法，以前流传说：种竹不用挑选时间，下过雨就移栽，多保留原来的土，记得要选朝南的竹枝。我都试着做过，觉得这句话不能够完全相信。三点之中只有一点可以遵守，就是多保留原来的土。移栽树木最怕伤根，土多的话树根的盘曲就和原来一样，移换了地方而没有移换它的土，就像移动一个人连着床一起搬走，他醒了后还不知道自己被移动了。若是等雨后再移动，拖泥带水，就有些不便。泥土湿了就松散，沾水容易粘，我想要保留土，土却又湿又松，锄下去就散开，那有什么办法呢？而且雨过天晴，新移植的竹子，晒了太阳叶子就会卷起来，一卷起来就是活不下去的征兆。我改个说法是：未雨先移。刚阴天还没下雨的时候，乘着这个时间赶紧移植，那么旧土没湿，又带着潮气，就如胶似漆一样。我想多留土，土也能跟着我，这就先胜一筹了。而且刚移栽完就雨就来了，这样雨像是为我下的，坐享其用，竹的枝叶和根茎都可以得到浇灌的好处。最怕的是太阳，而太阳不会出来；最喜欢的是雨，而雨马上就来了。避开所怕的而给予所喜欢的，竹子没有不长的欣欣向荣的。这方法不仅仅止于种竹，种花种树都是一样的。至于"记取南枝"这句，更是难以照办。种植竹或是花，不改变它的朝向，向南的仍然向南，这当然是草木的幸事。但是移植草木到人需要的地方，应该根据人的方便，而不能只看草木的适宜。不论是花还是竹子，都有正面、反面，正面向人，反面向空隙，这是当然的。假使选取向南的枝条，而跟人的方向相反，就像娶媳妇进门，而任凭她终年背对着站着，有这道理吗？所以这句话就当没说过，千万不要拘泥它。总之，移栽花或竹子，只有四个字应该记住："宜阴忌日"就是了。细小的事我这样啰嗦，只会让人更加的困惑了。

《随园记》

清·袁枚

【导读】

袁枚（1716—1798），字子才，晚年号随园老人，钱塘（今浙江杭州）人。文学家，清朝乾嘉时期"性灵派"代表性人物。

《随园记》是袁枚的一篇园林小品文。随园，清代江南三大名园之一，清末太平天国时期被夷为平地。乾隆年间，袁枚买下原江宁织造隋赫德的隋园，重新修葺后改名"随园"。袁枚本人非常喜爱随园，先后著有《随园记》《随园后记》等多篇文章，表现他归隐随园后无忧无虑的闲适生活。

【原文】

金陵自北门桥西行二里，得小仓山，山自清凉胚胎，分两岭而下，尽桥而止。蜿蜒狭长，中有清池水田，俗号干河沿。河未干时，清凉山为南唐避暑所，盛可想也。凡称金陵之胜者，南曰雨花台，西南曰莫愁湖，北曰钟山，东曰冶城，东北曰孝陵、曰鸡鸣寺。登小仓山，诸景隆然上浮。凡江湖之大，云烟之变，非山之所有者，皆山之所有也。

康熙时，织造隋公当山之北巅[1]，构堂皇，缭垣牖，树之荻千章，桂千畦。都人游者，翕然盛一时，号曰随园。因其姓也。后三十年，余宰江宁，园倾且颓弛，其室为酒肆，舆台嚾呶[2]。禽鸟厌之，不肯妪伏[3]。百卉芜谢，春风不能花。余恻然而悲，问其值，曰三百金，购以月俸。茨墙剪阖，易檐改涂。随其高，为置江楼；随其下，为置溪亭；随其夹涧，为之桥；随其湍流，为之舟；随其地之隆中而欹侧也，为缀峰岫；随其蓊郁而旷也，为设宧窔[4]。或扶而起之，或挤而止之，皆随其丰杀繁瘠，就势取景，而莫之夭阏者[5]，故仍名曰随园，同其音，易其义。

落成，叹曰："使吾官于此，则月一至焉；使吾居于此，则日日至焉。二者不可得兼，舍官而取园者也。"遂乞病，率弟香亭、甥湄君移书史居随园。闻之苏子曰："君子不必仕，不必不仕。"然则余之仕与不仕，与居兹园之久与不久，亦随之而已。夫两物之能相易者，其一物之足以胜之也。余竟以一官易此园，园之奇，可以见矣。己巳三月记。

【注释】

[1]织造隋公：即隋赫德。康熙时期曾担任江宁织造。

[2]嚾呶（huān náo）：喧嚣不休。

[3]妪伏：鸟孵卵。

[4]宧窔（yí yǎo）：古人称室之东北角为宧；室之东南角为窔。

[5]夭阏（è）：阻止、遏制。语出《庄子·逍遥游》。

【译文】

南京从北门桥向西走二里，便到了小仓山。山从清凉山发端，分为两个山岭向下，直到北门桥为止。山势蜿蜒狭长，中间有清清的池塘和水田，老百姓管它叫干河沿。当年河水尚未干涸时，清凉山曾是南唐的避暑胜地，其繁荣是可以想见的。凡是被称道南京名胜的，南面有雨花台，西南有莫愁湖，北面有钟山，东面有冶城，东北有明孝陵、鸡鸣寺。登上小仓山，远近的各种景象便浮在眼前。江湖的广大，云烟的变幻，不是小仓山本身的风景，都成了小仓山的风景了。

康熙年间，江宁织造隋赫德在小仓山北面的顶峰，盖起了宽广的厅堂，周围砌起围墙，栽种了上千株楸树，上千拢桂花。南京城里来游玩的人，盛极一时。起名叫隋园，是因为建园的主人姓隋。三十年后，我做江宁县令时，隋园已经倾塌荒废，园中的房屋成了酒店，仆役小厮们呼喊喧闹，禽鸟都觉得讨厌，不肯在那里筑巢孵卵。各种花草都荒芜凋谢了，春天也不开花了。我深感痛心，打听园子的价钱，说是三百两银子，便用官俸把它买了下来。又修筑了篱笆，翻修了房屋，重新粉刷装饰。随着地形，在高处兴建江楼，在低处兴建溪亭，溪涧的两岸架设小桥，水流湍急的地方备上船只，中间高四边低的地方修筑假山岩洞，树木茂密而又有空隙的地方，建造房屋。有时把景物突现出来，有时又把景物适当遮掩，都是根据园子的天然地貌增减布置，而不加过多的人工雕琢，所以仍然叫它随园，与原来的名称同音，意义已经有差别了。

园子落成之后，感叹说："假使我仍在此地做官，那么只能每个月来一次；假使我辞官在此地定居，那就可以天天在这里了。两件事无法两全，我宁可舍弃官职而选取随园。于是称病告退，领着弟弟香亭、外甥湄君把书籍史册都搬进随园定居下来。我曾听苏轼说过："君子不一定要做官，也不一定不做官。"那么我的做官不做官，跟我住进园子的时间长久不长久，也不过是听其自然而已。但凡两种东西能够相互替代，是因为其中的一件可以胜过另一件。我竟然用官职换取了这所园子，园子的非同一般，是可以想见的了。乾隆十四年三月记。

第六章 林业思想与文化

《孟子·告子上》(节选)

【导读】

孟子，名轲，字子舆，战国时期儒家学派的代表人物之一。孟子以“性善论”作为理论根据，认为人具有恻隐、羞恶、辞让、是非之心，这是人的善端，需要细心保护，顺其发展，才能成就人的善性。

节选内容中，孟子以“牛山之木”为比喻，说明人性培养的重要。牛山树木曾经非常茂盛，但因临近都市，居民常常砍伐树木、放牧牛羊，结果变成了童山秃岭。同样，人的善性也容易遭受外物纷扰，如果不加以细心培养，也容易丧失。尽管“牛山之木”章的主旨是人的道德养成问题，但孟子通过“牛山之木”的比喻，为我们提供了一个先秦森林生态破坏的典型案例。

【原文】

孟子曰：“牛山之木尝美矣[1]，以其郊于大国也，斧斤伐之，可以为美乎？是其日夜之所息，雨露之所润，非无萌蘖之生焉，牛羊又从而牧之，是以若彼濯濯也[2]。人见其濯濯也，以为未尝有材焉，此岂山之性也哉？虽存乎人者，岂无仁义之心哉？其所以放其良心者，亦犹斧斤之于木也，旦旦而伐之，可以为美乎？其日夜之所息，平旦之气，其好恶与人相近也者几希，则其旦昼之所为，有梏亡之矣。梏之反覆，则其夜气不足以存；夜气不足以存，则其违禽兽不远矣。人见其禽兽也，而以为未尝有才焉者，是岂人之情也哉？故苟得其养，无物不长；苟失其养，无物不消。”孔子曰：“操则存，舍则亡；出入无时，莫知其乡。”惟心之谓与？

【注释】

[1]牛山：位于今山东省临淄城南，先秦时期靠近齐国都城。

[2]濯濯：赵岐注：无草木之貌。

【译文】

孟子说：“牛山的树木曾经很茂盛，因其处在大都市的郊外，经常遭斧斤砍伐，还能保持茂盛吗？那山上日夜生长，受雨露滋润的树木，不是没有嫩芽新枝长出来，但接着又在那里放牧牛羊，所以成了光秃秃了。人们见它光秃秃的，就以为这山不曾长过成材的树木，这难道是牛山的本性吗？同样就人性而言，难道会没有仁义之心吗？有些人之所以丧失了他的善良之心，也就像斧斤砍伐树木一样，天天砍伐，还能保持茂盛吗？他日夜滋生的善心，接触了天明时的晨气，而使他的好恶之心同一般人也就相差不多了，他白天的所作所为，又将它束缚丧失了。反复地消磨，那么他的夜气就不足以保存下来；夜气不足以保存下来，那他离禽兽就不远了。人们见他像禽兽，就以为他不曾有过善良的天性，这难道是人的真实状况吗？所以如果得到好的养护，没有东西不能生长；如果失去养护，没有东西不会消亡。”孔子说：“保持住就存在，放弃了就丧失；出入无定时，不知它的去向。’大概就是说人心吧？”

《庄子·人间世》（节选）

【导读】

庄子，姓庄，名周，战国时期宋国蒙人。道家学派代表人物，与老子并称“老庄”。曾做过“漆园令”。他反对人类对自然的过多干预，主张顺应自然，提倡无为而治。

《人间世》讲为人处世，庄子发挥了老子有、无关系，讨论人间世的有用、无用问题。节选片段《匠石之齐》是庄子举社栎的故事来论述无用之用：普通人眼中无用的树木却正因无用而免于被砍伐，得以持续生长；乱世中，保全自己，要安于无用。

【原文】

匠石之齐，至于曲辕，见栎社树[1]。其大蔽牛，絜之百围，其高临山，十仞而后有枝，其可以舟者旁十数。观者如市，匠伯不顾，遂行不辍。弟子厌观之，走及匠石，曰：“自吾执斧斤以随夫子，未尝见材如此其美也。先生不肯视，行不辍，何邪？”曰：“已矣，勿言之矣！散木也。以为舟则沉，以为棺椁则速腐，以为器则速毁，以为门户则液樠[2]，以为柱则蠹，是不材之木也。无所可用，故能若是之寿。”

匠石归，栎社见梦曰：“女将恶乎比予哉？若将比予于文木邪？夫楂梨橘柚果蓏之属，实熟则剥[3]，剥则辱。大枝折，小枝泄[4]。此以其能苦其生者也。故不终其天年而中道夭，自掊击于世俗者也。物莫不若是。且予求无所可用久矣！几死，乃今得之，为予大用。使予也而有用，且得有此大也邪？且也若与予也皆物也，奈何哉其相物也？而几死之散人，又恶知散木！”匠石觉而诊其梦。弟子曰：“趣取无用，则为社何邪？”曰：“密！若无言！彼亦直寄焉，以为不知己者诟厉也。不为社者，且几有翦乎！且也彼其所保与众异，而以义喻之，不亦远乎！”

【注释】

[1]栎社树：以栎树为神社。

[2]液樠：象樠树一样流出汁液。樠，树名，据说这种树常流汁液，类松。

[3]剥：击打。

[4]泄：用力牵拉。

【译文】

匠石（石姓木匠）前往齐国，走到曲辕这个地方，看到一棵被当做土神象征的栎树。栎树很大，可以遮蔽几千头牛，用绳子量一下树干，直径有上百尺那么粗，它高出山顶数十丈处才长有树枝。这棵栎树可以做数十条大船。前来观赏的人多如赶集，然而匠石连看也不看，继续不停地向前走。他的徒弟把这棵树看了个够，然后跑着赶上了匠石，说："自从我拿着斧头跟着师傅学艺以来，从未见过如此美好的树木。而师傅连看也不看一眼，不停地往前走，这是为什么呢？"匠石说："算了吧。不要再讲这棵树了。这是一棵没有用的树。用它做船就会沉没，用它做棺材就会很快腐烂，用它做器具就会很快坏掉，用它做门就会经常流出汁液，用它做柱子就会被虫蛀，这是一棵不能取材的树。正因为没有用处，所以才能够如此长寿。"

匠石回家以后，栎社树托梦说："你将拿什么东西和我比呢？你将把我同那些有用的树木相比吗？那些山楂、梨树、橘树、柚树等能够结出果实一类的树，当它们的果实成熟时，就会遭到敲打，遭到敲打就是受到侮辱，大的枝条被折断，小的枝条被扯弯。这些果树就是因为有结果实的才能而苦了自己一生，所以不能尽享天年而中道夭折，这是它们自己找的世人的打击呀。各种事物莫不如此。再说我追求无用已经很久很久了，差一点被砍死，到今天才算实现了自己的愿望，无用成了我的大用。假如我有用的话，我还能够长得如此高大吗？何况你和我都是一种物，你怎么能够有能力去观察和评价别的物呢？你不过是一个快要死的无用之人，又怎么懂得什么是无用之树呢？"匠石醒来后，把他的梦告诉徒弟。徒弟说："栎树既然迫切追求无用，那么它为什么又去当社树呢？"匠石说："闭嘴吧！你不要再讲了！它也不过是托身社神以求保命而已，因此被那些不理解自己的人责骂。如果它不当社树，恐怕也会被砍掉吧。再说它所追求的东西与一般人不一样，你用常理去分析它的用心，岂不是相差太远了。"

《韩非子·说林上》（节选）

【导读】

韩非子是战国末期法家思想的代表人物，韩国贵族，曾与李斯同学于荀子门下，多次上书韩王，主张变法强国，革新政治，但其意见未被采纳，于是发愤著书立说，成一家之言，有《韩非子》55篇传世。《韩非子》以老子的哲学思想为基础，综合商鞅的“法”、慎到的“势”、申不害的“术”，提出了以“法”为主，“法、术、势”相结合的政治主张。

今本《韩非子》中包含着许多与林业相关的哲理寓言和故事。节选内容出自《说林上》，“说”指民间故事和历史传说，“林”比喻数量众多，“说林”即传说故事的汇集。在本节中，韩非子以杨树的种植为例，说明了树之难、毁之易的道理。

［原文］

陈轸贵于魏王。惠子曰：“必善事左右。夫杨，横树之即生，倒树之即生，折而树之又生。然使十人树之而一人拔之，则毋生杨矣。至以十人之众，树易生之物而不胜一人者，何也？树之难而去之易也。子虽工自树于王，而欲去子者众，子必危矣。”

［译文］

陈轸受到魏惠王的器重。惠子说：“你必须好好对待君王的侍从。杨树，横着栽能活，倒着栽能活，折断了再栽也能活。然而使十个人栽而一个人拔，就没有活的杨树了。以十人之多，种容易成活的杨树，可是经不起一个人毁坏它，原因在哪里呢？这是因为种树难而毁树容易。你虽然善于在君主面前树立自己，但企图赶走你的人多，你一定危险了。”

《杨柳赋》

西汉·孔臧

［导读］

孔臧，孔子之后，汉文帝时为御史大夫，武帝时为太常。孔臧的《杨柳赋》被称为千古咏柳第一篇，以铺陈的手法，真实地展现杨柳自然美的丰姿。

文献选自西汉孔鲋所撰《孔丛子》所附录孔臧的《连丛子》。全赋开篇直接称赞杨柳的“结草早知春”的节候特征和繁茂可避烈日的作用，接下来多面展现杨柳自然美的丰姿；接着巧用南北对举、东西对照，突现出杨柳四布成林的特质，呈现出柳树的顽强的生命力，渲染了柳树能使大地成荫、园林增色、屋宇生辉等美化环境的作用：最后将自然美景同生活乐趣相联系，杨柳“依我以生”，植柳“我赖以宁”，物我相融。该篇文献充分表达了广植树木能够引导人们认知自然美的价值，既能娱悦耳目，更能陶冶情怀。

【原文】

嗟兹杨柳，先生后伤。蔚茂炎夏，多阴可凉。伐之原野，树之中塘。溉浸以时，日引月长。巨本洪枝，条修远扬。夭绕连枝，猗那其房。或拳局以逮下土，或擢迹而接穷苍。绿叶累叠，郁茂翳沉。蒙笼交错，应风悲吟；鸣鹄集聚，百变其音。尔乃观其四布，运其所临。南垂大阳，北被玄阴。西奄梓园，东覆果林。规方冒乎，半顷清室，莫与比深。于是朋友同好，几筵列行。论道饮燕，流川浮觞[1]。肴核纷杂，赋诗断章。合陈厥志，考以先王。赏恭罚慢，事有纪纲。洗觯酌樽[2]，兕觥并扬[3]。饮不至醉，乐不及荒。威仪抑抑，动合典常。退坐分别，其乐难忘。惟万物之自然，固神妙之不如。意此杨树，依我以生。未宁一纪[4]，我赖以宁。暑不御箑，凄而凉清。内荫我宇，外及有生。物有可贵，云何不铭。乃作斯赋，以叙斯情。

【注释】

[1]浮觞（shāng）：古人每逢三月上旬的巳日在环曲的水渠旁集会，在上流放置酒杯，任其顺流而下，停在谁的面前，谁就取饮，称“浮觞”。觞，盛满酒的杯，亦泛指酒器。

[2]觯（zhì）：古代饮酒器。圆腹，侈口，圈足，或有盖，形似尊而小。青铜制，盛行于殷代和西周初期。陶制者多为明器。樽：盛酒器。

[3]兕（sì）觥（gōng）：古代酒器。腹椭圆形或方形，圈足或四足，有流和鋬。盖一般呈带角兽头形。盛行于商代和西周前期。后亦泛指酒器。

[4]一纪：岁星（木星）绕地球一周约需十二年，故古称十二年为一纪。

【译文】

那柳树啊，春季发芽早而秋季落叶迟。炎炎夏日枝叶茂盛，广大的树荫可以乘凉。从原野上伐取，栽种在园中的池塘。按时灌溉，日日延长月月长高。巨大的树干粗大的树枝，枝条修长向上扬起。枝条纤柔连生，婀娜多姿。有时蜷曲枝条来连接大地，有时拔举枝条来接触苍天。绿色的树叶层层垒叠，繁密茂盛，遮天垂地。茂密四布交错，迎风叹息；鸣吟的天鹅聚集在树上，声音百变婉转。观察它在四方的分布，计算它覆盖的范围。南面低垂于太阳的下面，北面投下宽广的阴影。西面掩盖梓园，东面覆盖果林。方圆覆盖半顷，清凉的屋室都比不上它的荫凉。于是朋友同好，酒宴布列。论道饮宴，在水边欢饮。佳肴果品纷繁杂多，吟诗作赋断章讨论。让大家陈述各自的志向，考论上古贤明的君王。奖赏恭敬之人惩罚怠慢之人，凡事都有明确的法度。清洗觯器斟满酒樽，兕觥等酒器一同举起。宴饮但不至于醉酒，欢乐但不至于迷乱。仪容举止谦虚谨慎，行动符合日常制度。离座道别，其乐难忘。那万物的自然规律，确实神奇巧妙自叹不如。估计这杨树，依赖我而生长。不到十二年，我依赖它而安宁。暑天不必用竹器，树荫凄凄就有清凉。对内遮盖我的房屋，对外惠及诸多生灵。万物都有值得珍视之处，为何不将其铭记下来。于是写作这篇赋，来记叙这种情怀。

《文木赋》

西汉 · 刘胜

［导读］

刘胜，西汉中山靖王，汉景帝十四子之一，善为辞赋。1968年河北保定发掘中山靖王墓，其墓保存完整、首次出土完整的“金缕玉衣”。

《文木赋》文辞优美，想象丰富，对文木的赞美达到了无以伦比的程度。全赋对木纹及其万千姿态的变化倾心描绘，几乎将木纹之美丽神化为人类的理想境界；对于文木加工及用途的描述，则凸显了汉代木材利用的技术与文化特质。

［原文］

丽木离披，生彼高崖。拂天河而布叶，横日路而擢枝。幼雏羸鷇，单雄寡雌。纷纭翔集，嘈嗷鸣啼。载重雪而梢劲风，将等岁于二仪。巧匠不识，王子见知。乃命斑尔，载斧伐斯。隐若天崩，豁如地裂。华叶分披，条枝摧折。既剥既刊，见其文章。或如龙盘虎踞，复似鸾集凤翔。青緺紫绶，环璧圭璋。重山累嶂，连波迭浪。奔电屯云，薄雾浓雰。麚宗骥旅，鸡族雉群。蠋绣鸯锦[1]，莲藻芰文。色比金而有裕，质参玉而无分。裁为用器，曲直舒卷。修竹映池，高松植巘。制为乐器，婉转蟠纡。凤将九子，龙导五驹。制为屏风，郁岪穹隆[2]。制为杖几，极丽穷美。制为枕案，文章璀璨，彪炳焕汗。制为盘盂，采玩蜘蹰。猗欤君子，其乐只且！

［注释］

［1］蠋（zhú）绣：蠋虫蚀木而成的错杂纹理，谓其有如刺绣，故称。蠋，鳞翅目昆虫的幼虫。

［2］郁岪（fú）：山势高峻的样子。

［译文］

美丽的树木枝叶散乱，生在那高高山崖。接近九天璀璨银河而铺展绿叶，横档太阳运行道路而抽出枝条。幼小瘦弱的雏鸟，无偶的雄鸟雌鸟。纷纷聚集于树上，喧闹杂乱地鸣叫。承载积雪击打强风，与天地日月同寿。巧匠不曾识别，王子见到知晓。于是命令工匠，携带斧头砍伐。震动声响如天崩，豁然倒塌如地裂。花朵叶子分散，枝条毁坏折断。剥掉树皮削除外层，显现出其多彩花纹。既像龙盘虎踞，又似鸾集凤翔。既像青色丝带紫色丝带，又似玉环玉璧圭璋玉器。既像崇山峻峰，又似连波迭浪。既像奔腾的闪电积聚的云气，又似或浓或淡的云雾。既像群鹿群马，又似群鸡群雉。蠋虫蚀木有如刺绣和鸳鸯丝锦，又似莲叶文彩和菱叶纹络。颜色比黄金还充足，形体和美玉无差别。裁制作成日用器具，可曲可直可伸可卷。有的像细长的竹林映照着池塘，有的像高高的青松屹立在山巅。制作成乐器，声音婉转绕梁。凤凰听到携九子前来，苍龙听到率五驹到达。制作成屏风，雕刻的假山高峻突兀。制作成座几手杖，极为华丽瑰美。制作成枕头桌案，色彩花纹璀璨夺目，闪耀光辉焕发光彩。制作成圆盘方盂，反复把玩不愿放手。才德出众的君子啊，其中的乐趣是多么的美好呵！

《搜神记》(节选)

晋·干宝

[导读]

干宝的《搜神记》是一部记录神奇怪异故事的小说集，可以说是集我国古代神话传说之大成的著作。

节选两小段，第一段记载了韩凭夫妻忠贞不渝的爱情传说，这是传统相思树文化的重要源头，折射出朦胧的树木崇拜思想；第二段讲述汉代学者蔡邕焦尾琴和竹笛两个故事，属于森林利用内容，反映了木材在传统乐器文化方面的利用。

[原文]

宋康王舍人韩凭，娶妻何氏，美，康王夺之。凭怨，王囚之，论为城旦[1]。妻密遗凭书，缪其辞曰："其雨淫淫，河大水深，日出当心。"既而王得其书，以示左右，左右莫解其意。臣苏贺对曰："其雨淫淫，言愁且思也；河大水深，不得往来也；日出当心，心有死志也。"俄而凭乃自杀。其妻乃阴腐其衣。王与之登台，妻遂自投台，左右揽之，衣不中手而死。遗书于带曰："王利其生，妾利其死，愿以尸骨，赐凭合葬！"王怒，弗听，使里人埋之，冢相望也。王曰："尔夫妇相爱不已，若能使冢合，则吾弗阻也。"宿昔之间，便有大梓木生于二冢之端，旬日而大盈抱，屈体相就，根交于下，枝错于上。又有鸳鸯，雌雄各一，恒栖树上，晨夕不去，交颈悲鸣，音声感人。宋人哀之，遂号其木曰"相思树"。相思之名，起于此也。南人谓此禽即韩凭夫妇之精魂。今睢阳有韩凭城，其歌谣至今犹存。

……

汉灵帝时，陈留蔡邕[2]，以数上书陈奏，忤上旨意，又内宠恶之，虑不免，乃亡命江海，远迹吴会。至吴，吴人有烧桐以爨者，邕闻火烈声，曰："此良材也。"因请之，削以为琴，果有美音。而其尾焦，因名焦尾琴。

蔡邕尝至柯亭，以竹为椽，邕仰盼之，曰："良竹也。"取以为笛，发声辽亮。一云邕告吴人曰："吾昔尝经会稽高迁亭，见屋东间第十六竹椽，可为笛。"取用，果有异声。

【注释】

[1]成旦：古代的一种徒刑。

[2]蔡邕：东汉文学家，精通音律、书法。

【译文】

宋康王的舍人韩凭，娶何氏为妻，何氏貌美，宋康王把何氏抢了过来。韩凭心怀怨恨，被宋康王囚禁起来，并定罪服城旦这种苦刑。韩妻何氏暗中送信给他，故意含蓄地在信中说："大雨下不停，河大水深，太阳照见我的心。"不久宋康王得到了这封信，把信给亲信臣子看，亲信臣子中没有人能解释信的意思。臣子苏贺回答说："大雨下不停，是说心中愁思不止；河大水深，是指两人不得往来；太阳照见心，是内心已经有死的意向了。"不久韩凭就自杀了。韩妻于是暗中让自己的衣服腐烂。宋康王和何氏一起登上高台，何氏于是自己从台上跳了下去，身边的随从想拉住她，因为衣服腐烂经不起拉，何氏自杀而死。韩妻何氏在衣带上写的遗书说："大王以我活着为好，我却以死了为好，希望把我的尸骨赐给韩凭，让我们两人合葬。"宋康王大怒，不听从何氏的请求，让里人埋葬他们，使他们的坟墓遥遥相望。宋康王说："你们夫妇相爱不止，假如能使坟墓合起来，那我就不再阻挡你们了。"很短时间里，就有两棵大梓树分别从两座坟墓的坟头长出来，十天就已经长得有一抱粗了。两棵树树干弯曲，互相靠近，树根在地下相交，树枝在地上错杂。又有鸳鸯，一雌一雄，总是栖息在树上，无论早晚都不离开，交颈悲鸣，凄凉的声音让人感动。宋国人都为此而哀伤，于是称这种树为"相思树"。相思的说法，就是从这儿开始的。南方人说这种鸳鸯鸟就是韩凭夫妇的精魂变成的。如今睢阳有韩凭城，关于韩凭夫妇的歌谣至今仍在那里传唱。

……

东汉灵帝时，陈留郡的蔡邕，因为多次上书陈述自己的政见，违背了皇帝的旨意，加上遭到得宠宦官的憎恶，担心受到迫害，于是流亡江河湖海，远远跑到了吴郡、会稽郡。到吴郡时，有个吴郡人烧桐木来做饭，蔡邕听到火势爆裂的声音，说："这是块好木材啊！"于是请求把桐木给他，他把这段桐木削制成琴，果然弹出了优美的音乐。由于琴的尾部已经烧焦，因而取名为"焦尾琴"。

蔡邕曾经到柯亭，那里的人用竹子做屋椽。蔡邕抬头打量，说："真是好竹子啊！”便拿它做成了笛子，吹奏起来音色嘹亮。一种说法是蔡邕对吴郡的人说：“我过去曾经途径会稽郡高迁亭，看见东面那间房子第十六根竹椽可以用来做笛子。”拿下来做成笛子，果然能吹出奇异的音乐。

《桃花源记》（节选）

晋·陶渊明

［导读］

陶渊明（约 365—427），号五柳先生，东晋末期著名诗人、文学家，田园诗派创始人。

《桃花源记》以渔人行踪为序，展开记叙，文中不论是山外夹岸数百步的桃花林，还是桃花源里的良田、美池、桑竹之属，都体现了作者对美好生活的向往。文出《陶渊明集》，节选部分主要记述桃花源优美的自然环境以及恬静的田园生活。

［原文］

晋太元中，武陵人捕鱼为业。缘溪行，忘路之远近。忽逢桃花林，夹岸数百步，中无杂树，芳草鲜美，落英缤纷。渔人甚异之。复前行，欲穷其林。林尽水源，便得一山，山有小口，仿佛若有光。便舍船，从口入。初极狭，才通人。复行数十步，豁然开朗。土地平旷，屋舍俨然[1]，有良田、美池、桑竹之属。阡陌交通，鸡犬相闻。其中往来种作，男女衣着，悉如外人。黄发垂髫[2]，并怡然自乐。

［注释］

[1]俨然：整齐的样子。

[2]黄发：指老人。垂髫：小孩垂下的头发，用以指代小孩。

［译文］

晋朝太元年间，有位武陵人以捕鱼为生。有一天他沿着溪流划船前行，忘了路程的远近。忽然遇到一片桃花林，两岸几百步内，里面没有别的树，芳草鲜艳美丽，落花纷纷飘落。渔人很是惊异。于是又向前划去，想走到林子的尽头。桃花林在溪水的发源处没有了，便看见有一座山，山边有个小洞，似乎有光线透出来。他就离开船，从洞口进去。初进时，洞口很窄，只能勉强通过一个人，再走几十步，就突然开阔明亮了。土地平坦宽广，房屋整齐，有肥沃的土地、美丽的池塘、桑树竹林之类。田间小路交错纵横，鸡鸣狗叫声彼此都能听到。这里的人们来来往往耕田劳作，男女的穿戴跟桃花源外面的人一样。老人小孩，都充满喜悦之情，自得其乐。

《异苑》（节选）

南朝宋·刘敬叔

［导读］

刘敬叔《异苑》，是魏晋南北朝时期的一本志怪小说集，其书保存了许多当时的神话传说、神仙方术。

节选的段落讲述了蜀地古夜郎国竹王的故事，竹王因竹而生，反映了西南少数民族的竹图腾崇拜，竹王庙、竹王祠也是祖先崇拜的一种表现。

［原文］

汉武帝时，夜郎竹王神者名兴。初，有女子浣于豚水，见三节大竹流入足间，推之不去。闻其中有号声，持破之，得一男儿。及长，有才武，遂雄夷獠氏[1]，自立为夜郎侯，以竹为姓。所破之竹弃之于野，即生成林。王尝从人止石上，命作羹，从者曰："无水。"王以剑击石，泉便涌出。今竹王水及破竹成林并存。后汉使唐蒙开牂柯郡，斩竹王首，夷獠咸诉，以竹王非血气所生，甚重之，求为立后。太守吴霸以闻。帝封三子为侯，死配食父庙[2]。今夜郎县有竹王三郎祠，是其神也。

[注释]

[1]夷獠：古代对西南少数民族之称。

[2]配食：祔祭；配享。

[译文]

汉武帝时期，夜郎国有竹王神，他的名字叫兴。据说从前，有一个女子在遯水里洗衣服，看见三节大竹顺水流入她的两脚间，怎么推也推不走，听见竹子中有哭声，于是剖开了竹子，得到了里面的一个男孩。等到男孩长大了，既有文采又勇武，于是称雄于当地少数民族，自立为夜郎侯，以竹作为自己的姓氏。女子剖开的竹子丢弃于荒野之地，就长成了竹林。竹王曾经带着人在一块大石头上歇息，让随从做汤羹，随从回答："没有水。"竹王用剑劈砍石头，泉水就从石头中涌了出来。现在竹王水和破竹成林依然还存在。后来汉武帝命令唐蒙开辟牂柯郡，砍了竹王的首级，当地少数民族民众都上诉，认为竹王不是人的血气所生，特别敬重他，请求为他确立后嗣。太守吴霸把这件事报告给了皇帝。皇帝就封竹王的第三个儿子为侯爵，死后可以与父亲（竹王）一同在祠庙里享祭。现在夜郎县还有竹王三郎祠，就是他的神庙了。

《枯树赋》

北周·庾信

[导读]

庾信（513—581），字子山，南北朝时期著名诗人，"宫体诗"的代表性人物之一。有《庾开府集》传世。

《枯树赋》是庾信后期诗赋的名篇。作者善用形象、夸张的语言，鲜明的对比，成功地描写出了各种树木原有的勃勃生机与繁茂雄奇的姿态，以及树木受到的种种摧残和因为摧残而摇落变衰的惨状，使人读后很自然地对树木所受到的摧残产生不平，感到惋惜。

［原文］

殷仲文风流儒雅[1]，海内知名。世异时移，出为东阳太守。常忽忽不乐，顾庭槐而叹曰："此树婆娑，生意尽矣。至如白鹿贞松，青牛文梓[2]；根柢盘魄，山崖表里。桂何事而销亡，桐何为而半死？昔之三河徙植，九畹移根。开花建始之殿，落实睢阳之园。声含嶰谷，曲抱《云门》[3]。将雏集凤，比翼巢鸳。临风亭而唳鹤，对月峡而吟猿。乃有拳曲拥肿，盘坳反复。熊彪顾盼，鱼龙起伏。节竖山连，文横水蹙。匠石惊视，公输眩目。雕镌始就，剞劂仍加。平鳞铲甲，落角摧牙。重重碎锦，片片真花。纷披草树，散乱烟霞。若夫松子、古度、平仲、君迁，森梢百顷，槎枿千年。秦则大夫受职[4]，汉则将军坐焉[5]。莫不苔埋菌压，鸟剥虫穿。或低垂于霜露，或撼顿于风烟。东海有白木之庙，西河有枯桑之社，北陆以杨叶为关，南陵以梅根作冶。小山则丛桂留人[6]，扶风则长松系马[7]。岂独城临细柳之上，塞落桃林之下。若乃山河阻绝，飘零离别；拔本垂泪，伤根沥血。火入空心，膏流断节。横洞口而攲卧，顿山腰而半折，文斜者百围冰碎，理正者千寻瓦裂。载瘿衔瘤，藏穿抱穴，木魅睒睗，山精妖孽。况复风云不感，羁旅无归。未能采葛[8]，还成食薇[9]。沉沦穷巷，芜没荆扉，既伤摇落，弥嗟变衰。"《淮南子》云"木叶落，长年悲。"斯之谓矣。乃为歌曰："建章三月火，黄河万里槎；若非金谷满园树[10]，即是河阳一县花。"桓大司马闻而叹曰："昔年种柳，依依汉南；今看摇落，凄怆江潭；树犹如此，人何以堪！"

［注释］

[1]殷仲文：东晋人，曾任骠骑将军、咨议参军等职，才貌双全，颇有名望。

[2]青牛文梓：《录异传》载，秦文公时，雍南山有大梓树。文公伐之，中有一青牛出，走入沣水中。后以青牛文梓指参天古木。

[3]嶰谷：相传黄帝曾命乐官在昆仑山北的嶰谷取竹制作乐器。云门：黄帝时的舞乐。

[4]大夫受职：秦始皇到泰山封禅，风雨骤至，避于松树下，乃封其树为"五大夫"。

[5]将军坐焉：东汉将领冯异辅佐刘秀兴汉有功。他常独坐树下，故称其为"大树将军"。

[6]小山：指汉淮南王刘安的门客淮南小山，作《招隐士》，有"桂树丛生兮山之幽"之句。

[7]扶风：指《扶风歌》，晋代刘琨所作，中有"系马长松下，发鞍高岳头"等句。

[8]采葛:《诗经》的篇章，比喻未能完成使命。
[9]食薇：相传商臣伯夷、叔齐在武王伐纣灭商后，隐居首阳山，耻食周粟，采薇而食。后知薇亦周之草木，不再采食，饿死山中。
[10]金谷：即金谷园。晋石崇所筑，园中有清泉，遍植竹柏，树木十分繁茂。

【译文】

殷仲文风度儒雅，学问渊博，全国知名。随着时代变迁，他离京担任东阳太守。常常闷闷不乐，看着院庭中槐树叹息说："这棵树也曾婆娑多姿，现在生机没有了。至于白鹿塞的贞松、中藏青牛的文梓树，树根盘驳壮大，如山崖般牢固。桂树为什么而消亡，桐树又为什么而半生半死？以前从三河等广袤的地域移植而来。在建始殿前开花，在睢阳园里落下果实。树音中含有嶰谷版清韵，声调又契合黄帝《云门》乐曲。凤凰携幼鸟聚集在林中，鸟群像鸳鸯似的在树上筑巢。临风亭上听鹤鸣，对月峡间闻猿啸。有的树木弯曲臃肿，有的树枝盘旋交错。有的像熊虎回头顾盼，有的像鱼龙跳跃翻腾。隆起的树节像山峦相连，树木的纹理横看像水面的波纹。巧匠看了都吃惊，鲁班见了都炫目。粗略的雕刻之后，还可以再用刀和凿子进行加工。削平龙鳞，铲出硬甲，刮出尖角，挫平利牙。一层层像细密的织锦，一片片有如真实的花朵。砍削的树林中，草木纷披，散乱如同烟霭云霞。至于松梓、古度、平仲、君迁这些树木，也曾经生长茂盛，枝丫覆盖百亩，抽枝发芽，千年不死。秦代时有泰山松被封五大夫的官职，汉代有将军独坐大树之下。现在没有不被青苔埋没、菌类覆盖的，没有不被飞鸟剥啄、蛀虫蠹穿的。有的在霜露中枝叶低垂，有的在风雨中摇摆颠簸。东海有白木庙，西河有枯桑社，北陆以"杨叶"命名城关，南陵用"梅根"称呼冶炼厂。小山曾有咏桂的辞赋留于后人，刘琨也有"系马长松"的佳句。又何止是见于记载的细柳营、桃林塞呢？至于山河险阻，道路隔绝，飘零异地，离别故乡。树根被拔出泪水垂落，根茎被损伤如滴鲜血。火烧进树的中空之处，树脂流淌在枝干断裂之处。树在洞口横七竖八地斜放着，歪倒在山腰而中间折断。纹理曲折、干粗百围的树也像坚冰一样破碎，纹理正直、高耸千寻的树也像屋瓦一样破裂。树身长满了瘿瘤，树干布满了虫洞。树精眼神闪烁，山精妖孽时有出没。更何况我遭遇国家危亡，羁留在异邦难以归乡。没能完成使命，更不能像伯夷、叔齐那样保全气节了。沉沦在穷困的陋巷之中，荒草掩盖了荆木门扉，既感伤树木凋零，更加叹息人生衰老。"《淮南子》说："树叶飘落，老人生悲。"就是这个意思呀！于是有歌辞说："建章宫三月大火之后，残骸如同在黄河上漂流万里的竹筏。如果不是金谷园的树木，就是河阳县的花果。"大司马桓温听后感叹说："过去在汉水之南种下的柳树，曾经枝条轻柔地随风飘动；今天却看到它枝叶凋零，江边一片凄凉的景象。树尚且如此，又何况人呢？"

《种树郭橐驼传》

唐・柳宗元

【导读】

柳宗元（773—819），唐代文学家，唐宋八大家之一。柳宗元不仅是一位著名文学家，在林业领域也有卓越的贡献：在永州时，他曾在自己住所亲栽竹子；他还请人自衡阳移来桂树十余株，植于零陵住所精舍之前，又将湘江岸边的木芙蓉移来种植；在柳州时，大量栽种柳树与黄柑。

本篇出自《柳河东集》。该文塑造了一位貌不出众的植树能人郭橐驼，借其口介绍了植树造林的经验，并得出了"能顺木之天，以致其性焉"的结论，即种树要顺乎树木天然生长本性、遵循树木生长特点而进行栽植与管理；强调栽种的细致操作，阐明对树木"虽曰爱之，其实害之；虽曰忧之，其实仇之"的辩证关系。

【原文】

郭橐驼，不知始何名。病偻，隆然伏行，有类橐驼者，故乡人号之"驼"。驼闻之，曰："甚善。名我固当。"因舍其名，亦自谓橐驼云。其乡曰丰乐乡，在长安西[1]。驼业种树，凡长安豪富人为观游及卖果者，皆争迎取养。视驼所种树，或移徙，无不活，且硕茂，早实以蕃。他植者虽窥伺效慕，莫能如也。

有问之，对曰："橐驼非能使木寿且孳也，能顺木之天，以致其性焉尔。凡植木之性，其本欲舒，其培欲平，其土欲故，其筑欲密。既然已，勿动勿虑，去不复顾。其莳也若子，其置也若弃，则其天者全而其性得矣。故吾不害其长而已，非有能硕茂之也；不抑耗其实而已，非有能早而蕃之也。他植者则不然，根拳而土易，其培之也，若不过焉则不及。苟有能反是者，则又爱之太恩，忧之太勤，旦视而暮抚，已去而复顾，甚者爪其肤以验其生枯，摇其本以观其疏密，而木之性日以离矣。虽曰爱之，其实害之；虽曰忧之，其实仇之，故不我若也。吾又何能为哉！”

问者曰：“以子之道，移之官理，可乎？”驼曰：“我知种树而已，官理，非吾业也。然吾居乡，见长人者好烦其令，若甚怜焉，而卒以祸。旦暮吏来而呼曰：‘官命促尔耕，勖尔植，督尔获，早缫而绪，早织而缕，字而幼孩，遂而鸡豚。’鸣鼓而聚之，击木而召之。吾小人辍飧饔以劳吏者[2]，且不得暇，又何以蕃吾生而安吾性耶？故病且怠。若是，则与吾业者其亦有类乎？”

问者曰：“嘻，不亦善夫！吾问养树，得养人术。”传其事以为官戒。

【注释】

[1]长安：古都城名，隋、唐皆于此定都。故城有二：汉城筑于惠帝时，在今西安市西北。隋城筑于文帝时，号大兴城，故址包含今西安城和城东、南、西一带。唐末就旧城北部改筑新城，即今西安城。

[2]飧（sūn）饔：早餐和晚餐，引申为吃饭。

【译文】

郭橐驼，不知道最初什么名字。因病佝偻，背部隆起弯腰行走，有似骆驼，因而乡邻称呼他“驼”。郭橐驼听了，说：“很好。这样称呼我确实很匹配。”因而舍弃原名，也自称橐驼。郭橐驼的家乡叫丰乐乡，在长安城西。郭橐驼以种树为业，凡是长安城的富豪人家为了观赏游乐或贩卖果实的，都争相迎请郭橐驼培植树木。观察郭橐驼所种树木，倘若移植，没有不成活的，且枝繁叶茂，结果既早又多。其他种树者虽然羡慕并窥伺效仿，但没有人比得上他。

有人向他询问，他回答说：“橐驼我并非能使树木长寿且滋生，仅仅是顺应树木的自然规律性，来实现它的天性罢了。凡是植树的天性，根部要舒展，堆土要平整，培土要原土，捣土要结实。待种好之后，就不要移动它顾虑它，离开不必再返回查看。种植时要像抚育子女，栽种后要如同抛弃它，这样自然规律得以保全，其天性得以顺应。所以我只是不妨害其生长而已，并非能使繁茂；只是不使它的果实零落而已，并非能使果实早且多。其他种树者则不这样，根系蜷曲而换掉原土，他们培土，不是太多就是太少。即使有能够与此做法相反者，却又对树木关爱太深，对树木顾虑太勤，早晚查看抚摸，已经离去又返回查看，更有甚者手划树皮检验其是否成活，摇动树木查看土质松紧，然而这样树木的天性日渐剥离。这种做法虽说爱树，实则害树；虽说是顾虑树，其实是仇视树，所以他们栽树比不上我。我哪里有突出才能呢！”

询问者说：“以你种树的方法，移用到为官之道，可以吗？”郭橐驼说：“我只知道种树的方法而已，为官之道，并非我的职业。然而我居处乡间，见官长喜好繁杂的施令，看似怜爱百姓，而最终带来危害。每日早晚官吏前来吩咐：‘长官命令敦促你们耕种，勉励你们种植，督促你们收获，尽早缫你们的丝，尽早织你们的帛，养育你们的幼孩，饲养你们的鸡猪。’鸣鼓聚集百姓，敲击木梆召唤百姓。我等百姓舍弃吃饭来慰劳官吏，尚且不得闲暇，又何以蕃息我的生命而安养我的天性呢？因此困顿倦怠。像这样，则与我的职业也有类似之处吧？”

询问者说：“呀，这不也很好嘛！我询问种树的方法，得到了抚养人民的方法。”因而记载此事作为官吏的鉴戒。

《养竹记》

唐·白居易

［导读］

中国是世界上竹类资源最为丰富、竹林面积最大、开发利用竹资源最早的国家之一，竹文化也是传统文化的重要组成部分。受儒家“君子比德”思想的影响，中唐以后，竹子的某些自然特点如虚心、有节、根固、顶风傲雪、四时长青等开始被强调并引入社会伦理范畴，最终演化成为士大夫心目中君子贤人的化身，这也明显地反映在唐代的文学作品中。

本篇选自白居易《白氏长庆集》。《养竹记》首次总结出竹的“本固”“性直”“心空”“节贞”等高尚情操，将竹比作贤人君子；其后的刘岩夫在《植竹记》里则更将封建文人士大夫所共同钦慕的“刚”“柔”“忠”“义”“谦”“贤”“德”等品格赋予竹子；此外，“亲慈子孝”“尊敬长者”等伦理规范也或先或后赋予了慈竹（子母竹）和�

竹（扶老竹）。这种竹的自然属性同人的人格特点发生契合是中国竹文化的核心所在。从此，竹子在中国封建文人士大夫的精神体系中确立了不可动摇的地位，并通过种竹养竹、咏竹画竹等追求风流雅致的行径，传承并不断丰富和发展。“宁可食无肉，不可居无竹”，苏轼的一句名言，揭示了竹文化对传统士人生活的影响。

［原文］

竹似贤，何哉？竹本固，固以树德，君子见其本，则思善建不拔者；竹性直，直以立身，君子见其性，则思中立不倚者；竹心空，空以体道，君子见其心，则思应用虚受者；竹节贞，贞以立志，君子见其节，则思砥砺名行夷险一致者。夫如是，故君子人多树之为庭实焉。

贞元十九年春，居易以拔萃选及第[1]，授校书郎[2]，始于长安求假居处，得常乐里故关相国私第之东亭而处之。明日，履及于亭之东南隅，见丛竹于斯，枝叶殄瘁，无声无色。询于关氏之老，则曰：此相国之手植者。自相国捐馆，他人假居，繇是筐篚者斩焉，彗帚者刈焉。刑馀之才，长无寻焉，数无百焉。又有凡草木杂生其中，菶茸荟郁[3]，有无竹之心焉。居易惜其尝经长者之手，而见贱俗人之目，翦弃若是，本性犹存，乃芟蘙荟，除粪壤，疏其间，封其下，不终日而毕。于是日出有清阴，风来有清声，依依然，欣欣然，若有情于感遇也。

嗟乎！竹，植物也，于人何有哉？以其有似于贤，而人爱惜之，封植之，况其真贤者乎？然则竹之于草木，犹贤之于众庶。呜呼！竹不能自异，惟人异之；贤不能自异，惟用贤者异之。故作《养竹记》，书于亭之壁，以贻其后之居斯者，亦欲以闻于今之用贤者云。

［注释］

［1］拔萃：唐代考选科目之一。《新唐书·选举志下》：“选未满而试文三篇，谓之宏辞，试判三条，谓之拔萃，中者即授官。”及第：科举应试中选。因榜上题名有甲乙次第，故名。隋唐只用于考中进士，明清殿试之一甲三名称赐进士及第，亦省称及第。

［2］校书郎：东汉时，征召学士至兰台或东观宫中藏书处校勘典籍，其职为郎中者，称校书郎中；其职为郎者，则称校书郎。三国魏始置校书郎官职，司校勘宫中所藏典籍诸事。唐以后历代相因。

［3］菶（běng）茸荟郁：形容草木繁盛茂密。

【译文】

竹子好似贤人，为什么呢？竹子根部牢固，牢固用来树立德性，君子见到它的根部，就会想到意志坚定不移的人；竹子生性挺直，挺直用来立足安身，君子见到它的特性，就会想到保持中立不偏不倚的人；竹子中空，中空用来躬行正道，君子见到它空心，就会想到虚心接受一切有用东西的人；竹节坚实，坚实用来树立志向，君子见到竹节，就会想到磨练自己的品行、不管平坦与险阻都始终如一的人。正因如此，所以很多君子种植竹子，用来充实庭院。

贞元十九年春，我以拔萃科目的考选中举，被任命为校书郎，开始在长安城求借居处，寻得常乐里先前关相国的私家宅第的东亭居住。第二天，散步到亭东南角，看见竹子丛生，枝叶枯萎，没有声音和颜色。询问关家的旧人，回答说：这是关相国亲手栽植的。自从相国去世，别人借居，于是制作筐篚的人来砍伐，制作扫帚的人来截取，砍伐剩下的，长不超过八尺，数量不超过百株。又有普通草木杂生其中，茂密森郁，有竹子消亡的趋势。居易我怜惜它们曾经过德高望重的相国之手，却被俗人所轻视，被如此砍伐，本来的天性犹存，于是割除杂草，扫除秽土，疏浚中间，培土根部，不到一天就完成了。于是日出有清爽的阴凉，风吹来有清越的声音，轻柔披拂，昌盛茂密，好像对感应遇合表露情感。

哎呀！竹子是植物，与人有什么关系？因为它有似于贤人之处，因而人们爱惜它，种植它，何况真正的贤人呢？竹子相对于草木，犹如贤人相对于众人。呜呼！竹子不能自我重视，唯有人重视它；贤人不会自我重视，唯有任用贤人的人重视他。因此撰写《养竹记》，书写在亭壁之上，是为了留给后来在此居住的人，也是为了让现今任用贤人的人知道。

《戕竹记》

宋・欧阳修

【导读】

欧阳修（1007—1072），字永叔，号醉翁，晚年又号六一居士，吉州永丰（今江西省永丰县）人，北宋著名政治家、文学家。

本篇选自欧阳修《文忠集》。《戕竹记》作于明道元年（1032）。该年八月，汴京宫廷失火，烧毁了崇德、长春等八殿。为了修复这些宫殿，朝廷命各地供给建筑材料，洛阳竹林因此被砍伐一空。欧阳修此时在洛阳任西京留守推官，记下了这件事，并指斥这种滥伐竹木的行为是“无益害有益”。

【原文】

洛最多竹，樊圃棋错。包箨榯笋之赢[1]，岁尚十数万缗[2]，坐安厚利，宁肯为渭川下？然其治水庸，任土物，简历芟养，率须谨严。家必有小斋闲馆在亏蔽间，宾欲赏，辄腰舆以入，不问辟疆，恬无怪让也。以是名其俗，为好事。

壬申之秋，人吏率持镰斧，亡公私谁何，且戕且桴，不竭不止。守都出令：有敢隐一毫为私，不与公上急病，服王官为慢，齿王民为悖。如是累日，地榛园秃，下亡有啬色少见于颜间者，由是知其民之急上。

噫！古者伐山林，纳材苇，惟是地物之美，必登王府，以经于用。不供谓之畔废，不时谓之暴殄。今土宇广斥，赋入委叠，上益笃俭，非有广居盛囿之侈。县官材用，顾不衍溢朽蠹，而一有非常，敛取无艺。意者营饰像庙过差乎！《书》不云“不作无益害有益”，又曰“君子节用而爱人”。天子有司所当朝夕谋虑，守官与道，不可以忽也。推类而广之，则竹事犹末。

【注释】

［1］榯（shí）：直立的样子，这里代指竹子。

［2］缗（mín）：穿钱的绳，亦指成串的钱，古制千钱为一缗。

【译文】

洛阳竹子非常多，竹园星罗棋布。竹笋、竹竿的收入，每年高达十几万缗钱，坐享厚利，哪里在渭川之下呢？然而修治水渠，整理土地，选苗剪枝，都必须认真从事。一般家庭都会有房舍斋馆建置在竹林深处，如果有客人要欣赏，就乘小轿进入，不用问主人，主人也不会责怪客人。因为这被认为是当地的风俗，看作美善的事情。

壬申年秋天，一些官吏带着人手持镰刀斧头，不论公家的还是私人的，一边砍伐，一边装船运走，不砍完不罢休。官府发布命令：有敢私自隐藏一棵竹子，不上缴国家急需的，做官的以怠慢罪论处，做百姓的以悖逆罪论处。这样过了数日，土地荒芜了，竹园光秃了，却没有百姓脸上敢流露出一点惋惜之情，由此证明百姓是急朝廷之所急的。

啊！古人砍伐山林，缴纳木材、芦苇，因为这些都是土地上出产的好东西，一定要登记于帝王的府库，以便能按度量使用。如果百姓不供奉就视为叛逆，不按时征收就是暴殄天物。如今疆域广大，积聚众多，皇上更加注重节俭，没有扩大宫殿、修建苑囿的奢侈。官府的材料器用，没有不任其剩余朽烂的，但是一遇到非常情况，还是没有限度地收敛财物。有居心的人以营造祠庙为借口太过分了！《书》不是说“不作无益的事，以免损害有益的事物”，又说“君子节俭用度而关爱别人”。作为天子的管理部门始终应该考虑，恪守做官和为人之道，不能有所忽视。以此类推到更大的方面，砍伐竹子的事仍算小事了。

《云笈七签·四象第四》

宋·张君房

【导读】

张君房，宋代藏书家，道家文化研究者。他在自己所编《大宋天宫宝藏》的基础上，选择自己认为最精要的道家经文，重新编纂为《云笈七签》，其内容实际上主要是上清派经文。

本篇节选自《文渊阁四库全书》本《云笈七签》卷七二《内丹部》，内容主要讲道家重要的修炼方法——内丹术，“和合四象”是内丹修炼的重要理论。四象即青龙、白虎、朱雀、玄武四灵，是古代神话中对应四方的守护神，所谓“天之四灵，以正四方”，具有驱邪、避灾、保平安的作用。道家“四象”中蕴含的天文和灵兽文化，其实是上古星宿崇拜与动物图腾崇拜相结合的产物。

【原文】

夫四象者，乃青龙、白虎、朱雀、玄武也。青龙者，东方甲乙木[1]，水银也。澄之不清，搅之不浊，近不可取，远不可舍，潜藏变化无尽，故言龙也。

白虎者，西方庚辛金，白金也。得真一之位[2]。《经》云：子若得一万事毕。淑女之异名，五行感化，至精之所致也[3]。其伏不动，故称之为虎也。

朱雀者，南方丙丁火，朱砂也。剖液成龙，结气成鸟，其气腾而为天，其质降而为地，所以为大丹之本也。见火即飞，故得朱雀之称也。

玄武者，北方壬癸水，黑汞也。能柔能刚。《经》云：上善若水。非铅，非锡，非众石之类，水乃河车神水[4]，生乎天地之先，至药不可暂舍，能养育万物，故称玄武也。

如志士烧炼丹鼎，知此四象者，十方天人莫不瞻奉。古经云四神之丹，此是也。

【注释】

[1]东方甲乙木：天干和五行的匹配。天干的甲、乙五行属木，位在东方。

[2]真一：道家哲学名词。原指保持本性，自然无为。

[3]至精：我国古代哲学家指一种极其精微神妙而不见形迹的存在。

[4]河车：道教隐语，《还丹肘后诀》以铅汞合炼为河车。

【译文】

四象就是青龙、白虎、朱雀、玄武。青龙，甲乙属木，位在东方，指的是水银。无法澄清，也搅不浑，近了无法择用，远了不能舍弃，隐藏着无穷的变化，所以说的就是龙。

白虎，庚辛属金，位在西方，指的是白金。能得到真一本位。《经》记载：你要是得到这个真一，万事圆满。淑女的另外一个名称，得五行感化，这是至精所产生的。它潜伏不动，所以称之为虎。

朱雀，丙丁属火，位在南方，指的是朱砂。液体能分解成龙，气体能凝结成鸟，它的气腾起就成为天，它的质料下降成为地，这就是大丹根本的原因。遇见火就飞了，所以有朱雀的称呼。

玄武，壬癸属水，位在北方，指的是黑汞。其性能柔能刚。《道德经》说：上善若水。不是铅，不是锡，不是石头一类，水也是铅汞合炼的神水，诞生于天地之前，神药一会也不能舍弃，能够养育万物，所以叫玄武。

如果有意志坚持的人烧炼丹药，懂得四象的奥秘，那么十方神仙没有不恭敬侍奉的。古代经典上说的四神之丹，就是这个。

《新刻何氏类镕》（节选）

明 · 何三畏

【导读】

何三畏，明代万历年间人，明代著名学者、画家陈继儒曾受业于他。著有《何氏类镕》《云间志略》等。

本篇节选自中国国家图书馆所藏明万历年间刻本《新刻何氏类镕》卷三十一《树》，其内容记载了中国古代许多有关树木的神话传说和典故，反映了古人的树木崇拜思想。先民们出于对自然界的敬畏，逐渐形成“万物有灵”思想，将自然界中包括树木在内的许多物体当作神灵来对待，树木崇拜由此而生，这也形成了中国历史悠久的神树文化脉络。

【原文】

树有历百千万年者，其上多栖鬼神。有高六七十丈者，其下不见日月。有圣树，有神树，有仙树，而又有男青女贞之号，所以为奇。有面树，有酒树，有肉树，而又有牛筋狗骨之称，所以为异。有一树而自分条干，东向一枝木威，南向一枝橄榄，枝枝各别，其树名为独根。有一树而互相盛衰，东边一岁枯槁，西边一岁敷荣，岁岁皆然，其树名为交让。布叶垂阴，隣月中之丹桂[1]；连枝接影，对天际之白榆[2]。珍枝布叶而成珠[3]，返魂闻香而即活[4]。如何随刀而异味，烽火至夜而欲燃。或名不火不灰，或名无忧无患。或名天上天楄，或名帝座帝休[5]。亦曰扶老生金，亦曰声风发日。亦曰雕棠迷谷，亦曰木蜜摩厨。若离娄蜀漆，平仲君迁。若慎火雒常，文茎净土。若丹青绮缟，珊瑚琉璃。若蕳母婴弥，娑罗都句。其类固难以更仆言缕指数矣。

有树生于姬公之茔中，其叶皆按四时而各标其色。有树生于孔子之塚上，其种皆来异国而莫识其名。秦始皇封禅而登岱，所憩之树封以官名者，欲示宠异于山灵。钱武肃既贵而归乡，所戏之树被以文绣者，用表荣华于梓里[6]。木龙寺之树，梁武帝遣人图画者，其垂如帐，其屈曲如虬龙。琉球国之树，隋炀帝遣使持归者，其色如金，其盘如美锦。仁寿种于思烟馆，木兰生于浔阳江。君子植于华林园，长生移于上林苑。诸如此类者，皆佳木也。至《无量寿经》所云：行行相植，茎茎相望，枝枝相准，叶叶相向，华华相顺，实实相当。为天宫之宝树者，则岂尘世间所有哉。

【注释】

[1]月中之丹桂：中国古代神话传说月亮中有桂树，吴刚伐桂，日复一日，树不倒。

[2]天际之白榆：典出《玉台新咏》“天上何所有，历历种白榆”。

[3]珍枝：传说中神树名。《洞冥记》载有珍枝树，有红色甘露在其叶上，落地为珠。

[4]返魂：传说中神树名。《述异记》载有返魂树，闻其香能起死回生。

[5]天楄、帝休：均为神树名。《山海经》中有记载。

[6]钱武肃：即钱镠，五代十国时期吴越国的创建者。谥号武肃王。

【译文】

树木有活成千上万年的，上面很多都栖息有鬼神。有的树高六七十丈，下面看不见日月。有圣树，有神树，有仙树，而又有男青、女贞等称呼，所以神奇。有面树，有酒树，有肉树，而又有牛筋、狗骨的称呼，所以奇异。有一棵树自己分很多枝干，朝东面的一条枝干是木威，朝南面的一条枝干是橄榄，每一枝干都不一样，这种树的名字叫独根。有一种树自身轮替盛衰，东边的一年干枯，西边的一年开花，年年都这样，这种树名字叫交让。布叶垂荫，靠近月亮中的桂树；连枝接影，正对着天上的白榆。珍枝树舒展枝叶就能落地为珠，返魂树闻其香能起死回生。如何树每一刀切下的味道都不同，烽火树到了晚上就能自己燃烧。有的树名字叫不火不灰，有的树名字叫无忧无患。有的名字叫天上的天楄，有的名字叫帝座的帝休。有的叫扶老生金，也有的叫声风发日。有的叫雕棠迷谷，也有的叫木蜜摩厨。还有诸如离娄、蜀漆、平仲、君迁，诸如慎火、雒常、文茎、净土。诸如丹青、绮缟、珊瑚、琉璃。诸如蒟母、婴弥、娑罗、都句。神树的种类本来就很难尽说细数。

有树生长在周公姬旦的坟墓上，它的叶子根据四时变化各自有各自的颜色。有树生长在孔子的墓地上，它的品种都是来自于异国而没有人能识别其名字。秦始皇封禅时登上泰山，他所憩息的树被封为官，想要表示其宠爱与其他山灵不同。钱武肃王发达之后回到故乡，以前嬉戏的树都披挂着刺绣，用这种方式在故乡展示荣华富贵。木龙寺里的树，梁武帝曾经派人为之图画，它的枝叶下垂如同锦帐一样，它的枝干弯曲如同虬龙一样。琉球国的树，隋炀帝曾经派使臣带回来，树的颜色金黄，树木纹理如同美丽的锦绣。仁寿树种在思烟馆里，木兰树生于浔阳江上。君子树种植在华林园中，长生树移植于上林苑中。诸如这一类的树，都是佳木呀。所以《无量寿经》里说：一行一行整齐地种植，树干与树干彼此相对，枝条与枝条平齐不斜，叶子和叶子相互对应，花与花依次排列，果实与果实大小相当。这就是极乐世界的宝树呀，岂能是凡间所能有的呀。

《补农书》（节选）

清 · 张履祥

［导读］

张履祥，明末清初浙江桐乡人。《清史稿 · 儒林传》载其简要生平。《补农书》是张履祥增补同乡人沈氏《沈氏农书》而成。

节选段落讲述的是中国南方地区“女儿杉”习俗，旧时家里生下女儿后，父亲要到山前屋后栽种杉木树苗，等到女儿长大嫁人时，木材长成作为嫁妆，部分地区也叫“十八女儿杉”“栽喜树”。

〔原文〕

绍兴祁氏，资送其女，费至千金。人怪其厚，祁曰：“吾费不过十金耳”。人益骇，问故，曰：“于女生之年，山中人包种杉秧万株，株费一厘。女十六、七而嫁，杉木大小每株一钱，则嫁资裕如矣。”此虽山林与平野不同，然智可通也。

〔译文〕

绍兴有祁氏家族，赠予钱财送女儿出嫁，费用达到了千金。别人都奇怪为什么这么多？祁姓父亲说：“我只不过花费了十金罢了。”旁人更加惊讶了，询问其中原因。祁姓人回答说：“我在女儿出生那一年，雇佣山农，承包山地，栽种了一万株杉苗，每株苗费一厘钱。等到女儿十六七岁出嫁时，杉木已长大，每株值一钱，那么嫁妆就这么富裕了。”虽然山林与平原地区情况不同，但道理是相通的。

参考文献

[1]【汉】孔安国传，孔颖达疏．尚书正义［M］．北京：北京大学出版社，1999.

[2]【汉】毛亨传，郑玄笺疏．毛诗正义［M］．北京：北京大学出版社，1999.

[3]【汉】司马迁．史记［M］．北京：中华书局，1959.

[4]【汉】扬雄．扬子云集［M］．《文渊阁四库全书》本．上海：上海古籍出版社，1987.

[5]【汉】氾胜之撰，石声汉注释．氾胜之书今释［M］．北京：科学出版社，1956.

[6]【汉】班固．汉书［M］．北京：中华书局，1962.

[7]【三国】王弼注，孔颖达疏．周易正义［M］．北京：北京大学出版社，1999.

[8]【晋】陆玑．毛诗草木鸟兽虫鱼疏［M］．《文渊阁四库全书》本．

[9]【晋】嵇含．南方草木状［M］．《文渊阁四库全书》本．

[10]【晋】戴凯之．竹谱［M］．《文渊阁四库全书》本．

[11]【晋】干宝撰，王绍楹校注．搜神记［M］．北京：中华书局，1979.

[12]【晋】陶渊明撰，逯钦立校注．陶渊明集［M］．北京：中华书局，1979.

[13]【晋】葛洪撰，程章灿译注．西京杂记全译［M］．贵阳：贵州人民出版社，1993.

[14]【南朝宋】刘敬叔．异苑［M］．《文渊阁四库全书》本．

[15]【南朝梁】沈约．宋书［M］．北京：中华书局，1974.

[16]【南朝梁】萧统撰，李善注．文选［M］．上海：上海古籍出版社，1986.

[17]【北齐】魏收．魏书［M］．北京：中华书局，1974.

[18]【北魏】贾思勰撰，缪启愉校释．齐民要术校释［M］．北京：农业出版社，1982.

[19]【北魏】杨衒之撰，周祖谟校释 . 洛阳伽蓝记［M］. 北京：中华书局，2013.
[20]【北周】庾信撰，倪璠注，许逸民校点 . 庾子山集［M］. 北京：中华书局，1980.
[21]【唐】长孙无忌等撰 . 唐律疏议［M］. 北京：中华书局，1983.
[22]【唐】陆羽 . 茶经［M］.《文渊阁四库全书》本 .
[23]【唐】柳宗元 . 柳宗元集［M］. 北京：中华书局，1979.
[24]【唐】白居易撰，顾学颉点校 . 白居易集［M］. 北京：中华书局，1979.
[25]【唐】李德裕 . 会昌一品集［M］.《文渊阁四库全书》本 .
[26]【唐】苏敬等撰，尚志钧辑校 . 新修本草［M］. 合肥：安徽科学技术出版社，1981.
[27]【唐】韩鄂撰，缪启愉校释 . 四时纂要校释［M］. 北京：农业出版社，1981.
[28]【唐】段公路 . 北户录［M］.《文渊阁四库全书》本 .
[29]【唐】元稹撰，冀勤点校 . 元稹集［M］. 北京：中华书局，1982.
[30]【宋】欧阳修撰，李逸安点校 . 欧阳修全集［M］. 北京：中华书局，2001.
[31]【宋】王禹偁 . 小畜集［M］.《文渊阁四库全书》本
[32]【宋】苏轼撰，孔凡礼点校 . 苏轼文集［M］. 北京：中华书局，1986.
[33]【宋】文同撰，胡问涛、罗琴校注 . 文同全集编年校注［M］. 成都：巴蜀书社，1999.
[34]【宋】李格非 . 洛阳名园记［M］.《文渊阁四库全书》本 .
[35]【宋】周师厚 . 洛阳花木记［M］.《文渊阁四库全书》本 .
[36]【宋】陈师道 . 后山谈丛［M］.《文渊阁四库全书》本 .
[37]【宋】张君房 . 云笈七签［M］.《文渊阁四库全书》本 .
[38]【宋】张耒 . 张耒集［M］. 北京：中华书局，1990.
[39]【宋】韩彦直 . 橘录［M］.《文渊阁四库全书》本 .
[40]【宋】陈仁玉 . 菌谱［M］.《文渊阁四库全书》本 .
[41]【宋】陈翥撰，潘法连校注 . 桐谱校注［M］. 北京：农业出版社，1981.
[42]【宋】宋敏求编，洪丕谟等点校 . 唐大诏令集［M］. 上海：学林出版社，1992.
[43]【宋】郑獬 . 郧溪集［M］.《文渊阁四库全书》本 .
[44]【宋】范成大撰，严沛校注 . 桂海虞衡志校注［M］. 南宁：广西人民出版社，1986.
[45]【宋】魏岘 . 四明它山水利备览［M］.《文渊阁四库全书》本 .
[46]【元】王祯撰，缪启愉译注 . 东鲁王氏农书译注［M］. 上海：上海古籍出版社，1994.

[47]【明】陶宗仪.说郛三种[M].上海：上海古籍出版社，1988.
[48]【明】宋濂.元史[M].北京：中华书局，1976.
[49]【明】李东阳.明会典[M].《文渊阁四库全书》本.
[50]【明】宋应星撰，潘吉星译注.天工开物译注[M].上海：上海古籍出版社，1998.
[51]【明】范濂.云间据目抄[M].《笔记小说大观》本，南京：江苏广陵古籍刻印社，1983.
[52]【明】刘天和撰，徐砚农、吴慰祖校对.问水集[M].上海：商务印书馆，1936.
[53]【明】曹昭撰，杨春俏编著.格古要论[M].北京：中华书局，2012.
[54]【明】陆容.菽园杂记[M].北京：中华书局，1985.
[55]【明】李时珍.本草纲目[M].北京：人民卫生出版社，2009.
[56]【明】王士性撰，吕景琳点校.广志绎[M].北京：中华书局，1981.
[57]【明】徐光启撰，石声汉校注.农政全书校注[M].上海：上海古籍出版社，1979.
[58]【明】谢肇淛.五杂俎[M].上海：上海书店出版社，2001.
[59]【明】何三畏.新刻何氏类镕[M].中国国家图书馆藏明万历年间刻本.
[60]【明】文震亨撰，陈植校注.长物志校注[M].南京：江苏科学技术出版社，1984.
[61]【明】计成撰，陈植注释.园冶注释[M].北京：中国建筑工业出版社，1988.
[62]【清】张廷玉.明史[M].北京：中华书局，1974.
[63]【清】爱新觉罗•胤禛.清实录·世宗实录[M].北京：中华书局，1985.
[64]【清】昆冈等修.大清会典事例[M].台北：文海出版社，1991.
[65]【清】陈淏子撰，伊钦恒校注.花镜[M].北京：农业出版社，1982.
[66]【清】李渔撰，杜书瀛译注.闲情偶寄[M].北京：中华书局，2018.
[67]【清】田文镜、顾栋高等编修.河南通志[M].《文渊阁四库全书》本.
[68]【清】袁枚.小仓山房文集[M].《续修四库全书》本.
[69]【清】王先谦撰，沈啸寰、王星贤点校.荀子集解[M].北京：中华书局，1988.
[70]【清】赵士麟.读书堂彩衣全集[M].《四库全书存目丛书》本.济南：齐鲁书社，1997.
[71]【清】徐元诰撰，王树民、沈长云点校.国语集解[M].北京：中华书局，2002.
[72]【清】吴其濬撰，张瑞贤等校注.植物名实图考[M].北京：中医古籍出版社，2008.
[73]【清】梅曾亮撰，彭国忠、胡晓明校点.柏枧山房诗文集[M].上海：上海古籍出

版社，2005.
[74]【清】褚华 . 水蜜桃谱［M］.《续修四库全书》本，上海：上海古籍出版社，2002.
[75]【清】贺长龄，魏源等 . 清经世文编［M］. 北京：中华书局，1992.
[76]【清】王逢辰 . 檇李谱［M］.《农学丛书》本 . 上海：江南总农会，1900.
[77]【清】屈大均 . 广东新语［M］. 北京：中华书局，1985.
[78]【清】何刚德 . 抚郡农产考略［M］.《续修四库全书》本 .
[79]【清】陈锦 . 勤余文牍［M］.《续修四库全书》本 .
[80]【清】张履祥辑补，陈恒力校释 . 补农书校释［M］. 北京：农业出版社，1983.
[81]【清】陈炽 . 续富国策［M］. 北京：朝华出版社，2018.
[82]【清】陶模 . 陕督陶劝种树木谕［N］. 集成报，1897（8）:9-10.
[83]【清】佚名 . 叙公园［N］. 启蒙画报，1903（7）:157-165.
[84]【清】佚名 . 林业宜推广说［N］. 商务报（北京），1904（6）:23-27.
[85]【清】铁庵 . 林业之利益说［N］. 农工商报，1908（32）:10-12.
[86]【清】公园办事处 . 公园图说［N］. 南洋官报，1909（35）:32-33.
[87]【清】农工商部 . 农工商部奏酌拟振兴林业办法摺［N］. 北洋官报，1909（2084）:3-4.
[88]【清】奉天劝业公所 . 奉天保护森林章程［N］. 奉天劝业报，1909（1）:1-4.
[89] 夏纬瑛 . 管子地员篇校释［M］. 北京：中华书局，1958.
[90] 彭世奖 . 历代荔枝谱校注［M］. 北京：中国农业出版社，2008.
[91] 杨天宇 . 周礼译注［M］. 上海：上海古籍出版社，2004.
[92] 杨伯峻 . 孟子译注［M］. 北京：中华书局，2005.
[93] 梁思成 . 营造法式注释［M］. 北京：中国建筑工业出版社，2001.
[94] 睡虎地秦墓竹简整理小组 . 睡虎地秦墓竹简［M］. 北京：文物出版社，1978.
[95] 张家山汉墓竹简整理小组 . 张家山汉墓竹简［M］. 北京：文物出版社，2001.
[96] 何清谷校释 . 三辅黄图校释［M］. 北京：中华书局，2005.
[97] 王宗堂 . 博雅经典：牡丹谱［M］. 郑州：中州古籍出版社，2016.
[98] 陈植、张公弛选注，陈从周校阅 . 中国历代名园记选注［M］. 合肥：安徽科学技术出版社，1983.
[99] 陈鼓应注译 . 庄子今注今译［M］. 北京：中华书局，2009.
[100] 陈奇猷校注 . 韩非子新校注［M］. 上海：上海古籍出版社，2000.

[101]汪菊渊.中国古代园林史[M].北京：中国建筑工业出版社，2012.
[102]熊大桐.中国林业科学技术史[M].北京：中国林业出版社，1995.
[103]周维权.中国古典园林史[M].北京：清华大学出版社，1990.
[104]罗竹风主编.汉语大词典[M].上海：汉语大词典出版社，1993.
[105]史为乐.中国历史地名大辞典[M].北京：中国社会科学出版社，2005.
[106]张连伟，李飞，周景勇.中国古代林业文献选读[M].北京：北京燕山出版社，2012.
[107]张钧成.中国林业传统引论[M].北京：中国林业出版社，1992.
[108]李飞.中国古代林业文献述要[D].北京：北京林业大学，2010.
[109]王毓瑚.中国农学书录[M].北京：中华书局，1957.
[110](日)天野元之助.中国古农书考[M].彭世奖，等译.北京：农业出版社，1992.

附录

晚清林业文献（1840－1912）

《种树富民说》

陈炽

【导读】

本篇《种树富民说》选自晚清时期陈炽的著作《续富国策》。陈炽（1855—1900），字克昌，江西瑞金人，清末维新派思想家。身处转折时期，他目睹晚清的衰落和百姓的民不聊生，主张发展经济，振兴农林，实现国家富强和民生改善。陈炽认识到了森林树木的经济和生态价值，通过介绍法国等国外造林致富的事例来说明林业能够富国强民，主张因地制宜开展植树造林。

【原文】

古之帝王，名山大泽不以封。《孟子》曰：五亩之宅，树墙下以桑，七十者可以衣帛矣。又曰：斧斤以时入山林，材木不可胜用也。《传》曰：一年之计树谷，十年之计树木，百年之计树人。三古遗规，山泽必禁。擅加戕贼，国有常刑。诚知其本矣。及秦政焚坑，而种树之书尚逃劫火；六朝五季武人秉政，乃始焚林薙草，濯濯童童。呜呼，惨矣！今以一省计之，林木蕃昌无不富者，其少者无不贫。以一地计之，一村一镇林木蔚然无不富者，否则贫甚矣。林木之为功，于人者至大且远也。法兰西一国，百年以前四境萧条，林木稀少，君民困苦，劫掠为生。后有人请其国君广行种树，设官经理，屋隙田间，遍行栽植，定戕伐树株之禁，比及十载，民之贫者忽富，莠者忽良，地之瘠者忽腴，荒者忽熟，举国大富，莫知其所由。然乃以时入山林，伐材木运售各国，岁获数千万金。又渐伐其无利者，而改种葡萄等有利之树，以故法国之丰富遂冠欧洲。德人花之安所著《治国要务》以种树为第一事，盖以此耳。近日，西国化学师详求要理，始知树木之本，能吸土膏烂沙石，故细根入地，硗确可变膏腴；树木之枝，能收秽恶化洁清，故绿荫宜人，贫病顿成殷富。且天气下降，地气上升，而万木之阴别饶润泽，长林之内自致甘霖，水旱偏灾不能为害，有益于人，有益于地，并有益于天。天壤之间，更无他物可以相比。其《植物化学》详考动、植二物，循环滋养，互为始终，动物之收入者养气也，放出者炭气也；植物之收入者炭气也，放出者养气也。地无植物，则人与万物俱不能生。又考察树身之皮肉筋肤脂膏血膜，皆与人物相似，惟无知觉运动耳。故凡人无故戕伐树木，其罪与无故害物、无故杀人等。斩伐一方之树木，与戕杀一地之人民，无以异也。天道好生，皆上逆天心者也。故西人严定伤损树木之禁，于其本国广植树木，所有属地及通商建埠之区，亦曰孳孳然以种树为当务之急，以迓天和，以培地脉，以养人身，富甲六洲，比隆三古，有由然矣。中国古时山虞泽虞各有官守，秦汉以后寖至废弛，丰草长林，厄于兵火，无复过而问者。今日东南各省尚知爱护栽培，西北诸方任意戕贼，以致千里赤地，一望童山，旱潦为灾，风沙扑面，其地则泉源枯竭，硗确难耕，其民则菜色流离，饥寒垂毙。或归之于人事，或诿之于天灾，而不知地瘠民贫其故皆由于无树也。今宜责成郡守牧令，总揽其成，而以同知通判县丞主簿等闲官专任其事，筹给经费，岁岁增种树株，自城而乡，自近而远，自郊而野，自薮而泽，自平地而高山，先就土性所宜，取其易活，然后增种有利之树，以辟利源。有主之地民种之，无主之地则官种之。擅伐一株者，责种两株，富者罚钱千文，以充公用。丞倅诸官劝种三十万株以上，点验得实，立予保升；故事奉行者，加以罢黜。地方官吏，入之考成，以种树之多寡为殿最，如劝民广种有利之树，如果木桑茶之类，予以不次之升，循名核寔，持以十年，而中国土地不肥、人民不富者，未之有也。蜀之富也以竹木药材，粤之富也以果品香木，闽台之富也以茶荈樟脑，江浙之富也以蚕桑。考之中国，则如此。法兰西之富也以葡萄，意大利之富也以蚕桑，美利坚之富也以木棉，奥地利之富也以材木。稽之外国，又如彼。虽肇兴大利，各随土性所宜，然其始也，必有人焉，劝而导之，经而理之，扩而充之，后之人乃能整而齐之，遵而守之，继长增高，享其成而食其福。横古今，达中外，无二理也。苟不揣其本而齐其末，以烦苛为务，以聚敛为能，而于大利之源，民事之要，先王仁政之所先，转漠然置之，听其自生自灭，恐天下之财，止有此数。横征暴敛，无补困穷，不能养民，何能富国？与古圣王生财之大道相去远矣。

《劝种树木谕》

1897 年 · 陶模

［导读］

本文转载自 1897 年第 8 期上海《集成报》，题名为《陕督陶劝种树木谕》。清朝光绪二十三年（1897），陕甘总督陶模发布《劝谕陕甘通省栽种树木示》，提倡在陕甘地区广泛种植树木，指出种树有减水灾、润土地、调雨泽、驱疾疫、保禾苗、御敌袭六种好处，肯定地指出了林木的生态效益。此后，晚清有多个省份都仿效陶模发布劝民种树的告示，如《直隶劝办森林简明章程》《福建省劝民种树利益章程》。

［原文］

劝谕各属，广种树木，预弭灾祲，而兴地利事。照得《周礼》重虞衡之职，《孟子》论斧斤以时，自古体国经野，树艺与农功并重。近来东西洋各国，无不讲求林政，为致富之一策，盖树木繁滋，有六利焉。山冈斜倚，坡陀回环，古时层层有树，根枝盘亘，连络百草，天然成篱，凝留沙土，不随雨水而下。后世山木伐尽，泥沙塞川，不独黄流横溢，虽小川如灞浐诸水，亦多淤塞溃决。故种树于山，可以免沙压而减水患，一利也。平原旱地，大半荒废，生气毫无，泉源日窒，若有密树，则根深蒂固，能收聚水气，互相灌输，由近及远，土脉渐通。故种树于瘠土，可以化鹹为沃，引导泉流，二利也。炎日熏蒸，易成旱暵，惟树叶批拂，空中能呼吸上下之气，故塞外沙漠无树，不雨终年，树密之区，恒多时雨，以格致之理，种树于旷野，可以接洽霄壤，调和雨泽，三利也。赤地童山，阴阳隔阂，其民多病而弱，惟树木之性，收秽气，放清气，浓荫蔽地，润泽常滋，种树遍于僻壤荒村，可以上迓天和，驱疫厉而养民生，四利也。山峻地寒，阴瘴腾起，雨变为雹，伤败佳禾，然雹随风至，热必斜行，凡田连阡陌者，每隔数亩，商同种树，成以长排，可以改风热而阻冰雹，五利也。机礮日奇，飞空悬炸，各国深知城郭无用，皆撤燬墙垣，掘沟种树，环绕数重，以代坚壁，丛林高矗，混目迷影，测准易乖，飞丸多阻，可以设险而御弹丸，六利也。安邑种枣，富比列侯，襄阳收橘，岁易多缣。试观货殖一篇，大率羡称千树，与其博锱铢于异地，何若话桑麻于故乡。以故中外通人，纂富国之荣，首推树艺。去年御史华煇，奏称开利源以种植为大端，有能增种至五万株以上者，官给奖赏，有无故戕树一株者，罚种两株，富民罚钱一千文。曾奉部咨通行在案，惟小民昧于远图，每谓种树害田，因噎废食，甚至不能播谷之荒地，亦任其废弃，不思酌量种树，以博无穷之利。本督部堂目击其弊，心寔伤之，除通饬各厅州县照办理外，应再由本督部堂通行劝谕，凡各属绅耆乡民，讲求树艺，有力者种佳果美材，无力者种寻常易生之树。凡硗确地宜松柏，潮咸地宜椿枸白杨，山坡地宜榆槐枣杏之类，各就土性，辨其所宜，除自有土地外，能将无主官荒各地，开种各项树木者，准其报明本管地方官立案，作为永业免纳粮银。其有主荒地，自此劝谕后，应勒令本主，随时种植，如迟至五年，尚未种植者，即以无主论。有人取以种树者听，勿许旧时地主，出而阻挠，各该地方绅民，务须实力讲求，以兴美利。毋负本部堂谆谆教戒之至意。特谕。

《叙公园》

1903 年

【导读】

本篇转载自《启蒙画报》1903 年第 7 期。《启蒙画报》是近代北京的第一份画报，1902 年创刊。该报肇始于晚清的“启蒙运动”，定位是启迪蒙童，关注儿童教育和知识普及。中国古代的园林，分为皇家园林、私家园林和寺庙园林等类型，园林都属于特定群体所有，很少有真正意义上面向公众开放的公园。《叙公园》以图文并茂的形式，介绍在清末还属于新式事物的公园。作者向国人描绘了西方国家公园的基本情况，诸如公园内的陈设（动物、植物、风船），人们在公园内开展的活动（散步、家庭聚会、带孩子玩、闲逛、妇女干手工活、歌舞表演等），特别强调公园能够传播知识，开化民智，有助教化。

［原文］

本报第二三册四十七号的附张说过学堂花园，五十二号的附张说过公家花园，不但学堂有花园，寻常住人的地方，都有一所公园，公园尚未说完。公园的用处，可不比酒楼戏馆。园子里头，挂着木板，题写各种动植物的名目，或是古往今来的事迹，连那走路的规矩，起坐的工夫，无不写在板上。随便闲逛之中，都藏着无形的教化。一段画报，万说不尽，从今再叙几段。学生们细细看着，便晓得开人智慧，决不在乎死读古书，游戏时候得来的学问，比那咿唔窗下的，苦乐天渊，村学究闻听这话，必然大怒也。

本報第二三册　四十七號的附張說過學堂花園　五十二號的附張說過公家花園　不但學堂有花園　尋常住人的地方　都有一所公園　公園尚未說完　公園的用處　可不比酒樓戲館　園子裏頭　掛著木板　題寫各種動植物的名目　或是古往今來的事跡　連那走路的規矩　起坐的工夫　無不寫在板上　隨便閒逛之中　都藏著無形的教化　一段畫報　萬說不盡　從今再叙幾段　學生們細細看著　便曉得開人智慧　決不在乎死讀古書　游戲時候得來的學問　比那咿唔窗下的　苦樂天淵　村學究聞聽這話　必然大怒也

原来西洋风俗，必不能没有公园，要是没有公园，有许多地方不便当，这是什么缘故呢？西国地窄人稠，一所庭院，数家分住，空地甚少，不是富贵人家，大半没有院子。每日得有闲工夫，都要到公园里走走，或是把所作的事情，带到公园去作，所以那中下门户的妇女，大概在公园作活计。公园左近的人家，差不多天天在公园见面，既可以彼此商量着长本事，又免得乡邻疏远。一所公园，便可把一乡化作一家。这种教化，中土人见所未见。现在

原來西洋風俗　必不能沒有公園　要是沒有公園　有許多地方不便當　這是甚麼緣故呢　西國地窄人稠　一所庭院　數家分住　空地甚少　不是富貴人家　大半沒有院子　每日得有閒工夫　都要到公園裏走走　或是把所作的事情　帶到公園去作　所以那中下門戶的婦女　大概在公園作活計　公園左近的人家　差不多天天在公園見面　既可以彼此商量著長本事　又免得鄉隣疏遠　一所公園　便可把一鄉化作一家　這種教化　中土人見所未見　現在要是有人照辦　必要鬧出笑話來　風俗輕薄　亦難怪官來禁止　上海味蒓園　所以必須在租界內也

要是有人照办，必要闹出笑话来，风俗轻薄，亦难怪官来禁止。上海味莼园，所以必须在租界内也。

一个人坐在房里，见闻必不能广，无事到公园歇歇，可以听许多人说话，便能长各样的知识，如同读了各种书一般。也有一家团聚闲谈的，也有闲步唱歌的，也有领着小孩，坐在椅子上教书的，也有坐着小马车，穿林游逛的。各人自乐其乐，天机活泼，没有一分拘束，这种境界，就是那一字不识的人，走入公园，他的胸襟，亦可以立时开化。各处公园，虽然不同，惟有那栽花种树的地方，可是都一样，界限分得极清楚，道路上面，一点儿也不肯遭踏。学生们自己想想，若是我们京里有这公园，逛的人自然不少，要想一点不遭踏，万万不能，有教化无教化的分别，就在这个地方上可见。学生们出去游玩，千万不要忘了这话。

法国巴黎的公园，比别处的更好。闲暇无事，到这公园里走一回，看见许多的字，如同进了图书馆；看见妇女们做活计，如同入了机缝所；听见各人的谈论，又好像读了新闻纸。园内的好处，不但可以聚一处的人物，就连那印度非洲的物产，都能够养在暖室中。南北极寒道的东西，园中亦无一不备。所以那动物园，与植物园，鸟兽草木，千奇百怪，各物都写有木牌，叫人一望而知其名。还有一只风船，亦可以随便乘坐，一上这船，他就悬在空中，管船的人，必把这船的道理，讲给大家细听。一所园中，无一处不寓开民智的意思。学生们将来出洋游学，必要身历其境才好。

每逢到了礼拜放工的日子，陆军海军乐队，都要到公园里游玩，一面奏著音乐，唱著军歌，无论上下贵贱人等，都可以随者唱和，藉此鼓动人心的勇壮气。并雕塑好些古人形像，大概是替国家出过力的人，叫人看见了这些形象，必兴起英雄豪杰的思想。就是我们别国人，随著他们进去逛逛，果然懂得他们的话，亦肯详详细细的讲给听，这就是历史教育的法子。比在学堂里教育，还强得多呢。德国柏林大公园，并立著历代国王的雕像，叫百姓们看见，自然而然的，养成尊君亲上之心。西洋各国，开通民智之处，全在这些地方留意，没有出于免强的。公园的好处大不大？

每逢到了禮拜放工的日子 陸軍海軍樂隊 都要到公園裏游玩 一面奏著音樂 唱著軍歌 無論上下貴賤人等都可以隨者唱和 藉此鼓動人心的勇壯氣 並彫塑好些古人形像 大概是替國家出過力的人 叫人看見了這些形像 必興起英雄豪傑的思想 就是我門別國人 隨著他們進去逛逛果然懂得他們的話 亦肯詳詳細細的講給聽 這就是歷史教育的法子 比在學堂裏教育 還強得多呢 德國柏靈大公園 並立著歷代國王的彫像叫百姓們看見 自然而然的 養成尊君親上之心 西洋各國 開通民智之處 全在這些地方留意 沒有出於免強的 公園的好處大不大

《林业宜推广说》

1904 年

【导读】

本文转载自 1904 年第 6 期《商务报（北京）》。《商务报（北京）》1903 年创刊于北京，属于官商合办性质，主要以发展商业为宗旨，主张振兴商务、发展实业。该文首先说明中国地形多样，树种繁多，主张推广林业，因为林业有有形、无形多种利益。

【原文】

中国内省之地，有山泽丘陵、原隰坟衍之不同，而肥瘠因寒燠而分，燥湿随高下而判，于是乎可耕可稼之地，不过十之三，其余除江湖溪涧外，大抵皆宜于林业也。夫木之种类不一，或为乔木，或为灌木，有宜于孤生者焉，有宜于丛生者焉，有其实可食者焉，有其材可用者焉，有实与材两者皆美，而需用甚广者焉。然各有其性之所宜，高而峻岭崇山，下而河浜水涘，以及无论若何硗确，若何沮洳之地，必有一种相宜之木，生乎其间。其所以衰歇不毛者，由于无人传种，与夫人畜之斩伐践踏过甚，不知爱护故耳。盖中国舍北方沙漠苦寒之地而外，无往不宜于种植。而江南之松筠橘漆，河北之枣栗葡萄，其用尤广，其利尤宏，其滋生尤易。史迁言千树枣栗，千亩薑韭，其富与千户侯等，固非虚语也。古者列树以表道，草木黄落，然后斧斤以时入山林。今西国所有马路两旁，亦必杂植果木，严禁行人之攀折，而于国中之林业，更设有专门学校，孜孜讲求，不遗余力，所以然者，林业之兴，不第能厚生利用而已也。其利益之大者，厥有两端，曰卫生，曰致雨。盖人为动物之一种，得空气则生，受炭气则病，而植物则不然，专喜吸收炭气，炭气愈多则愈蕃。故凡人烟稠密之所，必多污秽不洁之物，弃诸河流，则河水为之腐败，饮之必生疾疫。惟移而置之林木之下，则污秽不洁之气，悉为木叶之小窍吸收殆尽，余质之腐化入土者，又无非培养植物之肥料，木类得之，即勃然滋长，倍觉其葱茏蓊蔚，人于暇时徘徊其下，非特无炭气之感触，且有绿叶青荫可以养目，而精神辄为之一爽。是以疾疫之作，必在于通都大邑，嚣尘湫隘，林木稀少之区，而山深林密之所，皆得免焉。何者？炭气少而空气多也。故曰林业可以卫生。至于致雨之术，常人第知以祷祠巫觋为事，不知雨泽之降，全由地面受日光之热，致地气蒸腾而上，其中即含有水气，升至天半，为冷风所搏，乃凝为点质，飘坠而下，是谓之雨。或所遭冷度过甚，则为雹为雪，亦有一定。使其地皆属沙碛，或弥望数百里无草木，或地近寒带，土脉深厚，则雨泽稀少。然如是等处，苟广植林木，则亦足以致雨，何以故？凡林木所生之地，其根荄能吸集地中之水气，为滋养其全体之用，故根之四围其土常润，以被日光之热力，则亦能蒸而为雨。不见夫林木荟蔚之地，动辄云集雾沛，大雨滂沱，而塞外不毛之乡，往往经年累月不得一雨乎？此理迭经西国格致家之研求考察而得，决非渺茫。故曰林业可以致雨。夫橡皮、樟脑、柏油、竹纸等等，谓之有形之利益，而卫生、致雨两端，谓之无形之利益。林业之可贵若此，亦何惮而不为哉？况中国南北各省，公私未垦之地，所在皆有，山陕等处，旷土尤众。前者各省大吏，已设有农务学堂，为先路之导，培植灌溉之法，讲求有素，诚不以十年树木为迂缓之图，则大利之兴，直可操券。若夫各处官道之旁，尤宜一律种树，由各村各镇绅耆，劝谕村人，于农隙按段分种，并严禁樵采，俾速成长。其他各项林业，则相其土宜，随时整顿，要知树木较播谷为易，其用力也甚少，其享利也甚长。播谷一事，必每日霑体涂足于南亩之间，苟或惰农自安，则秋收必形歉薄，且岁岁皆然，从无一劳永逸之事。树木则用力甚简，栽种既竟，第须随时保护，按法培养，迨其长成，即可坐收其利，享之终身。若桑竹橘柚之属，不过三四年即有成效，他木亦不出十年，较之服田力穑之长年作苦者，其难易不大相悬绝耶？际此东风解冻，百卉甲坼之时，留心林业者，其亟图之。

《林业之利益说》

1908 年 · 铁庵

【导读】

本文转载自 1908 年第 32 期《农工商报》。《农工商报》1907 年创刊于广州，该刊以振兴实业为宗旨，主要刊登国内外有关农林畜牧、工商发展方面的讯息和科技知识。作者署名铁庵，生平不详。《林业之利益说》，首先说明林业具有重要的实用价值，在建筑、家具、燃料等方面多有利用；接下来重点说明土沙之地、潦水风潮侵害之地、河水发源之地、近沙漠之地、公众卫生之地五类特殊区域尤其需要森林树木，着重强调了森林在保持水土、涵养水源、防风固沙、调节气候、有益卫生健康等生态环境方面的价值，由此可见晚清时期国人对森林、林业有了更为科学的认知，朦胧的森林生态保护思想逐渐形成。

【原文】

木料之为世人之大用，人所共知。凡吾人之不至野处靴居，而能有上栋下宇者，木之功用也。不至茹毛饮血，而能为烹饪火食者，木之功用也。作为枱凳床桌，以安舒吾身体者，木之功用也。故谓其与菽粟布帛并重亦不为过。既知其用，而不讲其所生之理者，何欤？木植生产，在于森林，尽人皆知，然吾国之讲求林业者少也，今略陈林业之利益如左。

一、土沙之地宜有林。凡土沙受风雨破坏，随流水而冲出，以致闭塞河道，有碍行船，如佛山之沙口，被流沙淤积，船艇艰于出入，遂使佛山之商务大减是也。

若有树林，其根能盘结沙土，其叶能遮盖暴雨，其残枝落叶又能腐化成泥，皆可以保护其沙土，使不至于破坏而冲出，其利益何如也。

二、潦水风潮侵害之地宜有林。风潮冲击，土崩岸塌，不转瞬而桑田变沧海矣。其为害之烈，较砂更甚。如有林木，上则可以抵其风，下则可以固其土，断不至于若斯之甚也。

三、河水发源之地宜有林。水之为物，遇热则化为气，遇冷则仍化为水。凡森林之中必冷过森林之外，故能涵养水源，不致发泄为蒸汽而散于他处，且从他处来之蒸汽，遇其阴冷则化为水或为露珠，然后得此河水长流，灌溉田亩，可免干旱之患。其利益不亦大乎。

四、近沙漠之地宜有林。近沙之地，每被沙粒飞散，杂入耕地，则能令土质疏松且易干燥，大减其生产力，甚至有变耕地为瘠土者。或为飞沙壅塞田间而不能灌溉者，或因飞沙太盛令居民不得安居者。若有树林，足以抵风力，减飞沙，而残枝落叶又能掩覆沙面，不令飞扬焉。

五、公众卫生之地宜有林。盖人呼出之炭气，赖植物吸受。人吸入之氧气，亦赖植物供给。两相交换，彼此受益。且植物能生出一种微茸，能扑灭微菌，诚于卫生界最大之助力也。

由是观之，林业之不可不讲也明矣。然我中国人，只顾目前，不图久远者，居其多数。既有之林木，不知采之；未有之林木，不知兴之。现有之树林，一系总唔采，一采就要划为平地。但求一次过，就唔望下次矣。《孟子》曰：斧斤以时入山林，材木不可胜用也。可知采之不以其时，不得其道不可也。试观广东之地，四围有山，但见其童山濯濯，甚至有并无一株树木者，因不知林业之利益，放弃莫大之地利。真可惜也。大抵世人每谓前人种果后人收，林业虽是好利，其如日子太久，何殊不知有久远之功，然后有久远之利？今人既不肯为后人计，后人又不肯为后人计，虽至千万年，亦不能兴其利也。《孟子》曰：如七年之病，求三年之艾也。苟为不蓄，终身不得。可知矣。虽然不惜牺牲自己目前之利，而为后人谋久远之利者，颇难望人。然于乡中公款，族祖蒸尝，以公众之款，谋公众久远之利益，就莫如从林业着手也。不止荒山可以为林，即村边路旁多种树木，择其宜于此地者种之，且能庇荫行人，可免风日之苦，亦公益也。原诸君其少留意。

《公园图说》

1909 年

［导读］

本篇转载自《南洋官报》1909 年第 35 期。《南洋官报》是近代南京地区发行最早且持续时间最长的官办报纸，保存了许多清政府和两江官府颁布的政令、奏疏等内容。1905 年，清政府派遣五大臣出洋考察宪政，端方作为五大臣之一，历访各国，认为各国都有公园，力主中国也要兴办公园，有利于移风易俗，访查民情。1908 年，端方调任两江总督，开始在南京城北紫竹林一带构建公园，公园内设跑马场、球场、植物园、畜牧园，另有喷水池、藕花塘、绿筠花圃、各种亭台等景观，这应该是近代南京地区最早的公园。1910 年，清政府在南京举办了中国历史上第一次世界博览会（南洋劝业会），该会的举办也是由时任两江总督端方提倡，并成立了专门的工作机构——南洋劝业会事务所，南洋劝业会的会场就是在之前公园的基础上加以扩建，主要分布在南京丁家桥、三牌楼一带，占地 700 余亩。

［原文］

岁乙巳（1905），今直隶制宪端公（端方）荷天子命，使外洋考察宪政，悉得其款要，问其何以能合群之故，则曰：各国类有公园，游宴以时，召父老，集僚佐，采问风俗，兴革利弊，故一切政治此倡彼应，豁如也。既督江南，凡百待举，思辟公园为合群之地，苦无形胜，足供挹取。久之，于城北得紫竹林地址，林阜掩映，形势旷敞，于公园为适用。于是就其地萁而治之，先购三百亩有奇，历时两载始粗就。游其间者，北望狮子山才五里许，若在帷闼，迤南望北极阁，东望钟山，亦仅二三里，仿佛如卓笔置其旁也。然犹虑道路阻塞，虽通马车，乃建马路，由北极阁以达紫竹林，使城中游踪易接。又虑园距秦淮远，难疏河以引水，乃别辟城以达后湖，濬园之沟浍而迎之，使水陆之胜毕具。而规模骎骎大具矣。乃进国人，询以应设之务，凡有所得，皆得前陈则均，甄而用之。其关于体育者二：曰跑马场，炼材武也；曰球场，舒筋力也。关于生财者三：曰植物园，教树艺也，而蚕桑之业、葡萄之酒与焉；曰畜牧场，广滋生也，而取乳养牛剪毛制呢之料属焉。附建劝业场，通商情而搜物产也，而国计民生之大本寓焉。关于陶情者四：曰喷水池，畅物机也，启民智也。曰藕花塘，滌炎蒸也，资采拮也。曰诸色亭台，备登眺也，助宴会也。曰各种鸟兽，广见闻也，宏对育也。凡游览之地不一，而皆于绿筠花圃统之。凡花圃外之创建不一，而皆于公园统之。惟公园迤北数十武，旧有茅亭，改而新之，建为西式楼阁，则下瞰公园诸景，皆如在平地，可亲缕数，尤异观也。但以绌于经费，或拟而未建，或建而未成，或成而未备未精。然自春徂夏，游人翔集，类无不欣喜讴颂以去，以谓斯园成立，如游天台，如探龙宫，如入琅嬛灵境，遇有大计议、大燕集，国人将于是赖，与各国合群之旨合焉。余忝任公园之役，将命工图之于幅，而先为之说，俾知所证。

或曰得子公园之说，虽未曾经历其地者可当卧游，则咸知创建斯园之义矣。究竟园中之券利若何，盍申言。余曰：虽不能尽言其详，姑言其略。则试就畜牧种植两项陈之乎。畜牧者，何牛分二种，乳牛所以挹其乳也，食牛所以供人食也。羊亦分为二种，山羊所以充庖馔，绵羊所以兼备制造也。此兽类也。畜鸡千头，夏饲以虫，冬饲以谷，岁可获鸡卵八万余。畜鸭千头，秋仰食于城外穗田，冬倍肥硕，价逾昂贵。畜鹅千头，杂菜米水草而食之，仅三月便胜臠割，获利尤速。此两物所育之卵，略与鸡同。此禽类也。种植者何？花则有兰，有蕙，有牡丹，有芍药，有茉莉，有菊，有腊梅，合中西花卉约千余种，不能殚写，可以供衙斋之清玩，利游人之簪佩，争来购取，后先络绎，岁可得数十金。此花类也。果则有杏，有桃，有李，有枇杷，有杨梅，有枣，有梨，有栗，不一而足，披其华既堪娱目，落其实尤足爽口，售之远近，朝担暮罄，岁可得数十金。此果类也。树则有柏，有松，有槚，有榆，有柳，有杞，有檀，有鸦舅，为数尤多，而独以树桑种竹为大宗，桑则于园内缫丝，或折叶另售；竹则售工人制器，岁可得数百金不等。此木类也。谷则有禾，有粱，有黍，有稷，有无色豆，有瓜，有蔬，有大小蕃麦，其类则至为繁多，而尤以禾麦两项为重要。盖中国之土性物质，北利麦，南利禾，今汇于植物院中，勤植而参稽之，按各种收成之丰啬以为去取，传之直省，岁可获巨利无算。此谷类也。凡此之类，皆余曩从端公出使时，考求其嘉种，勤咨其植法，而又参以中国之土宜风尚，期于协中无弊。至于公园脉络贯通者，莫如劝业会之附设，其中现拟在城北马路边开通商埠，振兴实业，特于该处创立建筑局，将以整齐市政，为地方自治基础。惜公园粗就端绪，财政艰窘，不能尽如意之所欲出，若从此推行尽利，精益求精，行之数年，当可与欧美各国争妍而角胜。幼时读史迁货殖传，尝怪夫彼亦从事于畜牧种植之微，何转瞬累赀巨万？乃尔以今日之各国时事暨公园近日情形验之，始信史家之不我欺也。客闻之喜，爰志其说，以示夫世之未知公园之利益者。

《农工商部奏酌拟振兴林业办法摺》

1909 年

［导读］

本文转载于《北洋官报》1919 年第 2084 期。《北洋官报》1902 年创刊于天津，是清末创办最早、影响力最大的地方政府官报，后清政府要求全国推广，成为各省官报的楷模。1903 年，清政府设立商部，1906 年改名为农工商部。作为清末新政设立的新式中央机构之一，农工商部在晚清农林业发展方面发挥了一定作用。农工商部成立后比较重视振兴林业，主张进行各省森林调查，多次下文督促地方重视植树造林。本文是宣统元年（1909）农工商部就振兴林业办法上奏给宣统帝的奏折，奏折中提到了森林具有直接（供用）、间接（保安）两大利益，认为虽然我国各省都有许多特产树种，但木材供应明显不足，需要花费巨资大量进口；又因为森林资源的不足，灾患疾疫较多，所以主张一方面学习了解西方国家及日本的森林政策，另一方面进行国内森林资源调查，以求更完善地从国家层面制定振兴林业办法。

［原文］

奏为林业关系重要，亟宜振兴，酌拟办法恭摺，仰祈圣鉴事。窃维林业之利益为实业一大端，东西各国皆极力经营，其森林种类有所谓帝室林、国有林、公有林、私有林、社寺林、部分林者，名目甚繁，而究其为用，则不过供用林、保安林二者而已。不禁采伐者谓之供用，所以供国家与人民之用，而为森林直接之利益也。禁采伐者谓之保安，大概于可防风灾飞砂之处则禁之，可防湍流潮水之处则禁之，可防砂土崩坏、雪石颓坠之处则禁之，可养水源之处则禁之，可为航路目标之处则禁之，可供公众卫生之处则禁之，可为名区风景之处则禁之，皆所以保国家与人民之安，而为森林之间接利益也。各国为此二种利益之故，不仅设官立局，又为特布森林法律，特设森林警察，防之至密，而护之至周，其重视林业也如此。我国古无林业之称，然山虞林衡载在《周礼》，稽其职掌与其禁令，揆之各国大略同焉。特自阡陌之制，开山泽之禁弛，取之无节，养之无时。于是场圃之师，仅谈瓜果；田舍之妇，但话桑麻。而濯濯童山遂无复过问者矣。顾其时，制作简陋，工艺未兴，材木之用，苟焉取给而已。若夫林业可以保安，其学理既未发明，故上下均无由注意。至今则不然矣。就臣部最近之调查而论，以言乎供用，则东三省多松桦榆柞，湖南江西多松杉樟楠，安徽江南浙江多松杉榉，陕西四川云南贵州多杉樟桐漆，广西多樟桂花梨紫檀，直隶承德多松，而浙江安徽江西又多楮，湖南更多竹，天然之产，不可谓不富。而近年各处营造铁路所需之枕木，以及建筑屋宇所需之洋松，大都取之于外洋。据海关洋木进口税则计之，五六年来递有增加，以税计值，一二年内洋木之输入我国者，每岁必在千万以上，则森林之不足供用可见矣。以言乎保安，则全国之中森林较盛者惟东三省，而历年未有水旱疫厉之奇灾，雨水常匀，年岁常熟者，亦惟东三省。自近来中日木植公司之约成，已有旦旦而伐之势矣。其余各省则皆无茂林丛薮以宣地气、养水源、消炭气，故北方多旱多河患，而南方多疫。近年以来，江北湖南水患尤多，皆于森林关系甚巨。则森林之不足以保安，又可见矣。臣部于光绪三十一年曾通咨各省，一律讲求种植，并派员前往长白山一带调查森林，复于会同邮传部遵议铁路条陈摺内奏明通行各省，饬属课种，各在案。现在报部有案者，如奉天设有森林学堂、种树公所，吉林设有木植公司，黑龙江设有试办木植局，热河奏有筹办林业情形，喀喇沁设有林业公司，直隶江苏福建等省设有树艺公司，山西设有农民学堂，要皆造端伊始，未能遍及。此外，未经咨报省份，尚复不少。盖林业为利甚溥，而收效甚迟，若国家无整齐划一之章程，官府无切实营办之责任，而全恃民人自为之能力，则森林之成立必永永无期。臣等再四思维，公同商酌，拟一面由臣部分咨出使各国大臣调取各国森林专章，一面由臣部遴选熟悉农务之员，就近派往日本考察造林之法，并拟请旨饬下各省将军督抚，将所辖境内适于造林之区域与固有天产之森林，限期详细查明，备具图说，咨报臣部，然后再由臣部妥订森林专章，奏明请旨颁行。俾资遵守，庶几外取众长，条例可期于完美，内详形势，督率不至于无方。于林业前途不无裨益，所有酌拟振兴林业办法，是否有当，理合恭摺具陈，伏乞皇上圣鉴训示。谨奏。宣统元年三月二十九日，奉旨已录。

《奉天保护森林章程》

1910 年

［导读］

本文转载自1910年《奉天劝业报》第1期。《奉天劝业报》1910年8月创刊于沈阳，由奉天劝业公所编辑发行。该刊宗旨就是提倡实业，振兴奉天，主要刊登与实业有关的相关资讯，尤其是劝业道颁布的诸多法规、文件。晚清时期，伴随列强侵略，不平等条约的签订，我国的各种利权逐渐被蚕食，东北地区因丰富的资源成为列强角逐的焦点。先是沙俄，继之以甲午战后的日本，大量原始森林惨遭掠夺和损毁。在此背景下，为求振兴实业，争夺利权，保护宝贵的森林资源，奉天劝业道在考察西方国家森林保护法律的基础上，结合奉天的具体情况，制定了《奉天保护森林章程》，这是晚清时期比较完整、成熟的地方森林保护法规。

［原文］

第一章　森林之调查

第一节　本章程以保护森林为宗旨，惟保护一事，在林学设有专门。刻下林政未行，学术上之保护究难仿照，兹择其简明易行者，斟酌拟定，即以此为振兴林业入手办法。

第二节　奉省森林皆系天然生育，向来任民采伐，漫无限制。嗣后个地方官须遵照本章程所定各则，妥为管理，但管理之法，必先以调查为首。

第三节　凡有森林之各府厅州县，其森林除在民有土地为民有林归人民自行措置外，其余森林均为官有林，应由地方官派委妥员实地调查，然后相度森林之情形，施行保护之方法。

第四节　各府厅州县均须自宣统二年起，限一年之内将境内所有森林之面积、段落、界限、树种，逐一调查清楚，各置林簿一册，将调查各节详细登载，如有施行采伐及栽植者，令其于采伐栽植时报明所采所植之多寡，分别添注。每年之终，则以一年之内采伐若干、栽植若干，稽核详明，编成表册，呈报本道，以便考核。

第二章　保安林之编定

第五节　凡森林之可以保安土地、维持民生者，谓之保安林，东西各国皆注重之，急宜仿照各国，先行编定保安林，亦保护森林之一端也。

第六节　各地方官须于所辖境内详细调查，如有森林在左记之处所者，均须编为保安林：一河水源流之处所；二江河沿岸之处所；三砂石崩塌之处所；四潮水风雪为害之处所；五渊泉溪涧所在之处所；六悬崖峻岭之处所；七关于卫生之处所；八关于古迹名胜装饰景致之处所。

第七节　各府厅州县于森林簿外，更置保安林簿一册，将境内所有保安林之地名、段落、面积、树种等，详注簿内，更于林地竖立界椿，以为标识，然后绘具图说，呈送本道，以便查勘。

第三章　伐木证据

第八节　凡人民如欲采伐森林时，必预先呈明地方官，地方官认可然后给以伐木证据，始能施行采伐，否则以私伐论。其伐木证据应由地方官斟酌本地情形，妥为拟定，但须将伐木期限及所伐林地面积注明于所给之证据上，庶几有所限制，不致滥伐。

第四章　伐木方法及限制

第九节　凡林内树种植能结子实者，采伐时须酌留母树若干株（老树结子成熟后飘落地上，复生稚树，林学上谓此老树为母树，取母能生子之义），如采伐松树，每地一亩，须留母树四株或六株，使之分布地面（切勿聚留一处），则种子成熟后散落地上，自能生长稚树，待稚树发生，然后稍加保护，十数年后即蔚然复成森林矣。此之谓天然造林伐木法。

第十节　林内树种若无种子，或有种子而落地不易生活者，则伐木后毋掘去其根株，使由根际发生萌芽，此萌芽亦可于十数年后生长成林，此之谓萌芽更新伐木法。

第十一节　凡林内树种，其种子不易生活并萌芽性不旺盛者，采伐时当定限制，凡系直径五寸以下之小树，一律禁止采伐，则大树虽经伐去，而小树仍可成林，此之谓择伐法。

第十二节　凡采伐林木有一定时期，名之曰伐木期，在树木落叶以后、发芽以前，缘此时树木内部流注之汁液已经停滞，乘此采伐，庶于林内别项树木及稚树等之生机无碍，过此时期仍需严禁。

第十三节　凡森林在崇山陡峭之地，采伐时不得及于山顶，但伐至山腹即行停止，否则采伐以后造林不易。

第五章　奖励及禁止

第十四节　凡人民有能于采伐迹地或他土地施行造林者，地方官当视其所植面积之多寡，赏以相当之林地。

第十五节　放火牧畜于森林大有损害，凡此等行为，地方官须严行禁止。

第十六节　猎兽樵采为害亦非浅鲜，第以惯行日久，若骤加严禁，恐于小民生计有碍，故不得不宽予限制，嗣后狩猎樵采两项，宜由地方官视本地向来之习惯，酌定限制之规条，必须公私两便，无滞碍难行之弊，方为妥善。

第六章　罚则

第十七节　凡未领地方官伐木证据而私行采伐者，即以盗伐论，地方官视其所伐之多寡，酌定所罚之轻重，其欲出罚金者，令其于采伐迹地重新造林，再不能，则罚他项苦工，或监禁之。

第十八节　凡林内放火比盗伐尤重，当罚充三年以上之苦工，或重禁锢。

第十九节　凡违背本章程所定各则而有施行采伐及妨害森林之行为者，地方官视其所犯之程度，酌定赔罚之轻重。

第二十节　本章程所定各则，不过仅具大略，嗣后如有未尽善之处，当随时增损更改以求完善。